高职院校工学结合新型融媒体教材

道岔转辙设备检修与维护

主　编　肖　颖

副主编　王　鑫　卢　丁

西南交通大学出版社

·成　都·

内容简介

本教材根据我国铁路现场实际，系统地介绍了道岔转辙设备的结构特点和原理以及检修维护项目和方法。全书包含七个项目：项目一介绍道岔及道岔转辙设备的基本知识；项目二至项目五介绍主流道岔转辙设备，如ZD6系列电动转辙机、S700K型电动转辙机、ZDJ9系列电动转辙机、ZYJ7型电液转辙机的结构特点、控制原理及检修维护流程和方法；项目六介绍工电结合整治道岔的方法；项目七介绍主流道岔转辙设备的施工、安装和系统调试。

本书可作为高等职业院校、中等职业学校铁道信号专业的教学用书，也可作为现场铁路信号工程技术人员和信号维修人员的培训教材。

图书在版编目（CIP）数据

道岔转辙设备检修与维护 / 肖颖主编. -- 成都：西南交通大学出版社，2024. 7. -- ISBN 978-7-5643-7732-8

I. U284.72

中国国家版本馆CIP数据核字第2024AT7018号

Daocha Zhuanzhe Shebei Jianxiu yu Weihu

道岔转辙设备检修与维护

主 编/肖 颖

责任编辑/张华敏

封面设计/原谋书装

西南交通大学出版社出版发行

（四川省成都市金牛区二环路北一段111号西南交通大学创新大厦21楼 610031）

营销部电话：028-87600564 028-87600533

网址：http://www.xnjdcbs.com

印刷：成都蜀雅印务有限公司

成品尺寸 185 mm×260 mm

印张 15 字数 373千

版次 2024年7月第1版 印次 2024年7月第1次

书号 ISBN 978-7-5643-7732-8

定价 52.50元

课件咨询电话：028-81435775

图书如有印装质量问题 本社负责退换

PREFACE 前 言

道岔是使轨道交通列车在行进过程中变更线路的重要装置，而转辙机是道岔控制系统的执行机构，用于道岔的转换与锁闭，以及道岔所处位置和状态的监督，它对于保证列车行车安全、提高运输效率、改善行车人员的劳动强度起着非常重要的作用，它是实现轨道交通运输自动化的关键信号设备。然而，据统计，在铁路运输中，道岔转换设备的故障率在信号设备中占比是较高的。

随着我国铁路的发展，列车运行速度越来越快，对道岔转换设备（转辙机）的要求也越来越高，对转辙机的检修和维护提出了更高的要求，因此，控制道岔设备惯性故障，提高设备运用质量，提高铁路电务职工的设备维护水平，是保证列车运行安全与运行效率的有效措施。

党的二十大报告指出“统筹职业教育、高等教育、继续教育协同创新，推进职普融通、产教融合、科教融汇，优化职业教育类型定位。”本着二十大报告指出的发展思路，山东职业学院铁路信号专业教师对“铁路信号基础设备”课程的教学进行了尝试性改革，以铁路信号道岔转辙设备为核心，结合“车站信号联锁设备”“铁路信号设计与施工”的课程内容，重新组合形成系统性更强的教学体系和教学内容，并编写了这本《道岔转辙设备检修与维护》教材。

本教材将理论知识和现场实际紧密结合，采用项目任务式教学模式安排内容，系统地介绍了道岔的类型、结构特点和道岔转辙装置的机械原理、道岔控制电路原理、道岔转辙设备检修维护流程和方法、工电结合整治道岔的流程和方法，并结合道岔转辙设备在使用中的故障案例，对道岔设备的惯性故障原因进行了分析并给出了解决方法。

本教材图文并茂，很有实践价值，可作为高等职业院校、中等职业学校铁道信号专业的教学用书，也可作为铁路现场工程技术人员和信号维修人员的培训教材。

本教材由山东职业学院教师肖颖主编，由中国铁路济南局集团有限公司首席技师王鑫和首席技师卢丁担任副主编。具体编写分工如下：项目一、项目三、项目五由肖颖编写；项目二由肖颖、王鑫共同编写；项目四、项目六由王鑫编写，项目七由卢丁编写。山东职业学院铁道信号教研室教师鲜敏、王蕊、刘洪鹏、周琳凯参与本书微课视频的制作。

本教材的编写参考了大量文献和专业书籍，已将其列入书末参考文献中，在此向原作者表示诚挚的谢意！另外，中国铁路济南局集团有限公司首席技师赵国详为本书的编写提供了现场资料，在此表示感谢。

由于编者水平有限，书中难免存在疏漏和不足之处，希望各位读者批评指正，以便修订完善。

编 者

2024 年 03 月

数字资源目录

CONTENTS 目录

项目一　认知道岔及道岔转辙设备

项目描述

道岔是铁路信号的主要控制对象之一，道岔的转换和锁闭直接关系到列车行车安全。本项目主要介绍铁路道岔的种类、组成以及道岔转辙设备的结构、种类、作用和操纵方式。

任务一　认知道岔

任务目标

1. 掌握铁路道岔的作用、分类和组成；
2. 掌握各种类型道岔的特点和应用。

微课视频：道岔的作用及分类

相关知识

道岔是使机车车辆从一条股道转入（或越过）另一条股道的线路设备，通过尖轨位置的改变，引导列车驶向不同的方向。道岔是轨道的一个重要组成部分，也是轨道的薄弱环节之一。

一、道岔的分类

（一）按用途及平面形状分类

道岔按用途及平面形状分类，可分为单开道岔、对称道岔、三开道岔、交分道岔、交叉渡线等几种。

1. 单开道岔

单开道岔将一条线路分为两条，主线为直线方向，侧线由主线向左侧或右侧岔出，线路连接中较多采用。从岔前向岔后看去，侧线在直线左侧为左开道岔，侧线在道岔右侧为右开道岔，图 1-1-1 所示为左开型单开道岔。

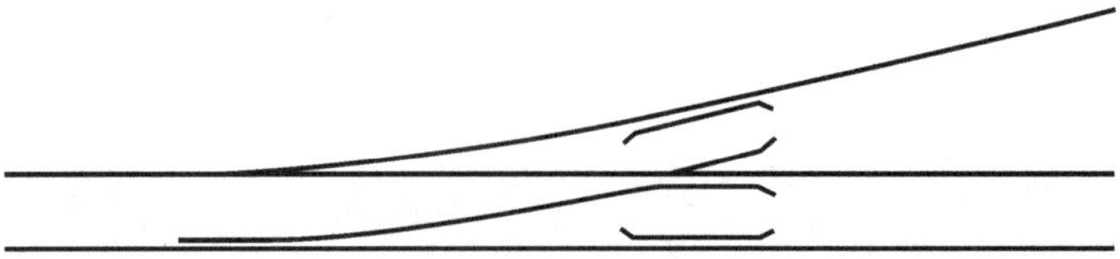

图 1-1-1　单开道岔

2. 对称道岔

如图 1-1-2 所示，对称道岔的两侧线对称岔出两条线路，一般用于驼峰调车场。

3. 三开道岔

如图 1-1-3 所示，三开道岔的主线为直线，两侧岔开为侧线，有两个分支，也称为复式对称道岔，两组转辙设备带动两组尖轨转换。

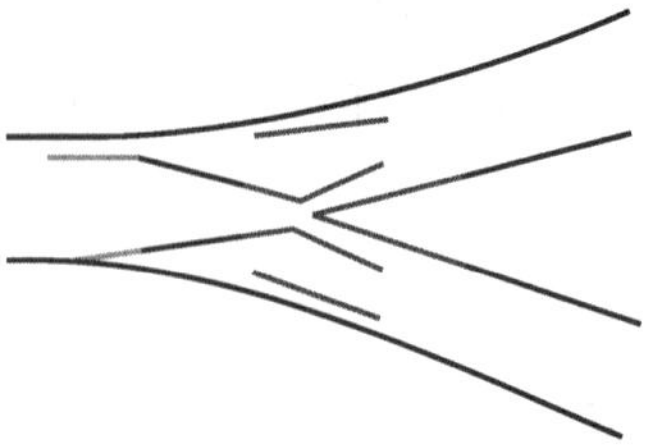

图 1-1-2　对称道岔

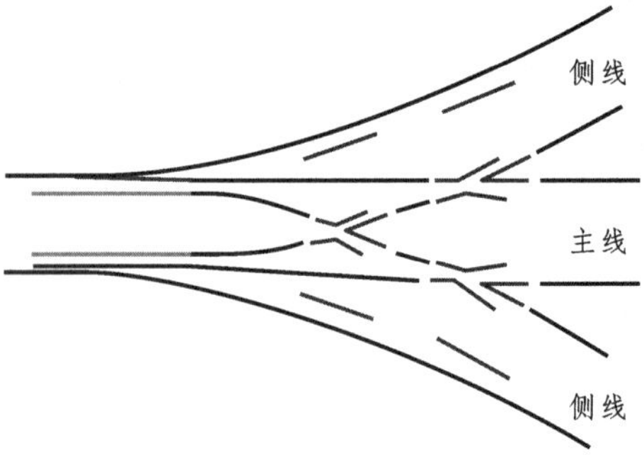

图 1-1-3　三开道岔

4. 交分道岔

交分道岔开向较多，列车能够直线运行，也能够由直线转入曲线或另一直线。交分道岔是为了压缩咽喉区长度而设置的，在较大站场中设置较多。交分道岔的交分类型较多，其典型类型如图 1-1-4 和图 1-1-5 所示。交分道岔的结构复杂，各配件互相制约，修正几何尺寸困难，维修难度极大。

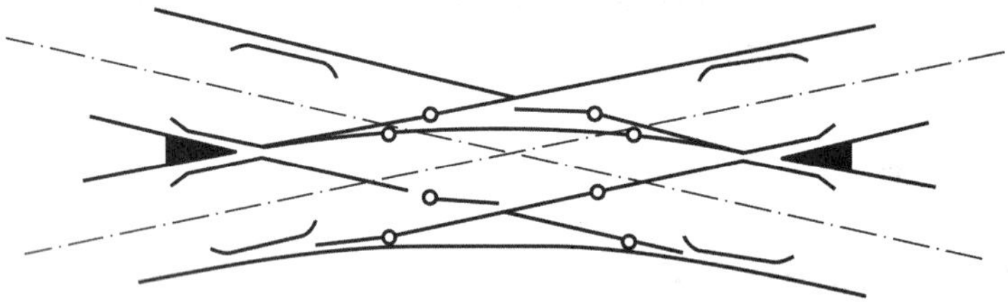

图 1-1-4　单式交分道岔

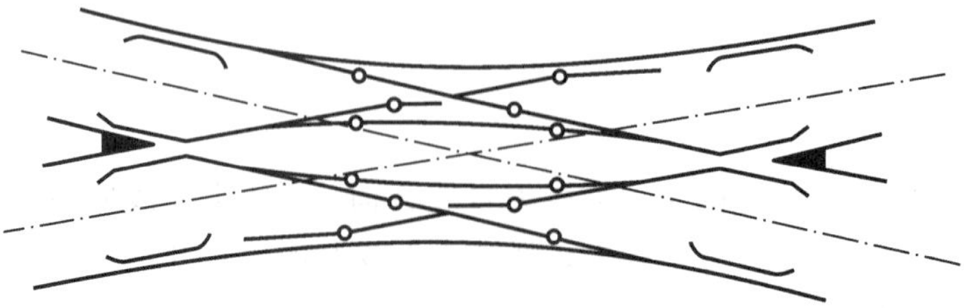

图 1-1-5　复式交分道岔

5. 交叉渡线

如图 1-1-6 所示，交叉渡线是两条平行线路中间铺设的十字交叉形道岔。同交分道岔一样，交叉渡线也是为了压缩咽喉区长度而设置的道岔。交叉渡线运用较为广泛。

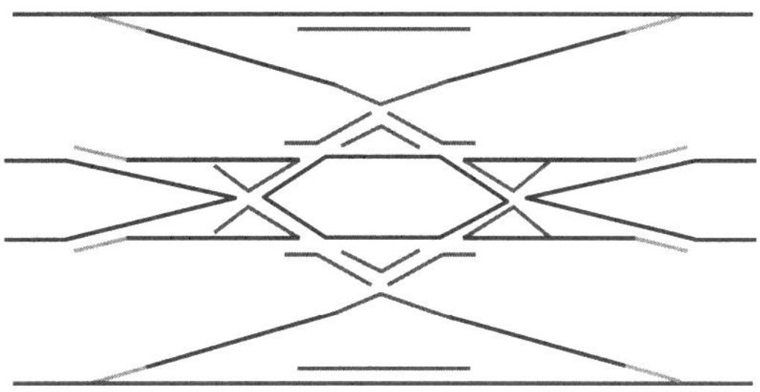

图 1-1-6　交叉渡线

（二）按钢轨轨型分类

道岔按钢轨轨型分类，可分为 43 kg/m、50 kg/m、60 kg/m、75 kg/m 等钢轨道岔。钢轨类型如图 1-1-7 所示。

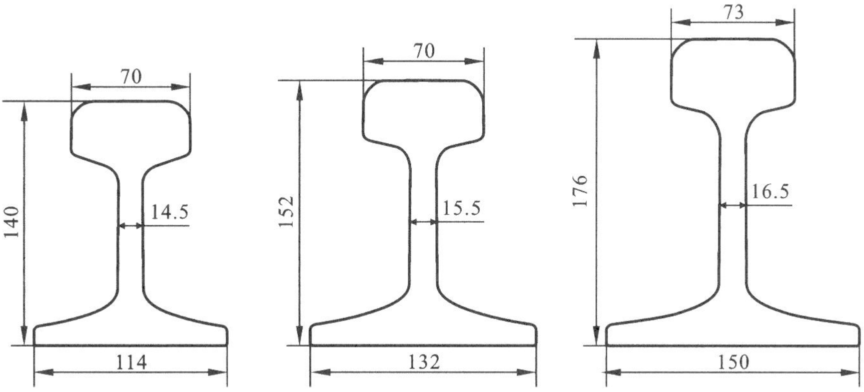

43 kg/m　　50 kg/m　　60 kg/m

图 1-1-7　普通钢轨、50AT 钢轨、60AT 钢轨

（三）按道岔号数分类

由岔心所形成的角，叫辙叉角，它有大有小，如图 1-1-8 所示。道岔号码（N）是代表道岔各部分的主要尺寸的，通常用辙叉角 α 的余切来表示，即：

$$N=\cot\alpha=\frac{FE}{AE}$$

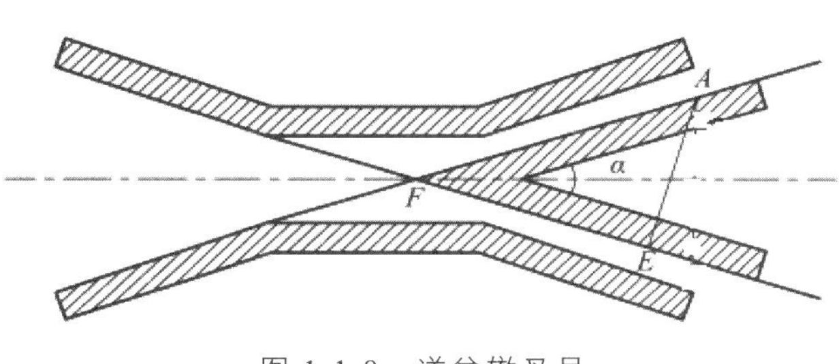

图 1-1-8　道岔辙叉号

辙叉角 α 越小，N 值就越大，与辙叉部分连接的导曲线轨半径也越大，列车侧线通过道岔时就越平稳，允许的过岔速度也就越高；道岔号数 N 越小，辙叉角 α 也越大，道岔全长就越短，列车经过时的转角也越大，过岔速度就越低。

道岔按号数分类有 6 号、7 号、9 号、12 号、18 号以及大号码道岔等（如 30 号、38 号、42 号、62 号道岔）。主要运营于铁路干线的常用单开道岔有 9 号、12 号、18 号、30 号道岔。大号码道岔主要用于要求侧线通过速度较高的联络线。客运专线以 18 号道岔为主，少量的客运专线采用 38 号、42 号、62 号道岔。地铁由于运行速度慢，所以采用的基本都是 7 号、9 号、12 号道岔。

（四）按轨距分类

道岔按轨距分类，可分为标准轨距用道岔（轨距 1435 mm）、窄轨距用道岔（轨距 1000 mm）、宽轨距用道岔（轨距 1520 mm）。

（五）道岔的其他分类方式

道岔按岔枕类型分类，有木岔枕道岔、钢筋混凝土岔枕道岔和整体道床道岔。

道岔按设计年代分类，有“55 型”“57 型”“62 型”“75 型”“92 型”“提速型”道岔和客运专线道岔等。

国内铁路道岔，按速度不同，可分为客运专线道岔（简称客专道岔，容许通过速度 ≥250 km/h）、提速道岔（容许通过速度 120 ~ 200 km/h）和普通道岔（容许通过速度 ≤120 km/h）。

二、有关道岔的几个基本概念

微课视频：普通单开道岔

（一）道岔的位置和状态

道岔有两根可以移动的尖轨：一根尖轨密贴于基本轨；另一根尖轨离开基本轨，可以同时改变两根尖轨的位置，使原来密贴的分离、原来分离的密贴。由此可见，道岔有两个可以改变的位置。道岔经常所处的位置叫作定位，临时根据需要改变的另一位置叫作反位。为改变道岔的两个位置，在道岔尖轨处需要安装道岔转辙设备。

（二）对向道岔和顺向道岔

道岔本身并无顺向和对向之分，这只是根据列车运行方向而言的。列车逆着道岔尖轨运行时，该道岔就叫对向道岔；反之，列车顺着道岔尖轨运行时，该道岔就叫顺向道岔。

（三）单动道岔和双动道岔

扳动一根道岔握柄（手动道岔的操纵元件）或按压一个道岔按钮（电动道岔的操纵元件），仅能使一组道岔转换，则称该道岔为单动道岔；如果能使两组道岔同时或顺序转换，则称该道岔为双动道岔，“双动”即意味着两组道岔可作为一个控制对象来处理。渡线两端的道岔，应使之双动；线路隔开设备与到发线之间的连接线路两端的道岔，也应使其双动。

三、道岔的组成

道岔由转辙部分、连接部分和辙叉及护轨部分组成，如图 1-1-9 所示。

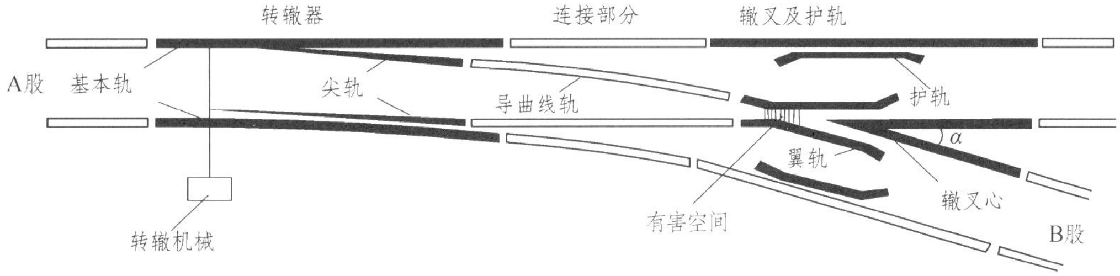

图 1-1-9　普通单开道岔的结构

（一）转辙部分

道岔的转辙部分由尖轨、基本轨、联结零件（包括连接杆、滑床板、垫板、轨撑、顶铁、尖轨根部结构等）及转辙机械组成，如图 1-1-10 所示。

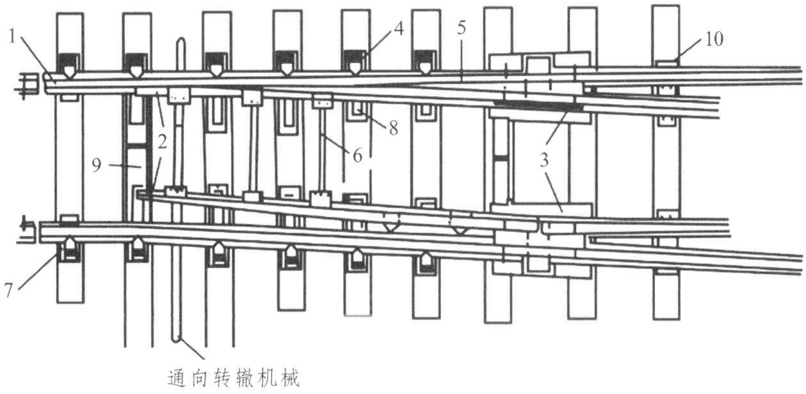

1—基本轨；2—尖轨；3—根部结构；4—轨撑；5—顶铁；6—连接杆；
7—辙前垫板；8—滑床板；9—通长垫板；10—辙后垫板。

图 1-1-10　普通单开道岔转辙器部分的结构

1. 基本轨

两条基本轨分别为直基本轨和曲基本轨。75 型以及更早制造的道岔尖轨与基本轨之间的密贴方式采用贴尖式，基本轨轨头底侧不刨切；92 型道岔尖轨与基本轨之间的密贴方式采用藏尖式，基本轨轨头底侧需要刨切。92 型及以后的道岔基本轨全长淬火。

基本轨承受车轮垂直压力，同时还受到车轮水平推力，为保证在这两个力的作用下基本轨稳固，基本轨外侧用轨撑支撑，曲基本轨按支距进行弯折。

2. 尖轨

尖轨开向不同位置，可以引导车轮运行至不同方向。尖轨采用与基本轨同类型钢轨或特种断面钢轨刨切制成。

尖轨分为直线型和曲线型。直线型尖轨的工作边为直线，制造简单，普通单开道岔广泛使用直线型尖轨；曲线型尖轨的工作边为曲线，侧向通过速度高，一般用于大号道岔。

尖轨动程是指尖轨非作用边到基本轨作用边之间的距离。尖轨动程必须保证车轮对尖轨非作用边不发生挤压。在尖轨动作杆位置测量，则尖轨动程标准值为：直尖轨类型为142 mm，曲尖轨类型为152 mm；AT型弹性可弯尖轨12号普通道岔为180 mm，12号提速道岔为160 mm；AT型弹性可弯尖轨18号道岔，允许速度大于160 km/h的为160 mm，允许速度小于160 km/h的为160 mm或180 mm；其他类型道岔可查阅设计图。

3. 尖轨根部结构

尖轨根部结构主要有两种形式，一种为间隔铁式，一种为弹性可弯式。间隔铁式由间隔铁、辙根夹板、轨撑、双头螺丝、联结螺丝、根部大垫板等零部件组成。间隔铁式尖轨的根部结构决定了该类尖轨具有在左右移动过程中阻力小的优点，一般小号道岔采用间隔铁式尖轨。弹性可弯式尖轨是在尖轨根部将尖轨底部刨切一部分，形成弹性可弯段，尖轨在移动过程中要克服形成的弹力，这种根部结构在小号道岔上不采用，一般应用在大号提速道岔上。

4. 零部件

转辙部分的零部件较多，下面介绍和电务工作密切相关的滑床板、轨撑、连接杆、尖轨顶铁。

1）滑床板

滑床板主要有分立式和一体式两种类型，目前大多采用分立式。分立式是指滑床板和轨撑不在一体，先将滑床板用螺纹道钉固定在轨枕上，再用专用螺钉将轨撑固定在滑床板上。分立式结构便于调整基本轨位置、修改轨距、修正道岔方向等作业。一体式是指滑床板和轨撑制造在一起，滑床板固定在轨枕上，具有安装简单、不宜空吊等特点，但一体式结构不利于调整基本轨位置、修改轨距、修正道岔方向等作业。

2）轨撑

轨撑安装在基本轨外侧，防止基本轨向外倾覆、扭转。它主要有墙式和面包铁式两类，墙式又分为单墙式和双墙式。

3）连接杆

连接杆是连接两根尖轨的杆件，能增强两根尖轨的稳定性，它一般用于尖轨同步转换道岔中。

4）尖轨顶铁

尖轨顶铁主要有半圆形、椎体螺栓形、等腰梯形等类型。尖轨顶铁安装在尖轨与基本轨之间的腹部间，防止车轮压入后尖轨向外倾覆。

（二）连接部分

道岔的连接部分由连接直轨和曲轨、防爬器、轨距杆等组成，用于连接道岔转辙部分和辙叉部分，它将转辙部分和辙叉部分连接成一组完整的道岔。曲轨又称导曲线轨，一般为圆曲线形，设置6 mm超高。

（三）输叉及护轨部分

辙叉由心轨和翼轨组成，分为固定辙叉和可动心轨辙叉两种。辙叉的前端称为趾端，后端称为跟端。两心轨之间的夹角称为辙叉角。辙叉角的余切值为道岔号，辙叉角越大，道岔号越小，道岔的导曲线半径越小，列车侧线通过时要求的速度越低。两翼轨之间的最窄距离称为辙叉咽喉，辙叉咽喉到心轨的距离称为有害空间。为防止列车车轮撞击辙叉尖或爬向异线，在辙叉的两侧对向的基本轨内侧设置了护轨，护轨和基本轨之间用不同尺寸的间隔铁和螺栓连接。

四、道岔的标准尺寸及过道岔速度

道岔过岔最高速度分为直向速度和侧向速度，过岔速度的大小由尖轨类型和辙叉号类型决定。

微课视频：提速道岔与客运专线道岔

（一）普通单开道岔

普通单开道岔各部分的标准尺寸及允许通过速度如表 1-1-1 所示。

表 1-1-1　普通单开道岔各部分的标准尺寸及允许通过速度

道岔辙叉号	钢轨类型/(kg/m)	图号	辙叉角 α	导曲线半径/mm	道岔全长/mm	始端至中心距离/mm	中心至跟端距离/mm	跟端至末根岔枕距离/mm	尖轨长度/mm	允许通过速度/(km/h)	
										直向	侧向
12	60	专线 4190	4°45′49″	350000	37907	16853	21054	6806	11300	120	50
		专线 4228	4°45′49″	350000	37800	16592	21208	11100	12400	外锁闭<140 内锁闭≤120	50
	50	专线 4147	4°45′49″	350000	37907	16853	21054	6806	11300	120	50
		专线 4144	4°45′49″	330000	36815	16853	19962	7897	7700	110	40
	43	TB399-75	4°45′49″	330000	36815	16853	19962	8883	7700	95	45
9	60	专线 4194	6°20′25″	180000	29569	13839	15730	5718	6450	95	30
		专线 4204	6°20′25″	180000	29569	13839	15730	7060	6450	90	30
	50	专线 4141	6°20′25″	180000	28848	13839	15009	5997	6450	90	30
		专线 4151	6°20′25″	180000	28848	13839	15009	8153	6450	90	30
	43	TB399-75	6°20′25″	180000	28848	13839	15009	6585	6250	85	35

（二）提速道岔

1. 提速道岔的基本特征

（1）提速道岔允许通过速度：直向，旅客客车为 160 km/h，货物列车为 120 km/h；侧向，旅客、货物列车均为 50 km/h。

（2）为了减少车轮的冲击震动，尖轨与辙叉的连接由普通活动连接改为非活动连接。

（3）辙叉心轨采用可动心轨方式，消灭了辙叉有害空间，提高了过岔的安全性。

（4）尖轨设置两个牵引点：可动心轨在心轨处增设两个牵引点。

（5）尖轨采用分动外锁闭，锁闭力比内锁闭更大，列车高速过岔时尖轨的稳定性更高。

（6）采用功率更大的三相交流电动机作为转换道岔的动力源，保证在外锁闭结构条件下道岔能够可靠转换。

2. 提速道岔的主要技术指标

提速道岔在主要技术指标上相对于普通道岔有以下变化：一是道岔的长度增长，二是辙叉心轨改为可动心轨，三是尖轨改为可弯型。提速道岔的主要技术指标如表 1-1-2 所示。

表 1-1-2 60 kg/m 提速道岔的主要技术指标

道岔号数	30	18	12				9	38
图号	专线 4261	专线 4223	铁联线 001	铁联线 002	铁联线 003	铁联线 004	铁联线 051	铁联线 4272
辙叉角度	05433[①]	31047	44549	44549	44549	44549	62025	13026.8
导曲半径/m	2700	800	350	350	350	350	360（直线） 190（曲线）	3300
道岔全长/m	102.4	60	43.2	43.2	37.8	37.8	29.74	136.2
道岔前长/mm	42701	22744	16592	16592	16592	16592	14015	48771
道岔后长/mm	59699	37256	26608	26608	21208	21208	15725	87429
尖前轨长/mm	3620	3520	2920	2920	2920	2920	2980	3165
趾距/mm	7938	4146	2346	2346	2038	2038	1526（直线） 1535（曲线）	5521
跟距/mm	6658	13246	10846	10846	3854	3954	2766（直线） 2783（曲线）	23871
尖轨长/mm	27980	15680	13880	13880	13880	13880	13456（直线） 13465（曲线）	376301
岔枕/根	206	126	82	87	82	87	66	244

注：① 辙叉角度数表示：05433 指 0°54′33″。

3. 提速道岔的结构特点

单开道岔在铁路线路连接中采用较多。单开道岔将一条线路分为两条，主线为直线方向，侧线由主线向左侧或右侧岔出，从岔前向岔后看去，侧线在直线左侧为左开道岔，侧线在直线右侧为右开道岔。图 1-1-1 所示为左开型单开道岔。

1）转辙部分

提速道岔的转辙部分在结构上相对于普通道岔做了以下较大调整：

（1）尖轨采用矮型特种钢制造（AT），取消了普通钢轨尖轨 6 mm 抬高量，消除了列车过岔的垂直不平顺，整体性强，刚度大，在使用中减少了拱背、旁弯等问题。

（2）尖轨的密贴采用藏尖式结构，从尖轨顶端做 2 mm 补充刨切，刨切长度 6165 mm，尖轨藏于基本轨下 3 mm，尖轨的密贴性更好。

（3）取消了根部结构，尖轨和基本轨采用夹板连接，设置限位器，尖轨的摆动采用可弯型，列车过尖轨的稳定性更强。

（4）尖轨设置两个牵引点，最大限度地保证了尖轨竖切部分完全密贴。

（5）滑床台采用 24 mm 高的加厚滑床台，可扣住基本轨轨底，增强了基本轨和尖轨密贴后的稳定性和可靠性。

2）连接部分

提速道岔的连接部分由直基本轨和曲基本轨构成，导曲线半径为 350717.5 mm，曲线实际起点在尖轨尖端后 298 mm 处，终点在尖轨根部后 14363 mm 处。从尖轨跟端后开始，每间隔 2 m 设一个支距点。

3）辙叉部分

提速道岔的辙叉有两种类型，分别是固定型和可动心轨型。

固定型辙叉用高锰钢整体铸成，趾端和跟端均采用接头夹板固定连接，辙叉下设垫板，使辙叉翼轨缓冲段冲击角减小，减小了车轮对辙叉翼轨的冲击，提高了直向过岔速度。

可动心轨型辙叉采用钢轨组合方式组合而成，零部件有长心轨、短心轨、岔跟尖轨、加长翼轨、联结零件。长、短心轨均用 60AT 轨拼装制造，长心轨叉跟部为弹性可弯段；短心轨末端为滑动端。翼轨及叉跟用 60 kg/m 轨制造。可动心轨辙叉采用间隔铁式连接。长心轨尖端热加工出转换凸缘，用于连接转辙设备。可动心轨设两个牵引点，第一牵引点动程为 117 mm，第二牵引点动程为 68 mm。

任务二　认知道岔转换设备

任务目标

掌握道岔转辙设备的作用、分类、技术要求以及道岔转辙设备的设置位置和操作方法。

微课视频：转辙机的作用、分类及设置

相关知识

当列车或车列需要从一条轨道线路转至另一条轨道线路时，就必须改变道岔的位置，而改变道岔位置所采用的设备则称为道岔转换设备。

道岔锁闭，是指把道岔的可移动部件（尖轨或心轨）固定在某个开通位置，当列车通过时不会因外力的作用而改变。

转辙机是道岔转换设备的核心和主体，除转辙机本身外，还包括外锁闭装置（内锁闭方式没有）和各类杆件、安装装置，它们共同完成道岔的转换和锁闭。

一、转辙机的作用及分类

（一）转辙机的作用

在集中联锁设备中，转辙机的作用是接收到命令后带动道岔转换，其主要功能为转换道岔、锁闭道岔尖轨、表示道岔所在位置。具体作用如下：

（1）转换道岔的位置，根据需要转换至定位或反位。

（2）道岔转换至所需位置并且密贴后，实现锁闭，防止外力转换道岔。

（3）准确反映道岔的实际位置，道岔的尖轨密贴于基本轨后，给出相应的表示。

（4）道岔被挤或因故处于"四开"（两侧尖轨均不密贴）位置时，及时给出报警及表示。

（二）转辙机的分类

1. 按动作电源种类分类

按动作电源种类分类，转辙机可分为直流转辙机和交流转辙机。

直流转辙机的工作电源为直流电，它采用直流电动机。ZD6 系列电动转辙机、ZD9 型电动转辙机、ZY 型电液转辙机和 ZK 型电空转辙机均属于直流转辙机，前三种转辙机由直流 220 V 供电，电空转辙机则由直流 24 V 供电。直流电动机的缺点是由于存在换向器和碳刷，较易损坏，故障率较高。目前无刷直流电机已经在直流转辙机上进行试用，能克服上述缺点。

交流转辙机采用三相交流电源或单相交流电源，由三相异步电动机或单相异步电动机（现大多采用三相异步电动机）作为动力。目前在提速道岔上推广使用的 S700K 型电动转辙机、ZYJ7 型电液转辙机和 ZDJ9 系列电动转辙机均为交流转辙机。交流转辙机采用交流电动机，不存在换向器和电刷，因此故障率较低，而且单芯电缆控制距离较远。

2. 按动作能源和传动方式分类

按动作能源和传动方式分类，转辙机可分为电动转辙机、电动液压转辙机和电空转辙机。

电动转辙机由电动机提供动力，采用机械传动。多数转辙机都是电动转辙机，例如我国铁路采用的 ZD6 系列转辙机、S700K 型电动转辙机和 ZDJ9 系列电动转辙机。

电动液压转辙机简称电液转辙机，由电动机提供动力，采用液力传动。ZY 系列转辙机即为电液转辙机。

电空转辙机由压缩空气作为动力，由电磁换向阀控制。ZK 系列转辙机即为电空转辙机。

3. 按动作速度分类

按动作速度分类，转辙机可分为普通动作转辙机和快动转辙机。

绝大多数转辙机的转换道岔时间都在 3.8 s 以上，属于普通动作转辙机。ZD7 系列电动转辙机和 ZK 系列电空转辙机的转换道岔时间在 0.8 s 以下，属于快动转辙机。快动转辙机主要用于驼峰调车场，以满足分路道岔快速转换的要求。

4. 按锁闭道岔的方式分类

按锁闭道岔的方式分类，转辙机可分为内锁闭转辙机和外锁闭转辙机。

内锁闭转辙机依靠转辙机内部的锁闭装置锁闭道岔尖轨，是间接锁闭的方式。ZD6系列转辙机即采用内锁闭方式。采用内锁闭方式锁闭道岔，锁闭力量小，列车运行对转辙机的冲击较大，速度较高时容易造成锁闭失灵，因此内锁闭方式只在非提速区段道岔或提速区段侧线道岔中使用。

外锁闭转辙机虽然内部也有锁闭装置，但对道岔的直接锁闭依靠转辙机外部的外锁闭装置。将密贴尖轨直接锁于基本轨，斥离尖轨锁于固定位置，是直接锁闭的方式。用于提速道岔的 S700K 型电动转辙机、ZYJ7 型电液转辙机（包括 SH6 型转换锁闭器）和 ZDJ9 系列电动转辙机均采用外锁闭方式。采用外锁闭方式的优点是锁闭可靠，列车对转辙机几乎无冲击。

5. 按是否可挤分类

按是否可挤，转辙机分为可挤型转辙机和不可挤型转辙机。

可挤型转辙机内设挤岔保护（挤切或挤脱）装置，道岔被挤时，动作杆能够脱离机械联系，从而保护了整机不被损坏。不可挤型转辙机内不设挤岔保护装置，道岔被挤时，会挤坏动作杆与整机连接结构。电动转辙机和电液转辙机都有可挤型和不可挤型的。

二、对转辙机的要求

（一）对转辙机的基本要求

对转辙机的基本要求如下：

（1）作为转换装置，应具有足够大的拉力，以带动尖轨做直线往返运动；当尖轨受阻不能运动到底时，应随时通过操纵使尖轨回复原位。

（2）作为锁闭装置，当尖轨和基本轨不密贴时，不应进行锁闭；一旦锁闭，应保证不会因列车通过道岔时的震动而导致错误解锁。

（3）作为监督装置，应能正确地反映道岔的实际状态。

（4）道岔被挤后，在未修复前不应再使道岔转换。

（二）对转辙机的技术要求

（1）列车运行速度大于 120 km/h 的道岔应采用外锁闭装置。

（2）多点（含两点及以上）牵引道岔应采用多机牵引方式，多机牵引道岔使用的不同动程的转辙机，应满足道岔同步转换的要求。

（3）发生挤岔时，道岔转换设备应可靠切断道岔表示。

（4）列车运行速度大于 120 km/h 的线路，道岔应采用三相 380 V 电源电压的交流电动、电液转辙机牵引。其他线路可采用额定电压 160 V 直流电动、电液转辙机牵引。

（5）驼峰调车场道岔应采用额定电压 180～220 V 直流快速电动、电液、电空转辙机牵引；还可采用额定电压 20 V 的直流快速电空转辙机牵引。

（6）尖轨、心轨的第一牵引点转辙机，应采用动作杆和锁闭杆同时锁闭的方式。

（7）道岔密贴检查：

① 列车运行速度 120 km/h 及以下区段的道岔密贴检查应满足以下技术要求：

• 单点牵引道岔牵引点中心线处有 4 mm 及以上间隙时，密贴尖轨和心轨不得锁闭和接通道岔表示。

• 驼峰调车场使用的快动转辙机可不设表示杆。如设置表示杆，在道岔牵引点中心线处有 7 mm 及以上间隙时，密贴尖轨不得接通道岔表示

• 两点及三点牵引道岔的第一牵引点中心线处有 4 mm 及以上间隙时，密贴尖轨和心轨不得锁闭和接通道岔表示，其余牵引点检查 6 mm。尖轨的密贴段，在牵引点间有 10 mm 及以上间隙时不得接通道岔表示。

② 列车运行速度大于 120 km/h、小于 160 km/h 区段的道岔密贴检查应满足以下技术要求：

• 单点牵引道岔牵引点中心线处有 4 mm 及以上间隙时，密贴尖轨和心轨不得锁闭和接通道岔表示。

• 两点及三点牵引道岔第一牵引点中心线处有 4 mm 及以上间隙时，密贴尖轨和心轨不得锁闭和接通道岔表示，其余牵引点检查 6 mm。尖轨的密贴段，在牵引点间有 10 mm 及以上间隙时不得接通道岔表示。

③ 列车运行速度大于 160 km/h 区段的道岔密贴检查应满足以下技术要求：

• 牵引点中心线处尖轨与基本轨、心轨与翼轨间有 4 mm 及以上间隙时，锁闭机构不得锁闭和接通道岔表示。

• 尖轨、心轨的密贴段，在牵引点间有 5 mm 及以上间隙时不得接通道岔表示。

• 多点牵引道岔，在尖轨与基本轨和心轨与翼轨不密贴段的牵引点可不设表示杆，也不进行密贴检查，其他牵引点应设置表示杆。

（8）各种类型的转辙机及密贴检查装置应符合下列技术要求：

① 能可靠地转换道岔。

② 在尖轨与基本轨密贴后，将道岔锁闭在规定位置，并给出道岔位置的表示。

③ 正常转换道岔时，挤切销或保持连接装置应保证不发生挤切或挤脱。

④ 当道岔被挤时，同一组道岔上的转辙机或转换锁闭器、密贴检查装置的表示接点必须断开。

⑤ 安全接点应接触良好。在插入手摇把或钥匙时，安全接点应可靠断开，非经人工恢复不得接通电路。

（9）道岔表示冗余系统应符合下列技术要求：

① 在第一牵引点中心线处尖轨或心轨密贴时有 4 mm 及以上间隙，锁闭机构不得锁闭或接通道岔表示。

② 当尖轨或心轨从密贴位斥离至 5 mm 及以上间隙时，应断开道岔表示。

三、道岔及转辙机的设置

（一）道岔的设置

编组站的到达场、出发场、交换场、驼峰调车场以及区段站、中间站设置的道岔一般以小号道岔为主，主要有 50 kg/m 的 9 号、12 号道岔，60 kg/m 的 9 号、12 号道岔，个别

站设置 60 kg/m 的 18 号道岔。道岔类型有单开普通道岔、对称道岔、交叉渡线道岔、交分道岔等。道岔尖轨的锁闭方式一般采用转辙机内锁闭方式。

重载、提速区段设置的道岔一般以中、小号道岔为主，主要有 60 kg/m 的 9 号、12 号、18 号道岔。道岔类型有单开普通道岔、交叉渡线道岔、交分道岔等。道岔的锁闭方式视情况而定，可以选择内锁闭方式，也可以选择外锁闭方式，正线上一般选择外锁闭方式。客运专线道岔一般以大号道岔为主，主要有 60 kg/m 的 12 号、18 号、30 号、38 号、42 号、62 号道岔等。客运专线道岔全部采用普通单开道岔，道岔的锁闭方式全部采用外锁闭方式。

（二）转辙机的设置

在非提速区段的车站和提速区段、客运专线、高速铁路车站的非正线上，其联锁区域内一般每组道岔岔尖处均设置一台转辙机。在采用 AT（矮型特种钢）道岔时，因其为弹性可弯型道岔，尖轨加长且有弹性，需要采用两台或三台转辙机来转换道岔，一台转辙机牵引尖轨尖端（第一牵引点，一般用 ZD6-E 型电动转辙机），另一台转辙机牵引尖轨腰部（第二牵引点，一般采用 ZD6-J 型电动转辙机）；如果采用三台转辙机牵引道岔时，第三牵引点也采用 ZD6-J 型电动转辙机。可动心轨道岔的心轨需要一台转辙机牵引。复式交分道岔的两组尖轨和两组可动心轨分别由一台转辙机牵引。18 号道岔尖轨需要两个牵引点，可动心轨也需要两个牵引点。图 1-2-1 所示为双机牵引道岔。

图 1-2-1　双机牵引道岔

在提速区段、客运专线和高速铁路车站的正线上，采用提速道岔。提速道岔进一步加长了尖轨长度，为满足多点牵引、多点检查的要求，需要多台转辙机牵引，其转辙机的数量要视道岔号码、固定辙叉以及可动心轨而定。

对于 12 号固定辙叉提速道岔，一般有两个牵引点：采用 S700K 型或 ZDJ9 系列电动转辙机牵引时，需要两台 S700K 型或 ZDJ9 系列电动转辙机；当用 ZYJ7 型电液转辙机牵引时，第一牵引点用 ZYJ7 型电液转辙机，而第二牵引点用 SH6 型转换锁闭器。

18 号可动心轨提速道岔共有 5（3+2）个牵引点：用 S700K 型或 ZDJ9 系列电动转辙机牵引时，每个牵引点设置一台转辙机；采用 ZYJ7 型电液转辙机时，尖轨和心轨第一牵引点设置一台 ZYJ7 型电液转辙机，而其他牵引点都采用 SH6 型转换锁闭器牵引。

对于 30 号及以上提速道岔，牵引点还需要增加，每个牵引点设置一台转辙机牵引。30 号、38 号、42 号道岔的尖轨需要 6 台转辙机、心轨需要 3 台转辙机，即共需要 9（6+3）台转辙机实现牵引。62 号道岔需要 16（12+4）台转辙机实现牵引。目前，客运专线及高速铁路车站的提速道岔大都采用 S700K 型或 ZDJ9 系列电动转辙机牵引。

四、转辙机的操纵和锁闭

（一）转辙机的操纵方式

转辙机的操纵有电动转换和人工转换两种方式。

设备正常时，操作人员利用控制台（或显示器）上的相关按钮进行集中操纵。当停电、转辙机故障或轨道电路故障时，则由操作人员通过手摇方式转换道岔。

手摇转辙机时，先用钥匙打开遮断器盖，露出手摇把插孔，插入手摇把，摇动规定圈数使道岔转换至所需位置；转换完毕，抽出手摇把。由于安全触点被断开，转辙机电路也被断开，必须由电务维修人员打开机盖，合上安全触点，转辙机电路才能恢复正常。多动道岔或由多台转辙机牵引的道岔，必须同时摇动各台转辙机使道岔转换至所需位置，各台转辙机在集中操纵时是联动的，但手摇转换时必须人工一一摇动。手摇把关系着行车安全，要实行统一编号，集中管理，建立登记签认制度。

（二）转辙机的锁闭方式

对道岔实施锁闭，是指通过机械及电气方式将列车正在经过或已发出指令允许列车经过（例如办理好进路）的道岔进行固定，以防止道岔错误转换。

锁闭道岔的方式有机械锁闭和电气锁闭两种形式。

机械锁闭是当道岔转换到位后利用转辙机的内锁闭或外锁闭装置自动实现的，用于确保列车运行时尖轨与基本轨保持密贴。当设备故障时，需要人工利用钩锁器等设备对道岔尖轨实施锁闭以保证行车安全。

电气锁闭是利用继电器触点等断开转辙机电路，以确保列车占用或已发出指令允许列车经过时，不会由于误操作导致道岔转换。

知识拓展

密贴检查器

密贴检查器是用来检查道岔尖轨或心轨位置状态的设备，用于检测道岔的实际位置并监控道岔的工作状态，也具有挤岔时切断表示的功能。密贴检查器作为道岔表示的冗余设备，串接在道岔的表示系统中，当任何一个牵引点位置的转辙机没有正常表示或者任何一个牵引点之间的密贴检查器没有正常表示时，道岔的转换设备都将提示不接通道岔表示电路。

密贴检查器是高速道岔安全保障的关键设备之一，通常设置在道岔牵引点之间。密贴检查器可提高挤岔事故的监视可靠性。当挤岔事故发生时，转辙机外锁闭机构均未解锁，道岔斥离尖轨发生位移，转辙机、密贴检查器其中之一或全部切断表示电路，则检查到了挤岔事故发生。当在转辙机牵引点较远处，尖轨、基本轨间夹有异物或尖轨变形等原因，使基本轨间和尖轨的间隙变大，影响行车安全时，设于该处的密贴检查器可以及时切断表示电路并报警。

我国道岔尖轨密贴检查器分别安装在道心或道旁，设置于两个牵引点之间，如图 1-1 所示。

图 1-1　设置于两个牵引点之间的密贴检查器

随着列车速度的不断提升，对道岔密贴的要求越来越高。对于高速铁路区段，经试验，夹异物超过 3 mm 已不能保证行车安全，其最大脱轨系数和横向振动加速度均超过提速道岔中的 5 mm 情况；从舒适度方面来看，高速道岔夹异物也不宜超过 3 mm。为了达到此项要求，高速道岔转辙设备中安装了 ELP319 型密贴检查器、JM-A 型密贴检查器，其检测精度为（2.5±0.5）mm。

项目二　认知 ZD6 系列电动转辙设备及其检修维护

项目描述

道岔转辙机是道岔控制系统的执行机构，用于道岔的转换与锁闭以及道岔所处位置和状态的监督。

本项目主要介绍铁路常用的 ZD6 系列转辙设备的结构、功能及原理，ZD6 道岔控制电路原理；重点阐述 ZD6 型电动转辙机的使用维护知识以及常见故障的分析与处理。

任务一　认知 ZD6 系列电动转辙机

任务目标

1. 掌握 ZD6 系列电动转辙机的结构、作用和动作原理；
2. 掌握 ZD6 道岔密贴和表示缺口的调整方法，能够按照标准熟练地调整道岔；
3. 掌握 ZD6 系列电动转辙机摩擦电流的调整方法；
4. 掌握 ZD6 系列电动转辙机牵引道岔常见的机械故障处理方法。

微课视频：ZD6 系列电动转辙机的作用、类型及结构

相关知识

一、ZD6 系列电动转辙机的型号及技术参数

ZD6 系列电动转辙机是我国轨道交通中使用最为广泛的电动转辙机，它采用内锁闭方式，以直流电动机为动力，采用机械传动方式，利用圆弧锁闭结构，靠挤切销和移位接触器实现挤岔断表示功能。其接点系统采用自动开闭器。电机的过载保护采用摩擦连接器。

ZD6 系列电动转辙机的型号用 ZD6-XX/X 来表示，其中，Z 表示转辙机，D 表示电动，6 表示设计序号，第一个 X 表示派生顺序号，第二个 X 表示动作杆动程，第三个 X 表示转辙机的额定转换力。

表 2-1-1 所示是 ZD6 系列电动转辙机的型号及主要技术参数。其中 ZD6-A 型是 ZD6 系列电动转辙机的基本型号，其他型号，如 D、E、J 等则属于派生型号。

表 2-1-1 ZD6 系列电动转辙机的型号及主要技术参数

型号	额定电压 DC/ V	额定转换力 /N(kgf)	动作杆动程 /mm	表示杆动程/mm	转换时间/s	工作电流/A	动作杆主副销抗挤切力/N	表示杆销抗挤切力/N
ZD6-A 165/250	160	2450(250)	165^{+2}_{0}	135 ~ 185	≤3.8	≤2.0	主销 29420±1961 副销 29420±1961	14700 ~ 17600
ZD6-D 165/350	160	3430(350)	165^{+2}_{0}	135 ~ 185	≤5.5	≤2.0	主销 29420±1961 副销 29420±1961	14700 ~ 17600
ZD6-E 190/600	160	5884(600)	190^{+2}_{0}	140 ~ 190	≤9	≤2.0	主销 49033±1961 副销≥88254	不可挤，设固定检查缺口≥20000
ZD6-F 130/450	160	4410(450)	130^{+2}_{0}	80 ~ 130	≤6.5	≤2.0	主销 29420±1961 副销 49033±1961	14700 ~ 17600
ZD6-G 165/600	160	5884(600)	165^{+2}_{0}	135 ~ 185	≤9	≤2.0	主销 29420±1961 副销 49033±1961	14700 ~ 17600
D6-H Z165/350	160	3430(350)	165^{+2}_{0}	80 ~ 185	≤5.5	≤2.0	主销 29420±1961 副销 29420±1961	14700 ~ 17600
ZD6-J 165/600	160	5884(600)	165^{+2}_{0}	50 ~ 130	≤9	≤2.0	主销 29420±1961 副销 29420±1961	14700 ~ 17600
ZD6-K 190/350	160	3430(350)	190^{+2}_{0}	80 ~ 130	≤7.5	≤2.0	主销 29420±1961 副销 49033±1961	14700 ~ 17600

（一）ZD6-D 型电动转辙机

ZD6-D 型电动转辙机是在 ZD6-A、B、C 型电动转辙机的基础上研制而成的，适用于牵引 50 kg/m、50 kg/m AT、60 kg/m 单开道岔、60 kg/m AT 单开道岔尖轨。它的特点是：扩大了表示杆的功能，使之对尖轨也有机械锁闭作用，构成双锁闭；在表示杆检查块处增加一个销子（称为副锁闭销），使检查块与表示杆连为一体，检查柱落入缺口，道岔便被表示杆锁住；挤岔时副锁闭销切断，表示杆照常有挤岔断表示的功能；在前表示杆上设有前、中、后三个横穿孔，使后表示杆与之配合时有更大的选择余地，这样就扩大了表示杆动程的可调范围，使之既能适应普通道岔尖轨的动程，也能适应交分道岔和可动心轨道岔的动程需要。

（二）ZD6-E 型电动转辙机

ZD6-E 型电动转辙机适用于牵引 50 kg/m、60 kg/m、75 kg/m 道岔和 12 号 AT、18 号 AT 道岔第一牵引点。它的特点是：在原有电流消耗的前提下，增大了牵引力，扩大了转换动程，具有双锁闭功能，还设计了与之配套的新型电动机（与原电动机通用），将单侧圆弧锁闭改进为卧式圆柱体下方两侧对称圆弧接触面，实现双圆弧组成的圆槽锁闭，提高了锁闭的可靠性；启动齿结构从原来的半齿弱力启动改进为全齿啮合抗过载强力启动，提高了耐磨性能，延长了零件的使用寿命；强化了减速器，采用轴承钢，增设了固化板，行星齿轮的滚动轴承由滚珠式改为滚柱式，增加了壳体局部厚度，提高了机械强度。

（三）ZD6-F 型电动转辙机

ZD6-F 型电动转辙机是在 ZD6-E 型电动转辙机的基础上研制而成的，其动程缩短为 130 mm，适用于牵引 60 kg/m 以上可动心轨道岔的心轨第一牵引点。其主要改进措施是：在主轴轴尾原有的弹性制动防逆转措施的基础上，叠加了刚性制动防逆转措施，采用了专用启动片和专用速动片；在自动开闭器下方设有方棒锁闭杆，以满足辅助锁闭、监督心轨位置及挤岔报警的要求。

（四）ZD6-J 型电动转辙机

ZD6-J 型电动转辙机是 ZD6-D 型电动转辙机的派生产品，适用于牵引 60 kg/m AT 道岔的第二牵引点，用来辅助牵引尖轨。它与 ZD6-E 型电动转辙机配合牵引 AT 道岔，称为“双机牵引”制式。其主要改进措施是：更换了 ZD6-E 型电动转辙机的第一级减速齿轮，使之与 ZD6-E 型电动转辙机的动作同步；用前表示杆的第一个横穿孔，以适应道岔第二点动程小的需要；取消杆内副锁闭销，使之实现挤岔报警功能。

二、ZD6-A 型电动转辙机的主要部件及其作用

ZD6-A 型电动转辙机主要由电动机、减速器、摩擦连接器、主轴、动作杆、表示杆、移位接触器、外壳等组成，如图 2-1-1 所示。ZD6-A 型电动转辙机除底壳外，其他部分均可单独拆卸，便于维修。

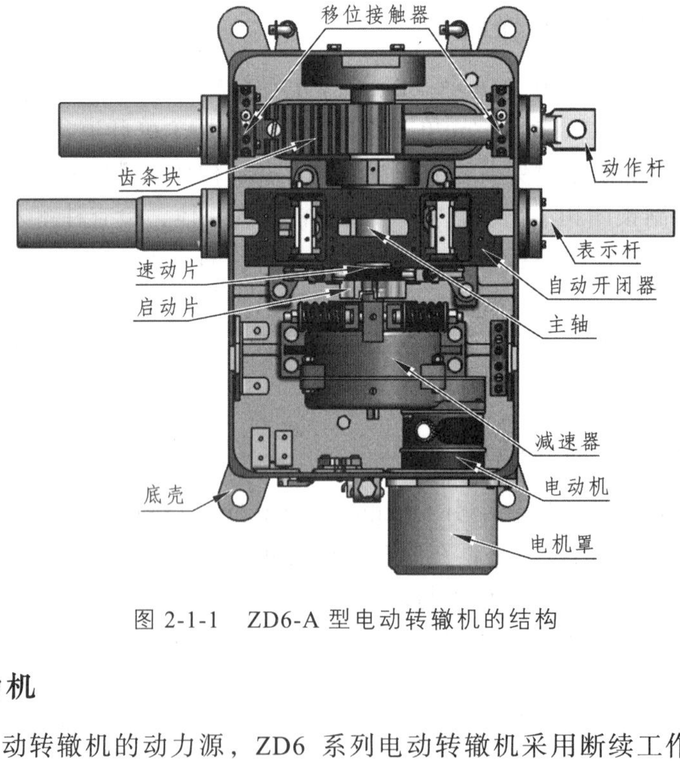

图 2-1-1　ZD6-A 型电动转辙机的结构

（一）电动机

电动机是电动转辙机的动力源，ZD6 系列电动转辙机采用断续工作制的直流串激可逆转电动机，它具有允许过载、在 1.8 倍额定转矩的情况下安全使用的特点；采用双定子

线圈串联后，再与电枢串联的励磁方式；道岔需要向定、反位转换时，直流电动机的正、反转可以通过改变励磁绕组中电枢的电流方向来实现。

电动机由定子线圈、转子线圈、换向片、炭刷、接线端子等配件组成。

电动机的接线如图 2-1-2 所示：电动机的接线端子采用四柱端子座，两定子线圈串联后的引出线以及两炭刷的引出线分别以两黄、两红套管来区分，1、2 端子采用黄套管，3、4 端子采用红套管，以此区分，并按编号接至端子板，端子板 1、3 端子为 6 mm 端子螺丝，2、4 端子为 5 mm 端子螺丝，其中接线端子 1、3 端子和 2、3 端子为定子线圈，3、4 接线端子为转子线圈。

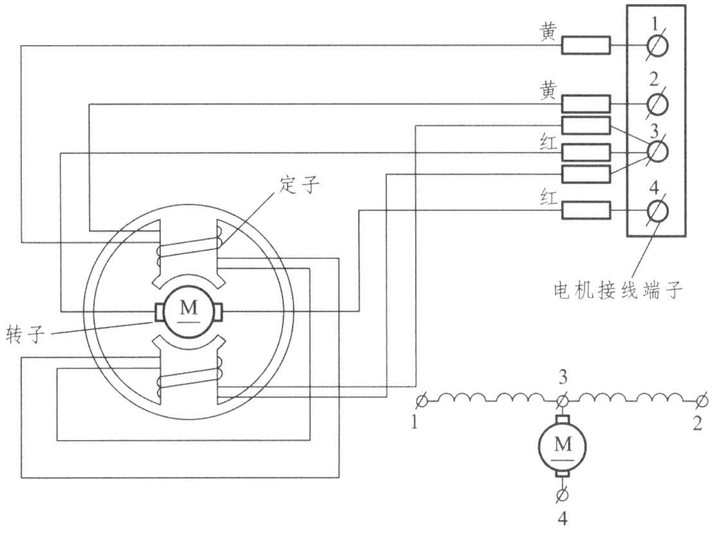

图 2-1-2　电动机的接线

直流电动机定、转子的线圈阻值要求：单定子线圈的工作电阻为$(2.85\pm0.14)\times 2\ \Omega$；转子线圈的刷间总电阻为（$4.9\pm0.245$）Ω。

电动机的换向器表面应光滑、干净，换向片间的绝缘物不得高出换向器的弧面。炭刷与换向器呈同心弧面接触，接触面积不少于炭刷面积的 3/4，工作时无过大火花，炭刷长度不少于炭刷全长的 3/5。

（二）减速器

转辙机由于体积、重量的限制，其所采用的电动机功率不可能很大，为了得到较大的转矩来带动道岔转换，必须用减速器把转速降下来。

ZD6-A 型电动转辙机的减速器由两级组成：第一级为定轴传动外啮合齿轮，即小齿轮带动大齿轮，减速比为 103∶27；第二级为渐开线内啮合行星传动式减速器，减速比为 41∶1。因此，ZD6-A 型电动转辙机的减速器总减速比为 $103/27\times41/1=156.4$。

行星传动式减速器如图 2-1-3 所示。其内齿轮靠摩擦连接器的摩擦作用“固定”在减速器壳内，内齿轮里面装有外齿轮，外齿轮通过滚动轴承装在偏心的轴套上，偏心轴套用键固定在输入轴上，如图 2-1-4 所示；外齿轮上有 8 个圆孔，每个圆孔内插入一根套有滚条的滚棒，8 根滚棒固定在输出轴的输出圆盘上。

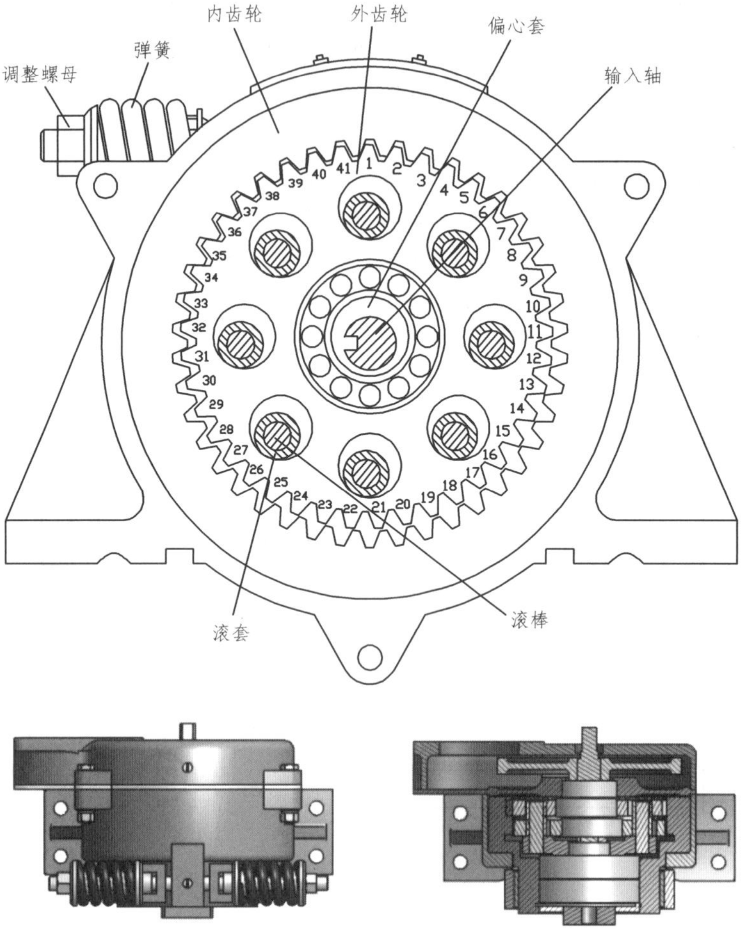

图 2-1-3　减速器的外形及结构

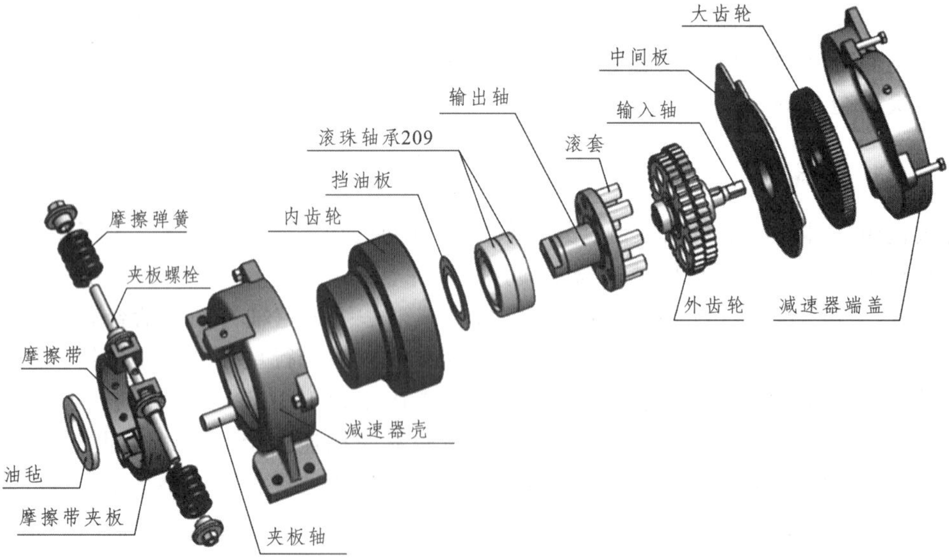

图 2-1-4　减速器和摩擦连接器分解示意图

外齿轮既在输入轴的作用下做偏心运动，又与内齿轮作用做旋转运动，类似于行星的运动，既有自转又有公转，所以外齿轮称为行星齿轮，这种减速器称为行星传动式减速器。为了达到机械转动的平衡，内齿轮里面装有两个外齿轮，它们共同套在一个输出轴圆盘的8根滚棒上，两个外齿轮之间偏向成180°。

当输入轴随第一级减速齿轮顺时针旋转时，偏心轴套也顺时针旋转，使外齿轮在内齿轮里沿内齿圈做逐齿啮合的偏心运动。当输入轴旋转一周，外齿轮也做一周偏心运动。外齿轮41个齿，内齿轮42个齿，两者相差一齿。因此，当外齿轮做一周偏心运动时，外齿轮的齿在内齿轮里错位一齿。在正常情况下，内齿轮静止不动，迫使外齿轮在一周的偏心运动中反方向旋转一齿的角度。当输入轴按顺时针方向旋转41周时，外齿轮按逆时针方向旋转一周，带动输出轴逆时针方向旋转一周，这样就达到了减速的目的。

（三）摩擦连接器

摩擦连接器是减速器的一部分。摩擦连接器是用来保护电动机和消耗电动机旋转惯性的连接装置。当道岔在转换终了时，摩擦连接器可以消耗掉电动机的旋转惯性，以保护电动机不被烧损。因为当道岔因故不能转换到位时，电动机电路不能断开，如果电动机突然停转，电动机将会因电流过大而烧损；另外，当道岔正常转换到位时，电动机的惯性又会使内部机件受到撞击而毁坏。转辙机既要克服上述两个问题，又要在正常情况下带动道岔转换，其机械传动装置就不能采用硬性连接而必须采用摩擦连接。因此，在ZD6-A型转辙机的行星传动式减速器中安装了摩擦连接器。

ZD6-A型转辙机的摩擦连接器是在行星传动式减速器内齿轮的延伸部分的小外圆上套以可调摩擦板构成的，如图2-1-5所示，行星传动式减速器的内齿轮大外圆装在减速壳内，可自由滑动。内齿轮延伸部分的小外圆上装有摩擦制动板。摩擦制动板下端套在固定于减速壳的夹板轴上，当上端由螺栓弹簧压紧时，内齿轮就靠摩擦作用而被“固定”。在正常情况下，依靠摩擦力，内齿轮反作用于外齿轮，使外齿轮做摆式旋转，带动输出轴转动，使道岔转换。当发生尖轨受阻不能密贴、道岔转换完毕而电动机惯性运动的情况下，

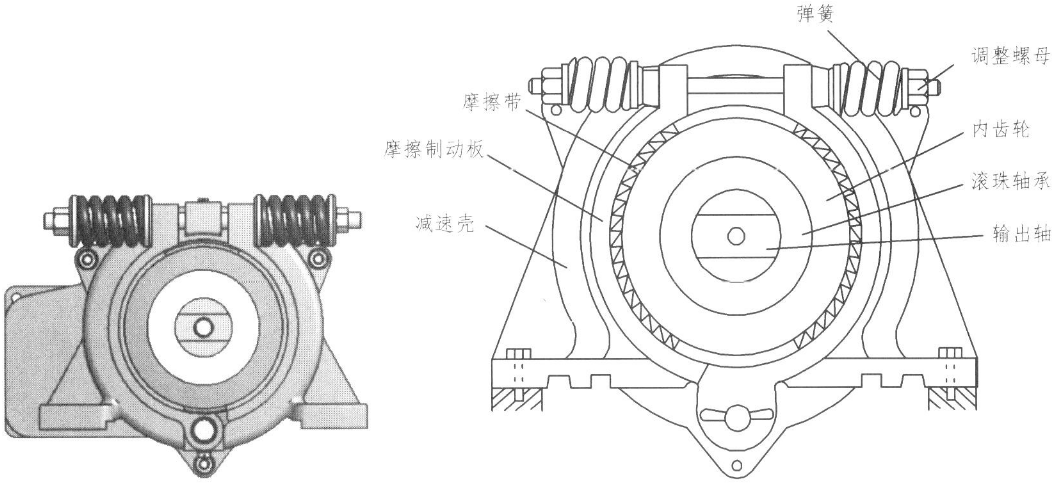

图 2-1-5　摩擦联结器的外形与结构

输出轴不能转动，外齿轮受滚棒阻止而不能自转，但在输入轴带动下做摆式运动，这样外齿轮对内齿轮产生一个作用力，使内齿轮在摩擦制动板中旋转（称为摩擦空转），消耗能量，以保护电动机和机械传动装置。

摩擦连接器的摩擦力应调整适当，过紧会失去摩擦连接作用，损坏电动机和机件；过松又不能正常带动道岔转换。摩擦连接器的松紧用调整螺母调整弹簧压力来实现。调整的标准是：额定摩擦电流应为额定动作电流的 3.3 ~ 3.5 倍。

（四）启动片与速动片

1. 启动片

启动片是介于减速器和主轴之间的传动媒介，如图 2-1-6 所示，它连接输出轴与主轴，利用其正、反两面互相垂直成“十”字形的沟槽，在旋转时自动补偿两轴不同心的误差。它还与速动片相配合，在解锁、锁闭过程中控制自动开闭器的动作。

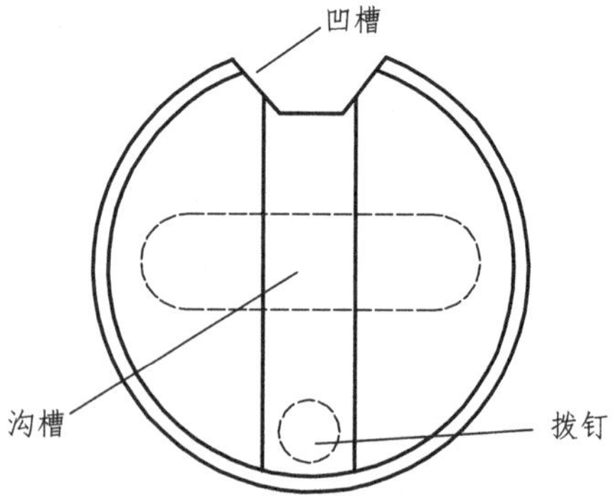

图 2-1-6　启动片

启动片上有一梯形凹槽，道岔锁闭后总会有一个速动爪上的滚轮落入其中。道岔解锁时，启动片一方面带动主轴转动，另一方面利用它的梯形凹槽的坡面推动速动爪滚轮上升，使速动爪抬起，以断开自动开闭器表示接点。在道岔转换过程中，两个速动爪均抬起，滚轮在启动片上空滑。在道岔接近锁闭阶段时，启动片的凹槽正好转到速动爪滚轮下方，与速动片配合，速动爪迅速落入速动片缺口中，速动爪上的滚轮迅速落入启动片凹槽中，完成自动开闭器的速动，切断电动机电路。

另外，启动片上有一个拔钉，插在速动片的腰形孔内，当启动片转动一定角度后，可以利用拔钉拨动速动片转动。

2. 速动片

速动片如图 2-1-7 所示。它有一个矩形缺口，缺口对面有一腰形扁孔，速动片通过速动衬套套在主轴上，启动片上的拨片钉插入速动片的腰形孔中。道岔锁闭后，拨片钉总是在腰形孔的一端；道岔解锁后，主轴反转，拨片钉在腰形孔中空走一段才拨动速动片一起转动。

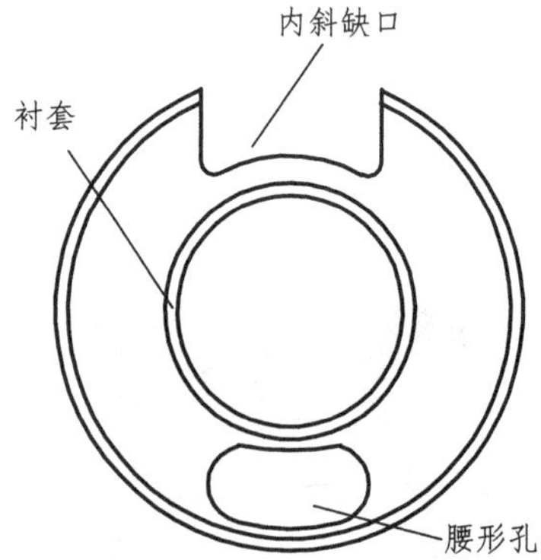

图 2-1-7　速动片

速动片套在速动衬套上，速动衬套又卡在接点座上，它不随主轴转动。速动片的直径比启动片略大，正常情况下总有一个速动爪的小滚轮压在它上面，所以即使主抽转动，速动片也不会跟着转，它的转动只有靠拨片钉拨动。

速动片的速动原理：在锁闭齿轮进入锁闭阶段时，齿条块已不再运动，为了完成内锁闭，主抽还在转动，启动片和速动片也在转动，这时启动片的梯形凹槽已经转到速动爪的下方，为速动爪的落下准备好条件。但是，速动片仍然支撑着速动爪，使它不能落下。只有当速动片再转过一个角度，使速动爪突然失去支撑，在拉簧的强力作用下，迅速落向启动片凹槽底部，实现了自动开闭器的速动。因此，速动的关键是尖爪从速动片的缺口尖角边突然跌落；否则，尖爪沿启动片梯形凹槽边下滑，就不会有速动效果。

（五）主轴

主轴由主轴、主轴套、轴承、止挡栓等组装而成，如图 2-1-8 所示，主轴带动锁闭齿轮，通过与齿条块配合完成转换和锁闭道岔。主轴上的止挡栓用来限制主轴的转角，使锁闭齿轮和齿条块达到规定的锁闭角，并保证每次解锁以后都能使两者保持最佳的啮合状态，使整机动作协调。

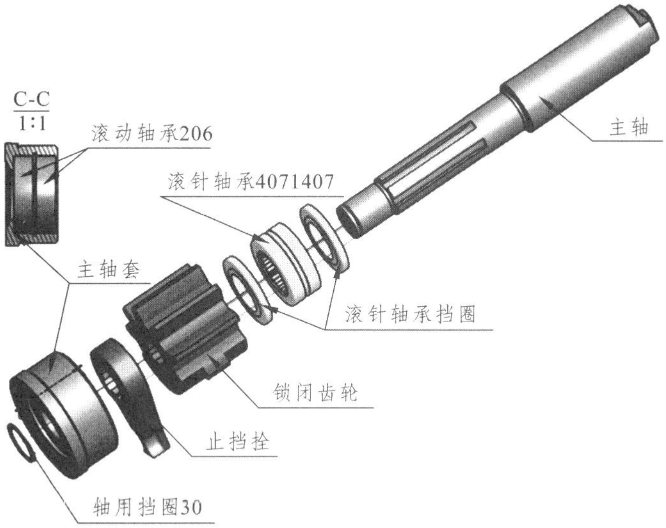

图 2-1-8　主轴的结构组成

（六）锁闭齿轮和齿条块

锁闭齿轮如图 2-1-9（a）所示，共有 7 个齿，其中 1 和 7 是位于中间的启动小齿，在它们之间是锁闭圆弧。齿条块上有 6 个齿、7 个齿槽，如图 2-1-9（b）所示，中间 4 个是完整的齿，两边 2 个是中间有缺槽的削尖齿，缺槽是为了锁闭齿轮上的启动小齿能顺利通过而设置的。

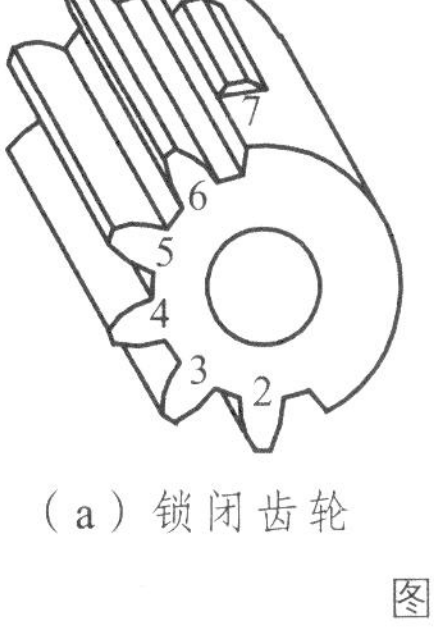

（a）锁闭齿轮

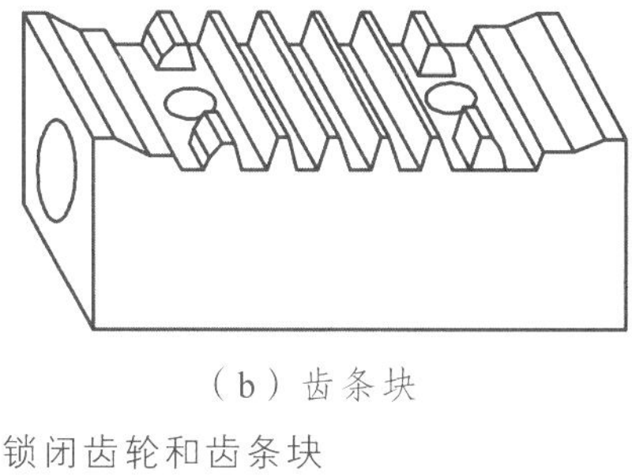
（b）齿条块

图 2-1-9　锁闭齿轮和齿条块

当道岔在定位或反位，尖轨与基本轨密贴时，锁闭齿轮的圆弧正好与齿条块的削尖齿弧面重合，如图 2-1-10 所示，这时如果尖轨受到外力要使之移动，或列车经过道岔使齿条块受到水平作用力，这些力只能沿锁闭圆弧的半径方向传给锁闭齿轮，它不会转动，齿条块及固定在其圆孔中的动作杆也不能移动，这样就实现了对道岔的锁闭。

电动转辙机每转换一次，锁闭齿轮与齿条块要完成解锁、转换、锁闭三个过程。

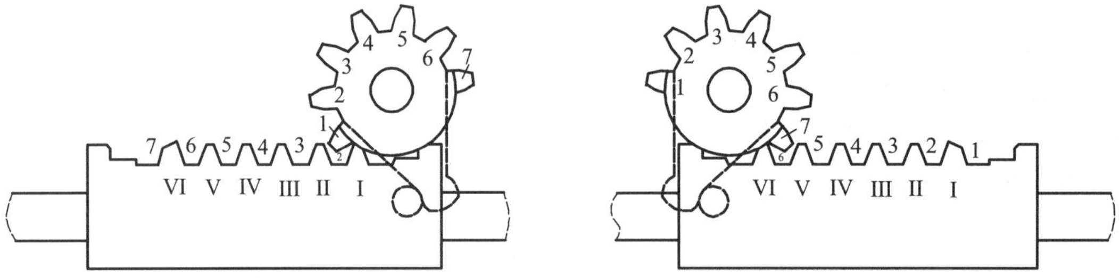

（a）　　　　（b）

图 2-1-10　转辙机的内锁闭

（七）动作杆

动作杆是转辙机转换道岔的最后执行部件。动作杆一端与道岔的密贴调整杆相连接，带动尖轨运动。动作杆通过挤切销和齿条块连成一体，正常工作时，它们一起运动。之所以用挤切销连接，是为了挤岔时，动作杆和齿条块能迅速脱离联系，使转辙机内部机件不受损坏。挤切销分主销和副销，分别装于锁闭齿轮削尖齿中间开口处的挤切孔内。主销挤切孔为圆形，主销能顺利插入起主要连接作用；副销挤切孔为扁圆形，副销插入起备用连接作用。如果是非挤岔原因使主销折断，副销还能起到连接作用。这是因为，副销挤切孔为扁圆形，齿条块在动作杆上有 3 mm 的窜动量。

（八）自动开闭器

自动开闭器用来及时、正确地反映道岔尖轨的位置，并完成控制电动机和挤岔表示的功能。在解锁过程中，由自动开闭器接点断开原表示电路，接通准备反转的动作电路；锁闭后，由自动开闭器接点自动断开电动机动作电路，接通表示电路。

1. 自动开闭器的结构

自动开闭器由 4 排静接点、2 排动接点、2 个速动爪、2 个检查柱及速动片等组成。静接点、动接点、速动爪、检查柱分别对称地装于主轴的两侧，但又是一个整体，如图 2-1-11 所示。

自动开闭器分为接点部分、动接点块传动部分及控制部分。接点部分包括动接点块、静接点、接点座等。静接点左右对称地安装在接点座上。两组动接点块分别安装在左右拐轴上，拐轴以接点座为支承。动接点块可以在拐轴转动时改变静接点组的接通位置。

动接点块传动部分包括速动爪及其爪尖上的滚轮、接点调整架、连接板和拐轴，这些部件左右各有一套。调整接点调整架上的螺钉可以改变动接点插入静接点的深度。

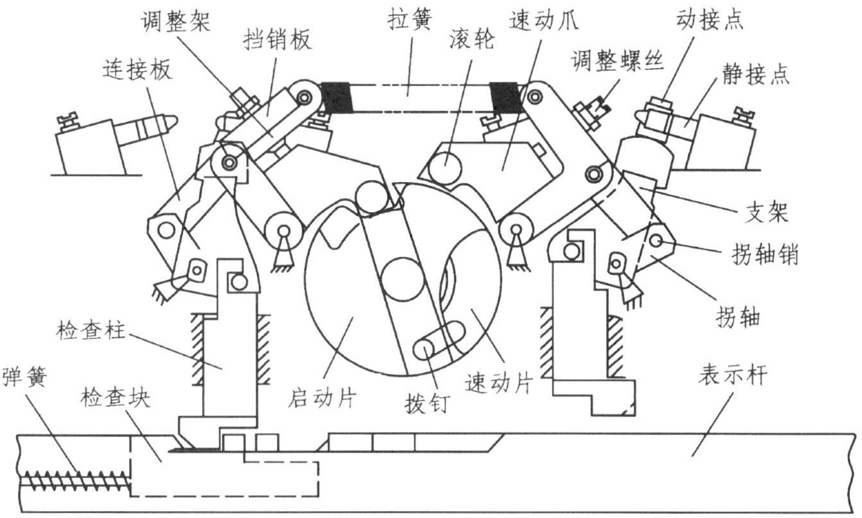

图 2-1-11 自动开闭器及表示杆的动作关系

自动开闭器弹簧的弹力适当，动接点在静接点内的接触深度不少于 4 mm，用手扳动动接点，其摆动量不大于 3.5 mm；动接点与静接点座的间隙不少于 3 mm，动接点组打入静接点组内，动接点环不低于静接点片；同时静接点片下边不应与动接点绝缘体接触；速动爪落下前，动接点在静接点内有窜动时，应保证接点接触深度不少于 2 mm；接点磨耗不超过厚度的 1/2，接点无氧化物、无烧损。

2. 自动开闭器的动作原理

自动开闭器的动作受启动片和速动片的控制。输出轴转动时带动启动片转动。速动片由启动片上的拨片钉带动转动。它们之间的动作关系及受它们控制的速动爪的动作情况如图 2-1-12 所示。

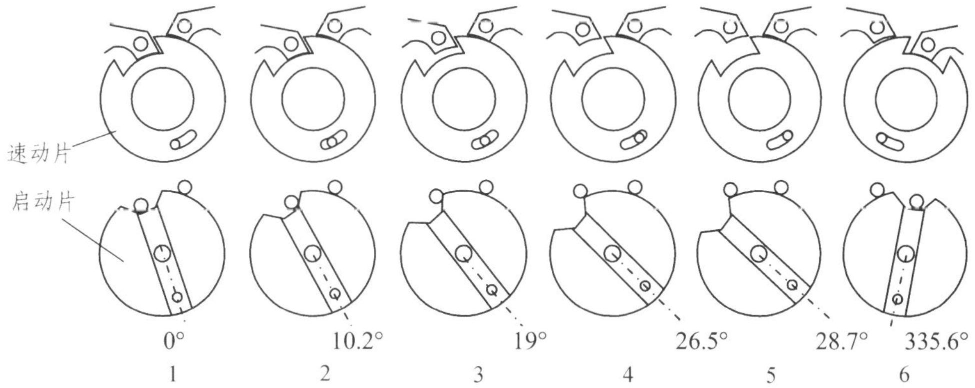

图 2-1-12 启动片、速动片及速动爪的动作关系

道岔在定位时，启动片沟槽与垂直线呈 10.5°角（图 2-1-12 中的位置 1）。假设启动片逆时针转动，固定在左速动爪上的滚轮与启动片斜面接触，左速动爪随滚轮沿料面滚动向上升，使 L 形调整架、连接板、拐轴、支架等相互传动。当启动片转至 10.2°时，自动开

闭器第 3 排接点断开；转至 19°，第 4 排接点开始接通；转至 26.5°时，左速动爪的滚轮升至最高，左动接点完全打入第 4 排静接点。启动片转至 28.7°时，拨片钉移动至速动片导槽尽头，拨动速动片随启动片一起转动，一直转到 335.6°时，速动片缺口对准右速动爪，在弹簧的作用下，右速动爪迅速落入速动片缺口内，带动右动接点，使第 1 排接点迅速断开，第 2 排接点迅速接通，同时，带动右检查柱落入表示杆检查块的反位缺口内，检查道岔的确已转换至反位密贴状态。

3. 自动开闭器的接点

自动开闭器有 2 排动接点、4 排静接点，它们的编号是，站在电动机处观察，自右至左分别为第 1 排、第 2 排、第 3 排、第 4 排接点，如图 2-1-13 所示。每排接点有 3 组接点，自上而下顺序编号，第 1 排接点为 11-12、13-14、15-16，以此类推。若转辙机定位时第 1、3 排接点闭合，则转辙机向反位动作；解锁时，左动接点先动作，断开第 3 排接点，切断道岔定位表示电路，接通第 4 排接点，为反转做好准备；转换至反位后，右动接点动作，断开第 1 排接点，切断电动机动作电路，接通第 2 排接点，沟通道岔反位表示电路。若转辙机定位时第 2、4 排接点闭合，则转向反位时，右动接点先动作，断开第 2 排接点，接通第 1 排接点；转换到反位时，左动接点动作，断开第 4 排接点，接通第 3 排接点；从反位转向定位时，接点动作情况与上述相反。

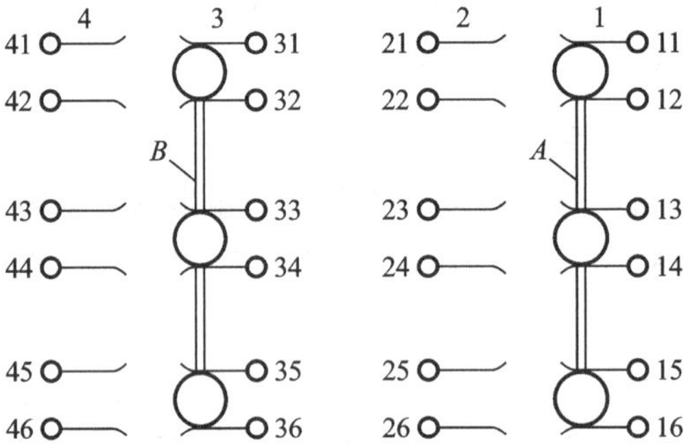

图 2-1-13　自动开闭器的接点

（九）表示杆

电动转辙机的表示杆与道岔的表示连接杆相连并随道岔动作，用来检查尖轨是否密贴以及在定位还是在反位。

表示杆由前表示杆、后表示杆及两个检查块组成，如图 2-1-14 所示。两杆通过并紧螺栓和调整螺母固定在一起。前表示杆的前伸端设有连接头，用来和道岔的表示连接杆相连。并紧螺栓装在后表示杆的长孔与相对应的前表示杆圆孔里。前表示杆后端有横穿后表示杆的调整螺母，后表示杆末端有一轴向长孔，内穿一根调整螺杆并拧入调整螺母内，在调整螺杆颈部用销子将它与后表示杆连成一体。松开并紧螺栓，拧动调整螺杆时，它带动后表示杆在调整螺母内前后移动。由于后表示杆前端与并紧螺栓相连的是一长孔，所以调整范围较大，为 86 ~ 167 mm，以满足不同道岔开程的需要。

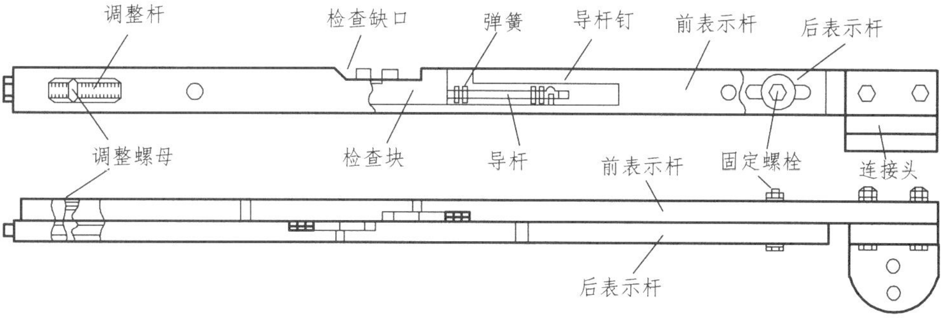

图 2-1-14　表示杆

为了检查道岔是否密贴，在前、后表示杆的腹部空腔内分别设置了一个检查块。每个检查块上有一个缺口，道岔转换到位并密贴后，自动开闭器所带的检查柱落入此缺口，使自动开闭器动作。设置两个检查块是为了满足道岔定位和反位检查的需要。若左侧检查柱落在后表示杆缺口中，则右侧检查柱将落在前表示杆缺口中，如图 2-1-14 所示。检查柱落入表示杆缺口时，两侧应各有(1.5±0.5) mm 的空隙。

在现场维修中，调整表示杆缺口是一项重要的工作。现场调整应在道岔密贴调整好以后进行。先在动作杆伸出位置调整表示连接杆螺母，使前表示杆上的标记与窗口标记重合，这时检查柱应落入表示杆缺口并保持每侧有 1.5 mm 的间隙，然后在动作杆拉入位置，道岔密贴后，松开并紧螺栓，调整后表示杆的螺母，使检查柱落入后表示杆的缺口且保持每侧有 1.5 mm 的间隙。再经过几次定、反位动作试验，设备工作正常后，上紧并紧螺栓，调整工作即告完毕。

检查块轴向有一导杆，上面穿有弹簧和导杆钉，平时靠弹簧弹力顶住检查块，以完成对检查柱的检查。挤岔时，检查块缺口被检查柱占有，挤岔瞬间检查块动不了，挤岔的冲击力使表示杆向检查块运动，弹簧受到压缩，检查块和检查柱并未直接受到挤岔冲击力，不会损坏；另一方面，表示杆被挤，用缺口斜面迫使检查柱抬起，脱离检查块缺口，各部件不至于受损，此时由于检查柱的抬起，自动开闭器的动接点立即退出静接点组，断开道岔表示电路。

（十）挤切装置

挤切装置包括挤切销和移位接触器，用来进行挤岔保护，并给出挤岔表示。

1. 挤切销

两个挤切销（主销和副销）把动作杆与齿条块连成一体。道岔在定位或反位时，齿条块被锁闭齿轮锁住，道岔也就被锁住。挤岔时，来自尖轨的挤岔力推动动作杆，当此力超过挤切销能承受的机械力时，主、副挤切销先后被挤断，动作杆在齿条块内移动，道岔即与电动转辙机脱离机械联系，保护转辙机的主要机件和尖轨不被损坏。挤岔后，只要更换挤切销即可恢复使用。

2. 移位接触器

自动开闭器检查柱和表示杆中段特制了斜面，挤岔时表示杆被推动，表示杆中段的斜面顺着检查柱的斜面移动，将检查柱顶起，使一排动接点离开静接点组，从而断开了表示电路。若挤岔时表示杆无动程或动程不足，检查柱没有顶起来，表示电路断不开，这是很危险的。为了确保断开表示电路，ZD6-A 型电动转辙机设有移位接触器。

在 ZD6-A 型电动转辙机内安装了两个移位接触器，移位接触器下部有一个触头，其触头与齿条块在伸出及拉入时与顶杆的位置互相对应，顶杆与触头间隙为 2 mm，当顶杆与触头间隙为 1.5 mm 时，移位接触器接点不应断开，用 2.5 mm 垫片试验或用备用销带动道岔试验时接点应断开。移位接触器为非自复式微动开关，内有一组常闭接点，接入表示电路中用来监督挤切销的折损状态。两个移位接触器中的常闭接点分别与道岔定位和反位表示电路串联使用。因此，当道岔被挤或挤切销折损时，齿条块的顶杆上升 2.5 mm，并将移位接触器的触头顶起，使移位接触器接点断开，并切断表示电路，给出报警信息。移位接触器上部留有小孔，以便挤岔后予以恢复。

（十一）遮断开关

遮断开关又称安全接点，俗称电门。在维护道岔时，为了保证工作人员的安全，在转辙机上安装了遮断开关。

需要手摇转辙机时，首先要用钥匙打开机盖明锁，露出摇把孔，然后将摇把插入第一级减速大齿轮轴，摇动转辙机至所需位置。在摇把口露出时，转辙机内部的遮断开关已经被打开，需要用专用钥匙打开转辙机的机盖才能合上遮断开关。

三、ZD6-A 型电动转辙机内部动作原理

（一）ZD6-A 型电动转辙机的传动过程

微课视频：ZD6-A 型电动转辙机内部动作原理

图 2-1-15 所示是 ZD6-A 型电动转辙机的传动原理示意图。图中表示的各机件所处的位置是处于左侧锁闭（假设为定位）的状态，此时自动开闭器第 1、3 排接点闭合。下面简述从定位转向反位的传动过程。

（1）当电动机通入规定方向的道岔控制电流，电动机轴按图中所示的逆时针方向旋转。

（2）电动机通过齿轮带动减速器，这时输入轴按顺时针方向旋转，输出轴按逆时针方向旋转。输出轴通过启动片带动主轴，按逆时针方向旋转。

（3）锁闭齿轮随主轴逆时针方向旋转，锁闭齿轮在旋转中完成解锁、转换、锁闭三个过程，拨动齿条块，使动作杆带动道岔尖轨向右移动，密贴于右侧尖轨并锁闭。

（4）同时通过启动片、速动片、速动爪带动自动开闭器的动接点动作，与表示杆配合，断开第 1、3 排接点，接通第 2、4 排接点。

（5）完成电动转辙机转换、锁闭及给出道岔表示的任务。

手动摇动转辙机时，先用钥匙打开机盖，露出摇把插孔，将摇把插入减速大齿轮轴，摇动转辙机至所需位置，此后虽抽出摇把，但安全接点被断开，必须打开机盖，合上安全接点，转辙机才能复原。

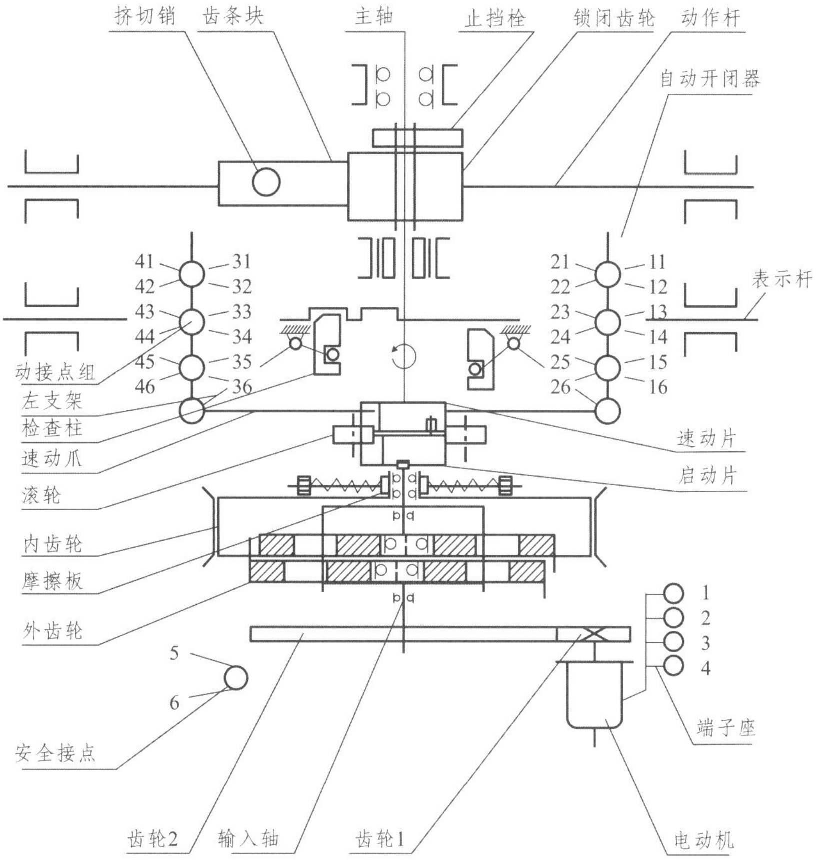

图 2-1-15　ZD6-A 型电动转辙机的传动原理示意图

（二）ZD6-A 型电动转辙机内锁闭动作原理

1. 解锁

如图 2-1-10（a）所示，道岔为定位锁闭状态，要将道岔转至反位，则电动机必须逆时针旋转，输入轴顺时针旋转，使输出轴逆时针旋转，通过启动片带动主轴及锁闭齿轮做逆时针转动。此时，锁闭齿轮的锁闭圆弧面首先在齿条块的削尖齿上滑退，锁闭齿轮上的启动小齿 1 从削尖齿 Ⅰ 旁经过。当主轴旋转 32.9°时，锁闭圆弧面全部从削尖齿上清开，启动小齿 1 与齿条块齿轮 1 的右侧接触，解锁完毕。

2. 转换

启动小齿拨动齿条块，锁闭齿轮带动齿条块移动，即将转动变为平动。锁闭齿轮转至 306.1°时，齿条块及动作杆向右移动了 165 mm，使原斥离尖轨转换到反位，与另一基本轨密贴。

3. 锁闭

道岔转换完毕必须进行锁闭，否则齿条块及动作杆在外力作用下可以倒退，造成“四开”的危险。道岔转换完毕后，锁闭齿轮继续转动到 339°，锁闭齿轮的启动小齿 7 在削尖齿 Ⅵ 旁经过，锁闭齿轮上的圆弧面与齿条块削尖齿弧面重合，实现了锁闭，如图 2-1-10（b）所示，此时，止挡栓碰到底壳上的止挡桩，锁闭齿轮停止转动。

四、ZD6 系列道岔转辙设备的调整

（一）道岔密贴、表示杆缺口标准

密贴标准：对应第一连接杆尖轨与基本轨之间夹有 4 mm 厚、20 mm 宽的钢板时，道岔不应锁闭；夹有 2 mm 厚、20 mm 宽的钢板时，道岔应锁闭。

表示杆缺口标准：道岔密贴，电动转辙机自动开闭器检查柱应自动落入表示杆检查块缺口内，检查柱与检查块缺口边缘应有（1.5±0.5）mm 的间隙。

（二）道岔转辙设备调整的过程与方法

1. 尖轨密贴调整

尖轨在转辙机的带动下转动到规定位置并完成机械锁闭后，必须与基本轨密贴并满足《技规》规定，其密贴调整是靠密贴调整杆上的两个轴套来完成的。为了叙述方便，规定靠近拉杆连接销一侧的轴套叫内轴套，靠丝扣外端的轴套叫外轴套。

（1）当尖轨与基本轨不密贴时，可拧开螺母，退出挡环，旋动轴套，将两轴套的间隙缩小。当动作杆处于伸出位置时应调整内轴套，当动作杆在拉入位置时则应调整外轴套。

（2）当尖轨已经密贴而转辙机不能完成机械锁闭（锁闭圆弧不能进入削尖齿内）时，应将两轴套的间隙增大。当动作杆处于伸出位置时应调内轴套，当动作杆在拉入位置时则应调外轴套。

转辙机动作杆动程与尖轨开程和密贴调整杆空动距离之间有如下关系：

转辙机动作杆动程=尖轨开程+密贴调整杆空动距离+（销孔旷动量+杆类压力变形量）

密贴调整后要用厚 4 mm、宽 20 mm 的试验板夹在尖轨与基本轨之间（第一连接杆处）进行 4 mm 不锁闭试验，使其满足《技规》的规定，最后要紧固螺母，并加防松措施。

调整道岔密贴必须在转辙机未锁闭状态，即检查柱已落入表示杆缺口内的状态时，但不能进行大动量的密贴调整。因为检查柱落入表示杆缺口内，表示杆与检查柱之间只有 3 mm 的相对位移间隙，当表示杆动量超过 3 mm 时，一个方向会使表示杆上斜面顶住检查柱 45°斜面、使检查柱上升、断开表示点（相当于挤岔时），而另一方向会使检查柱另一侧的立面与表示杆缺口的立面相卡，表示杆传给检查柱水平方向的力会造成检查杆弯曲，损坏自动开闭器。

2. 表示杆缺口调整

表示杆是用来检查道岔尖轨密贴的。

道岔密贴调整后，就要调整表示杆使检查柱落入其相应的缺口内，并满足《维规》要求的两侧间隙为（1.5±0.5）mm 的标准。

根据后表示杆装在前表示杆上、前表示杆直接与尖轨相联系的结构，在调整表示杆缺口时，必须先调整表示杆伸出位置的缺口，后调整拉入位置时的缺口。

伸出位置缺口时，调整表示连接杆杆架在尖端杆上的位置：当间隙大于（1.5±0.5）mm 时，松开螺母向靠近转辙机一侧调整杆架；当间隙小于（1.5±0.5）mm 时，松开螺母向外侧（不靠转辙机侧）调整杆架，调整标准后紧固螺母，并加防松措施。

拉入位置缺口时，在伸出位置调整标准后，将道岔扳到拉入位置，松开前、后表示杆

的紧固螺母，旋转后表示杆尾部的调整螺母，当间隙过大时顺时针方向旋转，间隙过小时逆时针方向旋转，调整标准后，要将前、后表示杆的紧固螺母拧紧。

表示杆缺口必须在尖轨与基本轨密贴后才能调整，且先调伸出位，后调拉入位。

3. 摩擦电流调整

摩擦电流是道岔尖轨在变位中受阻，内齿轮在摩擦夹板内“空转”时电动机电路中的电流。摩擦电流是经常需要调整的。摩擦电流的调整应符合《维规》的要求：即道岔正常转换时，摩擦连接器不应空转，道岔转换终了时应稍有空转。当摩擦电流调到规定值时，弹簧各圈的最小间隙不能小于 1.5 mm，如小于 1.5 mm，说明弹簧弹力不足，应更换。

调整摩擦电流的步骤为：打开转辙机机盖，断开遮断开关，在接点间串入量程为 5 A 的直流电流表（注意：05 接红表笔，06 接黑表笔）；同时，在第一连接杆处尖轨与基本轨之间插入厚 4 mm 以上的硬物，然后接通转辙机电源，使道岔转换，当尖轨被卡阻时，直流电流表的读数便是摩擦电流值。

调整摩擦电流的方法为：调节夹板螺栓上弹簧外侧的螺母，摩擦电流过小时顺时针旋动螺母，压缩弹簧；摩擦电流过大时，逆时针旋动螺母，放松弹簧。

最小摩擦电流：将摩擦制动板弹簧压力减小，直至再减小就不能启动道岔时为止，此时测试摩擦电流，其值即为最小摩擦电流。

最大摩擦电流：将摩擦制动板弹簧压力逐渐增大，直至再增加就会造成 4 mm 错误锁闭为止，此时测试摩擦电流，其值即为最大摩擦电流。

额定摩擦电流：额定摩擦电流值等于电动机额定电流值的 1.3 倍（2.6 A），它是转辙机出厂时，工厂检查摩擦连接器是否合格的标准。

实需摩擦电流：转辙机根据不同的实际情况，在保证道岔正常转换而又无过度机械磨耗的条件下，调出的低于“额定摩擦电流”的摩擦电流值，根据实际经验，实需摩擦电流一般以 2.0 ~ 2.2 A 较为合适。《维规》规定，正、反向摩擦电流相差应小于 0.3 A，ZD6-A 型、ZD6-D 型、ZD6-F 型转辙机为 2.3 ~ 2.9 A，ZD6-E 型、ZD6-J 型转辙机为 2.0 ~ 2.5 A。

4. 表示接点及移位接触器调整

《维规》规定，自动开闭器动接点在静接点片内的接触深度不得小于 4 mm，用手扳动动接点，其摆动量不大于 3.5 mm；动接点与静接点座之间的间隙不小于 3 mm；各接点片的压力均匀，接点接触压力不小于 4.0 N；速动爪落下前，动接点在静接点内有窜动时，应保证接点接触深度不小于 2 mm。

1）表示接点的调整

先拧松速动爪背部螺钉的螺母，再拧动螺钉即可调整动接点在静接点片内的插接深度，拧松相应静接点组整体弹片的固定螺丝，可对动接点两侧接触深度差以及中分线偏差予以调整。适当改变静接点整体弹片的开合形状，便调整了接点压力。

2）移位接触器的复位

移位接触器是两组非自复式常闭接点，分别串接在道岔定位和反位表示电路中。移位接触器触头与顶杆两者相距 1.5 mm。当发生挤岔时，动作杆在齿条块内产生移动，当移动量仅有刚开始移动的 3 mm 时，动作杆内 45°斜度的锥形坑便推动齿条块内顶杆向上同样移动 3 mm；经过 1.5 mm 的动程，顶杆与移位接触器触头接触，使其上升 1.5 mm，而触头的断电行程只需（0.7±0.1）mm，从而使移位接触器的常闭接点断开。移位接触器的接点一旦断开便不会自动复原，必须在有关人员打开转辙机，确认挤切销完好或被切断的挤切销已经更换，方可从移位接触器上方的窗孔向下压下弹片，使接点复原，接通表示电路。

五、ZD6 系列电动转辙机典型机械故障分析与处理

ZD6 系列电动转辙机典型机械故障的现象、原因及处理方法如表 2-1-2 所示。

表 2-1-2　ZD6 系列电动转辙机典型机械故障的现象、原因及处理方法

序号	故障现象		可能的原因	处理办法
1	电动转辙机不能正常转换	1. 转辙机在转换过程中突然卡住不能转换了； 2. 转辙机在转换过程中突然卡顿一下，然后继续转换。	1. 齿条块下部凹槽有异物，或齿条块两侧有异物，或动作杆罩筒内有异物。	仔细检查齿条块下部与周围是否存在异物，存在就清除异物。
			2. 锁闭圆弧与齿条块的尺寸不合标准。	检查锁闭圆弧和齿条块是否符合标准，如果不符合标准，则更换。
			3. 主轴和齿条块配合不合适。	（1）检查锁闭圆弧与齿条块的配合是否有卡阻，如有卡阻，调整主轴与齿条块； （2）检查齿条块与止挡栓间隙，如果止挡栓卡住齿条块，则调整止挡栓与齿条块的间隙。
			4. 自动开闭器速动爪解锁时抬起过低。	先检查自动开闭器的调整螺栓是不是过紧；如果不紧，检查速动爪解锁时的抬起间隙，如果不够，则处理速动爪。
2	主、副挤切销不能从齿条块中顺利拔出	1. 更换主、副挤切销时，挤切销不能从齿条块中顺利拔出； 2. 拆卸齿条块和动作杆时，挤切销不能从齿条块中顺利拔出。	1. 挤切销和齿条块的挤切孔之间有异物，或挤切销和动作杆的挤切孔之间有异物。	如果因为有异物或挤切销发生变形等导致挤切销取不出，可用专用拔销器，扭紧拔销器和挤切销，套上套杆，用此类取主轴的原始方法取出挤切销。
			2. 转辙机在使用过程中使挤切销受力过大发生变形。	
			3. 挤切销在使用过程中发生锈蚀。	如果是因为生锈导致挤切销取不出，可以用机油油润一段时间后再取出挤切销。
3	主轴轴向窜动超标	1. 止挡栓与齿条块的间隙不足 2 mm； 2. 转辙机转换过程中止挡栓卡住齿条块； 3. 止挡栓松动。	1. 止挡栓与锁闭圆弧在主轴上有间隙；	如果止挡栓与锁闭圆弧在主轴上有间隙，用塞尺测量间隙，拆卸主轴，在锁闭圆弧与止挡栓之间增加专用的垫片，塞紧间隙。
			2. 主轴与机壳配合存在间隙，有不符合标准的部件。	如果主轴与机壳配合存在间隙，有不符合标准的部件，应更换部件。

续表

序号	故障现象		可能的原因	处理办法
4	移位接触器接点弹片自动跳起，断开表示，错误报警	电动转辙机进行转换实验时，表示电路突然断开。	1. 接点弹片接触压力不足 0.7 N，接点弹片虚接。	卸下接点弹片，把弹片两侧小弹片圆弧人为地稍微展开一些，但弧度应保持一致，装入开关盒进行调测。
			2. 接点弹片的落下压力大于弹起压力，不利于接点处于常闭状态，易受外力而自动弹起。	使用小竹片以适当压力下压接点弹片根部，再用测力计测其弹起压力和落下压力数值，经过几次调整，可使弹起压力和落下压力数值达到标准，但要注意：弹起压力要适当大于落下压力。
			3. 接点弹片弹力不一致或弯曲角度不一致造成弹力不足或弹片滑出弹片架凹槽。	调整时一定要使 2 个小弹片角度保持一致，弹力均匀，防止小弹片从弹片架凹槽内滑出。
			4. 在进行挤切试验时，人为操作不当，同时上下按压复位按钮与接点，或是顶杆还没有离开接点时，就按压复位按钮，使接点弹片和接点板弯曲变形，失去原有的接触压力。	在进行挤切试验时，切记不要同时按压复位按钮和接点，或是顶杆没有落下就按压复位按钮。
5	顶杆上升高度达到 2.5 mm 及以上时，移位接触器接点不断开	1. 用 2.5 mm 的垫片试验移位接触器时，接点弹片不能可靠断开； 2. 拔出主挤切销，抽动动作杆，使齿条块内的顶杆上升到最高点，并转换道岔使其到对应的移位接触器一侧，接点弹片不能可靠断开。	1. 移位接触器的断电行程大于 0.8 mm。	重新调整断电行程，标准为（0.7±0.1）mm。
			2. 接点弹片变形或弹片失效。	能清楚地听到清脆的响声，应重新调整或更换新的接点弹片。
			3. 接点弹片、接点板没有处于开关盒的中间位置，接点弹片在弹起或落下时蹭壁。	重新紧固 M5 × 35 mm 铜螺栓，使接点弹片和接点板处于开关盒的中间位置，与盒壁两侧间隙一致，以免偏移造成蹭壁而影响正常工作。
			4. 接点与顶杆间隙大于 1.5 mm。	用 1.5 mm 的垫片放在齿条块顶杆上，重新安装移位接触器，使其间隙达到标准，并紧固固定螺栓。
			5. 移位接触器安装不正，接点与顶杆偏差大于 2 mm。	保证接点与顶杆有 1.5 mm 间隙的同时，还要将移位接触器接点与顶杆上下左右对正，偏差不大于 1.5 mm。

续表

序号	故障现象		可能的原因	处理办法
6	顶杆上升高度达不到 2.5 mm 时，移位接触器失去报警作用	移位接触器的固定螺栓与穿螺栓移位接触器的孔有间隙时，移位接触器已经在最下缘了。	1. 条块顶杆长度不够，顶杆下沉过度，使顶杆低于齿条块上平面超过 1 mm。	更换符合标准的顶杆，并检查锥孔、顶杆锥面是否标准，顶杆应低于齿条块上平面 0.1 ~ 1.0 mm。
			2. 挤切销孔不标准，动作杆不能窜动或窜动量过小，无法使顶杆完全升起。	按照标准认真检查动作杆副挤切销孔，使顶杆能完全升起。
			3. 挤切销孔内有异物，使动作杆与挤切销卡死，动作杆不能在齿条块内窜动。	及时清理挤切销孔内的异物，并适当注入润滑油。
7	移位接触器不能可靠断开	整机测试的时候表示电路未接通，但是接点弹片没有弹起。	1. 接点弹片压力过小，使弹片虚接；或接点弹片压力过大，接点弹片顶起后不能可靠断开。	调节接点弹片压力，使其压力为 0.6 ~ 1 N。
			2. 移位接触器的触头行程大于 0.8 mm，不能将接点弹片完全顶起。	调节移位接触器的触头行程，将行程调节到（0.7±0.1）mm。
			3. 移位接触器的固定螺栓与穿螺栓移位接触器的孔有间隙，移位接触器未调至合适位置而固定。	调节移位接触器在其固定间隙中的位置，使其在 2.5 mm 的垫片测试时能保证接点弹片可靠断开，用 1.5 mm 垫片测试时不断开表示电路。
8	自动开闭器速动爪解锁时抬起间隙不符合规定	转辙机在解锁过程中，速动爪小滚轮爬出启动片凹槽，速动爪与速动片接触 2 mm 时，速动爪与速动片的间隙大于 0.8 mm 或小于 0.3 mm。	1. 启动片、速动片或速动爪有部件不符合标准。	检查启动片、速动片和速动爪是否符合标准，不符合的则更换。
			2. 速动爪上的滚轮轴铆接得不与速动爪垂直。	检查滚轮轴是否垂直于速动爪，不垂直则重新铆接。

续表

序号	故障现象		可能的原因	处理办法
9	电动转辙机自动开闭器速动爪滚轮不能正常滚动	当用手摇把转换道岔时会出现小滚轮在速动片上滑行而不是滚动的情况；或者用手摇把转换道岔时虽不出现此情况，但用电动转辙机搬动道岔时则出现该情况。	1. 启动片与速动片由于制造误差，安装后不在同一轴线上，组装后无法达到同心，即出现启动片或速动片偏心的情况。	更换启动片或速动片，使启动片和速动片同心。
			2. 滚轮轴铆接在速动爪上相互不垂直，或铆接时加力不当使轴变形、弯曲等。	重新铆接滚轮轴，使滚轮轴与速动爪垂直。
			3. 滚轮内径和滚轮轴的粗糙度达不到要求，有毛刺或杂物，加大了摩擦力。	如果滚轮内径和滚轮轴的粗糙度达不到要求，有毛刺或杂物，则更换滚轮。
			4. 拉簧弹力不够，滚轮与速动片间的压力过小等。	如果拉簧弹力不够，则更换拉簧。
10	电动转辙机自动开闭器接点旷动量大于 3 mm	在转换道岔的过程中，特别是用电动转辙机转换道岔的过程中，很明显地看到动接点组在静接点组的弹片里窜动，用游标卡尺可以测量窜动量的大小。	1. 接点座拐轴孔磨耗。	如果是接点座拐轴孔磨耗，拐轴销、连接销、连接板孔及左、右支架扁方孔磨损，则更换拐轴销或连接销，更换连接板或左、右支架。
			2. 拐轴销、连接销、连接板孔及左、右支架扁方孔磨损等。其主要原因是拐轴和支架扁方孔是应力集中的地方，发生过载变形的可能性较大。	如果拐轴发生过载变形，更换拐轴；如果拐轴出现磨耗，对拐轴磨耗处进行补焊，然后用锉刀修出合格尺寸。
11	调试摩擦电流时，摩擦电流不稳定	在减速器测试台或整机带电测试的时候，可以很明显地发现数值的跳动变化（记录摩擦电流的最大值与最小值，用其差值判断）。	1. 减速器内 5 个轴承位、3 个轴承室的公差配合不符合标准。	对于公差配合不符合标准的部位，修复超差部位，使之达到标准配合度。
			2. 内齿轮与减速器壳配合面粗糙度不符合标准，有锈蚀存在。	在车床上用砂纸磨光内齿轮与减速器壳的配合面。
			3. 输入轴与中间板轴不同心，造成大齿轮转动时扭摆。	更换非标准中间板。
			4. 行星轮与内齿轮吻合不良。	重新组装行星轮与内齿轮，或更换行星齿轮、内齿轮。

续表

序号	故障现象		可能的原因	处理办法
11	调试摩擦电流时，摩擦电流不稳定	在减速器测试台或整机带电测试的时候，可以很明显地发现数值的跳动变化（记录摩擦电流的最大值与最小值，用其差值判断）。	5. 个别轴承中有异物。	用汽油清洗去除混入轴承内的异物。
			6. 偏心套偏心度有误差。	更换或整修偏心套。
			7. 输出轴滚棒不等分或不垂直。	校正或更换输出轴。
			8. 内齿轮与减速器壳的间隙过大。	用卡尺或内径千分尺测出超差件，调整或更换。
			9. 外壳变形磨成椭圆。	更换外壳。
			10. 内齿轮伸出端磨成椭圆。	用遮蔽法涂镀或更换。
12	电动转辙机自动开闭器的接点第二次变位迟钝（甚至不变位）	1. 电动转辙机在转换过程中，动接点组不能顺利地退出静接点组或动接点组不能快速地打入静接点组，都属于自动开闭器接点第二次变位迟钝。 2. 动接点组在退出静接点组后缓慢移动也属于这种问题。	1. 装配开闭器时，动接点支架发生变形，导致支架与接点出现卡阻。	应更换动接点支架。
			2. 拐轴销、连接销、连接板装配过紧，动作不灵活。	用铰刀处理各销子的安装孔，使其符合安装规定。
			3. 装配时，将两个拉簧接头以相对方向连接，因方向不一致产生扭力。	应将拉簧头两孔拧正在同一平面上。
			4. 拉簧弹力不够，弯曲、变形或疲劳过度。	应更换拉簧。
			5. 拐轴与连接板松动或各活动连接部位注油不良，发生干摩擦后卡死。	应让拐轴与连接板的安装符合要求，并保证油润。
			6. 连动轴窜动，挡销板不起作用，连动销窜出卡在接点座平面上。	应检查固定螺帽是否拧紧，将挡销板卡入连动销中。
			7. 接点环有毛刺或静接点片弹力过强，卡住动接点环等。	（1）如果动接点环有毛刺，卡住动接点环，应重新安装动接点环，用砂纸磨光毛刺或更换动接点环； （2）如果静接点片的弹力过强，卡住动接点环，应调节静接点片的弹力，使其在规定的范围内。

续表

序号	故障现象		可能的原因	处理办法
13	电动转辙机摩擦电流调整后又自动下降	在整机组装前用减速器测试台测试减速器的摩擦电流，整机安装后带电测试发现数值有偏差。	1. 摩擦连接器压力弹簧调整螺母在转动中被松动，摩擦力逐渐减小，摩擦电流自动下降，直至最后无法带动道岔。	摩擦电流调整后，在原压力弹簧调整螺母之外再增加一只并紧螺母，并用两把小扳手配合，充分拧紧。
			2. 在气候炎热地区，夏季极易使减速器内齿轮润滑脂溶滴。溶滴的润滑脂落到摩擦连接器夹板轴上，随着内齿轮的转动，被粘到摩擦带面上，使摩擦力减小，摩擦电流自动下降，并且无法再往上调。	更换减速器润滑脂并更换摩擦带。
14	电动转辙机减速器故障，电流难以调整或电流波动超限		1. 摩擦连接器弹簧弹力不足。	更换合格的弹簧。
			2. 减速器摩擦带与减速器内齿轮端面之间存在油污或两者之间长期磨耗产生的粉末，形成光滑膜。	擦拭去污，用粗砂纸对减速器内齿轮端面和摩擦带进行打磨，去除粉末层。
			3. 输出轴与输入轴轴向窜动量大于 1.5 mm。	更换减速器。
			4. 内齿轮与减速器外壳之间的间隙大于 0.5 mm。	对减速器外壳或者内齿轮进行更换组装试验，如分别组装试验后仍然大于 0.5 mm，则用专用模具对比尺寸，超标则将其报废。
			5. 摩擦带与减速器夹板之间的固定螺栓松动，造成摩擦带随内齿轮旋转摆动。	更换摩擦带固定螺栓并紧固，必要时使用 AB 胶做辅助处理。
			6. 输入轴与中间板不同心，造成大齿轮转动时摆动。	分别更换输出轴和中间板，如果输出轴或中间板变形则需报废。
			7. 外齿轮与内齿轮配合不良。	重新组装内齿轮与外齿轮，如难以调整则需做更换试验；对于更换试验依旧不能达标的则做报废处理。
			8. 偏心套偏心度不合规范或者误差大。	受工艺限制，一般对减速器做更换处理。

续表

序号	故障现象	可能的原因	处理办法
15	电动机炭刷火花过大	1. 炭刷与换向器接触不良。	打开炭刷盖对换向器和炭刷分别进行擦拭处理。
		2. 刷握松动或炭刷与刷握配合不良。	做炭刷更换试验直至符合要求。
		3. 炭刷弹簧弹力的大小不符合要求。	更换弹力符合要求的炭刷。
		4. 换向器偏心或刷握角度不正。	受制于工艺，一般做更换处理。
		5. 换向器表面有油污，炭粉炭沫或云母片凸出。	打开炭刷盖分别进行擦拭，必要时做研磨抛光处理。
		6. 炭刷因腐蚀、磨损变短或者炭刷表面磨损不均匀，受到的压力不均匀。	更换符合要求的炭刷。
		7. 炭刷牌号或者尺寸不合格，或两侧炭刷牌号不一致。	更换符合要求的炭刷且牌号要一致。
		8. 转子绕组断线或者焊接不良。	受工艺限制，炭刷做报废处理。
		9. 电动机运行不平稳或转子转动平衡不良。	受制于工艺条件，电动机做报废、更换处理。
16	机盖漏水、漏灰	1. 机盖不配套，盖不严。	应更换合适机盖。
		2. 机盖盘根老化、翘起，不能拧紧等，雨水通过盘根漏入。	更换盘根。
		3. 装置安装不平，向动作杆伸出并反方向倾斜，雨水、露水由动作杆带入。	调整装置，使其安装水平即可。
		4. 因蛇管引入口、进线板安装有缝隙而进水。	更换合适的进线板。
		5. 从钥匙孔、手摇把孔处进水。	更换橡胶堵塞。

任务二　认知 ZD6 道岔控制电路

任务目标

1. 掌握 ZD6 道岔控制电路的组成及工作原理；

2. 会查阅图纸，会分析电路，进行电路测试和故障排查；

3. 能分析 ZD6 微机监测数据，能快速分析故障曲线，判断故障范围及性质，确定故障处理方法。

相关知识

一、道岔控制电路概述

道岔由转辙机来牵引，而转辙机又由道岔控制设备直接控制。道岔的辙叉号不同或采用的转辙机类型不同，安装的转辙机数量也不同，应根据转辙机类型和数量选用不同的道岔控制电路。

转辙机按供电电源种类可分为直流转辙机和交流转辙机，ZD6 系列电动转辙机是直流转辙机，采用直流电动机，工作电源为直流 220 V 电源。S700K 型电动转辙机、ZYJ7 型电液转辙机及 ZDJ9 系列电动转辙机为交流转辙机，由三相异步电动机作为动力，采用三相交流 380 V 电源。

直流道岔控制电路主要包括四线制道岔控制电路和六线制双机牵引道岔控制电路。四线制道岔控制电路有单动道岔控制电路，也有多动道岔控制电路，所带动的转辙机主要为 ZD6 系列电动转辙机。交流道岔控制电路为五线制道岔控制电路，所带动的转辙机有 S700K 型电动转辙机、ZYJ7 型电液转辙机（配合 SH6 转换锁闭器）和 ZDJ9 系列电动转辙机。

ZD6 道岔控制电路包括道岔室内控制电路、道岔启动电路和道岔表示电路。道岔启动电路的作用是根据操作意图接通电机电路，带动尖轨转换至规定位置；道岔表示电路是在道岔转换完毕并锁闭后给出道岔的实际位置表示。

道岔控制电路必须满足一定的技术条件。

（一）道岔启动电路的技术条件

为了保证行车安全，道岔启动电路必须满足以下技术要求：

（1）道岔区段有车占用，或道岔区段轨道电路发生故障时，该区段内道岔不能转换，对道岔此种锁闭称为区段锁闭。

（2）进路在锁闭状态时，进路上的道岔不能再转换，对道岔的此种锁闭称为进路锁闭。

（3）道岔一经启动，就应转换到底，不受车辆进入影响，也不受车站值班员的控制。否则，车辆进入道岔区段时，若道岔停转或受车站值班员控制而回转，都可能造成脱轨或挤岔事故。

（4）道岔启动电路接通后，由于电路故障（如自动开闭器接点、电动机炭刷接触不良）使道岔未转动，应能自动断开启动电路，以免由于邻线列车运行产生震动等原因使故障消除后造成道岔自行转换。

（5）道岔转换途中受阻（如尖轨与基本轨的轨缝夹有道砟等）使道岔不能转换到底时，应保证经车站值班员操纵能使道岔转回原位。

（6）道岔转换完毕应能自动断开启动电路。

上述技术条件可以简单概括为：有车不能转、解锁才能转、要转转到底、不转就别转、遇阻向回转、转完切电源。

（二）道岔表示电路的技术条件

道岔表示电路必须是故障—安全电路，应满足以下技术要求：

（1）用道岔表示继电器的吸起状态与道岔的正确位置相对应，不准用一个继电器的吸起和落下表示道岔的两种位置，即只能用 DBJ 的吸起表示道岔在定位，用 FBJ 的吸起表示道岔在反位。

（2）当电路发生混线或混入其他电源时，必须保证不使 DBJ 和 FBJ 错误励磁。

（3）当道岔在转换过程中，或发生挤岔、停电、断线等故障时，应保证 DBJ 和 FBJ 落下。

二、ZD6 单动单机四线制道岔控制电路

（一）电路的组成及特征

1. 控制电路的主要设备

ZD6 单动单机四线制道岔控制电路的主要设备名称及型号如表 2-2-1 所示，所涉及的继电器类型及规格如表 2-2-2 所示。

表 2-2-1　ZD6 单动单机四线制道岔控制电路的主要设备名称及型号

序号	代号	型号标称	设备名称	所在组合
1	DCJ	JPXC-1000	定位操纵继电器	JDD（TDZ）（JCZ）
2	FCJ	JPXC-1000	反位操纵继电器	
3	SJ（SFJ）/YCJ	JPXC-1000	锁闭（锁闭防护）/允许操作继电器（注：不同的联锁系统所用名称不同，但其功能是相同的）	
4	IDQJ	JWJXC-H125/80	第一道岔启动继电器	JDF（TDF）（JCF）
5	2DQJ	JYJXC-160/260	第二道岔启动继电器	
6	1DQJF	JWJXC-480	第一道岔启动复示继电器	
7	BHJ	JWXC-1700	保护继电器	
8	DBJ	JPXC-1000	定位表示继电器	

续表

序号	代号	型号标称	设备名称	所在组合
9	FBJ	JPXC-1000	反位表示继电器	
10	BB	BD1-7	表示变压器（变比为 2∶1，一次侧为 220 V，二次侧为 110 V）	
11	TJ	—	限时继电器	
12	R	—	电阻（R1：1000 Ω）	
13	RD1 ~ RD4	—	熔断器（其中：RD1、RD2 为道岔向定位或反位电机启动电路的保险，容量为 3 A；RD3 为道岔向定位或反位电机启动电路的共用保险，容量为 5 A；RD4 为道岔表示电路保险，容量为 0.5 A）	
14	C	4 μF，500 V	电容	
15	Z	—	整流二极管	

表 2-2-2　ZD6 单动单机四线制道岔控制电路中相关继电器的类型及规格

图形符号	继电器名称	继电器型号	所用元件（名称符号）	接点组数	电源片连接方式	
					连接	使用
	无极继电器	JWXC-1700	BHJ	8QH	2，3	1，4
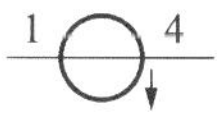	无极加强接点继电器	JWJXC-480	1DQJF	2QH 2QHJ	2，3	1，4
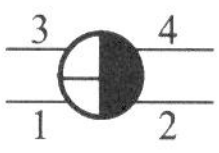	无极缓放继电器	JWJXC-H125/80 JWJXC-H25/0.44	1DQJ	2QH 2QHJ	—	1，2/3，4
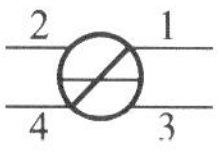	有极加强接点继电器	JYJXC-160/260 JYJXC-135/220	2DQJ	2DF 2DFJ	—	1，2/3，4
	偏极继电器	JPXC-1000	DBJ，FBJ，DCJ，FCJ，SFJ	8QH	2，3	1，4

2. 电路构成

ZD6 单动单机四线制道岔控制电路如图 2-2-1 所示。

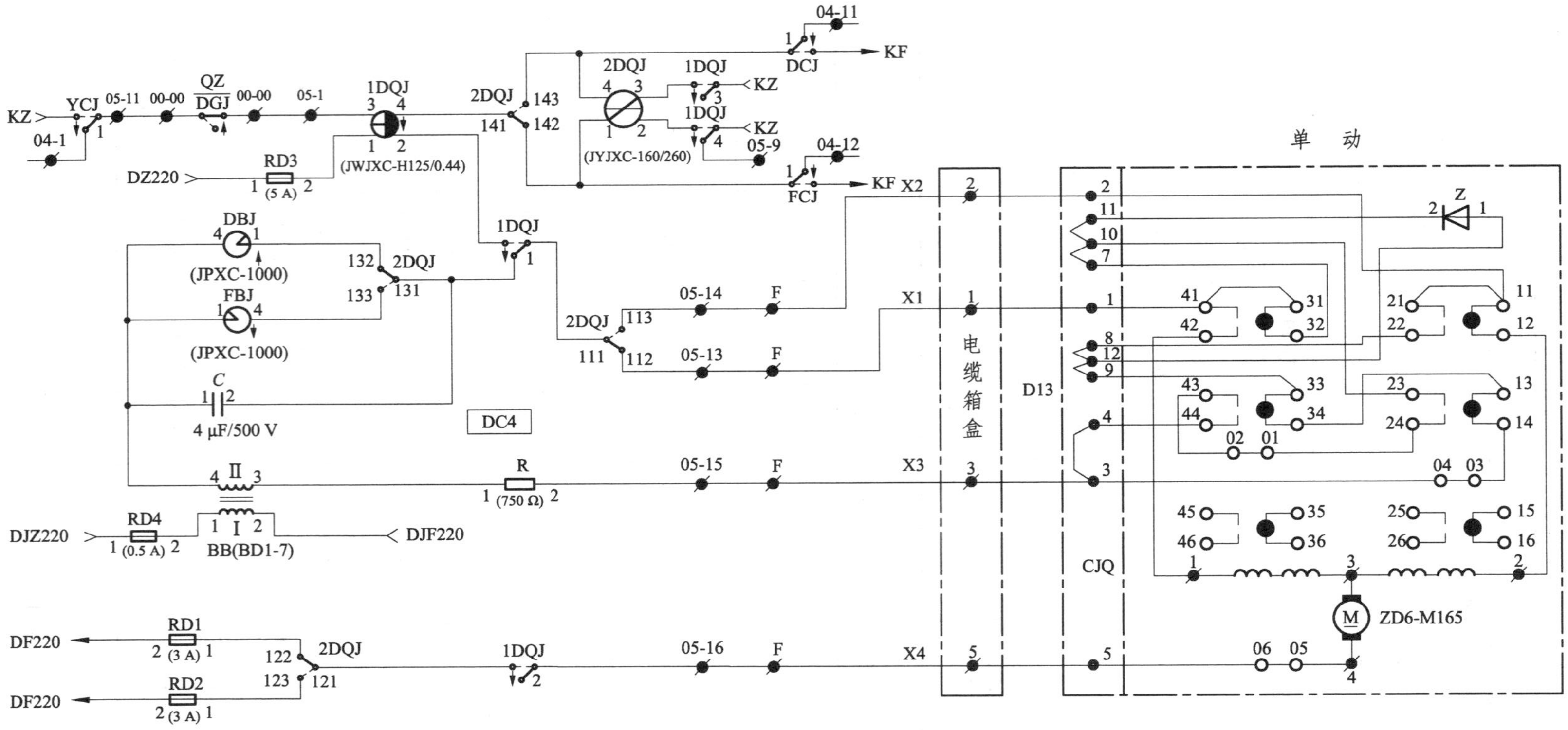

说明：1. 本图为道岔定位时，自动开闭器1,3排接点闭合配线。

2. 道岔定位自动开闭器2,4排接点闭合配线如下：① XB1端子1接插接器(CJQ)端子2；② XB1端子2接插接器(CJQ)端子1；③ 现场二极管颠倒极性。

图 2-2-1　ZD6 单动单机四线制道岔控制电路

（1）道岔启动电路：由第一道岔启动继电器 1DQJ（JWJXC-H25/0.44）、第二启动继电器 2DQJ（JYJXC-135/220）、电动转辙机的电动机绕组、转辙机自动开闭器接点、熔断器（RD1 ~ RD3）、电缆（X1、X2、X3、X4）组成。

（2）道岔表示电路：由定位表示继电器 DBJ（JPXC-1000）、反位表示继电器 FBJ（JPXC-1000）、电阻（750 Ω）、电容（4 μF，500 V）、二极管、表示变压器、熔断器、转辙机自动开闭器接点、移位接触器接点、电缆（X1 ~ X4）等组成。

启动电路和表示电路的电源由电源屏给出，分别是直流 220 V、交流 220 V。

3. 电路特征

1）电缆合用

启动电路和表示电路不在同一时刻接通，为合用电缆创造了条件。为节约投资，向定位转动电路、向反位转动电路、定位表示电路、反位表示电路四个独立的电气回路需使用的 8 芯电缆改为 4 芯电缆。从电路回路来看，向定位转动电路使用 1 线、4 线电缆，向反位转动电路使用 2 线、4 线电缆，定位表示电路使用 1 线、3 线电缆，反位表示电路使用 2 线、3 线电缆；从电缆使用来看，1 线为反位向定位转动的去线、定位表示去线，2 线为定位向反位转动的去线、反位表示去线，3 线为定、反位表示共用回线，4 线为向定、反位转动的共用回线。

2）电路性质

表示电路使用了电容、二极管非线性元件，所以构成的电路是非线性电路。表示继电器、整流二极管、限流电阻构成串联电路，为非线性半波整流电路。在继电器线圈两端并联电容来平滑端电压，避免表示继电器在工作过程中发生抖动，发生不可靠吸起问题。

3）自闭电路的特殊性

1DQJ 的自闭电路中串接有自动开闭器的接点和电动机的定子、转子绕组，电路既是 1DQJ 的自闭电路，又是电动机的转动电路。

（二）电路原理

1. 启动电路原理

微课视频：ZD6 单动单机四线制道岔启动电路

图 2-2-1 所示的四线制道岔控制电路是按 1, 3 闭合为定位、2, 4 闭合为反位的方式。

四线制道岔控制电路的四条外线分别是：① X1 线（反位向定位转动、定位表示线）；② X2 线（定位向反位转动、反位表示线）；③ X3 线（表示共用线）；④ X4 线（动作共用线）。

当道岔由定位向反位转动或由反位向定位转动时，先按压总定位或总反位按钮，再按压所要操纵的道岔按钮，使 SJ 和 DCJ 或 FCJ 吸起，随后 1DQJ 吸起、2D0J 转极，向室外供 DZ 220 V、DF 220 V 电源，使道岔转动，道岔转换到位后，构通道岔相应表示电路的接点，使道岔相应表示电路的表示继电器励磁吸起。

道岔启动电路采用分级控制方式，首先由 1DQJ 检查联锁条件，然后由 2DQJ 控制电动机旋转方向，确定道岔向定位转换还是向反位转换，最后由直流电动机转换道岔。图2-2-1中所示的即为道岔在定位状态的电路（假定原道岔在定位，自动开闭器第1、3排接点闭合，向反位操纵）。

下面介绍各种继电器动作电路。

1）1DQJ励磁电路

（1）定位向反位转动时的1DQJ励磁电路如图2-2-2所示。

接通顺序：KZ→YCJ12-11→DGJ吸起→1DQJ3-4→2DQJ141-142→FCJ11-12→ KF。

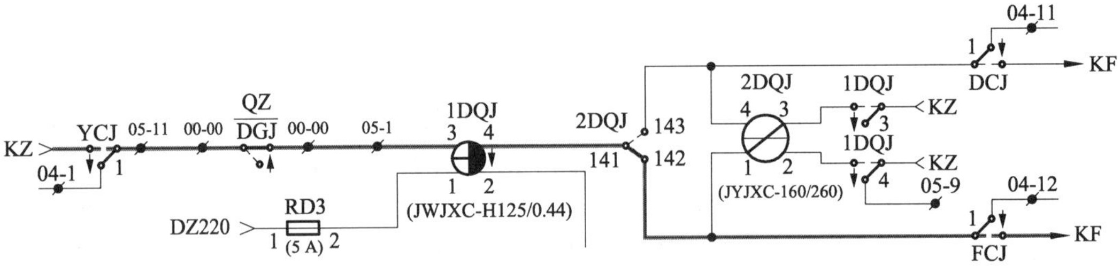

图 2-2-2　定位向反位转动时的1DQJ励磁电路

（2）反位向定位转动时的1DQJ励磁电路如图2-2-3所示。

接通顺序：KZ→YCJ12-11→DGJ吸起→1DQJ3-4→2DQJ141-143→DCJ11-12→ KF。

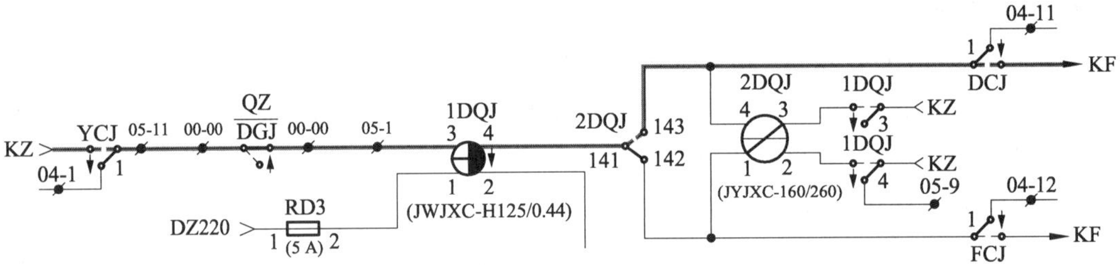

图 2-2-3　反位向定位转动时的1DQJ励磁电路

2）2DQJ转极电路

（1）定位向反位转动时的2DQJ转极电路如图2-2-4所示。

接通顺序：KZ→1DQJ41-42→2DQJ2-1→FCJ11-12→KF。

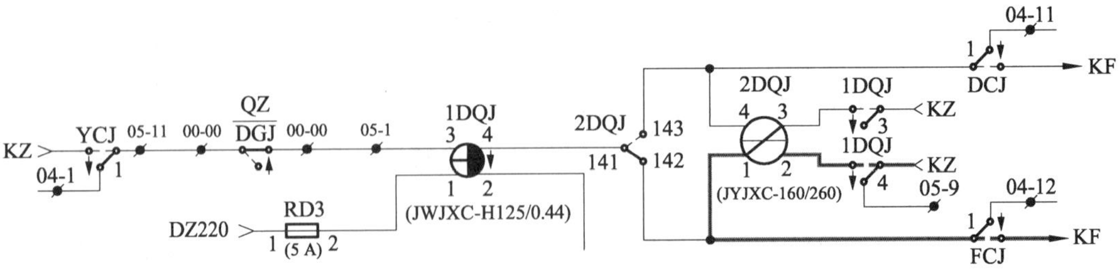

图 2-2-4　定位向反位转动时的2DQJ转极电路

（2）反位向定位转动时的2DQJ转极电路如图2-2-5所示。

接通顺序：KZ→1DQJ31-32→2DQJ2-1→DCJ11-12→KF。

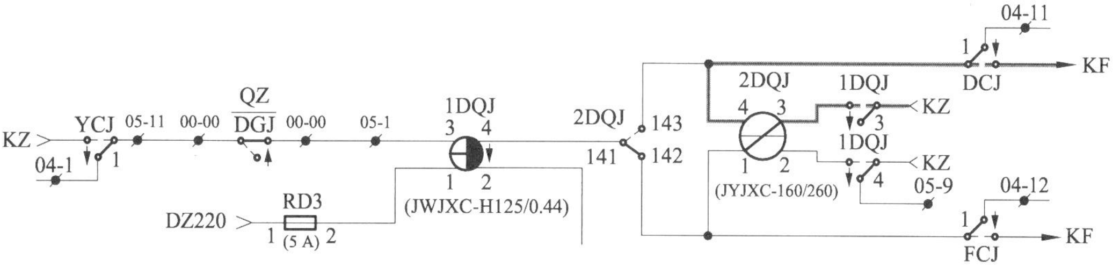

图 2-2-5　反位向定位转动时的 2DQJ 转极电路

3）道岔电机控制电路

（1）定位向反位转动时的道岔电机控制电路如图 2-2-6 所示。

接通顺序：DZ220 V→RD3 1-2→1DQJ1-2→1DQJ12-11→2DQJ111-113→X2 线→电缆盒 2→插接器 2→电动转辙机 11-12→电动机 2、3、4 线圈→安全接点 05-06→插接器 5→电缆盒 5→X4 线→1DQJ21-22→2DQJ121-123→RD2 1-2→DF220 V。

（2）反位向定位转动时的道岔电机控制电路如图 2-2-7 所示。

接通顺序：DZ220 V→RD31-2→1DQJ1-2→1DQJ12-11→2DQJ111-112→X1 线→电缆盒 1→插接器 1→电动转辙机 41-42→电动机 1、3、4 线圈→安全接点 05-06→插接器 5→电缆盒 5→X4 线→1DQJ21-22→2DQJ121-122→RD11-2→DF220 V。

2. 表示电路原理

微课视频：ZD6 单动单机四线制道岔表示电路

当道岔启动电路工作完毕，由电动转辙机的自动开闭器接点自动接通道岔表示电路，即用定位表示接点接通道岔定位表示继电器 DBJ 电路，用反位表示接点接通道岔反位表示继电器 FBJ 电路。道岔表示电路如图 2-2-1 所示，道岔表示电路所用电源由变压比为 2∶1 的表示变压器 BB 供给，其一次侧输入电压为交流 220 V，二次侧输出电压为 110 V；耐压为 500 V 的电容器 C 与 DBJ 和 FBJ 线圈并联；室外转辙机内二极管 Z 与表示继电器线圈串联。

1）道岔定位表示继电器 DBJ 电路

道岔定位表示继电器 DBJ 电路如图 2-2-8 所示。当道岔转换到定位后，自动开闭器动作接点自动切断 1DQJ1-2 线圈自闭电路（电机动作电路），使 1DQJ 失磁落下，用 1DQJ 第 1 组后接点接通道岔表示电路。道岔在定位时，DBJ 的励磁电路接通顺序为：BBⅡ3→R1-2→X3→CJQ3→移位接触器 04-03→自动开闭器 14-13→自动开闭器 34-33→二极管 1-2→自动开闭器 32-31→自动开闭器 41→CJQ1→X1→2DQJ112-111→1DQJ11-13→2DQJ131-132→DBJ1-4→BBⅡ4。

从图 2-2-8 所示的道岔表示电路可以看出，通过电动转辙机自动开闭器的定位表示接点接通电路，经二极管 Z 将交流电进行半波整流，整流后的正向电流方向与偏极型的 DBJ 励磁方向一致，使 DBJ 励磁吸起，在交流电负半周，由于电容器 C 的放电作用，能使 DBJ 保持稳定可靠吸起。

2）道岔反位表示继电器 FBJ 电路

道岔反位表示继电器 FBJ 电路如图 2-2-9 所示。当道岔转换到反位后，自动开闭器反位表示接点接通，二极管反接在表示电路中，改变了半波整流后电流的方向，使 FBJ 励磁吸起。

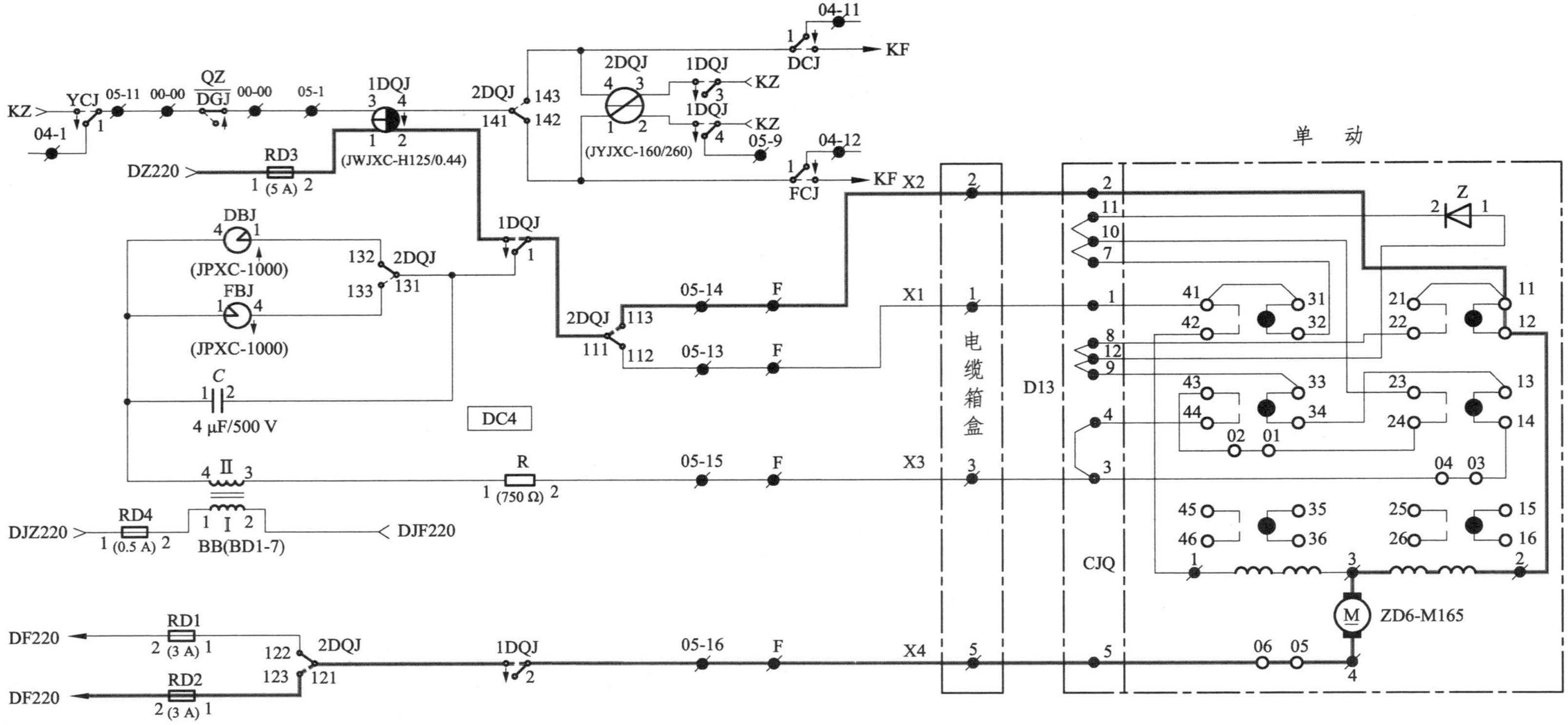

说明：1. 本图为道岔定位时，自动开闭器1,3排接点闭合配线。
2. 道岔定位自动开闭器2,4排接点闭合配线如下：① XB1端子1接插接器(CJQ)端子2；② XB1端子2接插接器(CJQ)端子1；③ 现场二极管颠倒极性。

图 2-2-6　定位向反位转动时的道岔电机控制电路

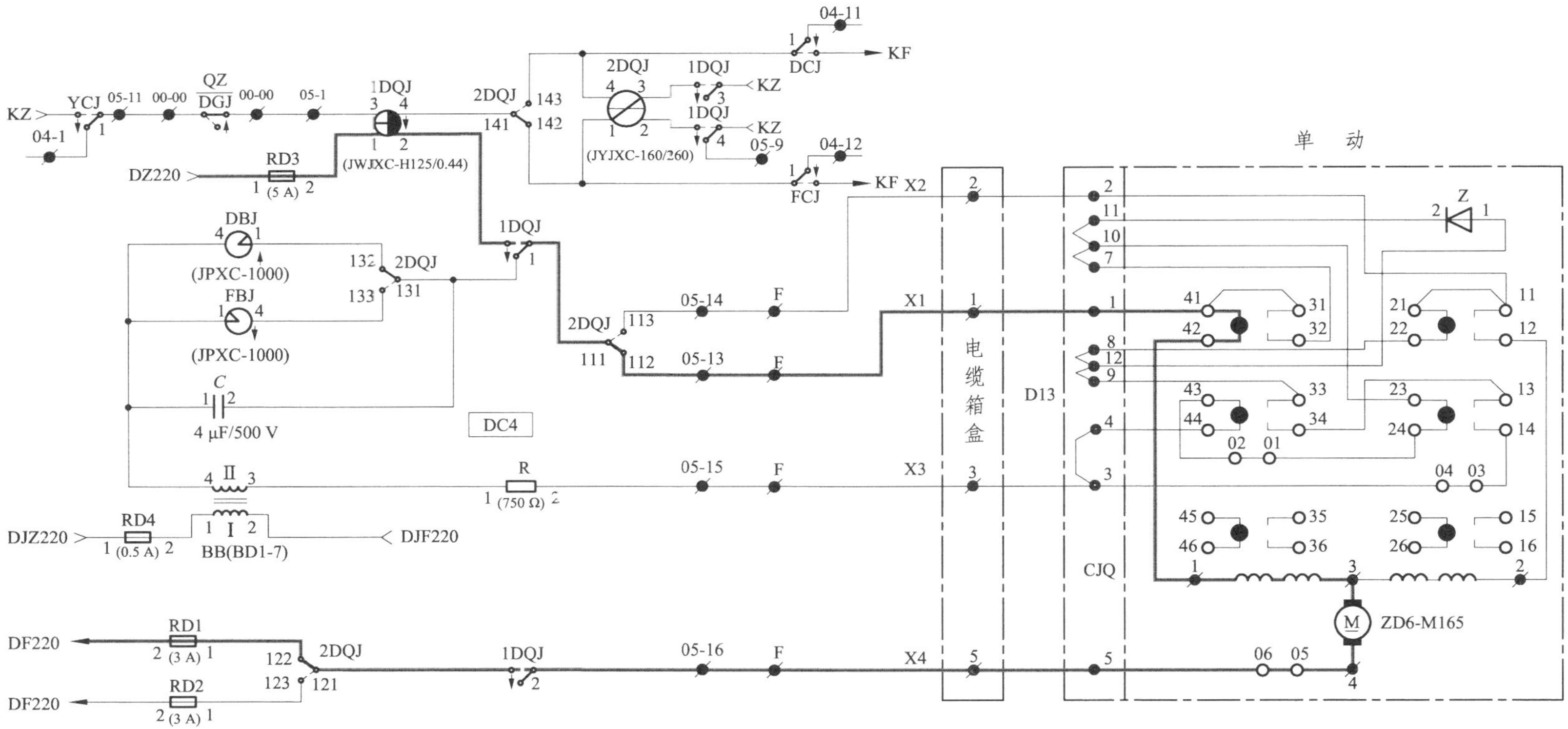

说明：1. 本图为道岔定位时，自动开闭器1,3排接点闭合配线。

2. 道岔定位自动开闭器2,4排接点闭合配线如下：① XB1端子1接插接器(CJQ)端子2；② XB1端子2接插接器(CJQ)端子1；③ 现场二极管颠倒极性。

图 2-2-7　反位向定位转动时的道岔电机控制电路

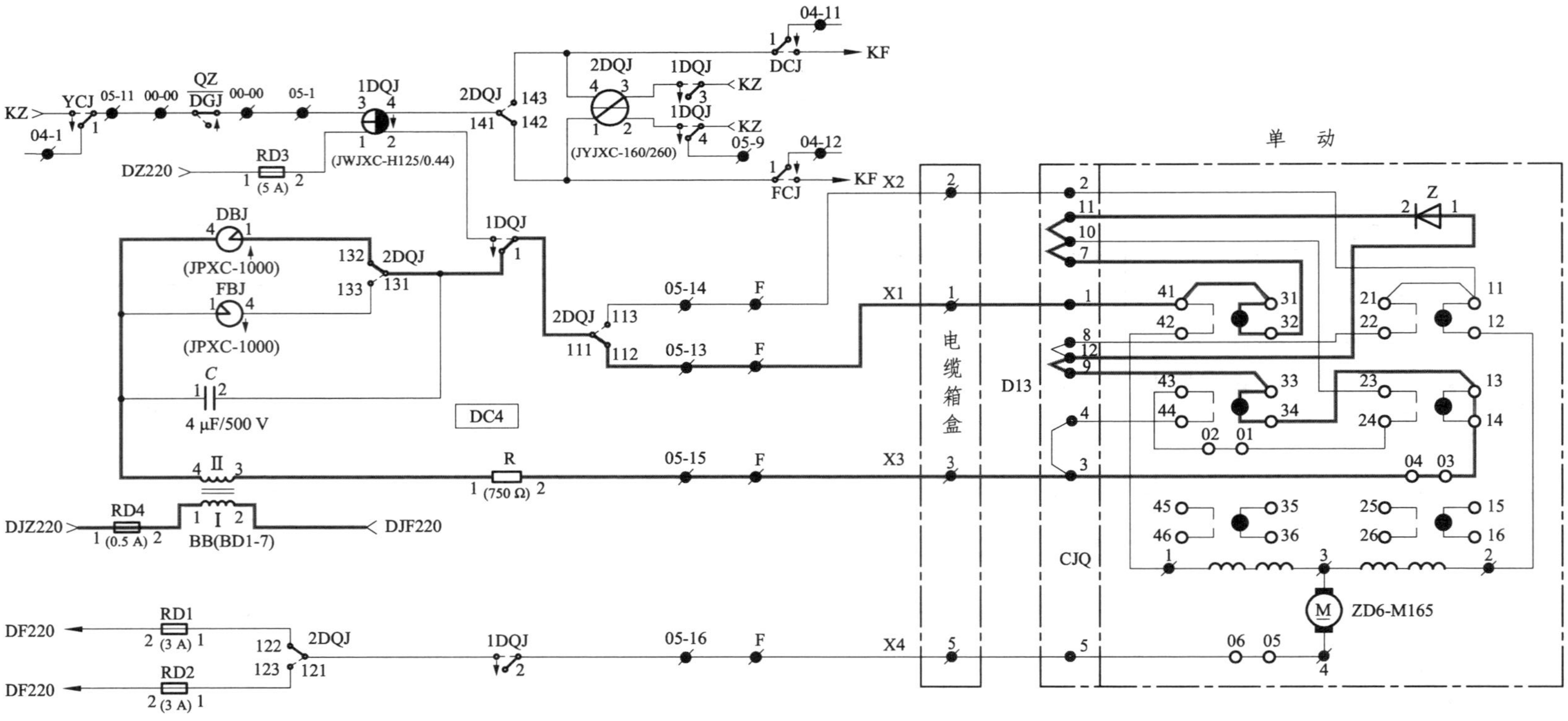

说明：1. 本图为道岔定位时，自动开闭器1,3排接点闭合配线。

2. 道岔定位自动开闭器2,4排接点闭合配线如下：① XB1端子1接插接器(CJQ)端子2；② XB1端子2接插接器(CJQ)端子1；③ 现场二极管颠倒极性。

图 2-2-8　道岔定位表示继电器 DBJ 电路

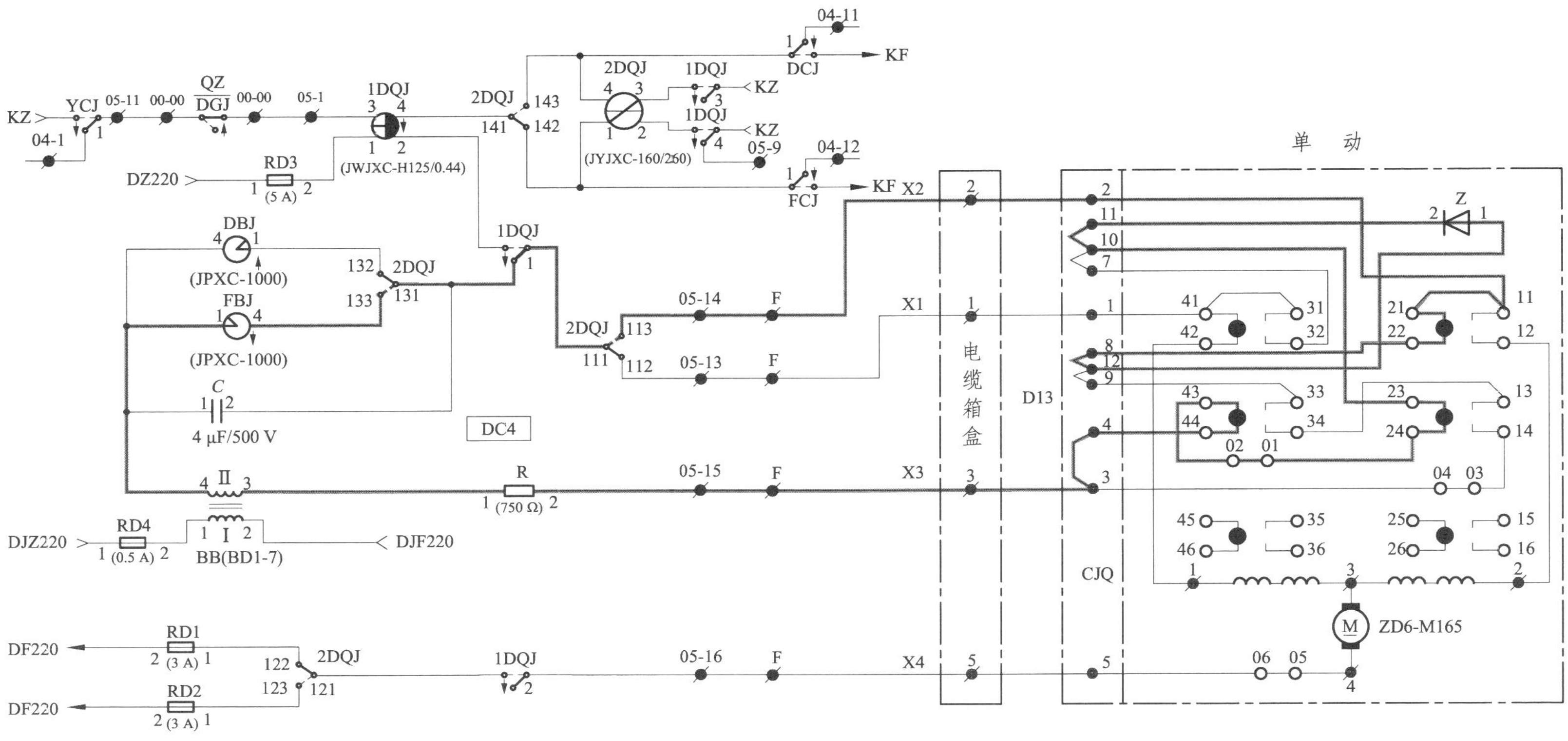

说明：1. 本图为道岔定位时，自动开闭器1,3排接点闭合配线。

2. 道岔定位自动开闭器2,4排接点闭合配线如下：① XB1端子1接插接器(CJQ)端子2；② XB1端子2接插接器(CJQ)端子1；③ 现场二极管颠倒极性。

图 2-2-9　道岔反位表示继电器 FBJ 电路

道岔在反位时，FBJ 的励磁电路接通顺序为：BBⅡ3→R1-2→X3→CJQ3-4→自动开闭器 44-43→移位接触器 02-01→自动开闭器 24-23→二极管 2-1→自动开闭器 22-21→自动开闭器 11→CJQ2→X2→2DQJ113-111→1DQJ11-13→2DQJ131-133→FBJ4-1→BBⅡ4。

（三）电路分析

1. 启动电路分析

根据电动转辙机的特性，对四线制道岔控制电路中的继电器类型进行合理选择并合理设计电路结构，来满足道岔启动电路的技术要求。

（1）第一道岔启动继电器 1DQJ 选择 JWJXC-H125/0.44 型，其 3-4 线圈电阻值较大，属于电压型继电器，其电路中接有锁闭继电器 SJ 第 8 组前接点，用于检查道岔区段是否空闲，进路是否在解锁状态，证明道岔既未受区段锁闭又未受进路锁闭，实现启动电路技术要求（1）、（2）两项。

若道岔区段有车或办理了经由该道岔的进路，则 SJ 落下，用 SJ 前接点切断 1DQJ 的励磁电路，1DQJ 就不能吸起，道岔就不会转换。

（2）1DQJ 的 1-2 线圈电阻值很小，属于电流型继电器，它与电动机线圈串联，监督电动机的动作，只有道岔启动动作使电动机转动，有较大电流流过 1DQJ 的 1-2 线圈才能保持 1DQJ 自闭吸起。若启动后电路某处接触不良使电流减小，1DQJ 会落下从而断开电动机电路，实现启动电路技术要求（3）。

在 1DQJ 从励磁电路转换为自闭电路的过程中，2DQJ 在接点转换时 1DQJ 线圈瞬间断电，为保证 1DQJ 可靠自闭，1DQJ 采用缓放型继电器。

（3）1DQJ 的 1-2 线圈与电动机线圈串联构成电动机电路，该电路脱离 SJ 和 CA 的控制条件，使电动机启动后不受进路锁闭和区段锁闭的影响，保证道岔启动后能转换到底，实现启动电路技术要求（4）。

（4）自动开闭器的两组动接点动作时机受表示杆密贴检查缺口的控制，当道岔由定位向反位转换，电机启动后自动开闭器第 2 组动接点动作，使自动开闭器第 1、4 排接点在道岔转换过程中为闭合状态，这就为电机反转电路做好准备（自动开闭器 41-42 接点闭合），随时可单独操纵道岔，使道岔转回原位，实现启动电路技术要求（5）。

在 1DQJ 的 3-4 线圈励磁电路和 2DQJ 转极电路中，道岔按钮继电器 CAJ 后接点在 DCJ 或 FCJ 接点的前面，这样一旦进路式操纵时道岔不能转换到底，可及时采取单独操纵方式使道岔转回原位。这种结构表明对道岔的单独操纵优先于进路操纵。但需要注意的是，操纵时首先按压 ZQA，将进路上的道岔操纵继电器复原，然后再单独操纵道岔，使道岔转回原位。

在 DF220 电源处分别设有定位熔丝 RD1 和反位熔丝 RD2。一旦道岔转换中途受阻，电动机摩擦空转烧断一处熔丝，仍能保证电动机转回原位。

（5）以自动开闭器接点作为电动机电路控制条件。当道岔转换完毕（如由定位向反位转换），道岔尖轨与基本轨密贴后，自动开闭器第 1 组动接点使自动开闭器 11-12 接点断开，自动切断电动机电路，使电动机停转，同时使 1DQJ 的 1-2 线圈断电，1DQJ 落下，接通道岔表示电路，实现启动电路技术要求（6）。

（6）第二道岔启动继电器 2DQJ 选用 JYJXC-135/220 型极性保持继电器。其两线圈分开使用，有利于构成道岔向定位或向反位转换的两种控制命令：3-4 线圈通正向电流，接受向定位转换的命令；1-2 线圈通反向电流，接受向反位转换的命令。

（7）1DQJ、2DQJ 接在电动机电路中的接点均采用带有灭弧装置的加强接点。因电路中电流较大，接通或断开电路时，可防止产生电弧和火花。

（8）在电动机电路中接入遮断器接点。当维修人员打开电动转辙机机盖时，遮断器接点 05-06 切断电动机电路，以防止维修、清扫电动转辙机时电动机转动对维修人员造成伤害。

2. 表示电路分析

（1）当道岔转换到位后，自动开闭器动作接点动作，自动接通表示接点，并切断 1DQJ 的 1-2 线圈自闭电路（电机动作电路），使 1DQJ 失磁落下，接通道岔表示电路，实现表示电路技术要求（1）。

（2）在道岔表示电路中，自动开闭器定位表示接点接通 DBJ 电路，自动开闭器反位表示接点接通 FBJ 电路，使 DBJ 和 FBJ 的励磁吸起且与道岔的位置相对应，实现表示电路技术要求（2）。

为了确切反映道岔位置，在 DBJ 励磁电路中不仅检查了自动开闭器第 1 排定位表示接点 13-14 的接通，而且检查了第 3 排定位表示接点 31-32、33-34 的接通，确认 1、3 排接点动作一致以及接点接触良好后 DBJ 才励磁吸起。同样，FBJ 的励磁吸起也检查了自动开闭器 2、4 排接点动作一致及接点接触良好。

在道岔表示电路中接入 2DQJ 第 3 组接点的作用是区分 DBJ 和 FBJ，保证同时只能有一个吸起，检查表示继电器状态与道岔位置的一致性，这样不仅能反映道岔的正确位置，还能及时发现故障及隐患。

（3）在道岔转换过程中，由 1DQJ 第 1 组前接点断开表示电路，使 DBJ 或 FBJ 失磁落下。当发生挤岔故障时，一方面，因表示杆的移动使检查柱上升，自动开闭器的表示接点（2 排或 3 排）会自动断开；另一方面，由于在表示电路中串接有移位接触器接点，因动作杆的移动使顶杆上升，移位接触器接点被顶开，使 DBJ 或 FBJ 均落下。当电容器 C 被击穿时，DBJ 和 FBJ 线圈被短路而不会吸起；当电容器引接线断线时，失去滤波作用，DBJ 或 FBJ 不能可靠吸起。当自动开闭器接点发生断裂或松脱时，也会将表示电路断开。上述防护措施实现了表示电路技术要求（3）。

（4）当电动转辙机室外混线时，设在室外的二极管 Z 被短路而失去作用，DBJ 或 FBJ 线圈只有交流通过，不会励磁。对每组道岔还设置了表示变压器 BB，除了起降低电源电压的作用外，还对电路起到变压器隔离作用。当室外连线混入其他电源时，因不能构成闭合回路，DBJ 或 FBJ 不会错误吸起。

表示电路是在启动电路工作完毕后才开始工作，并由 1DQJ 第 1 组接点作为启动与表示电路区分条件，两部分电路合起来构成道岔控制的室内电路，共用 X1 和 X2 两条外线，

X3 为表示电路专用线，X4 为启动电路专用线，之所以叫四线制道岔控制电路，正是因为其共有 4 条外线。外线与电动转辙机采用插接器 CJQ 连接起来，为更换电动转辙机提供方便。

3. 参考数据

ZD6 单动单机四线制道岔控制电路在正常工作时表现出的电气特性见表 2-2-4，在日常维修中要密切关注这些数据变化，在故障处理中要与故障时的数据进行比对，分析设备存在的问题。

表 2-2-4　ZD6 单动单机四线制道岔控制电路的电气参数

启动电路				表示电路			
动作电压 (DC)/V	动作电流 (DC)/A	摩擦电流 (DC)/A	电动机阻值/Ω	BB 一次侧电压 (AC)/V	BB 二次侧电压 (AC)/V	继电器端电压/V	二极管端电压/V
180 ~ 220	0.3 ~ 2.0	2.3 ~ 2.9	5.5 ~ 6.5	220	110	交流 50 ~ 70 直流 40 ~ 60	交流 50 ~ 70 直流 40 ~ 60

（四）利用动作曲线分析存在的问题

道岔动作电流曲线是反映道岔运用质量的一个重要指标。微机监测系统对道岔部分的电流随时间的变化进行实时监测，通过对动作电流曲线的观察、分析，可对道岔的电气特性、机械特性和时间特性进行判断，从中发现存在的问题，采取措施，起到早期预防、消除隐患的作用。

道岔的正常动作过程可分为：解锁—转换—锁闭。由于直流电动转辙机为串激电机，特点是电流越大，转矩越大，转速变慢；反之，电流越小，转矩就越小，而转速加快。在一定范围内，直流电动转辙机具有电机的转速与转矩能够随负荷的大小自动进行调整的“软特性”。

利用集中监测的道岔曲线（*i-t* 曲线）可以分析转辙机的动作情况和尖轨的运动情况，判断存在的问题，从而可以有针对性地采取防范措施，保证尖轨转换、锁闭正常。

1. 正常动作曲线分析

i-t 曲线是一条平滑的曲线，如图 2-2-10 所示，道岔正常动作时曲线的各个阶段特征如下：

微课视频：ZD6 单动道岔动作电流曲线分析

1）时间特性

（1）t_2-t_1=1DQJ 吸起时间+2DQJ 转极时间≤0.3 s。

（2）t_3-t_2≤0.05 s，即 ZD6 电机上电时间。

（3）t_4-t_1≤0.6 s，其中 $t_3\sim t_4$ 段为道岔解锁、密贴尖轨开始动作时间。

（4）t_7-t_4=道岔尖轨移动时间，时间的长短视转换阻力而变，一般取 $t_4\sim t_7$ 间的平均电流作为道岔动作电流。

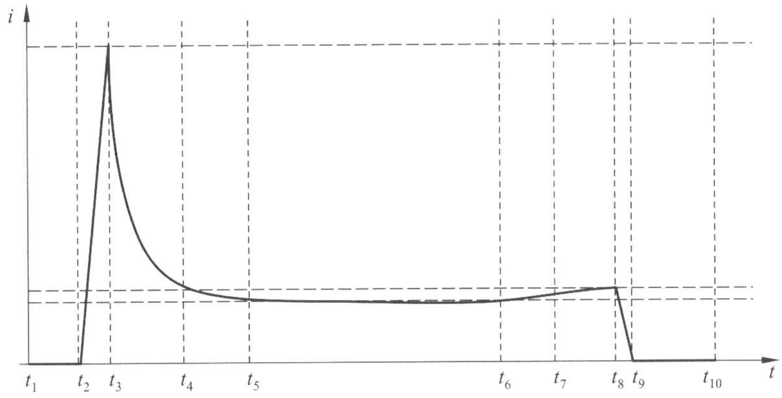

图 2-2-10　单动单机四线制道岔正常动作时的 i-t 曲线

（5）$t_8-t_7 \leqslant 0.25$ s，即尖轨密贴至道岔锁闭的时间，其电流值对应道岔的密贴力。

（6）$t_9-t_8 \leqslant 0.05$ s，即 ZD6 完成机械锁闭、自动开闭器速动接点断开电路的转换时间。

（7）$t_{10}-t_9$=1DQJ 缓放时间≥0.4 s。

2）电流特性

（1）电机启动时（$t_2 \sim t_3$ 段）曲线骤升，形成一个尖峰，该尖峰是电动机启动时的电流值。电动机在静态时，定子、转子串联表现出的静态电阻值约为 6 Ω，1DQJ 的 1、2 线圈间的直流电阻为 0.44 Ω，电缆线路的直流电阻值为 20 ~ 30 Ω，所以电动机转动电路里的直流总电阻值约为 40 Ω。在道岔启动的瞬间，电路中的电流 $i=V/R \approx 220\ \text{V}/40\ \Omega=5.5\ \text{A}$，电流曲线会出现一个较大峰值。

（2）电流至峰值点后迅速回落（$t_3 \sim t_4$ 段），电动机启动后，由于电路里的交流电阻迅速增加，导致电路中的电流迅速降低，曲线幅值也会由高峰值迅速降低到 0.3 ~ 2.0 A 范围内。

（3）$t_4 \sim t_5$ 段曲线基本呈水平状，略微向下。$t_5 \sim t_6$ 段是一个半径较大、方向朝下的圆弧，谷底值与 $t_4 \sim t_5$ 段或 $t_6 \sim t_7$ 段的平均值之差不应大于 0.4 A。

（4）$t_4 \sim t_7$ 段平均值为转辙机的工作电流，曲线应平滑。电动机启动、转辙机解锁后，转辙机带动尖轨位移，在位移过程中，由于电动机带动尖轨基本做匀速运动，所以电路中的电流基本不变，这一时段曲线的幅值随时间的变化基本保持不变，曲线表现为相对平滑的一条直线。$t_6 \sim t_7$ 段为一略微向上的平顺曲线。若电流幅值上下抖动则有以下可能：滑床板凹凸不平、炭刷与整流子表面接触不良或有污垢、电机有匝间短路。$t_4 \sim t_7$ 段曲线若有大量的回零点，则为电机转子断线。

（5）$t_7 \sim t_8$ 段为锁闭电流，一般高于 $t_6 \sim t_7$ 段，但不应高出 0.25 A 以上。尖轨密贴基本轨后，电动机继续旋转，直至自动开闭器接点断开，这段时间是转辙机的锁闭时间。在这段时间里，由于尖轨到位而处于静止状态，电动机仍然旋转，使电路中的电流增加，电动机旋转电路被自动开闭器的接点断开，电路中的电流下降为 0，所以这段时间的曲线表现为一个小的“馒头”波。若电流过高，则为道岔密贴调整过紧。当道岔进行四毫米试验时，在 t_8 后有一串逐渐下滑的波动段，波峰与波谷间的电流之差不应大于 0.35 A，若大于 0.35 A 则为摩擦带不良。

（6）$t_9 \sim t_{10}$ 段为 1DQJ 缓放时间。从图 2-2-10 中的尾部曲线可观察 1DQJ 的缓放时间是否符合要求。

2. 异常曲线分析

道岔尖轨在转换中受阻或转辙机解锁、锁闭困难就会造成电流曲线与正常曲线不一样，下面分别叙述 *i-t* 曲线异常的原因。

（1）不解锁。*i-t* 曲线变成幅值和摩擦电流值一样的一条直线，说明道岔没有解锁，电动机处在摩擦状态。造成道岔不解锁的原因有密贴太紧、道岔在锁闭状态时工务部门调整基本轨轨距、尖轨上翘等。如果直线的幅值小于 2.3 A，说明摩擦电流下降。造成摩擦电流下降的原因有摩擦连接器调整弹簧松动、摩擦带内进油等。

（2）转换困难。道岔启动后曲线变得不平滑，说明在尖轨位移的过程中受到的阻力变大或变小。造成尖轨在运行过程中摩擦力不均匀的主要原因有滑床板不清洁、滑床板空吊、滑床板横向倾斜等。

曲线持续时间大于动作时间，偶尔出现一段直线，说明尖轨在位移过程中受到的阻力大。造成这种现象的主要原因有滑床板纵向倾斜（俗称尖轨爬坡）、尖轨下部不光滑（夹异物）、滑床板连续空吊等。

（3）曲线出现规律的下峰毛刺。这说明电动机转子引出线与换向片之间断线，俗称“断格”。当曲线出现规律的下峰毛刺时，需要更换电动机。

（4）锁闭困难。锁闭波形变大、变高，说明尖轨进入基本轨槽困难，即转辙机锁闭困难，造成锁闭困难的原因主要有密贴力调整过大、尖轨上抗、尖轨弓腰、滑床板空吊等。

三、ZD6 六线制双机牵引道岔控制电路

（一）电路分析

ZD6 六线制双机牵引道岔控制电路的构成、特点与 ZD6 单动单机四线制道岔控制电路基本一致，只是在其基础上增加了 2DQJF（JYJXC-135/220 型），转辙机采用的是 ZD6-E 型、ZD6-J 型两台电动转辙机。ZD6 六线制双机牵引道岔控制电路如图 2-2-11 所示。

微课视频：ZD6 六线制双机牵引道岔控制电路

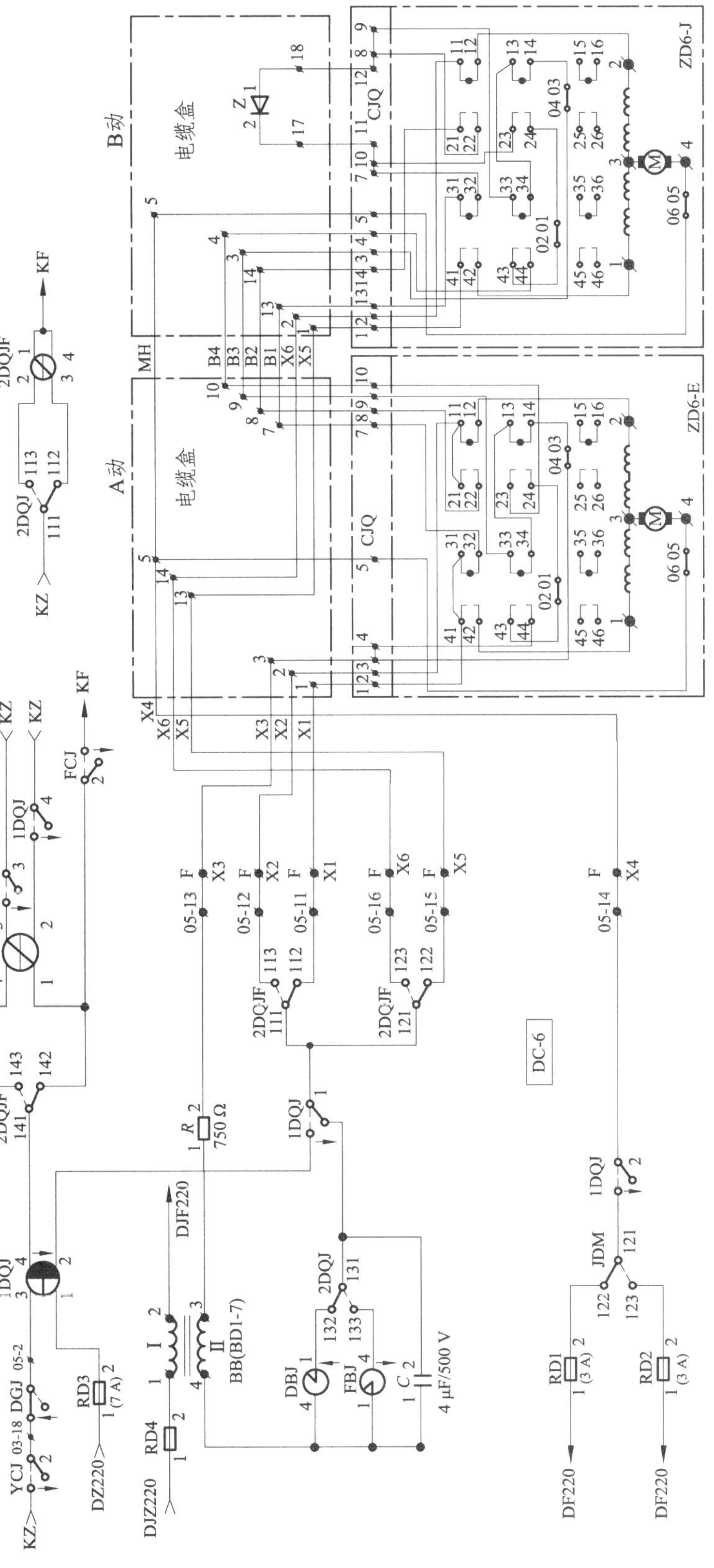

图 2-2-11　ZD6 六线制双机牵引道岔控制电路

（二）电路动作过程

单独操纵或进路操纵使道岔转换（假定原道岔在定位，自动开闭器第 1、3 排接点闭合，向反位操纵），电路的动作过程如下：

（1）1DQJ 吸起，随着 1DQJ 的吸起，DBJ 落下，DBD 绿灯熄灭；1DQJ 吸起后，2DQJ 由定位吸起状态转极至反位打落状态；2DQJ 转极后，2DQJF 也转极至反位打落状态。

（2）同时接通两台转辙机的电机动作电路，电机动作电路也即构成了 1DQJ 的自闭电路。电机动作电路接通后，电动机开始旋转，完成解锁、转换、锁闭的过程。

（3）当两台转辙机都动作到位，道岔到达规定位置密贴并锁闭后，电机动作电路也即 1DQJ 的自闭电路断开，1DQJ 缓放落下，接通反位表示电路，FBJ 随之吸起，点亮 FBD 黄灯。

（三）电路动作原理

六线制双机牵引道岔控制电路的控制主机和副机并联同时工作，其原理与四线制单动单机道岔控制电路的原理基本相同，但其启动电路和表示电路有所不同。

1. 启动电路的动作原理

在道岔双机牵引方式中，要求两个牵引点的电动转辙机同步动作，这样电机动作电路中的 2DQJ 的接点不够用，因而增加了 2DQJF。2DQJF 随着 2DQJ 的转极而转极，将 2DQJF 的第一组、第二组极性接点并联后从室内引向室外，当 2DQJF 转极后同时接通主、副机的电机动作电路。

2. 表示电路的动作原理

如图 2-2-12 所示，六线制双机牵引道岔控制电路的表示电路接通要检查两个道岔自动开闭器的表示接点，当启动电路控制主机和副机转换完毕后，1DQJ 失磁落下，自动开闭器表示接点均接通，使 DBJ 或 FBJ 吸起，给出道岔位置的正确表示。这里二极管 Z 设于副机内。

道岔定位表示继电器 DBJ 电路的接通顺序为：BBⅡ3→R1-2→X3→主机 CJQ3→主机移位接触器 04-03→主机自动开闭器 14-13→主机自动开闭器 34-33→主机 CJQ9→副机 CJQ3→副机移位接触器 04-03→副机自动开闭器 14-13→副机自动开闭器 34-33→二极管 1-2→副机自动开闭器 32-31→副机 CJQ13→主机 CJQ7→主机自动开闭器 32-31→主机自动开闭器 41→CJQ1→X1→2DQJF112-111→1DQJ11-13→2DQJ131-132→DBJ1-4→BBⅡ4。

（四）微机监测道岔控制电路典型曲线分析

下面根据济南局某车站部分道岔不良时的电流曲线图，分析和处理道岔问题。

（1）道岔小电机半短路时的电流曲线图：图 2-2-13 所示是某站 32#B 机（ZD6）小电机半短路故障时的电流曲线，更换电机后恢复。

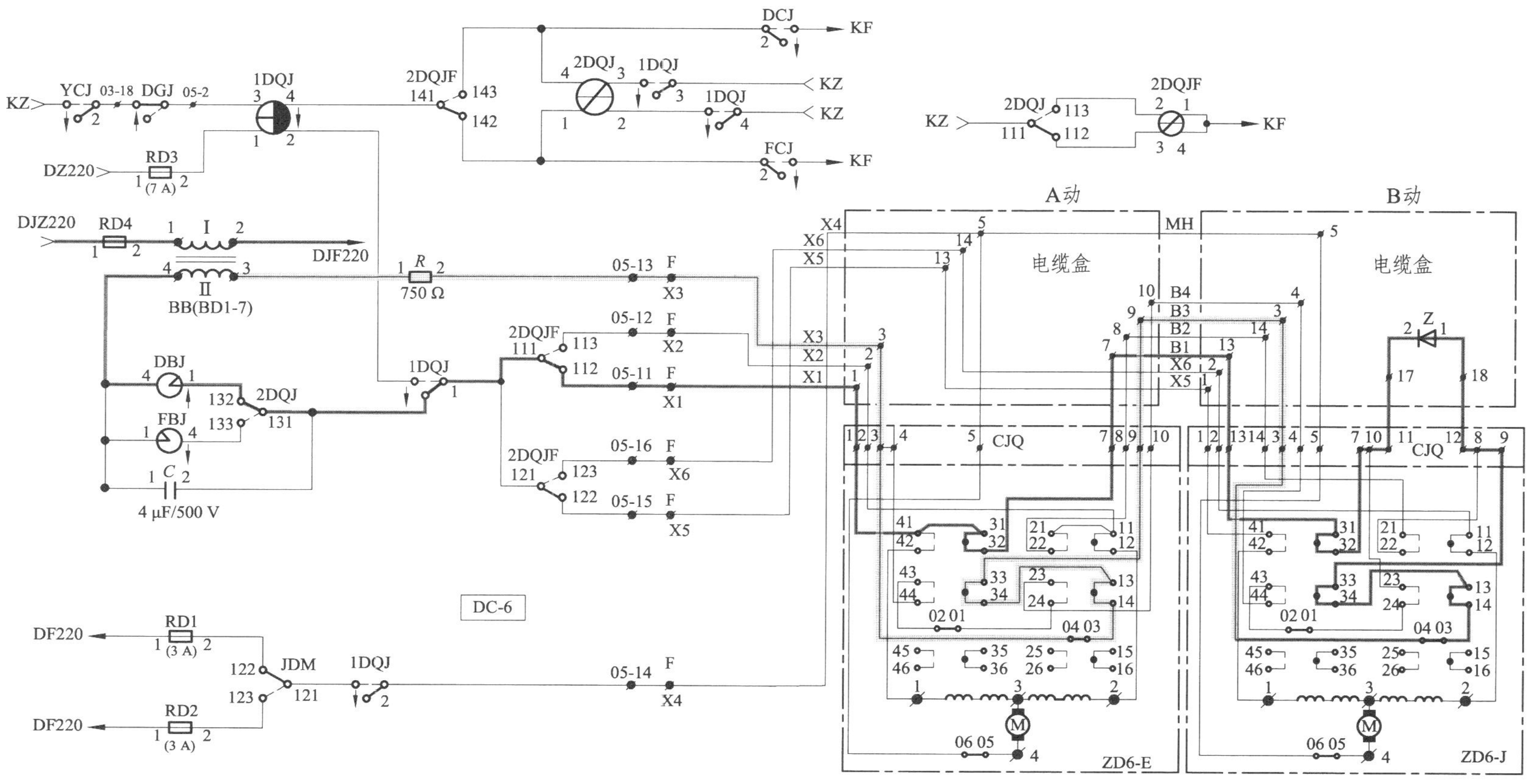

图 2-2-12　六线制道岔控制电路的定位表示继电器电路

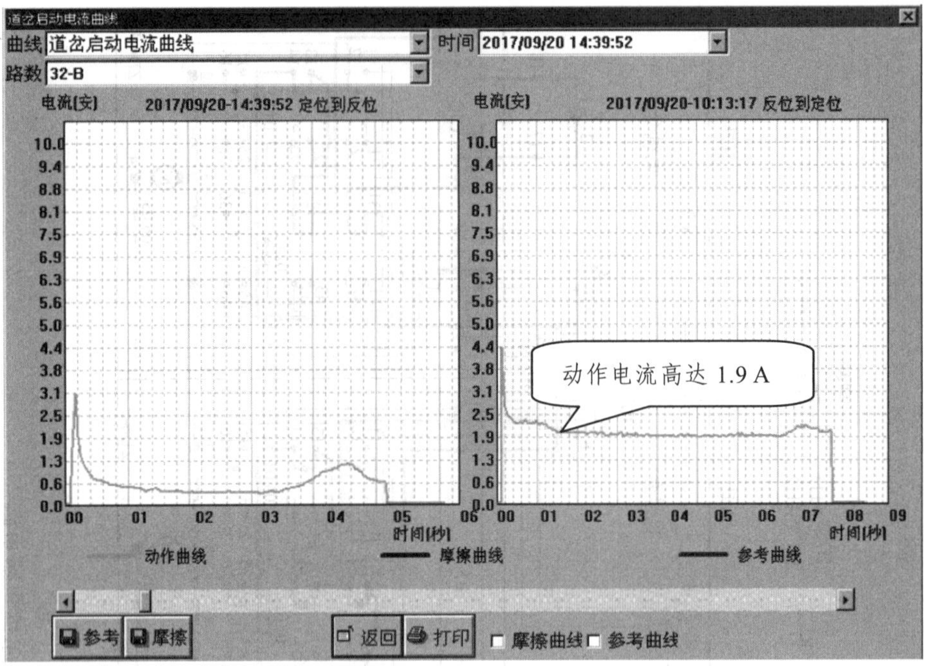

图 2-2-13　道岔小电机半短路时的电流曲线

（2）道岔 DBQ 故障时的电流曲线图：图 2-2-14 所示是某站 DBQ 故障时的电流曲线。

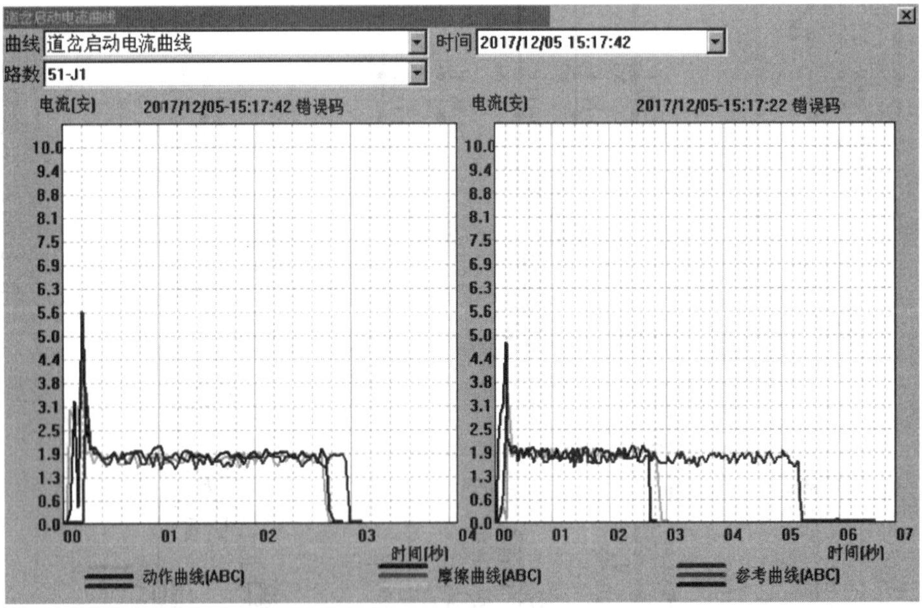

图 2-2-14　道岔 DBQ 故障时的电流曲线

（3）道岔状态不良时的电流曲线图：

① 图 2-2-15 中的动作电流比标准高很多（ZD6）。

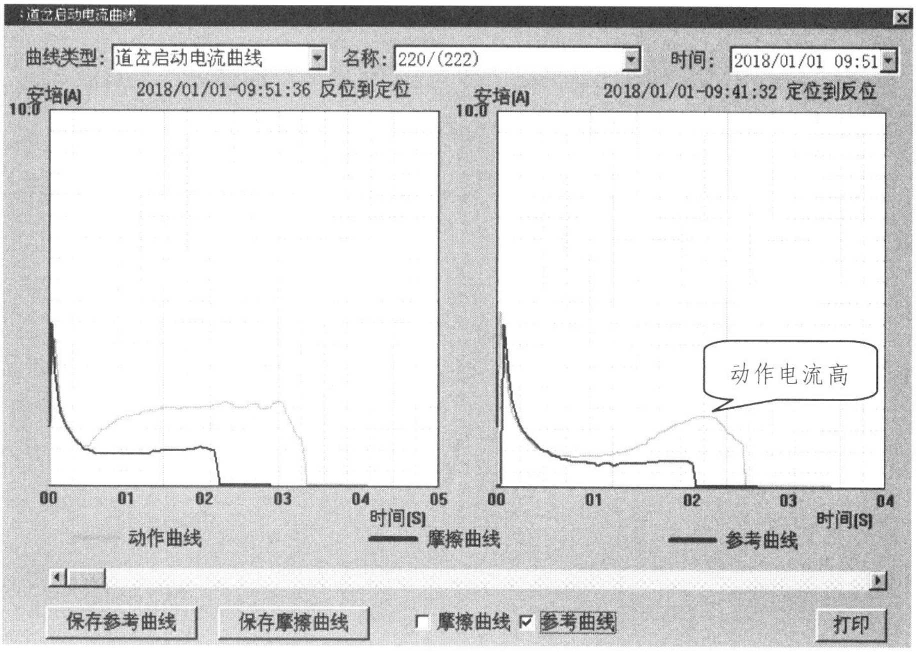

图 2-2-15　道岔状态不良时的电流曲线（1）

② 图 2-2-16 中，定位到反位时电流有回零现象，多为电机或炭刷不良（ZD6）。

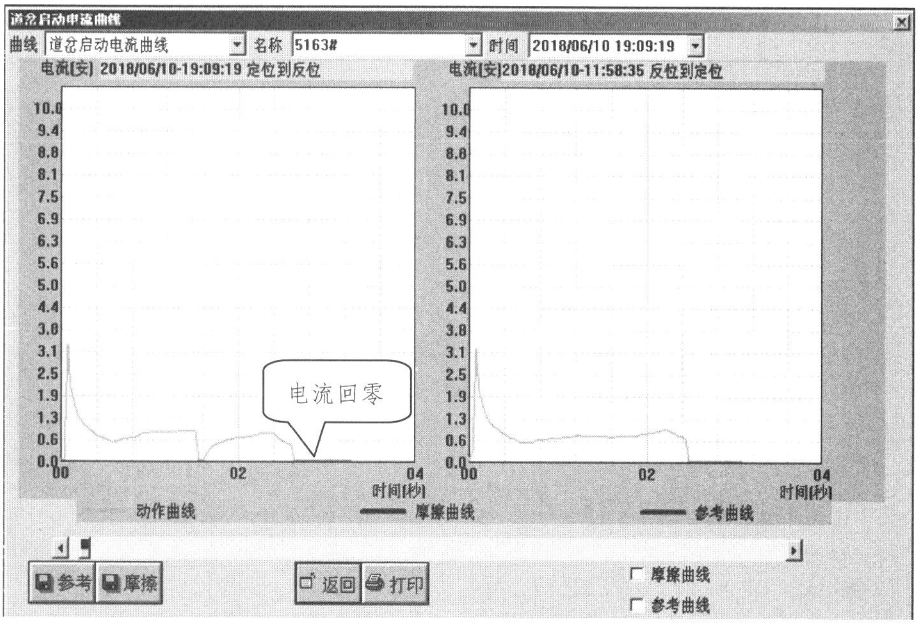

图 2-2-16　道岔状态不良时的电流曲线（2）

③ 图 2-2-17 所示为某站 327/331 道岔故障时的电流曲线，经检查是减速器抱死（ZD6）。

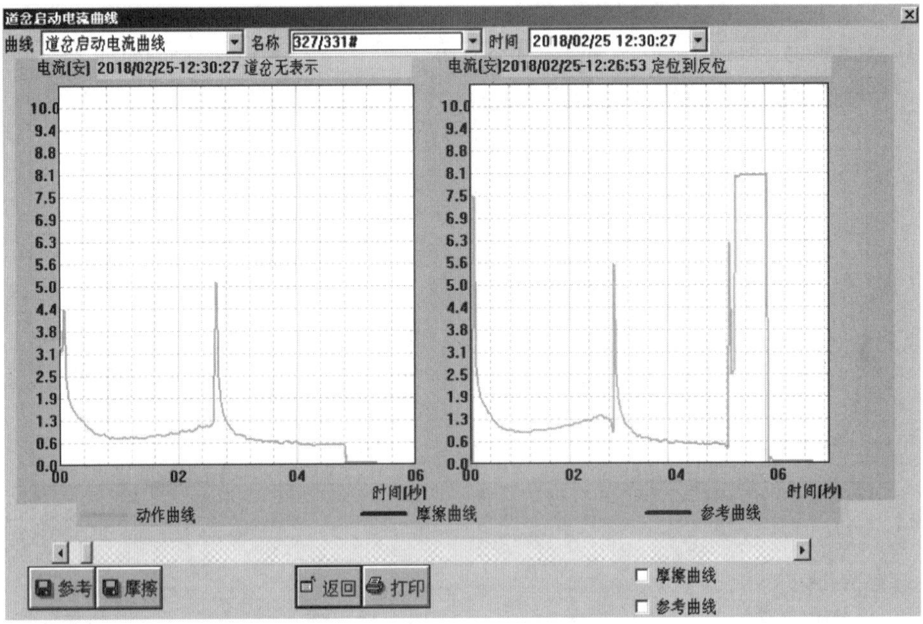

图 2-2-17　道岔状态不良时的电流曲线（3）

④ 图 2-2-18 中，定位到反位时电流有间断现象（ZD6）。

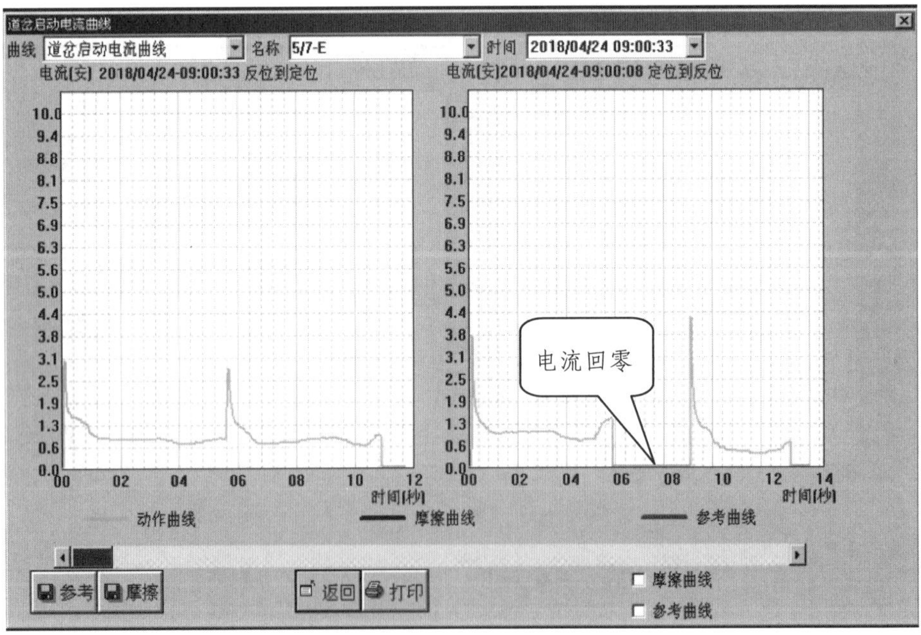

图 2-2-18　道岔状态不良时的电流曲线（4）

⑤ 图 2-2-19 中，定位到反位过程中电流有“爬台”现象。

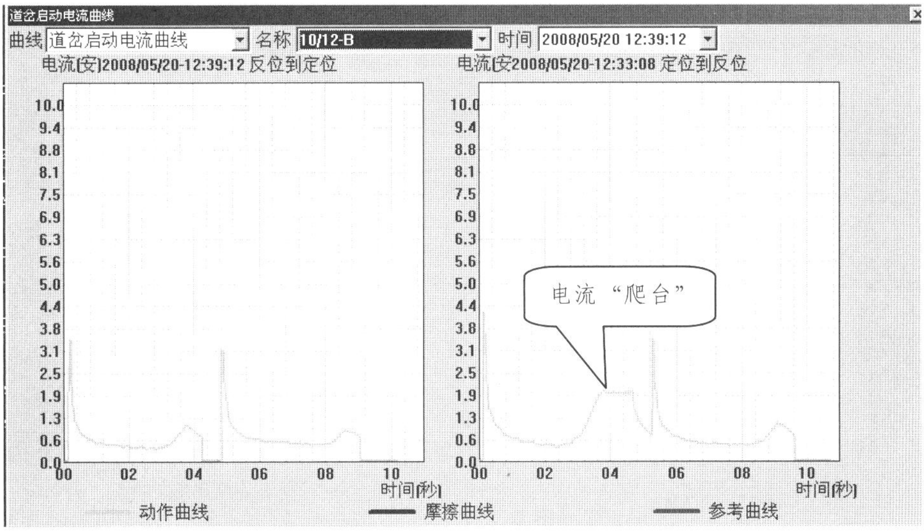

图 2-2-19　道岔状态不良时的电流曲线（5）

⑥ 微机监测发现 301/327#-X3、301/327#-X4 电缆绝缘不良，均小于 0.2 MΩ，同时动作电流曲线如图 2-2-20 所示，经工区检查为电缆接地。

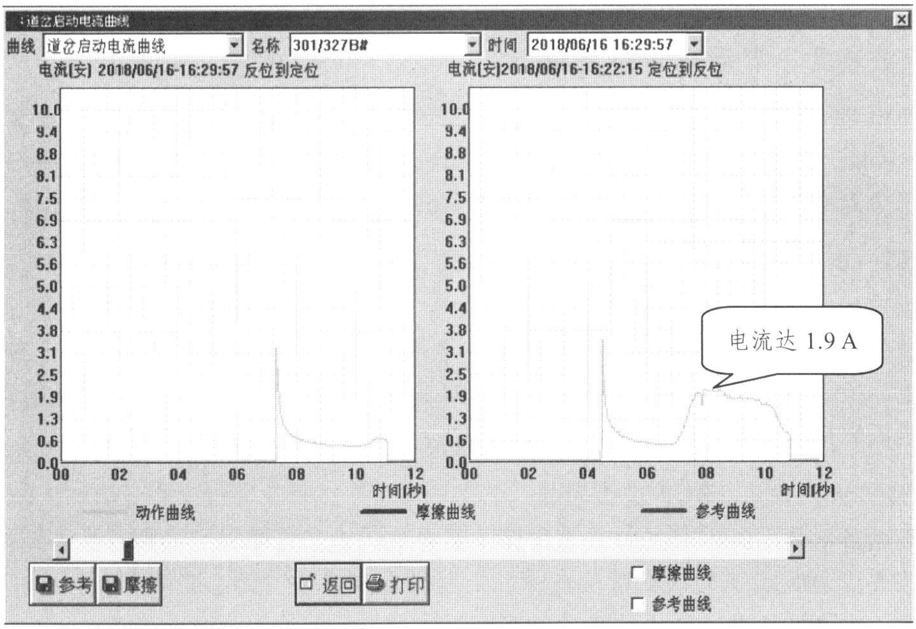

图 2-2-20　道岔状态不良时的电流曲线（6）

⑦ 图 2-2-21 所示是某站 1/3#道岔自动开闭器断裂时的电流曲线。

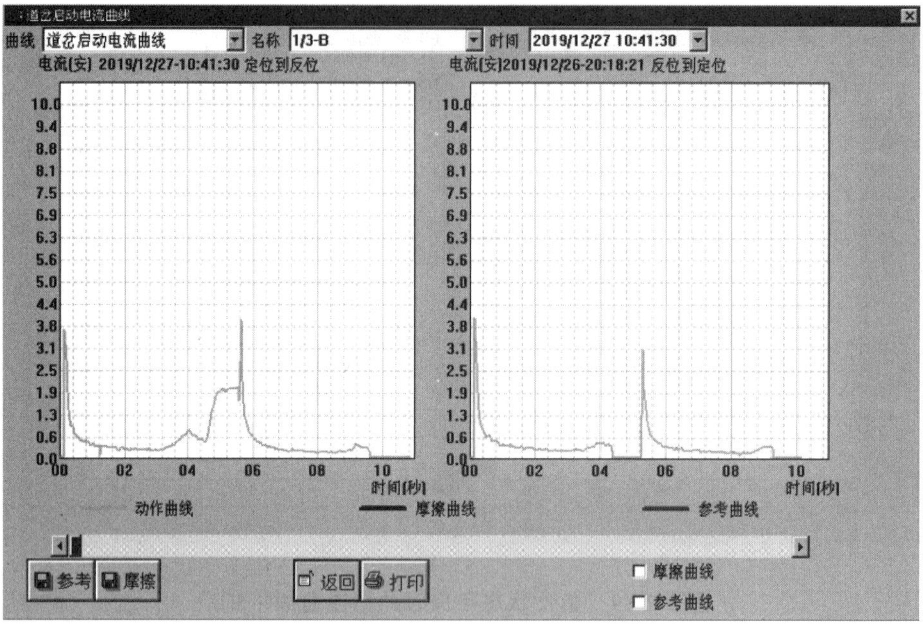

图 2-2-21　道岔状态不良时的电流曲线（7）

四、ZD6 系列电动转辙机控制电路故障处理

（一）道岔不启动或转不到位

分析电路原理可知，造成道岔不启动的原因有三个方面，一是 1DQJ 不励磁，二是 2DQJ 不转极，三是电动机转动电路（1DQJ 自闭电路）断路或短路故障。判断分析故障要从这三个方面入手。可以利用控制盘上设置的表示灯和电流表来判断故障范围。

1. 第一步，确定 1DQJ 是否励磁

操纵道岔，观察道岔所在位置表示灯，如果表示灯不灭灯，说明 1DQJ 没有励磁。在操纵道岔的同时测量 1DQJ 线圈上有无 24 V 直流电压，再用借电法测量线圈上缺少正电还是负电，最后用步进电压法查找故障点；如果表示灯灭灯，说明 1DQJ 已经励磁吸起，应观察电流表指针的偏转情况。

2. 第二步，确定 2DQJ 是否转极

在操纵道岔的同时，观察电流表指针，如果电流表指针不动，说明 2DQJ 没有转极，用电压法查找 2DQJ 不转极的故障点；如果电流表有偏转（无论偏转多少），说明 2DQJ 已经转极，故障发生在电动机的转动电路中。

3. 第三步，确定电动机转动电路故障的性质

在操纵道岔的同时，观察电流表指针，如果电流表指针小幅偏转并迅速回位，说明电动机转动电路断路；如果电流表指针偏转到最大值并回位，再操纵道岔电流表不偏转，说明电动机转动电路短路；如果电流表指针偏转到摩擦电流值不回位，说明尖轨在位移中受阻或尖轨密贴后转辙机不锁闭，道岔转不到位。

4. 第四步，确定电动机转动电路的哪条线断线

来回操纵道岔，如果定、反位都不能转动，说明电路的 4 号线断线；如果向定位不能转动，说明 1 号线断线；如果向反位不能转动，说明 2 号线断线。

5. 第五步，查找故障点

（1）查找断线点。在操纵道岔的同时，在分线盘故障道岔对应的电路中测量有无直流 220 V 电压，如果没有电压，说明故障发生在室内，用万用表电阻挡对照电路逐点测量，查找断线点；如果有 220 V 直流电压，说明故障发生在室外。

在操纵道岔的同时，在电缆盒 1、5（反位向定位转动）或 2、5（定位向动）端子上测量有无直流 220 V 电压，如果没有电压，说明故障发生在电缆线路中，依照电缆配线图在各级分线盒中测量有无电压，判断断线的电缆段，倒接备用芯线以恢复；如果有电压，说明故障发生在转辙机内，用万用表电阻挡逐点测量，查找故障点。

（2）查找短路点。利用断线法查找短路点。断开分线盘故障道岔对应的端子上的电缆配线，用万用表电阻挡分别测量电缆和室内配线，以确定短路故障发生在室内还是室外。

断开电缆盒 1、5（反位向定位转动）或 2、5（定位向反位转动）端子上的电缆配线，用万用表 ×1 电阻挡分别测量电缆和机内配线，确定是电缆短路还是机内短路。

同样，用逐点断线的方法，进一步缩小故障范围，直至找到故障点。

（二）道岔无表示

道岔表示电路是非线性电路，电路故障时，其电气参数与正常值相比变化较大，所以在日常维修中，要学懂并牢记电路的电气参数，在处理故障时要紧紧抓住电气参数的变化来判断分析故障。

1. 第一步，在继电器线圈上测量，判断电容支路、二极管的工作情况

在继电器线圈上测量，如果直流电压下降到 16 V 以下，说明电容支路断线；如果有交流电压（略大于正常值）而没有直流电压，说明二极管短路（击穿）。

2. 第二步，在分线盘上测量，判断故障性质和范围

在分线盘上测量，有交流电压（大于正常值）说明室外配线断线或自动开闭器接点接触不良（卡缺口）；测不到交流电压，断开端子上的电缆配线再进行测量，如果能够测到交流电压，说明室外配线短路，如果测不到交流电压，说明故障在室内，依照电路图，分别在表示变压器一次侧、熔断器两端、表示变压器二次侧、电阻两端测量，查找故障点。

3. 第三步，查找室外故障点

（1）查找断线点。在道岔电缆盒内测量，有交流电压，说明断线点在机内；无交流电压，说明断线点在电缆配线处。

（2）查找机内断线点。将一支表笔固定，另一支表笔沿着电路中的配线点逐点测量交流电压，有、无电压的两点之间即为断线点。道岔卡缺口属于断线的一种，其特征是显而易见的，应调整缺口排除故障，并要查明缺口变化的原因。

（3）查找电缆断线点。依照电缆配线图，分别在各级分线盒中测量，可以确定断线的电缆段，倒接备用芯线排除故障，并查找造成电缆内部断线的原因。使用中电缆断线多为电缆盒内配线端子上的电缆芯线从根部折断。

（4）查找短路点。利用断线法查找短路故障。断开道岔电缆盒端子配线，测量电缆芯线上有无交流电压，有交流电压，说明故障发生在转辙机内；没有交流电压，说明是电缆配线短路。

（5）查找转辙机内短路点。同上面一样，断开电路中的两点，测量有无交流电压，判断故障在断开点的“前方”还是“后方”，直至查找到二极管两端。

（6）查找电缆短路点。逐级断开分线盒内的端子配线，测量来向电缆短路还是去向电缆短路，直到把故障范围缩小到一条电缆内，更换备用电缆以排除故障；如果备用电缆处于混线状态，则用临时线沟通电路或重新敷设电缆排除故障，并查明造成电缆混线的原因。

（三）双动单机电动转辙道岔故障处理

双动单机电动转辙道岔故障处理的方法、步骤与单动单机电动道岔故障处理的方法、步骤一致，不同点在于处理启动电路故障时，首先要确定一动、二动哪一台转辙机不启动，可以通过调阅监测曲线来确定。双动道岔二动启动电路，在一动道岔尖轨转换到位、检查柱落入表示杆缺口内、动接点转换到静接点内时才被接通，所以在处理道岔启动电路故障时，如果确定是二动转辙机不启动，首先要检查一动是否转换到位，再按照单动单机电动转辙道岔故障的处理方法来处理此故障。

任务三　ZD6 系列电动转辙机及 ZD6 内锁闭道岔的检修

任务目标

1. 根据电务系统作业指导书，完成转辙机内、外部检修；

2. 根据电务系统作业指导书，调整道岔；对锁闭装置各项指标进行检查，使各项指标符合标准；

3. 能够根据《铁路交通事故调查处理规则》的规定及电务系统作业指导书的相关标准，更换道岔转辙设备的继电器、接点组、道岔杆件、线把，更换 ZD6 转辙机的移位接触器、挤切销、减速器、小电机、自动开闭器，对 ZD6 系列电动转辙机进行摩擦电流测试调整、摩擦带分解；

4. 掌握道岔、转辙机应急处理的规章制度及应急处理流程，熟悉设备正常运行的标准。

相关知识

ZD6 系列电动转辙机采用内锁闭方式锁闭道岔尖轨，转辙机的安装方式主要有两种：一种是基础角钢安装方式，另一种是托板安装方式。下面介绍基础角钢安装方式以及 ZD6 系列电动转辙机和内锁闭单开道岔的检修维护方法。

一、ZD6 系列电动转辙机的内部检修

ZD6 系列电动转辙机的内部检修项目如图 2-3-1 所示。

（一）作业前准备

（1）工作前，调阅集中监测、缺口视频，分析道岔设备的运用状态，认真查看各牵引点道岔监测曲线、缺口监测报警信息记录，防止漏看。

（2）工具准备：手锤，管钳，活动扳手，呆扳手，剥线钳，尖嘴钳，克丝钳，套筒，镊簧钳，一字螺丝刀，十字螺丝刀，钢卷尺，电工刀，试验铁锤，油壶，万用表，白市布，棉纱，机油，铁线，开口销，白布带，绝缘胶布，小毛刷，钢丝刷，绑线卡子。

（3）按规定，应设置室内和现场防护员进行防护。

（二）作业流程

1. 箱盒外部检查

（1）打开转辙机。将转辙机防护罩、杆件防护罩按顺序放置在线路安全侧。

（2）遮断开关通断检查。遮断器作用良好，非经人工恢复不得接通电路。

（3）机体检查。如图 2-3-2 所示，检查转辙机：固定良好，机体无裂纹、无锈蚀，动作杆罩筒、表示杆罩筒、小电机防护罩、蛇管弯头等部件与机体连接螺丝油润、紧固，盘根无断裂、无变形，防尘、防水良好。

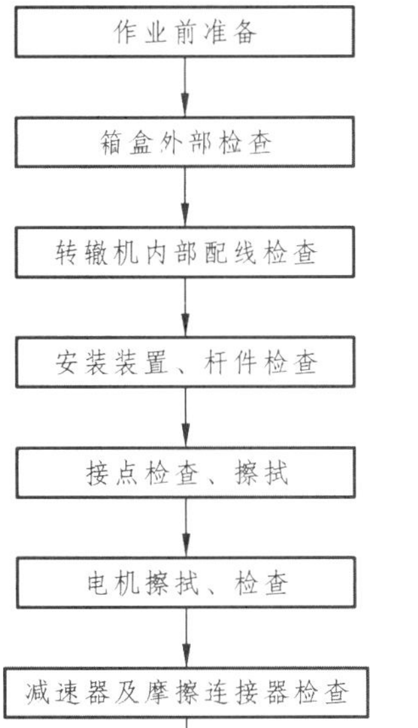

图 2-3-1　ZD6 系列电动转辙机内部检修项目

图 2-3-2　ZD6 系列电动转辙机

2. 转辙机内部配线检查

（1）插接件固定。检查转辙机插接件安装牢固，防松措施良好，压接螺丝紧固良好，配线及线头无损伤。

（2）配线检查。检查遮断器、自动开闭器、移位接触器各部分配线压接良好，螺丝紧固良好（检查防松标识齐全良好），配线及线头无损伤。

（3）缺口视频检查。检查缺口视频各部分配线整齐，缺口视频安装牢固，配线绑扎整齐。

3. 接点检查、擦拭

（1）开闭器固定良好。检查开闭器固定良好、无裂纹。

（2）静接点片检查。如图 2-3-3 所示，检查遮断器、自动开闭器静接点片长短一致、左右对称，接点片不弯曲、不扭斜、前后开口均匀，辅助片无断裂、作用良好。

图 2-3-3　静接点片检查

（3）动接点接触深度检查。检查动接点与静接点接触时两侧受力均匀，转换到位后接点接触深度不小于 4 mm，动接点与静接点座间隙不小于 3 mm，动接点摆动量不大于 3.5 mm。

（4）接点及接点片擦拭。用接点擦拭架固定静接点片，并使用擦拭棒进行擦拭，用白绸布擦拭动接点，保证接点清洁。

（5）接点压力测试。在每年度设备质量鉴定时，用测力计测试各部分静接点片与动接点之间的压力大于 4 N。

（6）速动爪与速动片间隙检查：解锁时不少于 0.2 mm，锁闭时为 1 ~ 3 mm；检查速动爪的滚轮在落下后不得与启动片缺口底部相碰。

4. 电机擦拭检查

（1）检查电机是否固定：电机固定良好。

（2）换向器清洁、干净：对手摇转辙机用白绸布擦拭换向器，使换向器表面光滑、干净；检查换向片间无炭粉、无伤痕，绝缘物未高出换向器弧面，碳刷刷窝无积碳。

（3）碳刷长度、接触面符合标准：在每年度设备质量鉴定时，分别打开两侧炭刷的刷握盒，检查弹簧压力良好，炭刷与换向器呈同心弧面接触，接触面积不少于炭刷面积的 3/4，长度不小于炭刷全长的 3/5。

5. 减速器及摩擦连接器检查

（1）检查减速器安装：检查减速器安装牢固，道岔转换时无杂音。

（2）摩擦弹簧作用良好：在规定摩擦电流下，相邻弹簧间隙不小于 1.5 mm，弹簧不得与夹板圆弧部分相碰。

（3）摩擦带清洁：检查摩擦带与内齿轮伸出部分清洁，无油污、无过大磨耗，作用良好。

6. 表示杆、动作杆、移位接触器检查

（1）机内杆件方正。检查表示杆、动作杆平、直，无锈蚀、无裂纹。

（2）锁闭装置良好。在每年度设备质量鉴定时，检查锁闭齿轮圆弧与动作齿轮削尖齿接触良好，接触面不小于 50%。（手摇道岔至解锁位置，观察削尖齿与锁闭齿轮圆弧接触面）

（3）动作杆与齿条块轴向移动量不超标。检查动作杆与齿条块的轴向移动量和圆周方向的转动量均不大于 0.5 mm。

（4）挤切销检查。使用专用工具打开主挤切销压盖，检查挤切销无挤伤或变形；对主、副挤切销（连接销）压盖螺丝紧固检查。

（5）移位接触器安装牢固。用塞尺检查动作杆与圆孔套间隙不大于 0.5 mm，表示杆与方孔套间隙不大于 1 mm。

（6）圆孔套、方孔套间隙检查：

① 使用毛刷对转辙机内部进行清扫；使用长嘴钳对机内进行擦拭，做到机内无油污、无杂物，箱底清扫干净。

② 使用转辙机机内专用油，对检查柱注油 2 ~ 3 滴，对自动开闭器各部分拐轴注油 1 滴，对减速器内部注油 1 ~ 2 滴，对齿条块、动作杆及表示杆毡垫分别注油 3 ~ 5 滴，对齿条块削尖齿涂抹黄油。

7. 缺口及摩擦电流调整

（1）机内、外缺口一致。转辙机缺口符合标准，视频缺口装置的分机、采集器、缺口部位清洁。机内、外缺口及道岔视频缺口数据三者必须核对一致。

（2）缺口符合标准。ZD6-A、D、E、F、G 型转辙机为（1.5±0.5）mm；ZD6-J 型转辙机缺口间隙为尖轨与基本轨的间隙之和，应不大于 7 mm。注意：表示缺口一定要在道岔开口、密贴各项指标符合要求以后进行调整。

（3）摩擦电流符合标准。ZD6-A、D、F、G、H、K 型转辙机的故障电流为 2.3 ~ 2.9 A，ZD6-E、J 型双机配套时故障电流为 2.0 ~ 2.5 A，定、反位偏差不大于 0.3 A。冬季故障电流调至中下限，夏季故障电流调至中上限。

测量方法：断开安全接点，将万用表串接在 05-06 接点上进行测量，道岔在摩擦状态时，测得的电流为摩擦电流。注意：表笔不能插在接点片间隙进行测量，长时间插入、拔出表笔会使接点片压力下降。

（4）检查验收：

① 扳动道岔进行转换试验：道岔在转换过程中，动作平稳、灵活，无反弹、异响，

密贴、缺口良好。

② 测试摩擦电流符合标准。扳动时电机碳刷无过大火花。

③ 填写检修卡。

④ 合上机盖及盒（箱）盖，并加锁。

⑤ 盖好防护罩，加好防撬装置并扳动试验，确认表示良好。

⑥ 作业人员发现设备缺陷应立即修复，若当时不能解决应逐级汇报，纳入待修记录。

⑦ 清点材料、工具、仪表。

⑧ 对关键作业项（点）复查录像。

二、ZD6 内锁闭道岔的日常养护

ZD6 内锁闭道岔的日常养护内容及流程如图 2-3-4 所示。

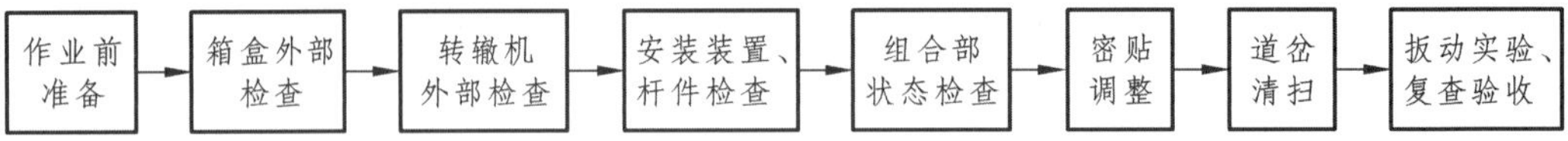

图 2-3-4　ZD6 内锁闭道岔的日常养护内容及流程

（一）作业前准备

（1）工具准备：ZD 道岔专用工具，活口扳手（250 mm、300 mm、450 mm），梅花扳手（27/30 mm）或棘轮扳手（27/30 mm），平口螺丝刀（150 mm），十字螺丝刀（150 mm），尖嘴钳，长嘴钳，卷尺，塞尺，钢板尺，钢丝刷，毛刷（20 mm），铲刀，防挤木槌，油壶，对讲机，夜间作业需携带照明灯。

（2）材料准备：道岔专用油，油布，开口销（4 mm）5 个，1.6 mm 铁线。

（3）工作前，利用集中监测系统调阅道岔电流曲线，分析道岔设备的运用状态。认真查看各牵引点道岔动作电流曲线、缺口监测报警信息记录，防止漏看。

（二）作业流程

1. 箱盒外部检查

（1）设备硬面化清洁，周围无杂草、可燃物，信号电缆无外露。

（2）箱盒基础状态良好，箱盒无裂纹，油饰、加锁良好，铭牌表面清洁、字迹清晰，蛇管完好不脱落。

（3）各部分螺栓紧固、油润。

2. 转辙机外部检查

（1）外观检查：

① 防护罩无缺损，固定良好。

② 设备名称及定位标志清晰正确。

③ 转辙机机壳无裂纹、油饰良好，蛇管完好无脱落，加锁良好。

④ 转辙机缺口视频监测装置的防护管完好无损伤，接头紧固、无脱落、不生锈。

⑤ 各部分固定螺丝紧固、油润，各表示杆、连接销孔矿量符合标准。

（2）缺口标记清晰。缺口调整标准为（1.5±0.5）mm，内外标记一致。

3. 安装装置、杆件检查

（1）各部分杆件检查：转辙机的密贴调整杆、表示杆、尖端杆保持平行，动作杆、表示杆呈一直线。

（2）连接销、开口销状态检查：密贴调整杆、表示杆、尖端杆、牵引点拉杆连接销及安装装置的各连接销、摩擦面应油润，螺母齐全、不松动，放松措施良好；开口销齐全，劈开角度为 60°～90°，两臂劈开角度应基本一致。

（3）绝缘外观检查。安装装置的绝缘外观检查齐全完整。

4. 组合部状态检查、密贴检查调整

（1）密贴状态、肥边检查：使用塞尺检查密贴应符合标准；尖轨、基本轨无明显影响密贴的肥边。

（2）尖轨空吊、滑床板等状态检查：滑床板作用良好、不松脱，滑床板空吊连续不超过三块，无脱焊、断裂、塌陷、凹槽、侧斜，尖轨无严重翘头、外翻。

（3）顶铁、间隔铁、“三道缝”检查：顶铁、间隔铁、轨撑、轨距块、承轨槽间隙符合标准，第一牵引点之前一根到最后牵引点之后一根岔枕钢轨与轨距挡板（块）间隙、承轨槽间隙≤1 mm（见图 2-3-5）；转辙部位轨撑与钢轨接触缝隙≤2 mm。

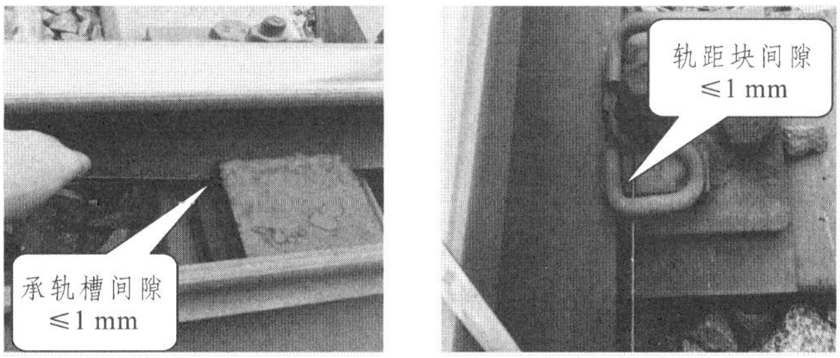

图 2-3-5　轨距块间隙、承轨槽间隙检查

（4）尖轨爬行检查：两基本轨角钢安装孔相错量不影响角钢安装；两尖轨尖端相错量≤20 mm。

5. 道岔清扫

（1）清扫杆件及安装装置，应无油垢、沙粒等异物；清理杆件周围石砟。

（2）清扫尖轨尖端至尖轨根部的滑床板台面及竖侧面，应无油垢、沙粒等异物及垃圾。

（3）清扫尖轨、基本轨刨切面部分的腰部，应无油垢、沙粒等异物。

（4）清扫道岔转辙部位及周围，应无垃圾等杂物。

（5）对滑床板清扫后，使用油布对滑床板台面进行擦拭，并保持台面油润。

6. 扳动实验、复查验收

（1）道岔动态验收：扳动检查道岔，宏观密贴状态良好，缺口符合标准；道岔转换过程中动作平稳、灵活，无别劲、无卡阻。

（2）电流曲线对比：联系室内人员调阅信号集中监测数据，查看道岔电流曲线是否正常。

（3）记录、清点：清点工具、仪表。

三、ZD6 内锁闭道岔的集中检修

内锁闭道岔集中检修包含以下内容。

（一）周围环境检查

（1）箱盒基础状态良好。箱盒无裂纹，油饰、加锁良好，铭牌表面清洁、字迹清晰，蛇管完好不脱落。

（2）各部螺栓紧固、油润，防松标记良好。

（3）设备硬面化清洁，周围无杂草、可燃物；信号电缆无外露。

（二）箱盒内部检查

（1）如图 2-3-6 所示，接线端子安装牢固，端子、螺帽不锈蚀，螺母垫片齐全、紧固，线头不松动、无伤痕；检查整流匣安装牢固，焊头良好。

（2）配线绑扎良好，图与实物相符，备用贯通电缆有标记；电缆去向铭牌清楚、正确。

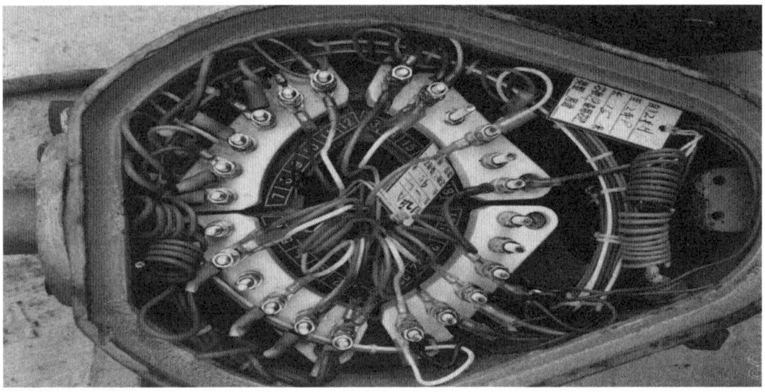

图 2-3-6　检查接线端子

（三）机外检修作业

1. 安装装置检查

（1）转辙机安装与基本轨或线路中心线平行偏差应≤10 mm，各杆件的两端与基本轨或中心线的垂直偏差应≤20 mm。

（2）密贴调整杆、表示杆、尖端杆、牵引点拉杆连接销及安装装置的各连接销、摩擦面应油润，螺母齐全、不松动，防松措施良好

（3）安装装置绝缘外观应齐全完整。

（4）两基本轨角钢安装孔相错量不影响角钢安装；两尖轨尖端相错量≤20 mm。

（5）滑床板作用良好、不松脱，滑床板空吊连续不超过三块，无脱焊、断裂、塌陷、凹槽、侧斜。

2. 杆件清理

（1）清扫杆件及安装装置，应无油垢、沙粒等异物，清理杆件周围石砟。

（2）清扫尖轨、基本轨刨切面部分的腰部，应无油垢、沙粒等异物。

（3）清扫尖轨尖端至尖轨根部的滑床板台面及竖侧面，应无油垢、沙粒等异物及垃圾。

（4）对滑床板清扫后，使用油布对滑床板台面进行擦拭，保持台面油润。

3. 密贴、杆件检查

（1）使用方尺检查转辙机的密贴调整杆、表示杆、尖端杆保持平行。注意：方尺放置时以基本轨直股侧为准。

（2）如图 2-3-7 所示，密贴调整杆、表示杆、尖端杆、牵引点拉杆与直股基本轨相垂直，各杆的两端间与直股基本轨垂直线的偏差均不大于 20 mm；其水平方向的两端高低偏差不大于 5 mm（以两基本轨工作面为基准）。

（3）检查空动距离应符合标准：动作杆空动距离不小于 5 mm；

（4）检查动作杆、方钢连接销与孔径合计磨耗不大于 1 mm。

图 2-3-7　密贴、杆件检查

（5）检查表示拉杆销孔间隙不大于 0.5 mm；

（6）检查尖轨无严重翘头、外翻，密贴时基本轨下颌与尖轨上颌间隙不小于 2 mm。

（7）顶铁、间隔铁、轨撑、轨距块、承轨槽间隙应符合标准。第一牵引点之前一根到最后牵引点之后一根岔枕钢轨与轨距挡板（块）间隙、承轨槽间隙≤1 mm；顶铁间隙不大于 2 mm；转辙部位轨撑与钢轨的接触缝隙≤2 mm。

（8）各种传动拉杆、表示连接杆等的螺纹部分的内、外调整余量应不少于 10 mm。

（9）穿越轨底的杆件距轨底的净距离应大于 10 mm，距石砟不小于 20 mm。

（10）检查各部分开口销应齐全，劈开角度为 60°～90°，两臂劈开角度应基本一致。

（11）使用塞尺检查密贴宏观符合标准，尖轨与基本轨密贴，尖轨尖端至第一牵引点处离缝≤0.5 mm，检查第一牵引点至后刨切点处离缝≤1 mm。

（12）肥边检查：尖轨、基本轨无明显影响密贴的肥边且不大于 1 mm。尖轨处的肥边是造成道岔假密贴的主要因素，应注意检查并排除隐患。

4. 道岔密贴实验

（1）如图 2-3-8 所示，使用试验片进行道岔密贴试验，尖轨第一牵引点处 2 mm 锁闭，4 mm 不锁闭或接通表示；核对表示杆机内外表示缺口应一致，符合标准；使用试验片进行道岔密贴试验，尖轨其他牵引点 6 mm 不锁闭或接通表示。

图 2-3-8　道岔密贴实验

（2）绝缘测试：非电化区段安装装置及各类杆件绝缘的漏泄电压不大于轨面电压的1/2，25 Hz 轨道电路区段也可用区间移频表进行测量，电压值应大于轨面电压的一半以上；电化区段绝缘电阻在线测试应大于 20 Ω。

5. 全部检修完毕

（1）检修完毕，在滑床板、各部分螺栓处涂油，保证其润滑、作用良好。

（2）扳动道岔进行转换试验，道岔转换平稳、灵活，无反弹、无别卡、无异响；缺口良好，各部分螺丝防松措施良好。

（3）作业人员发现设备缺陷应立即修复，若当时不能解决要逐级汇报，纳入待修记录。

项目三　认知三相交流电动转辙设备及其检修维护

项目描述

本项目主要介绍铁路常用的S700K型、ZD(J)9型电动转辙设备的结构、功能及原理，外锁闭装置的结构、功能及原理，以及三相交流道岔控制电路原理；重点阐述三相交流电动转辙设备的使用维护及常见故障的分析与处理。

任务一　认知S700K型电动转辙机

任务目标

1. 掌握S700K型电动转辙机的组成及工作原理；
2. 能识别S700K型电动转辙机的简单机械故障。

微课视频：认知S700K型电动转辙机

相关知识

一、S700K型电动转辙机概述

S700K型电动转辙机是我国铁路部门从德国西门子公司引进设备和技术，经消化、吸收、改进后推出的，运用于主要铁路干线上的转辙机。

S700K型电动转辙机的产品代号来自德文“Simens-700-Kugeigewinde”，其含义为“西门子—具有6860 N（700 kgf）保持力—带有滚珠丝杠”的电动转辙机。S700K型电动转辙机结构先进，工艺精良，不但解决了旧机型固有的电机断线、故障电流变化、接点接触不良、移位接触器跳起和挤切销折断等问题，而且可以做到“少维护，无维修”，大大降低了信号维修人员的工作强度。

S700K型电动转辙机采用三相交流380 V电源，可以操纵各种型号和规格的道岔，适用于尖轨或可动心轨处采用外锁闭的道岔。其型号含义如图3-1-1所示。

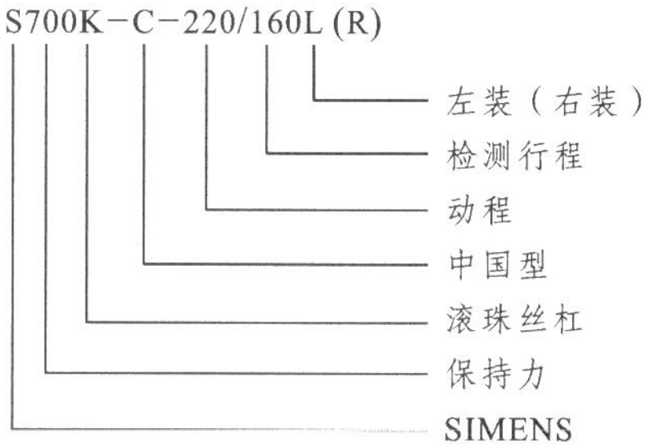

图3-1-1　S700K型电动转辙机的型号含义

S700K 型电动转辙机规格齐全，不仅能满足道岔尖轨、可动心轨的单机牵引，而且也能满足双机、多机牵引的需要。按其安装位置不同，S700K 型电动转辙机可分为左装右开及右装左开型两种。

安装位置的确定：当操作人员面对尖轨或心轨时，转辙机安装在线路左侧的，即为左装；转辙机安装在线路右侧的，即为右装。当面对转辙机的安全开关锁时，动作杆由左侧伸出，称为左开；动作杆由右侧伸出，称为右开。因此，S700K 型电动转辙机可分为尖轨左装右开型、心轨左装右开型、尖轨右装左开型、心轨右装左开型。左装转辙机的型号用字母“A”加上某个奇数数字表示，如 A11、A33；右装转辙机的型号用字母“A”加上某个偶数数字表示，如 A12、A34。

表 3-1-1 所示为 S700K-C 型转辙机的技术参数。

表 3-1-1　60 kg/m 提速道岔的主要技术指标

型号		动程 / mm	检测行程 / mm	额定转换力 /N	最大转换力 /N	动作时间 /s	是否可挤	用于	检测精度 / mm	检测杆
左装	右装									
A05	A06	220	100	6000	6900	≤6.6	N	单机	±1.5	C41/C42
A07	A08	220	160	6000	6900	≤6.6	N	单机	±1.5	C45/C46
A09	A10	220	120	6000	6900	≤6.6	N	第一牵引点	±1.5	C47/C48
A13	A14	220	160	3000	3500	≤6.6	N	第一牵引点	±1.5	C45/C46
A15	A16	150	75	4500	5000	≤6.6	Y	双机	±2.0	C73/C74
A17	A18	220	120	3000	3500	≤6.6	N	多机	±2.0	C119/C120
A19	A20	220	110	3000	3500	≤6.6	N	多机	±2.0	C71/C72
A21	A22	220	100	2500	3000	≤6.6	N	第一牵引点	±1.5	C41/C42
A23	A24	150	85	4500	5000	≤6.6	N	多机	±2.0	C81/C82
A27	A28	220	75	3000	3500	≤6.6	N	多机	±2.0	C73/C74
A29	A30	150	85	4500	5000	≤6.6	Y	双机	±2.0	C81/C82
A31	A32	220	100	3000	3500	≤6.6	N	多机	±2.0	C123/C124
A33	A34	150	65	4500	5000	≤6.6	N	多机	±2.0	C91/C92
A35	A36	150	—	6000	6900	≤6.6	N	多机	—	—
A37	A38	220	152	3000	3500	≤6.6	Y	单机	±1.5	C127/C128
A39	A40	220	140	3000	3500	≤6.6	N	多机	±2.0	C117/C118
A41	A42	220	110	2500	3000	≤6.6	N	第一牵引点	±1.5	C121/C122
A43	A44	220	—	3000	3500	≤6.6	N	多机	—	—

二、S700K 型电动转辙机的结构及主要组成部件

（一）S700K 型电动转辙机的结构

S700K 型电动转辙机主要由外壳、动力传动机构、检测和锁闭机构、安全装置、配线接口五大部分组成，其结构如图 3-1-2 所示。

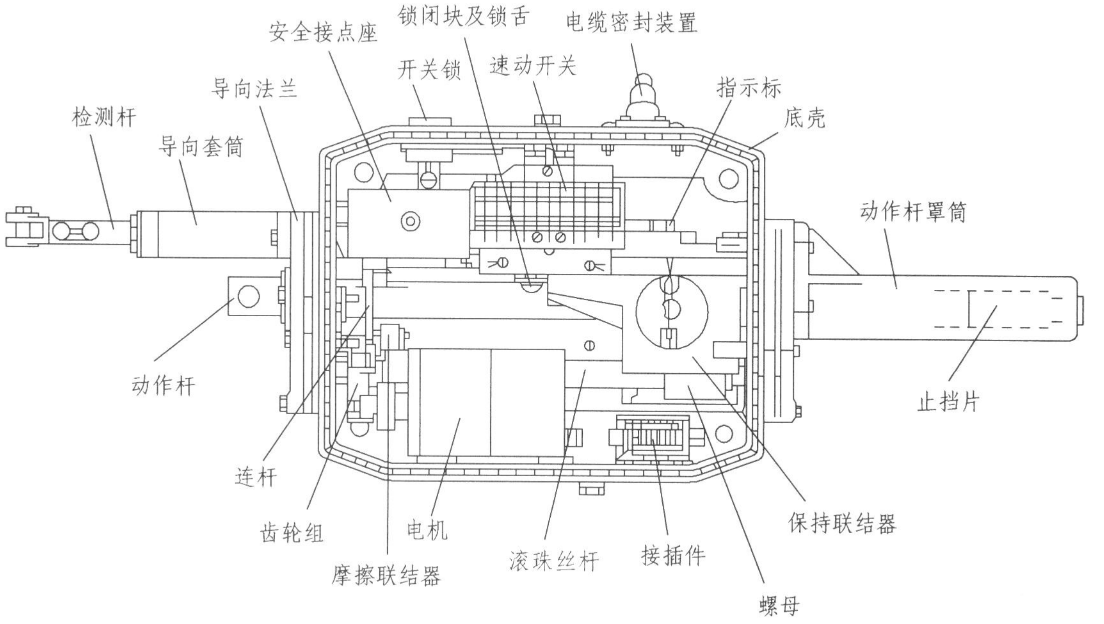

图 3-1-2　S700K 型电动转辙机的结构

（1）外壳：主要由铸铁底壳、机盖、动作杆套筒、导向套筒、导向法兰等组成。

（2）动力传动机构：主要由三相交流电动机、齿轮组、摩擦连接器、滚珠丝杠、保持连接器、动作杆等组成。

（3）检测和锁闭机构：主要由检测杆、叉形接头、速动开关组、锁闭块和锁舌、指示标等部分组成。

（4）安全装置：主要由开关锁、遮断开关、连杆、摇把孔挡板等组成。

（5）配线接口：主要由电缆密封装置、接插件插座组成。

（二）S700K 型电动转辙机的主要组成部件及其作用

1. 三相交流电动机

三相交流电动机（见图 3-1-3）为转辙机提供动力。S700K 型电动转辙机的三相交流电动机为笼式转子，其定子三个绕组呈星形接法，每相的引出线为单根多股软线，其星形汇接点在安全接点座第 61、71、81 端子上，由跨接片跨接。

由于采用的是交流电动机，没有直流电动机的整流子，自然消除了电机电枢断线、枢间混线、炭刷与整流子接触不良等惯性故障，提高了设备的可靠性和使用寿命，减少了维修量。

2. 齿轮组

齿轮组（见图 3-1-4）由摇把齿轮、电机齿轮、中间齿轮及摩擦连接器齿轮组成。其中摇把齿轮与电机齿轮是一个传递系统，可通过摇把对转辙机进行人工操纵；电机齿轮、中间齿轮、摩擦连接器齿轮也是一个传递系统，可将电动机的旋转驱动力传递到摩擦连接器上，并可将电动机的高速转速降速，以增大旋转驱动力，适应道岔转换的需要，这是 S700K 型转辙机的第一级降速。

图 3-1-3　电动机

图 3-1-4　齿轮组

3. 摩擦连接器

摩擦连接器（见图 3-1-5）将齿轮组变速后的旋转力传递给滚珠丝杠。摩擦连接器内有 3 对主-备金属摩擦片，分别固定在外壳和滚珠丝杠上，摩擦片的端面有若干压力弹簧，通过调整弹簧压力，可以使主、备摩擦片之间的摩擦结合力大小发生变化，实现了电动机和传动机构之间的软连接，这样就可消耗因电动机转动惯性带来的电动机动作电路断开后的剩余动力，当尖轨在转换中途受阻不能继续转换时，不至于使电动机烧损，即当作用于滚珠丝杠上的转换阻力大于摩擦结合力时，主、备摩擦片之间相对打空转，保护了电动机。

摩擦连接器的摩擦力必须能调节，使道岔在正常工作情况下，电动机能带动转辙机工作，在道岔转换终了或尖轨被阻时，使电动机能克服摩擦连接器的压力而空转，以保证电动机不会被烧毁。另外，摩擦连接器调整好的摩擦力必须稳定，以保证转辙机的工作可靠。

图 3-1-5　摩擦连接器

对于交流转辙机来说，其动作电流不能直观地反映转辙机的拉力，现场维修人员不能像对待直流转辙机那样，通过测试动作电流来对摩擦力进行监测，而必须由专业人员用专用器材才能对交流转辙机的摩擦力进行调整。不过，交流转辙机在出厂前，厂家已对其摩擦力进行了标准化测试调整，所以现场维修人员不得随意调整其摩擦力。

4. 滚珠丝杠

滚珠丝杠相当于一个直径 32 mm 的螺栓和螺母，如图 3-1-6 所示。当滚珠丝杠正向或反向旋转一周时，螺母前进或后退一个螺距。滚珠丝杠一方面将电动机的旋转运动变成丝杠的直线运行，另一方面起到减速作用，减速比取决于滚珠丝杠的螺距。

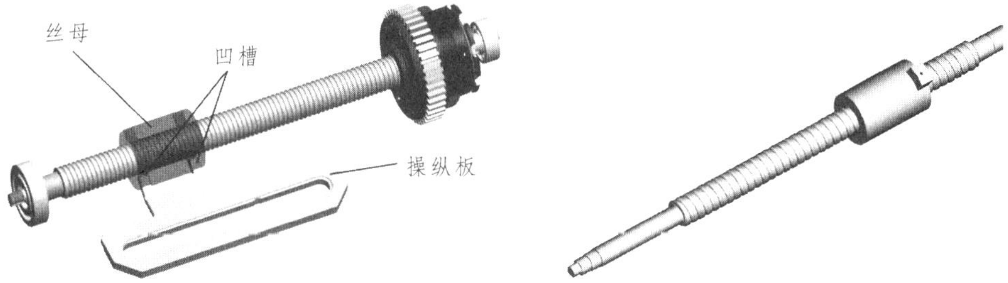

图 3-1-6　滚珠丝杠

5. 保持连接器

保持连接器是转辙机的挤脱装置，利用弹簧的压力，通过槽口式结构将滚珠丝杠与动作杆连接在一起，如图 3-1-7 所示。当道岔的挤岔力超过弹簧压力时，动作杆滑脱，起到保护整机不被损坏的作用，相当于 ZD6 系列电动转辙机的挤岔装置。

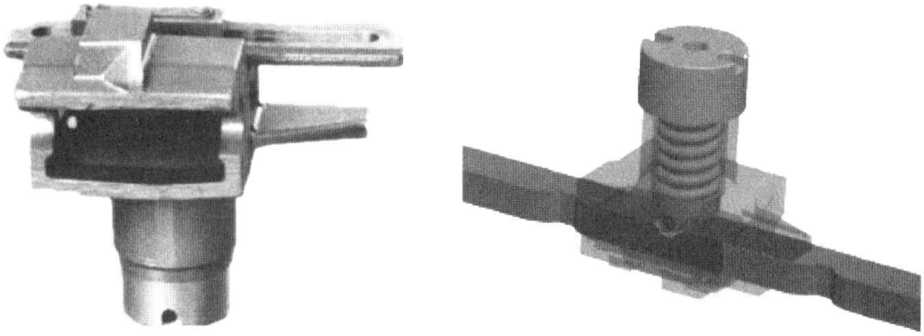

图 3-1-7　保持连接器

根据现场实际需要，保持连接器可采用可挤型或不可挤型的。可挤型是指保持连接器利用其内部弹簧的压力将滚珠丝杠和动作杆连接在一起，弹簧的挤岔阻力可分别设定为 9 kN、16 kN、24 kN、30 kN 等，当道岔的挤岔阻力超过弹簧设定压力时，动作杆滑脱，实现挤岔时的整机保护。不可挤型是工厂将保持连接器内部的弹簧取消，放一个止挡环，用于阻止与动作杆相连的保持栓的移动，成为硬连接结构，挤岔锁定力为 90 kN。当道岔挤岔阻力超过 90 kN 时，挤坏硬连接结构的保持连接器需整机送回工厂修理。

保持连接器的顶盖是加铅封的，维修人员不得随意打开。铅封打开后，必须由专职人员重新施封，以保证其安全可靠地工作。

6. 检测杆

检测杆随尖轨或心轨转换而移动，用来监督道岔在终端位置时的状态。检测杆有上、下两层，上层检测杆用于监督拉入密贴的尖轨或心轨拉入时的工作状态，下层检测杆用于监督伸出密贴的尖轨或心轨伸出时的工作状态，如图 3-1-8 所示。

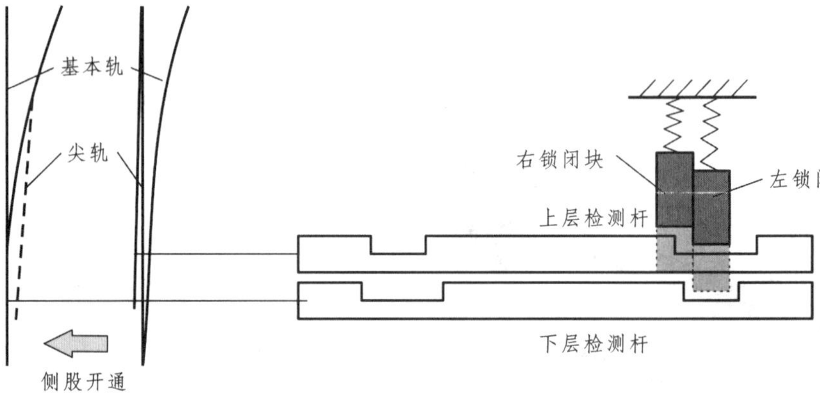

图 3-1-8　检测杆示意图

上、下层检测杆之间没有连接或调整装置，外接两根表示杆，分别调整。道岔转换时，由尖轨或心轨带动检测杆运动。当密贴尖轨或心轨密贴，斥离尖轨或心轨到达规定位置，上、下层检测杆的大小缺口对准转辙机的锁闭块时，锁舌才能弹出。也就是说，密贴尖轨或心轨，斥离尖轨或心轨到达规定位置时，才能给出有关表示。

7. 锁闭块和锁舌

如图 3-1-9 所示，道岔在终端位置，当检测杆指示缺口与指示标对中时，锁闭铁及锁舌应能正常弹出。

锁闭块的正常弹出使速动开关的有关启动接点闭合及表示接点断开。

锁舌的正常弹出用于阻挡转辙机的保持连接器的移动，实现转辙机的内部锁闭。锁舌的伸出量一般≥10 mm，但最小伸出量不得小于 9 mm。

转辙机开始动作后，锁舌在锁闭块的带动作用下应能正常缩入。锁闭块的缩入应能可靠地断开表示接点，锁舌的缩入应能完成转辙机的内部解锁。

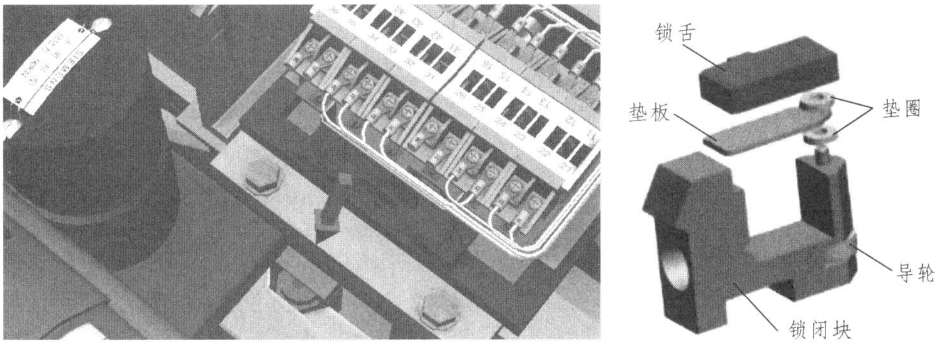

图 3-1-9　锁闭块和锁舌

8. 速动开关组

速动开关组实际上是采用了沙尔特堡接点组的自动开闭器。它随着尖轨或可动心轨在解锁、转换、锁闭过程中锁闭块的动作而自动开闭，以实现自动开闭电动机动作电路和道岔表示电路。

速动开关包括定位动作接点、反位动作接点、定位表示接点和反位表示接点。在尖轨或可动心轨解锁以后，断开原表示电路，将定位表示接点、反位表示接点都断开，表示道岔处于不密贴状态，然后接通回转用的电机电路，为随时回转做好准备。在尖轨或可动心轨锁闭后应及时断开电动机动作电路、接通表示电路。若尖轨或可动心轨不密贴，严禁表示接点闭合；道岔在四开位置时应可靠断开表示电路。

速动开关组目前有以下 3 种类型。

1）沙尔特堡速动开关组

沙尔特堡速动开关组分上、下两层，如图 3-1-10 所示，站在速动开关一侧看，每层各分左右 2 排接点组，每排由左至右依次排列 6 组接点。每排的前 2 组接点分别由 2 组接点串联使用，如 11-12 由下排第 1、2 组接点串联使用，实际上每排接点可有 4 组接点使用。其中，左侧下层 11-12、13-14、15-16、17-18 为第 1 排接点组，上层 21-22、23-24、25-26、27-28 为第 2 排接点组；右侧上层 31-32、33-34、35-36、37-38 为第 3 排接点组，下层 41-42、43-44、45-46、47-48 为第 4 排接点组。

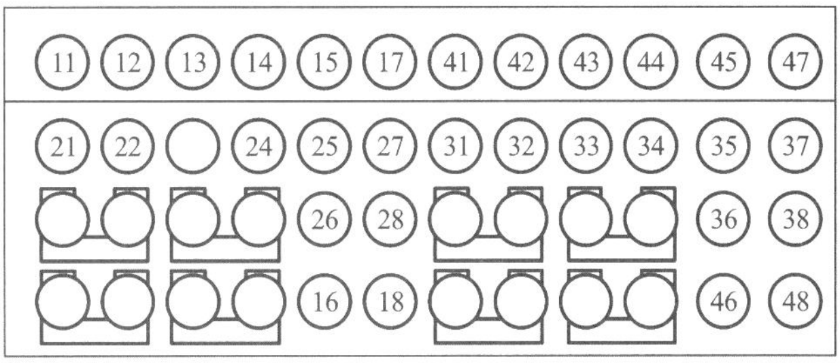

图 3-1-10　沙尔特堡速动开关组

第 1、4 排接点为动作接点，第 2、3 排接点为表示接点。锁闭时，哪一侧的锁闭块和锁舌弹出，则该侧所对应的上层接点接通、下层接点断开。解锁及转换时，两个锁闭块和锁舌均缩进，这时下层两排接点（第 1、4 排）接通、上层两排接点（第 2、3 排）断开。

道岔在定位时，自动开闭器的第 1、第 3 接点闭合叫“1、3 闭合”，自动开闭器的第 2、第 4 接点闭合叫“2、4 闭合”，这和 ZD6 系列电动转辙机的提法是相同的。S700K 型电动转辙机无论“1、3 闭合”还是“2、4 闭合”，其内部配线完全一样，只需通过室外连线 X2 与 X3、X4 与 X5 的交叉和二极管的换向来实现。

2）TS-1 型接点系统

S700K 型电动转辙机原采用沙尔特堡接点组，其体积小，结构单薄，抗震能力明显不足，在使用过程中，接点接触不良、接点螺丝滑扣松动、虚焊等故障逐年上升。由于沙尔特堡接点在转换过程中没有动作扫程，遇特定条件会出现接点冰冻黏结故障。沙尔特堡接点的封闭结构给查找故障、更换接点带来不便。为了减少故障，提高设备运用质量，研制了 TS-1 型接点系统，如图 3-1-11 所示，以取代沙尔特堡接点。

TS-1 型接点系统由开关盒、转换驱动机械、插接件等组成。由于 TS-1 型接点与沙尔特堡接点组的安装尺寸不同，采用 TS-1 型接点的 S700K 型电动转辙机，其两滑块上部大盖板须重新制作。

图 3-1-11　TS-1 型接点系统

当转辙机的电动机旋转，滚珠丝杠下方的动作推板开始动作时，锁闭滑块由左向右推移，大滑块前端斜面驱动速动爪滚轮向上顶起，并推动启动架向上提升，启动架前部滚轮逐步将开关盒下部连板向上推动，开关盒中的动接点也随之开始动作，中部接点拉簧随动接点拐臂由右向左摆动并拉伸，动接点触头向上移动与左侧静接点摩擦后断开，从而断开原表示电路。当上、下拐臂过中心点后，动接点由于拉簧作用，从左侧迅速转换与右侧静接点接触，接通反转电路。当转辙机转至终点，检测杆到位后，另一组接点下部的大滑块由右向左移动，在复位大弹簧的作用下，速动爪落下，启动架尾部抬起，左侧滚轮推动连接板上移，动接点由右迅速与左侧静接点接触，断开转辙机动作电路，接通新的表示电路。

TS-1 型接点组的优点是：① 将动、静接点由水平方向的上下接触改为垂直方向的左右接触，减少了列车震动对接点的损伤；② 增设了扫程，防止冻冰粘接；③ 增大了接点接触压力，提高了接触可靠性；④ 接点组壳体透明敞开，方便检查；⑤ 为可拆卸式，可快速更换；⑥ 采用了类似 ZD6 系列电动转辙机的接点排列顺序，便于掌握。

3）小型密封速动开关组

该速动开关组的组成形式基本同 TS-1 型，不同的是：① 静接点为上下接触方式，分为两层，并且是密封的，维修时，只能在万可端子上进行测试；② 当速动开关组故障时，只能整体更换，不能对接点进行直接测试检查，检查接点好坏只能在万可端子上进行。

9. 开关锁与安全接点座

开关锁是操纵遮断开关闭合和断开的机构，当检修人员打开电动转辙机机盖进行检修作业或车务人员插入摇把转换道岔时，开关锁能可靠断开电动机动作电路，防止电动机误动，保障人身安全。当钥匙立着插入并逆时针转动 90°时，遮断开关被可靠断开；恢复时须提起开关锁上的锁闭销，同时将插入的钥匙顺时针转动 90°，遮断开关才被可靠接通。

遮断开关接通时，摇把挡板能有效阻挡摇把插入摇把齿轮，防止用钥匙打开电动转辙机机盖。断开遮断开关时，摇把能顺利插入摇把齿轮或用钥匙打开电动转辙机机盖，此时电动机的动作电源将被可靠切断，不经人工操纵和确认不能恢复接通。

安全接点座如图 3-1-12 所示。安全接点 11-12 是遮断开关，它在开关锁的直接操纵下闭合和断开，需要进行内部检修或人工断开动作电路时，用钥匙打开开关锁，断开安全接点，切断动作电路，起到保护作用。人工摇动道岔时，打开摇把孔板也能断开安全接点，防止在手摇道岔时室内扳动道岔使其误动。

图 3-1-12　安全接点座

端子 31、41 为安全接点 11-12、电动机引线 U，速动开关接点 25、26 的汇流排。端子 61、71、81 为三相交流电动机星形节点的汇流排。

三、S700K 型电动转辙机的工作原理

（一）S700K 型电动转辙机的机械传动过程

S700K 型电动转辙机的机械传动机构按以下过程工作：

（1）电动机的转动通过减速齿轮组传递给摩擦连接器。

（2）摩擦连接器带动滚珠丝杠转动。

（3）滚珠丝杠的转动带动丝杠上的螺母水平移动。

（4）螺母通过保持连接器经动作杆、锁闭杆带动道岔转换。

（5）道岔的尖轨或可动心轨经外表示杆带动检测杆移动。

微课视频：S700K 型电动转辙机的原理及维修重点

（二）S700K 型电动转辙机的动作过程

S700K 型电动转辙机的动作可分为三个过程：第一为解锁过程，也是断开表示接点的

过程；第二为转换过程；第三为锁闭过程，也是接通表示接点的过程。下面以 220 mm 动程转辙机定位拉入为例分述各过程。

1. 解锁及断开表示接点过程

当操纵道岔，需使转辙机动作杆由拉入变为伸出位置时，三相电动机得到 380 V 交流电源，使电动机按顺时针方向旋转，经齿轮组及摩擦连接器使滚珠丝杠向顺时针方向旋转，从而使丝杠上的螺母向左侧运动。在运动过程中，由操纵板将锁闭块顶进，使表示接点断开，同时带动左锁舌向缩进方向运动，直至左锁舌完全缩进。

2. 转换过程

在转辙机解锁后，由于三相电动机继续转动，故滚珠丝杠上的螺母继续向左运动，带动保持连接器向左运动，由于保持连接器与动作杆固定为一体，使动作杆向左侧（伸出方向）运动，带动道岔尖轨或可动心轨进行转换，当动作杆运动 220 mm 时，即完成了转换过程。

3. 锁闭及接通表示接点过程

当动作杆向左侧运动了 220 mm 时，检测杆在尖轨带动下运动了 160 mm 或在可动心轨带动下运动了 117 mm，这时锁闭块弹出，接通表示接点，同时右锁舌也弹出，锁住保持连接器，使动作杆不得随意窜动。

（三）S700K 型电动转辙机的动作程序

S700K 型电动转辙机的动作程序与 ZD6 型电动转辙机的动作程序大致相同，即：断表示→解锁→转换→锁闭→给出另一位置表示。

以 220 mm 动程的 S700K 型电动转辙机为例，其动作程序为：电动机转动→中间齿轮转动→摩擦连接器转动→滚珠丝杠转动→丝杠螺母移动→操纵板将锁闭块顶入，断开原表示→锁舌缩入，解锁→滚珠丝杠螺母带动保持连接器移动→外锁闭装置开始解锁→动作杆移动 60 mm 时外锁闭装置解锁完毕→道岔转换→动作杆移动 220 mm 时内检测杆缺口对准锁闭块，锁闭块弹出，进入检测杆缺口→锁舌伸出→断开启动电路，接通表示。

与 ZD6 系列电动转辙机不同的是，S700K 型电动转辙机具有表示电路自检锁闭功能，卡缺口时，锁舌伸不出来，内锁闭无法锁闭，不能接通表示电路，即有道岔表示时转辙机必须在内锁闭状态。而 ZD6 系列电动转辙机的表示电路不检查锁闭，检查柱不落槽，转辙机照样能实现内锁闭。

S700K 型电动转辙机各牵引点分别由一台转辙机牵引，各台转辙机同时动作，采用钩式外锁闭装置。

四、S700K 型电动转辙机的故障处理

S700K 型电动转辙机的典型故障及处理如表 3-1-2 所示。

表 3-1-2　S700K 型电动转辙机的典型故障及处理

<table>
<tr><th>序号</th><th>故障现象</th><th>可能的原因</th><th>处理办法</th><th>备注</th></tr>
<tr><td rowspan="4">1</td><td rowspan="4">转辙机不动作</td><td>无三相电输入或缺相遮断开关板变形（安装）</td><td>正确输入三相交流电，将变形的开关板调整过来</td><td>安全接点是否接通</td></tr>
<tr><td>配线脱落</td><td>使配线连接可靠</td><td></td></tr>
<tr><td>插接头（座）插针（套）脱落</td><td>插牢插针（套）或更换损坏元件</td><td></td></tr>
<tr><td>电动机有卡阻、轴承锈蚀严重及电动机绕组断路或短路</td><td>检查电动机传动齿轮，排除卡阻或更换电动机</td><td></td></tr>
<tr><td>2</td><td>电动机转动时摩擦连接器打滑，动作杆不能动作</td><td>机内外有卡阻</td><td>排除卡阻</td><td>堵孔塞、螺丝等</td></tr>
<tr><td rowspan="2">3</td><td rowspan="2">动作中停止转换</td><td>轴承锈蚀严重</td><td>清除锈斑，排出卡阻；更换新轴承或电动机</td><td>必须重新注油</td></tr>
<tr><td>暗锁机构松脱，电动机齿轮被卡死</td><td>取出暗锁机构及螺丝，重新组装机盖</td><td>更换挤坏零件</td></tr>
<tr><td rowspan="5">4</td><td rowspan="5">转换到位后无表示</td><td>机内检测杆检测位置不正确</td><td>调整机外长短表示杆螺母</td><td>表示杆卡口</td></tr>
<tr><td>叉形接头与鼓形销磨损旷动量过大（>1 mm）</td><td>更换叉形接头或鼓形销</td><td>易损件</td></tr>
<tr><td>锁闭块卡阻</td><td>分解检查排除卡阻</td><td>有锈蚀或异物</td></tr>
<tr><td>速动开关组有损坏或异物卡阻</td><td>更换开关组，排除卡阻</td><td></td></tr>
<tr><td>TS-1 接点组有异物卡阻</td><td>排除卡阻</td><td></td></tr>
<tr><td rowspan="5">5</td><td rowspan="5">转换正常但表示时有时无</td><td>接点虚接，配线受损</td><td>更换接点或使配线连接可靠</td><td></td></tr>
<tr><td>伸出位置的锁舌非正常回缩严重</td><td>综合调整道岔，减小尖轨反弹力及振动，更换易损件</td><td>按技术要求调整</td></tr>
<tr><td>速动开关组固定螺钉松动</td><td>紧固螺钉</td><td></td></tr>
<tr><td>速动开关组轴用挡圈脱落</td><td>加装轴用挡圈</td><td></td></tr>
<tr><td>TS-1 接点组可动接点的“塑料轴套”断裂或接点氧化烧损</td><td>更换 TS-1 接点组或擦拭氧化烧损接点</td><td></td></tr>
<tr><td rowspan="4">6</td><td rowspan="4">机盖松动</td><td>机盖扣封位置不正确</td><td>重新扣封，确认锁钩位置正确</td><td></td></tr>
<tr><td>锁栓、锁钩位置没有调整到位</td><td>调整锁栓及锁钩位置，使机盖密封配合适当</td><td></td></tr>
<tr><td>密封圈失效</td><td>更换</td><td>易损件</td></tr>
<tr><td>支撑板或锁栓失效</td><td>更换</td><td>易损件</td></tr>
</table>

任务二　认知 S700K 道岔控制电路

任务目标

1. 掌握 S700K 道岔控制电路的组成及工作原理；
2. 会查阅图纸，会跑电路图；
3. 能分析 S700K 微机监测数据。

相关知识

一、交流道岔控制电路的技术要求

交流道岔控制电路适用于由电动或电液转辙机控制的单点、多点牵引道岔和高速大号码多点牵引道岔。

交流控制电路按照道岔牵引点数量分为单机控制电路和多机控制电路。道岔采用 S700K 型电动转辙机牵引时，道岔有几个牵引点，对应的就有几套道岔控制电路，每个牵引点的道岔控制电路完全相同。

交流道岔控制电路的技术要求如下：

（1）交流道岔控制电路的输出命令和输入表示与直流控制电路一致，即控制电路接收联锁系统发出的命令（定位操纵、反位操纵、解锁状态），输出表示状态（定位表示、反位表示或无表示）。

（2）道岔开始转换时，三相交流电源任一相断电，室外电机不得启动；道岔在转换过程中，三相交流电源任一相断电，电机应立即停止转动。

（3）多机牵引的道岔尖轨或心轨中有一台电机不启动，需切断牵引该尖轨或心轨的所有转辙机电机电源，使电机停止转换。

（4）多机牵引的道岔尖轨和心轨各设置一个加铅封的非自复式故障按钮。当道岔的一个牵引点控制电路故障时，按下故障按钮，可由其他牵引点带动道岔转动。

（5）反映道岔位置和道岔解锁状态的继电器以吸起位置为有效状态，并以其前接点表示道岔位置和解锁状态。道岔表示继电器需检查牵引道岔的转辙机和密贴检查器均转到规定位置。

（6）在一处故障和一次错误办理同时发生的情况下，电路应能防止产生危及行车安全的后果。

（7）联锁道岔应能单独操纵，也能在排列进路时被选动。单独操纵应优先于进路选动。当进路锁闭、区段锁闭、人工锁闭时，道岔不能转换。

（8）联锁道岔一经启动应能转换到底，因故不能转换到底时，经操纵能使道岔转回原位，即保证道岔无论转到什么位置，都可以随时用手动操纵方法使它向回转。

（9）道岔启动时，应先切断位置表示。道岔转换完毕，应自动切断动作电路。转辙机需在规定时间内转换完毕，当在 30 s 内仍未转到底时，应停止转换。

（10）双动道岔需要满足第一动动作完成后，第二动再动作的要求。

（11）应将尖轨、心轨作为同一组道岔进行控制。如果是多机牵引则采用转辙机顺序启动，以错开电动机启动电流峰值。多点牵引时，应考虑尖轨动作的平稳与同步。

二、S700K 单机道岔控制电路

S700K 单机道岔控制电路按照动作过程，由启动电路、动作电路和表示电路构成，如图 3-2-1 所示。启动电路是道岔接收联锁指令的电路，动作电路是转辙机牵引道岔动作的电路，表示电路是把道岔位置反映到信号楼里的电路。

S700K 单机道岔控制电路中的主要设备见表 3-2-1。

表 3-2-1　S700K 单机道岔控制电路中的主要设备

<table>
<tr><th>序号</th><th>代号</th><th>型号</th><th>设备名称</th><th>所在组合</th></tr>
<tr><td>1</td><td>DCJ</td><td>JWXC-1700</td><td>定位操纵继电器</td><td rowspan="3">JDD
（TDZ）
（JCZ）</td></tr>
<tr><td>2</td><td>FCJ</td><td>JWXC-1700</td><td>反位操纵继电器</td></tr>
<tr><td>3</td><td>SJ（SFJ）/YCJ</td><td>JWXC-1700</td><td>锁闭（锁闭防护）/允许操作继电器（注：不同联锁系统所用名称不同，但其功能是相同的）</td></tr>
<tr><td>4</td><td>1DQJ</td><td>JWJXC-H125/80</td><td>第一道岔启动继电器</td><td rowspan="8">JDF
（TDF）
（JCF）</td></tr>
<tr><td>5</td><td>2DQJ</td><td>JYJXC-160/260</td><td>第二道岔启动继电器</td></tr>
<tr><td>6</td><td>1DQJF</td><td>JWJXC-480</td><td>第一道岔启动复示继电器</td></tr>
<tr><td>7</td><td>BHJ</td><td>JWXC-1700</td><td>保护继电器</td></tr>
<tr><td>8</td><td>DBJ</td><td>JPXC-1000</td><td>定位表示继电器</td></tr>
<tr><td>9</td><td>FBJ</td><td>JPXC-1000</td><td>反位表示继电器</td></tr>
<tr><td>10</td><td>DBQ</td><td>JWXC-1700</td><td>断相保护器</td></tr>
<tr><td>11</td><td>BB</td><td>BD1-7</td><td>表示变压器</td></tr>
<tr><td>12</td><td>TJ</td><td></td><td>限时继电器</td><td></td></tr>
<tr><td>13</td><td>R</td><td></td><td>电阻</td><td></td></tr>
</table>

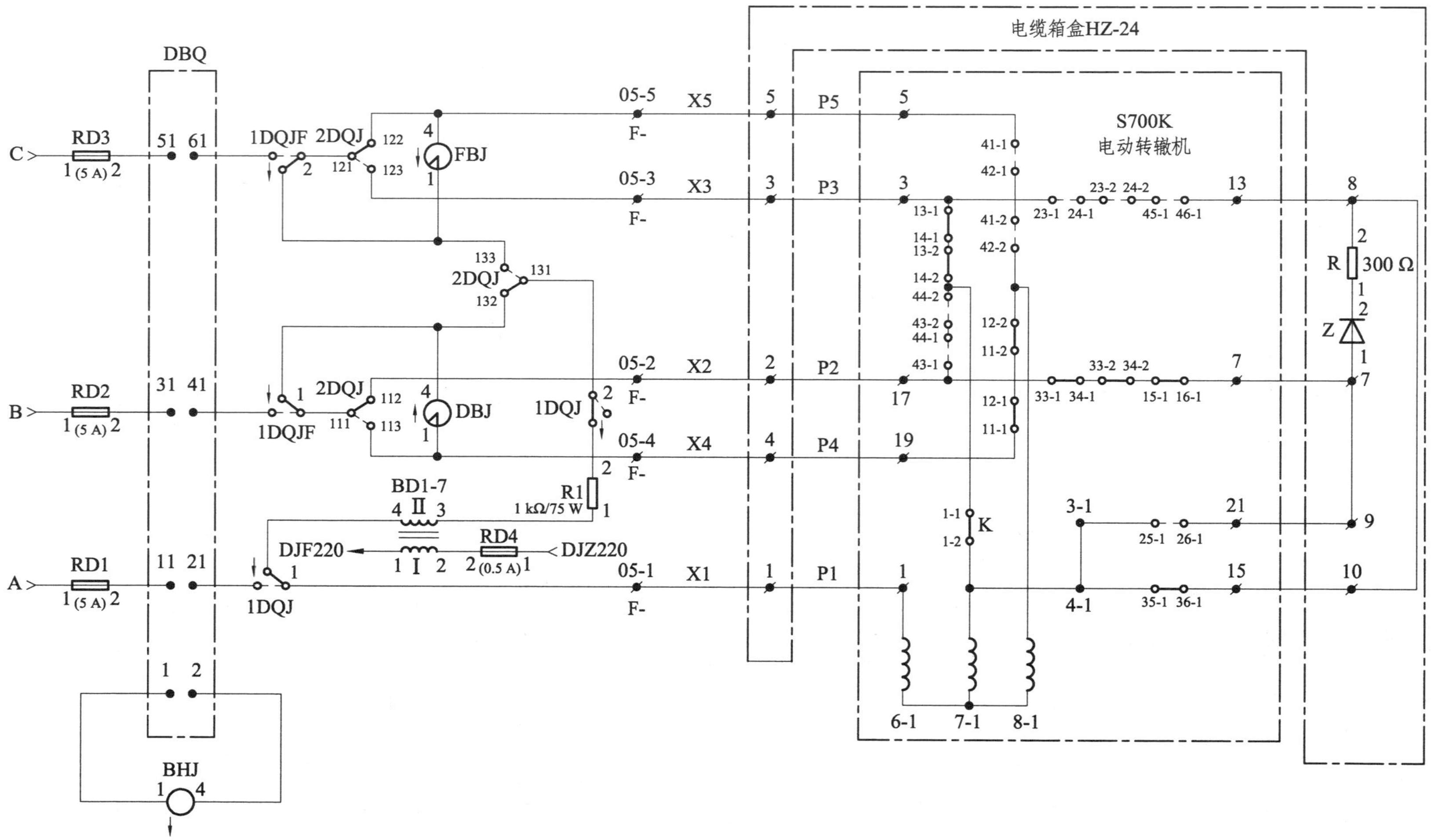

图 3-2-1 S700K 单机道岔控制电路

（一）启动电路

交流控制电路中，由于 1DQJ 继电器接点不够，增加了 1DQJF 继电器。1DQJ 的 3-4 线圈部分是由直流控制电路演变而来的，连接 2DQJ 线圈的接点由 1DQJ 改为 1DQJF。交流控制电路中 1DQJ 的 1-2 线圈不同于直流控制电路，直流控制电路中的线圈直接串接在转辙机电机的动作电路中，而交流控制电路中的线圈与其他逻辑条件一起构成 1DQJ 的自闭电路，故交流控制电路中 1DQJ 使用的型号与直流控制电路中的型号不同。为满足 30 s 转换不到位，转辙机应停止转换的技术要求，设置一台时间继电器，当 1DQJ 继电器吸起满 30 s 时，时间继电器吸起，断开 1DQJ 电路，使得转辙机停止转换。

S700K 单机道岔控制电路的启动电路如图 3-2-2 所示，其反位操纵的动作过程如下：

（1）联锁系统发出定位操纵指令，DCJ 吸起，1DQJ 的 3-4 线圈通过 DCJ 的前接点、2DQJ 的 141-142 接点得电，1DQJ 吸起，1DQJ 的前接点接通 1DQJF 的吸起通路。

（2）2DQJ 的 1-2 线圈通过 DCJ 的前接点、1DQJF 的前接点得电，转极到定位接点闭合。

（3）2DQJ 的定位接点切断 1DQJ 的 3-4 线圈电路，为下一次道岔动作做好准备。三相电源通过 DBQ 送到转辙机，BHJ 吸起，1DQJ 的 1-2 线圈通过 BHJ 的前接点构成自闭电路。2DQJ 的定位接点断开到 BHJ 吸起有一段时间差，期间 1DQJ 的 3-4 线圈和 1-2 线圈上均没有电，1DQJ 依靠自身的缓放特性保持吸起。

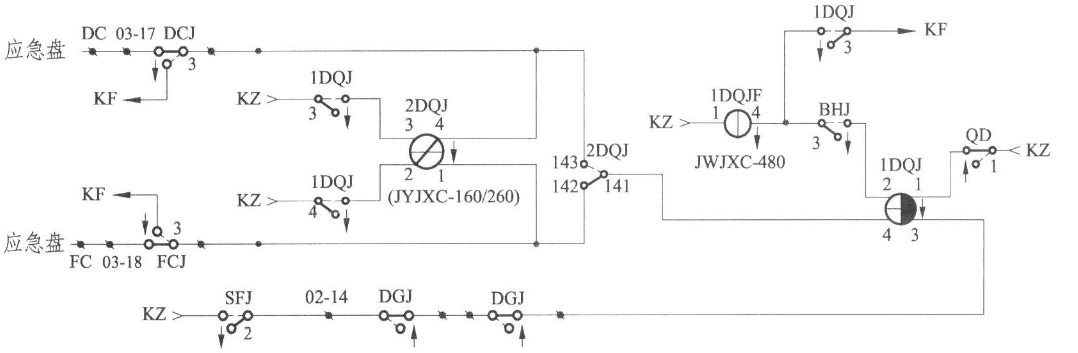

图 3-2-2　S700K 单机道岔控制电路的启动电路

定位操纵的启动电路的动作过程与反位操纵的相同，只是检查的继电器接点不同。

1. 1DQJ 励磁电路

尖轨 1DQJ 励磁电路的动作过程如下：

定位向反位转动：KZ→SJ↑→尖轨 1DQJ3-4→尖轨 2DQJ141-142→FCJ2↑→KF。

反位向定位转动：KZ→SJ↑→尖轨 1DQJ3-4→尖轨 2DQJ141-143→DCJ2↑→KF。

2. 2DQJ 转极电路

2DQJ 转极电路的动作过程如下：

定位向反位转动：KZ→尖轨（心轨）1DQJ4↑→尖轨（心轨）2DQJ2-1→FCJ2↑ →KF。

反位向定位转动：KZ→尖轨（心轨）1DQJ3↑→尖轨（心轨）2DQJ3-4→DCJ2↑ →KF。

（二）道岔电机控制电路

控制转辙机向不同方向转换，只需要控制电动机向不同方向旋转。任意改变三相交流电其中两相的相序就可以改变电动机的旋转方向。道岔控制电路中的 B 相和 C 相交换了位置，电动机就改变了旋转方向，从而操纵道岔向定位和反位转换。

动作电路是由 AC380 V 供电的五线制电路，三相交流电通过断相保护器接入电路，利用 1DQJ 和 2DQJ 接点可实现电动机的启动和旋转方向改变，1DQJ 吸起将三相交流电送入电动机，2DQJ 的定、反位接点可改变向电动机送电的相序，从而改变电动机的旋转方向。

1. 定位向反位转动时的道岔电机控制电路

定位向反位转动时的道岔电机控制电路如图 3-2-3 所示。

1）道岔电机控制电路的动作过程

（1）1DQJ 吸起，断开反位表示电路。AC 380 V 的 A、B、C 三相电接入转辙机内的电动机。

（2）道岔开始转换。转辙机第 2 排接点组在动作杆的推动下先断开，第 1 排接点组接通，为道岔中途停止转换返回原位置做好准备。

（3）道岔转换完成，第 4 排接点组断开，第 3 排接点组接通。三相电源断开，IDQJ 落下，接通定位表示电路。

（4）电动机转动电路（多机牵引方式下，每一台转辙机的转动电路结构一致，不同点为使用 1DQJ、2DQJ 及其复示继电器接点）。

2）定位向反位转动（X1、X3、X4 工作）的接通顺序

A 相：DJZA→RD11-2→DBQ11-21→1DQJ1↑→X1→电动机定子线圈 1。

B 相：DJZB→RD21-2→DBQ31-41-1DQJF1↑→2DQJ111-113→X4→接点组 11-12 →42→电动机定子线圈 3。

C 相：DJZC→RD31-2→DBQ51-61→1DQJF2↑→2DQJ121-123→X3→接点组 13-14 →转辙机安全开关 1-2→电动机定子线圈 2。

2. 反位向定位转动时的道岔电机控制电路

反位向定位转动时的道岔电机控制电路如图 3-2-4 所示。

反位操纵时的电路动作过程与定位操纵时相同，只是检查的继电器接点、室外电缆和转辙机接点不同。

反位向定位转动（X1、X2、X5 工作）的接通顺序：

A 相：DJZA→RD11-2→DBQ11-21→1DQJ1↑→X1→电动机定子线圈 1。

B 相：DJZB→RD21-2→DBQ31-41→1DQJF1↑→2DQJ111-112→X2→接点组 43-44→14→转辙机安全开关 1-2→电动机定子线圈 2。

C 相：DJZC→RD31-2→DBQ51-61→1DQJF2↑→2DQJ121-122→X5→接点组 41-42→电动机定子线圈 3。

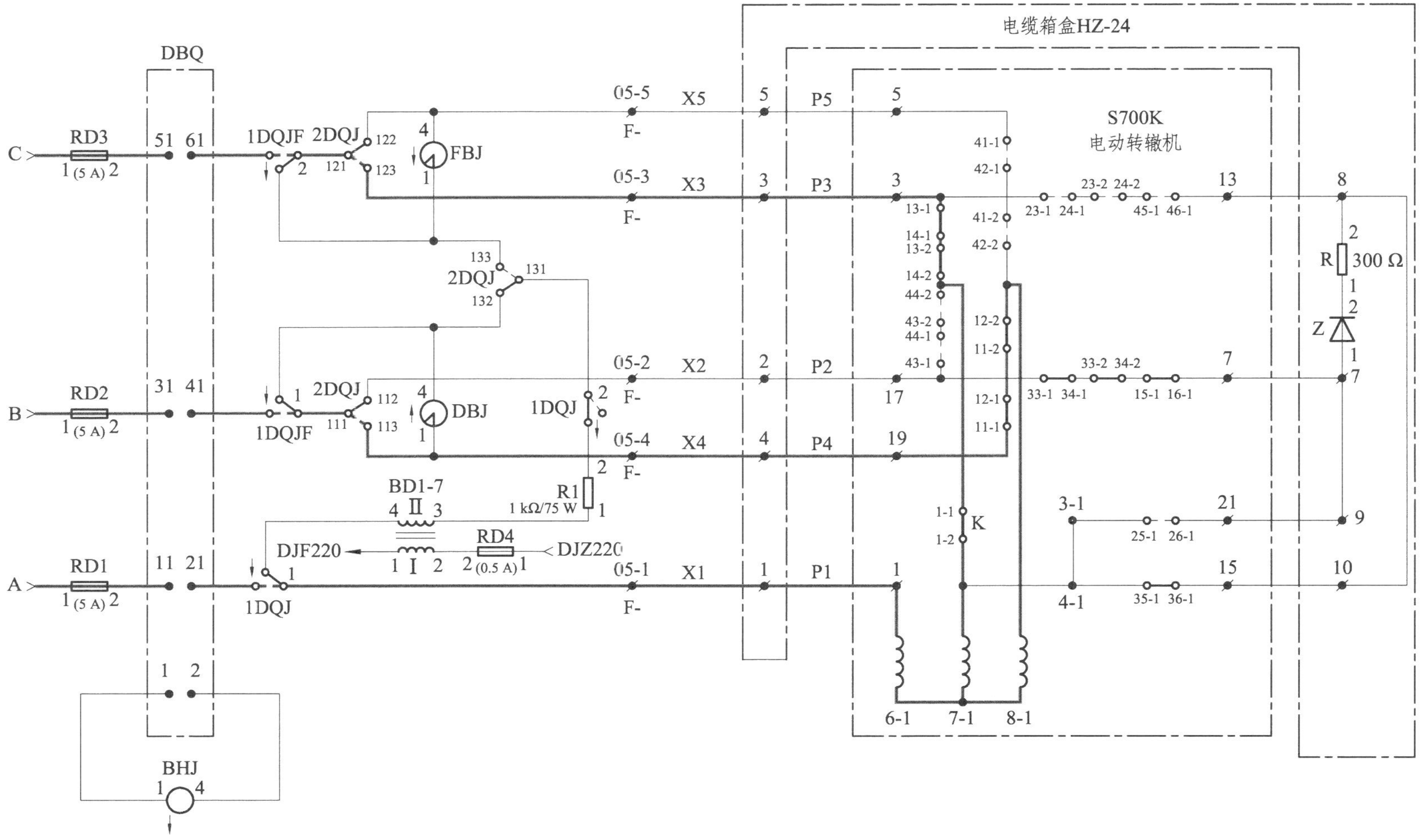

图 3-2-3　定位向反位转动时的道岔电机控制电路

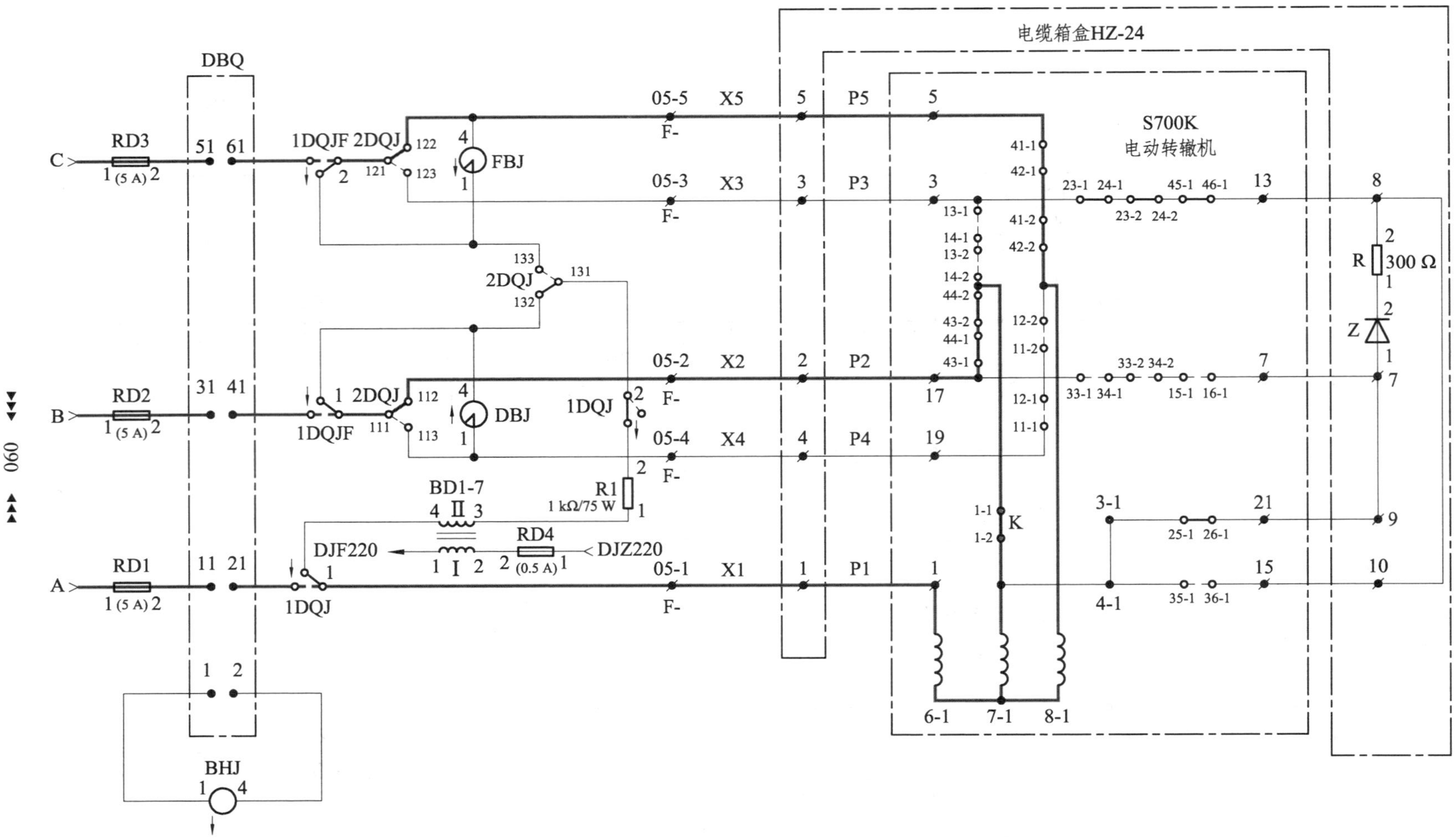

图 3-2-4　反位向定位转动时的道岔电机控制电路

（三）断相保护器（DBQ）的工作原理

针对交流电动机断相后会烧毁电动机的弱点，设置了断相保护，对应每台转辙机设置一个断相保护器（DBQ）。DBQ 的内部电路如图 3-2-5 所示，电路中的电容主要起滤波作用。有的 DBQ 内集成了限时保护，代替了时间继电器功能。

由于道岔平时不动作，故 DBQ 的三个变压器输入线圈中无电流通过，桥式整流也就无输出，BHJ 处于落下状态。

当道岔动作时，三个变压器的输入线圈中有电流通过，在变压器二次侧得到感应电压后，串联叠加送至桥式整流堆，整流后使保护继电器（BHJ）吸起。

当发生三相电源缺相、三相负载断相时，三个变压器二次侧串联叠加输出为零，故桥式整流堆也无输出，使保护继电器（BHJ）落下，形成保护，1DQJ 自闭电路断路，1DQJ 缓放后落下，切断转辙机转动电路，转辙机停转。

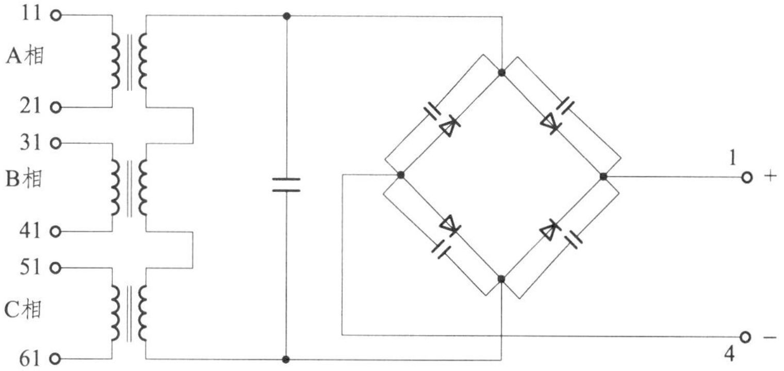

图 3-2-5　DBQ 的内部电路示意图

（四）表示电路

交流控制电路的表示电路与直流控制电路的表示电路有较大区别，是表示继电器与二极管并联构成的半波整流电路，如图 3-2-6 所示。

道岔转换完成后，BHJ 落下、1DQJ 落下、1DQJF 落下、三相电源被切断，通过 1DQJ 的后接点构成表示电路。表示电路由表示变压器、继电器、电阻、整流二极管和转辙机的接点组成。

1. 道岔定位表示电路

道岔定位表示电路如图 3-2-6 所示，图中，定位表示电路的继电器（DBJ）支路用黑色粗线表示，二极管支路用灰色粗线表示。其工作原理是：当正弦交流电源在正半周时，DBJ 励磁吸起，与 DBJ 线圈并联的另一条支路因整流二极管反向截止，故电流基本为零；当正弦交流电源在负半周时，在 DBJ 和整流堆这两条支路中，整流二极管呈正向导通状态，其支路的阻抗要比 DBJ 支路的阻抗小得多，电流绝大部分经整流堆支路流过，由于 DBJ 是感性负载，线圈电压在下降过程中有反电势，阻止其电压下降，所以通过继电器线圈的电流不是典型的半波，而是一个波动的直流，因而能够保证 DBJ 可靠吸起。

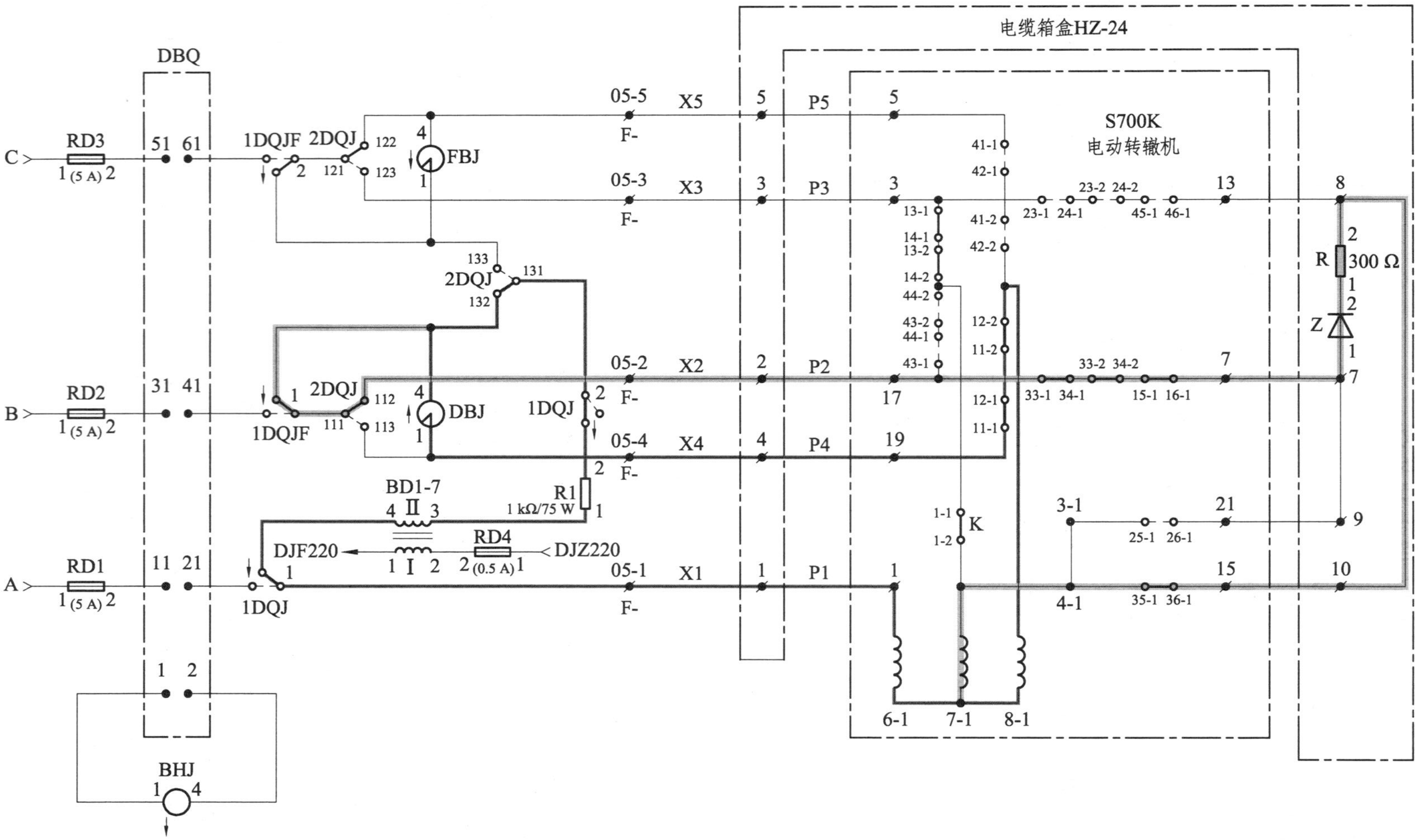

图 3-2-6 S700K 定位表示电路

继电器支路：BB3→R11-2→X1→1DQJ2↓→2DQJ131-132→DBJ4-1→X4→接点组 11-12 电动机定子线圈 3→电动机定子中心连接点→电动机定子线圈 1→1DQJ1↓→BB4。

二极管支路：2DQJ131-132→1DQJF1↓→2DQJ111-112→X2→接点组 33-34→15-16→Z1-2→R1-2→接点组 36-35→电动机定子线圈 2。

2. 道岔反位表示继电器 FBJ 电路

道岔反位表示电路（继电器 FBJ 电路）如图 3-2-7 所示，其工作原理与定位表示电路相同，只是检查的继电器接点、室外电缆和转辙机接点不同。

继电器支路：BB3→R11-2→X1→1DQJ2↓→2DQJ131-133→FBJ1-4→X5→接点组 41-42→电动机定子线圈 3→电动机定子中心连接点→电动机定子线圈 1→1DQJ1↓→BB4。

二极管支路：2DQJ131-133→1DQJF2↓→2DQJ121-123→X3→接点组 13-21-24→45-46→R2-1→Z2-1→接点组 26-25→电动机定子线圈 2。

交流电在正半周通过 DBJ 或 FBJ 并与该偏极继电器所要求的极性相符时，该表示继电器吸起；如果外线混线，继电器被旁路，就不能吸起，这对于供电、受电设备在室内、被检查条件远在室外的情况下，对外线混线造成错误表示起到了防护作用。道岔位置表示继电器必须在动作电路正常完成、检查操作意图与室外设备位置一致后才能吸起。

DBJ 通过室外电缆检查了转辙机内的定位接点，FBJ 通过室外电缆检查了转辙机内的反位接点。这样，在错误表示的防护方面，当出现一次错接室外电缆和人为错接二极管极性的情况后，DBJ 或 FBJ 不会吸起。

三、S700K 多机道岔控制电路

采用 S700K 多机牵引道岔时，道岔有几个牵引点，对应就有几套道岔控制电路，每个牵引点的道岔控制电路完全相同。多机道岔控制电路是在单机道岔控制电路的基础上组合而成的，每个牵引点设置一个单机控制电路的组合，增加错峰启动、切断保护电路，对霜冻道岔再增加顺序启动电路。新增设备为：QDJ（切断继电器）、ZBHJ（总保护继电器）、DKJ（动作开始继电器）、DWJ（动作完成继电器）。以上增加的四种继电器型号均为 JWXC-1700。

转辙机在开始动作的瞬间会出现一个较高的启动电流峰值，为避免多个电动机同时动作时启动电流峰值叠加对交流转辙机电源模块造成的冲击，多机牵引道岔在电路上设计为按顺序传递动作。为使电源屏输出电流错开电动机启动峰值，电动机应按顺序错峰启动。利用 1DQJ 的缓吸特性，从第二牵引点开始，将上一牵引点 1DQJ 的前接点串入本牵引点 1DQJ 的 3-4 线圈中，以完成多机错峰启动。

（一）切断保护电路

一组道岔由多台转辙机牵引时，当道岔动作指令发出后，如果其中一台转辙机不能启动，则应切断该组道岔所有牵引点的控制电路。尖轨和心轨各设置 ZBHJ 和 QDJ 继电器，构成切断保护电路，如图 3-2-8 所示。

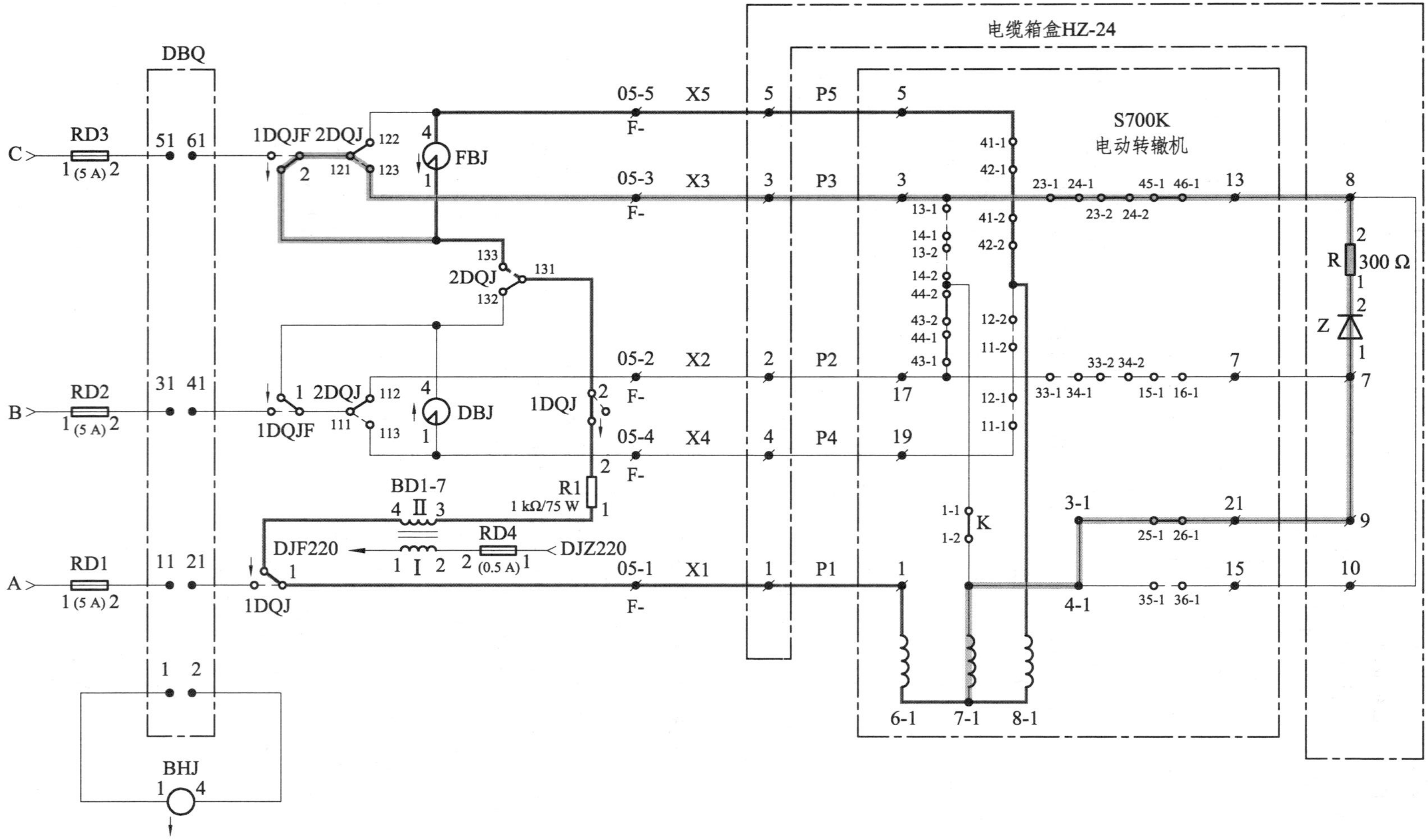

图 3-2-7　S700K 反位表示电路

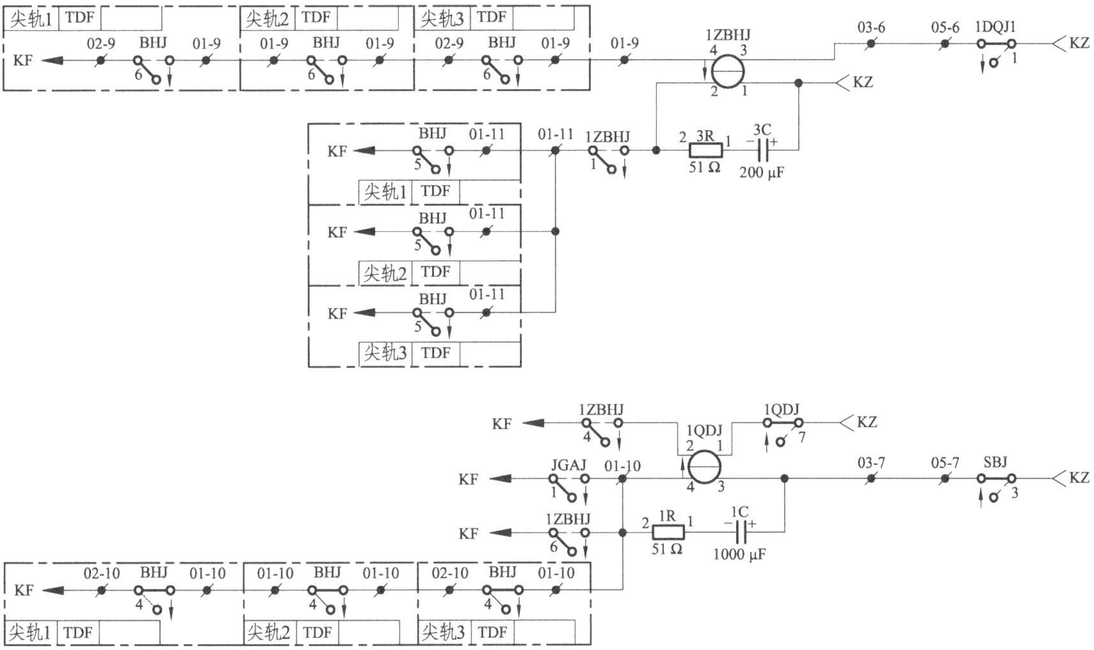

图 3-2-8　切断保护电路

1. 正常工作时序

（1）联锁系统发出道岔动作指令，各个牵引点的 1DQJ 吸起，BHJ 依次吸起，所有牵引点的 BHJ 吸起后，ZBHJ 吸起。

（2）在第一个开始动作的牵引点 BHJ 吸起到 ZBHJ 吸起的这段时间里，QDJ 通过线圈上跨接的 RC 阻容放电保持吸起。

（3）QDJ 通过 ZBHJ 的前接点继续吸起，用其接点构成各牵引点 1DQJ 的 1-2 线圈的自闭电路。

2. 故障工作时序

（1）联锁系统发出道岔动作指令，道岔中任意一个牵引点的转辙机不能启动时，其 BHJ 不能正常吸起，ZBHJ 因励磁电路的 KF 电源无法送出不能吸起。

（2）QDJ 在缓放时间结束后落下，切断道岔尖轨或心轨所有牵引点的 1DQJ 的 1-2 线圈自闭电路，牵引道岔尖轨或心轨的所有转辙机停止转动。

（3）维护人员确定故障后，按下故障按钮，使 QDJ 重新吸起，室内外人员共同配合由其他牵引点的转辙机牵引道岔转换到规定位置。

（二）S700K 多机道岔控制电路的原理（以五点牵引为例）

电路动作顺序：操纵道岔后，尖轨 1QDJ 吸起，切断牵引尖轨的三台转辙机原位置表示继电器电路，同时尖轨 2QDJ 转极，依次接通牵引尖轨的三台转辙机启动电路（1DQJ 自闭电路），尖轨的三台转辙机“同时”转动，带动道岔尖轨解锁、转换、锁闭；尖轨 1DQJ 吸起，依次接通心轨 1DQJ 电路，心轨 1DQJ 吸起，切断牵引心轨的两台转辙机原位置表示继电器电路，同时心轨 2QDJ 转极，接通牵引心轨的两台转辙机启动电路，心轨转辙机在尖轨转辙机启动后（尖轨、心轨转动相差时间为尖轨 1DQJ 转换时间）启动，带动心轨解锁、转换、锁闭；尖轨三台转辙机、心轨两台转辙机转换到位，接通各自新位置表示继电器电路，五台转辙机的新位置表示继电器吸起，接通道岔新位置总表示继电器，道岔新位置表示灯点亮。

在道岔启动过程中，如果五台转辙机中的任何一台不能启动，BHJ 不励磁，则首先迫使本台转辙机启动电路被 1DQJ 落下切断，其次通过 ZBHJ、QDJ 作用，迫使其他 1DQJ 落下，切断其他转辙机启动电路，则所有转辙机停转。

四、利用动作曲线分析存在的问题

（一）S700K 道岔正常动作曲线剖析

如图 3-2-9 所示，三相交流转辙机的动作过程主要分以下几步：

第一步，1DQJ 吸起：1DQJ 吸起后，道岔动作曲线开始记录。

第二步，2DQJ 转极：在 2DQJ 转极时，动作电流曲线将出现一个较大峰值，说明道岔启动电路已接通，道岔开始动作。

第三步，道岔动作：道岔动作过程分为解锁、转换、锁闭三步。解锁与转换的分界点以斥离尖轨开始动作为准，锁闭时以斥离尖轨密贴到位为准。

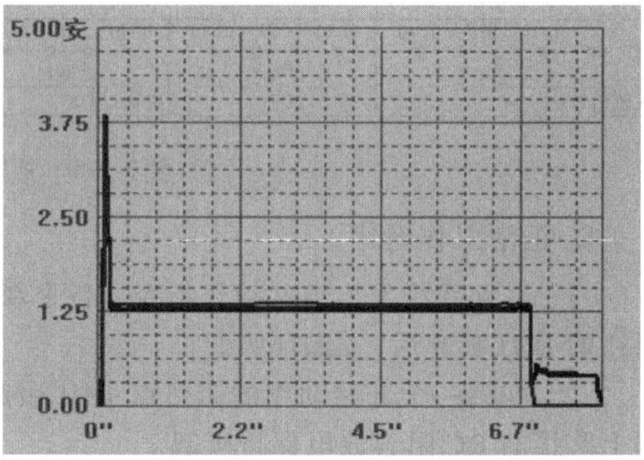

图 3-2-9　S700K 道岔正常动作曲线

第四步，启动电路断开：道岔转换完毕，自动开闭器接点转换，断开启动电路，使 BHJ 落下，1DQJ 自闭电路断开进入缓放状态（《维规》中规定：24 V 条件下，JWJXC-125/80 型继电器在失磁时的缓放时间不小于 0.5 s）。在 1DQJ 缓放时间内，启动电路中仍有两相有小电流存在，将此电流形象地称为“小尾巴”。

第五步，1DQJ 落下：1DQJ 经过缓放后落下，停止记录道岔动作曲线。

（二）道岔动作曲线“小尾巴”的形成原理

道岔正常转换时通过室内 1DQJ、1DQJF、2DQJ 的接点接通室外启动电路。当道岔转换到位后，自动开闭器接点切断道岔启动电路，DBQ 不再有平衡的三相电流通过，使 BHJ 落下，断开 1DQJ 自闭电路。在 1DQJ 缓放的过程中，启动电路中仍有两相有小电流存在，这是由于道岔转换到位后，380 V 三相交流电源通过室内的 1DQJ、1DQJF 前接点和室外自动开闭器接点构通回路，产生两相小电流。两相小电流的时间长短取决于 1DQJ 的缓放时间，电流的数值取决于表示回路中阻抗的大小，一般为 0.4 ~ 0.6 A。“小尾巴”电流形成的回路如图 3-2-10 所示。

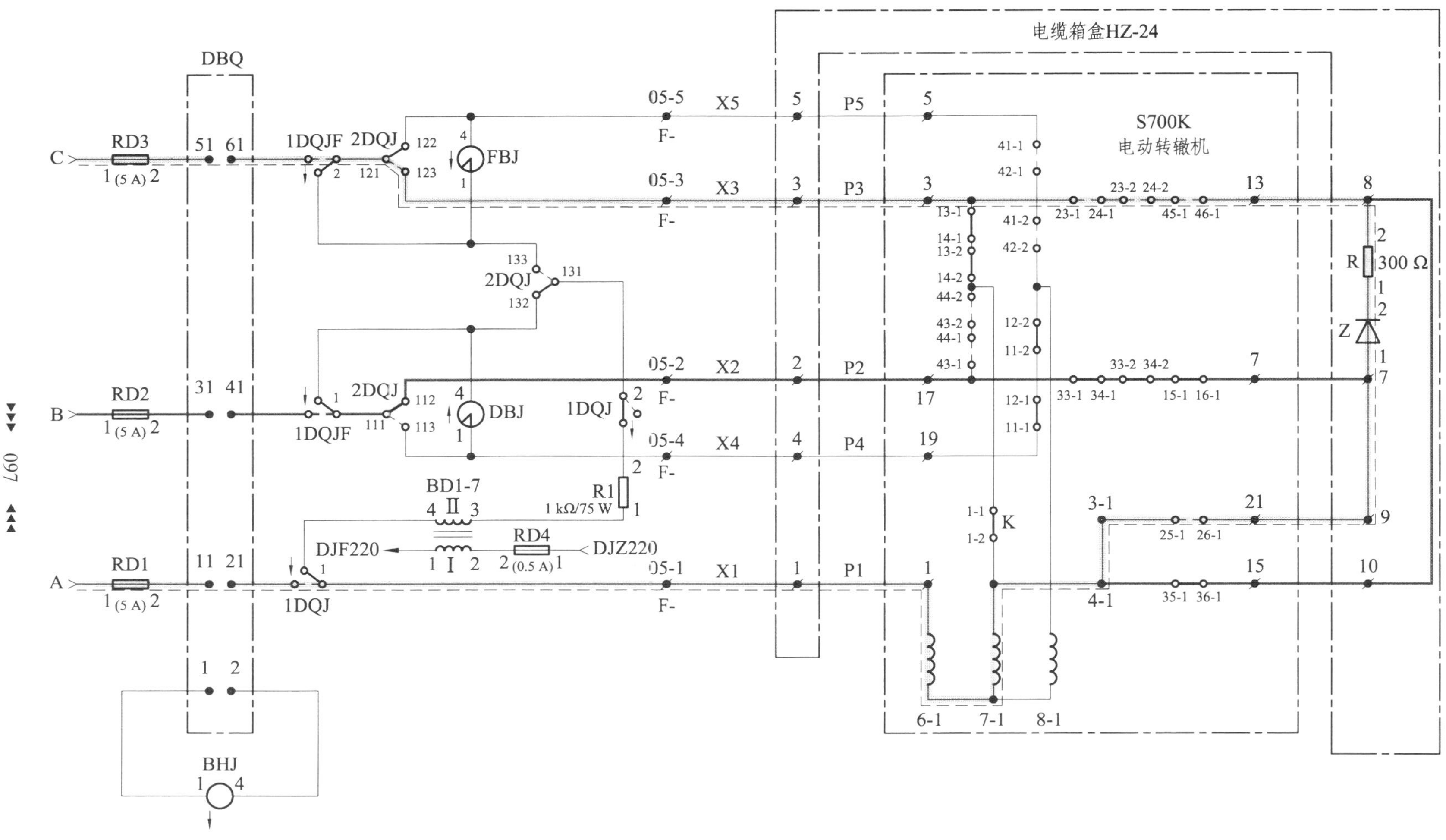

图 3-2-10 “小尾巴”电流曲线形成原理示意图

图 3-2-10 所示为转辙机在定位时第 1、3 排接点闭合的情况。

（1）道岔到位后，室外接点组接通相应位置，切断了道岔启动电路，此时 1DQJ 处于缓放状态，380 V 三相交流电仍向室外送电，并相应检查了经过室外二极管、电阻的表示通道（定位表示的 X1 和 X2 间室外电路，反位表示的 X1 和 X3 间室外电路）。

（2）定位扳向反位时，“小尾巴”电流检查的是 X1 和 X3 间的表示电路通道；反位扳向定位时，“小尾巴”电流检查的是 X1 和 X2 间的表示电路通道。

因此，道岔动作曲线中的“小尾巴”能反映出表示通道的状态：反位向定位扳动时，动作曲线后的“小尾巴”说明 X1、X2 间室外表示通道（含二极管及电阻）正常构通；定位向反位扳动时，动作曲线后的“小尾巴”说明 X1、X3 间室外表示通道（含二极管及电阻）正常构通。每次扳动时道岔“小尾巴”的数值应保持稳定，“小尾巴”电流值发生变化通常说明室外二极管及电阻的阻抗发生了变化。

（三）道岔五条外线的判别方法

交流转辙机均采用五线制道岔控制电路，在扳动道岔时，五条外线的作用如表 3-2-2 所示。

表 3-2-2　道岔启动电路使用外线列表

道岔动作方向	使用外线	与三相交流转辙机电源对应	“小尾巴”检查外线
反位扳向定位	X1	A 相	√
	X2	B 相	√
	X5	C 相	
定位扳向反位	X1	A 相	√
	X4	B 相	
	X3	C 相	√

监测系统根据三相交流转辙机电源的相序，在掌握了“小尾巴”的形成原理后，可以根据正常动作时的道岔动作曲线，直观、简单地判断出道岔动作时三根曲线分别是哪根外线，送出的是哪相电源。

五、S700K 道岔控制电路的典型故障处理

交流道岔控制电路发生故障时，要根据故障现象仔细分析原因。在处理故障时，无论是启动电路还是表示电路，基本方法都是利用表示电源来查找故障点。

（一）表示电路故障处理（断线故障）

正常情况下道岔控制电路的表示电压为：道岔在定位时，X2 与 X1、X4 间的交流电压为 55 ~ 60 V，直流电压为 21 ~ 24 V；道岔在反位时，X3 与 X1、X5 间的交流电压为 55 ~ 60 V，直流电压为 21 ~ 24 V；DBJ 和 FBJ 的线圈交流电压为 58 V 左右，直流电压为 21 ~ 22 V。

1. 控制台故障现象

道岔位置表示灯熄灭，控制台挤岔表示灯点亮，挤岔电铃鸣响。

2. 故障判断及查找

在道岔失去表示时，在分线盘上进行测试，可以确定道岔控制电路的故障范围，定位测 X2 与 X1，反位测 X3 与 X1。

（1）若测得 X2 与 X1（反位为 X3 与 X1）间无电压，则说明是室内表示电源断线故障。首先测表示变压器有无交流电压（110 V），如无电压则为电源故障，可依次检查电源、断路器、变压器及连线；如有电压则为室内断线故障，可沿表示电路室内部分依次测量，找出故障点。

（2）若测得 X2 对 X1、X3、X4（反位测 X3 对 X1、X2、X5）有交流 110 V，则为室外整流匣支路断线故障。检查室外开闭器接点是否闭合、遮断开关接点是否接触良好，电机配线和整流匣有无断线。在电缆盒处测对应端子，若无电压，说明电缆断线，此时若 X1 与 X4 间有小电压，说明 X2 电缆断线；如果无小电压，说明 X1 电缆断线；若有 110 V 电压，说明电缆盒至转辙机内部有断线故障，继续用测量 X1 与 X2 之间电压的方法查找，一支表笔固定在 X1，另一支表笔沿整流匣支路依次测量，电压从有到无的临界点就是故障点。

（3）若测得 X2 与 X1（反位为 X3 与 X1）间的交流电压为 65 V 左右，直流电压为 35 V 左右，X1 与 X4 间交流电压为 110 V，则为室外表示继电器支路断线故障。到电缆盒处测量，如无 110 V，说明 X4 电缆断线；如有 110 V，继续用测量 X1 与 X4 间电压的方法沿表示继电器支路依次测量，电压从有到无的临界点就是故障点。

（二）启动电路故障处理（断线故障）

当对道岔进行单独操纵时：

（1）若道岔定位表示灯（绿灯）不灭，则说明 1DQJ 未吸起。用万用表测量 1DQJ 的励磁电路。

（2）若道岔定位表示灯（绿灯）熄灭，但松开按钮后绿灯又再次点亮（恢复定位表示），则说明 1DQJ↑，1DQJF 未吸或 2DQJ 未转极。检查 1DQJF 能否吸起，若不能吸起，说明 1DQJF 线圈到 KZ 电源间有断路故障；若 1DQJF 能吸起，2DQJ 未转极，则可固定 KF，沿 KZ、1DQJF、2DQJ 进行测量，故障点就是有无电压的临界点。

（3）若定位表示灯（绿灯）熄灭，松开按钮后绿灯也不再点亮（不恢复定位表示），但控制台电流表不动作，则说明 2DQJ 已经转极，电机动作电路至少缺两相电。应进一步观察 BHJ 是吸起后再落下，还是根本不吸起。

① 若 BHJ 根本不吸起，应检查组合侧面的 380 V 电源是否正常，断路器是否良好。若电源正常，但在分线盘测试时电源缺相（X1、X3、X4），则可能是 DBQ 到 1DQJ 及 1DQF 的相应接点间断线，也可能是 DBQ 内部故障。

② 若在分线盘测试电源正常，则应到室外重点检查转辙机遮断开关及速动开关的接点接触情况。

③ 若 BHJ 先吸起然后又落下，则说明三相负载部分良好，应重点观察 BHJ 和 1DQJ 落下的先后顺序。若 BHJ 先落下，一般来说可能是 DBQ 不良，可换一台试试；若 BHJ

在 1DQJ 落下后再落下，则说明可能是 1DQJ 自闭电路有问题，包括 QDJ 是否在吸起状态。

（4）若定位表示灯（绿灯）熄灭，松开按钮后绿灯也不再点亮（不恢复定位表示），但控制台电流表的读数大于正常值很多，且马上回零，定位表示灯不再点亮，回操后定位表示灯点亮，则说明是道岔电动机动作电路单相断线故障。

（5）操动道岔时，在分线盘测 X1、X3、X4 间是否有 380 V 电压，若有 380 V 电压，则为室外断线故障，查找方法为：

① 道岔在定位时：在电缆盒测 X2 与 X3（或 X2 与 X4）间的电压，如有电压则说明对应的电缆断线；如无电压则说明故障点在电缆盒端子与电动机相对应的端子之间。

② 道岔在反位时：在电缆盒测 X3 与 X2（或 X3 与 X5）间的电压，如有电压则说明对应的电缆断线；如无电压则说明故障点在电缆盒端子与电动机相对应的端子之间。

（6）若定位表示灯（绿灯）熄灭，松开按钮后绿灯也不再点亮（不恢复定位表示），控制台电流表的读数开始正常后略有增加，13 s 时 JCDL 响，JCD 红灯亮灯，30 s 时电流表读数回零，则说明故障为道岔卡阻。

任务三　S700K 型电动转辙机及 S700K 外锁闭道岔的检修

任务目标

1. 根据电务系统作业指导书，完成转辙机内、外部检修；

2. 根据电务系统作业指导书，调整道岔密贴、缺口、电流；对锁闭装置各项指标进行检查，使各项指标符合标准；

3. 能够根据《铁路交通事故调查处理规则》的规定及电务作业指导书的相关参数标准，更换道岔转辙设备的继电器、接点组、道岔杆件、线把，进行道岔绝缘检查、测试，开程调整，锁闭量调整，缺口、密贴调整，应力放散；

4. 熟知道岔、转辙机应急处理的规章制度及应急处理流程，知道设备正常运行的标准。

相关知识

一、S700K 型电动转辙机的内部检修

S700K 型电动转辙机的内部检修项目如图 3-2-11 所示。

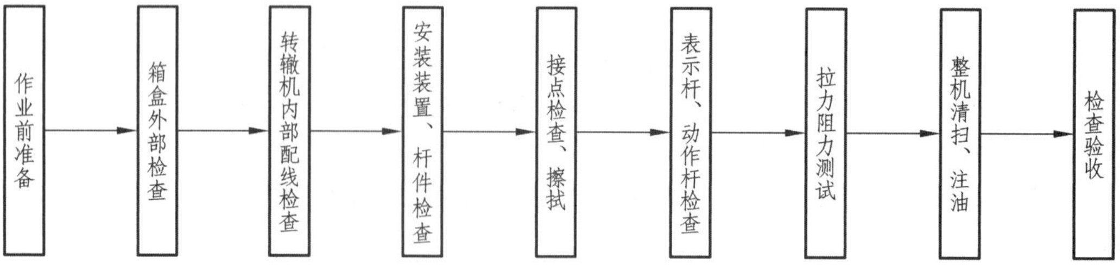

图 3-2-11　S700K 型电动转辙机的内部检修项目

（一）作业前准备

（1）工作前，调阅集中监测、缺口视频，分析道岔设备的运用状态，认真查看各牵引点道岔监测曲线、缺口监测报警信息记录，防止漏看。

（2）工具准备：手锤，管钳，活动扳手，呆扳手，剥线钳，尖嘴钳，克丝钳，套筒，镊簧钳，一字螺丝刀，十字螺丝刀，钢卷尺，电工刀，试验铁锤，油壶，万用表，白市布，棉纱，机油，铁线，开口销，白布带，绝缘胶布，小毛刷，钢丝刷，绑线卡子。

微课视频：S700K 型电动转辙机的内部检修

（3）按规定，应设置室内和现场防护员进行防护。

（二）作业流程

1. 箱盒外部检查

（1）打开转辙机：将转辙机防护罩、杆件防护罩顺序放置在线路安全侧。

（2）遮断开关通断检查：遮断器作用良好，非经人工恢复不得接通电路。

（3）机体检查：如图 3-2-12 所示，检查转辙机固定良好、机体无裂纹、无锈蚀，动作杆罩筒、表示杆罩筒、小电机防护罩、蛇管弯头等部件与机体连接螺丝油润、紧固，盘根无断裂、无变形，防尘、防水良好。

（4）转辙机固定情况检查：检查转辙机固定螺栓无松动。

图 3-2-12　S700K 型电动转辙机

2. 转辙机内部配线检查

（1）接点组安装牢固，触头无烧损发黑。

（2）接线端子压线良好，无松脱，线头无断股损伤，无毛刺、无混线可能。

（3）检查缺口视频各部配线整齐，缺口视频安装牢固，配线绑扎整齐。

3. 接点检查、擦拭

（1）检查遮断器、接点组固定良好、无裂纹。

（2）摇把挡板及遮断开关的功能良好。手摇把齿轮应转动灵活，前后拨动时无卡阻、滞涩现象；在摇把齿轮与摇把挡板之间须有 1 ~ 3 mm 间隙，电源能可靠断开，不经人工确认不得恢复接通。

（3）锁舌功能检查。道岔转换到位后，当检测杆指示缺口与指示标对中时，将锁舌、锁闭块顶入能够自动弹出，锁舌的伸出量不小于 10 mm。保持连接器与锁舌须有 1 ~ 3 mm 间隙。

（4）接点擦拭。转辙机接点外壳无裂纹，对使用 TS-1 接点组的，应采用专门的接点擦拭棒进行擦拭，保证接点清洁。

4. 表示杆、动作杆检查

（1）缺口标记清晰，转辙机上、下两检测杆无张嘴，左右无偏移现象，检测杆头部的叉形连接头销孔的磨损旷动量不大于 0.5 mm。

（2）缺口检查调整：道岔调整完毕后检查道岔缺口，指示标对准检测杆缺口中央，距两侧各（2.0±0.5）mm，且机内、外缺口及道岔视频缺口数据三者必须核对一致。表示缺口一定要在道岔开口、密贴各项指标符合要求以后进行调整。

5. 拉力阻力测试

利用每年度设备质量鉴定时进行拉力阻力测试，对于拉力小于标准的进行调整，调整时首先将可调端盖上的止动片翻起，用一字螺丝刀插入可调端盖缺口内，可依托螺母处将可调端盖卡住，插入摇把并顺时针摇动，旋紧摩擦连接器的可调端盖，旋紧 2 格，逆时针回退 1 格，然后固定可调端盖止动片。

6. 整清扫注油

（1）使用毛刷对转辙机内进行清扫，使用长嘴钳对机内进行擦拭，做到机内无油污、无杂物，箱底清扫干净。

（2）每次检修时，机内必须使用指定专用润滑油（脂），对锁闭块、锁舌、钥匙注油孔注入润滑油 1 ~ 2 滴；滚珠丝杠、齿轮组、操纵板、动作杆适当涂抹专用润滑脂。

7. 检查验收

（1）扳动道岔进行转换试验。道岔在转换过程中，动作应平稳、灵活，无反弹、无异响，密贴、缺口良好。

（2）检查转辙机滚珠丝杠，其动作平稳、无噪声，摩擦连接器作用良好。

（3）填写检修卡。

（4）合上机盖及盒（箱）盖，并加锁。

（5）盖好防护罩，加好防掀装置并扳动试验，确认表示良好。

（6）作业人员发现设备缺陷应立即修复，若当时不能解决应逐级汇报，纳入待修记录。

（7）清点材料、工具、仪表。

（8）对关键作业项（点）复查录像。

二、S700K 外锁闭道岔的日常养护

S700K 外锁闭道岔的日常养护内容及流程如图 3-2-13 所示。

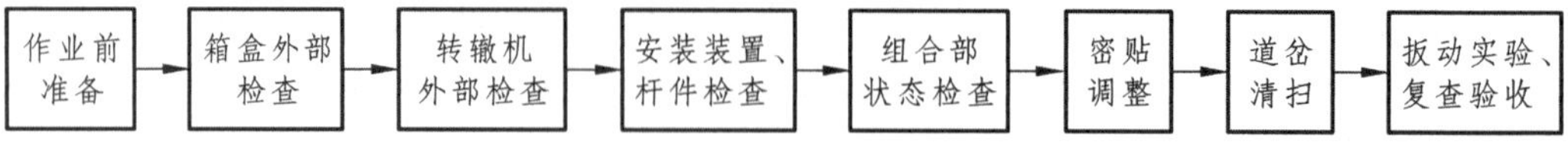

图 3-2-13　S700K 外锁闭道岔的日常养护内容及流程

（一）作业前准备

（1）仪表准备：轨道绝缘在线测试仪。

（2）工具准备：450 mm 扳手或管子钳，0.75 kg 手锤，活口扳手（250 mm、300 mm），梅花扳手（27/30 mm）或棘轮扳手（27/30 mm），平口螺丝刀（150 mm），十字螺丝刀（150 mm），万可端子插针，尖嘴钳，克丝钳，长嘴钳，卷尺，塞尺，钢板尺，钢丝刷，毛刷（20 mm），铲刀，防挤木槌，道岔专用钥匙，开盒（箱），钥匙，油壶，对讲机，夜间作业需携带照明灯。

（3）材料准备：道岔专用油，油布、开口销（4 mm），1.6 mm 铁线，密贴调整片（0.5 mm、1 mm、2 mm）。

（4）日常养护作业前，对道岔两个牵引点分别通过调看微机监测道岔启动电流曲线、交直流电压数据、缺口监测等手段进行调阅分析，预测判断，针对可能存在的问题提出养护要求。

（二）作业流程

1. 箱盒外部检查

（1）设备硬面化清洁，无杂草、可燃物。

（2）电缆无外露，基础良好，箱盒无裂纹，油饰、加锁良好，铭牌表面清洁、字迹清晰。

（3）蛇管完好、不脱落，螺栓紧固、油润良好。

2. 转辙机外部检查

（1）外观检查：

① 防护罩无缺损、固定良好，加锁装置良好，设备名称及定位标志清晰、正确。

② 转辙机机壳无裂纹、油饰良好，蛇管完好、无脱落，加锁良好。

③ 转辙机视频缺口报警装置的防护管完好无损伤，接头紧固、无脱落、不生锈。

（2）缺口检查：转辙机外缺口标记清晰，缺口左右偏差不大于 0.5 mm。

（3）表示杆、检测杆检查：

① 两检测杆上下无间隙，相错量不大于 8 mm，左右无偏移；表示杆与叉形连接头连接处无别卡。

② 检测杆头部的叉形连接头销、孔的磨损旷动量不大于 0.5 mm，表示杆的销孔旷动量不大于 0.5 mm，其余部位的销孔旷动量不大于 1 mm。

3. 外锁闭、安装装置检查

（1）外观检查：

① 外锁闭、安装装置、杆件外观无裂纹、无锈蚀。

② 安装装置绝缘外观齐全完整。

③ 各部位螺丝紧固，防松措施良好；开口销齐全，劈开角度 60°～90°，两臂劈开角度应基本一致。

（2）杆件方正检查：

① 转辙机的动作杆与锁闭杆、连接杆呈一条直线，并与岔枕保持平行。

② 表示拉杆的接头与尖端铁的连接应牢固、不松动，距离轨枕间隙不小于 10 mm。

③ 检查锁钩销轴不弯曲，斥离侧钩头在销轴的轴向串动良好，能灵活调节锁钩转角。

（3）外锁闭摩擦面及限位装置检查：

① 锁闭铁、锁钩与锁闭杆接触的摩擦面及运动范围内应保持清洁、油润，无锈蚀、无裂纹。

② 锁闭框下部两侧的限位螺丝（导向销）应有效插入锁闭杆两侧的导向槽内，不得松脱、别卡。

4. 组合部状态检查

（1）密贴状态、肥边检查。使用塞尺检查密贴符合标准；尖轨、基本轨无明显影响密贴的肥边。

（2）尖轨空吊、滑床板等状态检查。滑床板与尖轨底部间隙 < 2 mm，牵引点前后滑床板与尖轨应接触。滑床板作用良好、不松脱，无脱焊、断裂、塌陷、凹槽、侧斜，尖轨无严重翘头、外翻。

（3）顶铁、间隔铁、“三道缝”检查：

① 第一牵引点之前一根到第二牵引点之后一根岔枕钢轨与轨距挡板（块）间隙、承轨槽间隙 $\leqslant 1$ mm。

② 检查顶铁与尖轨间隙，间隙值为 0 ~ 2 mm。

（4）尖轨相错量检查：将方尺固定于直基本轨，测量两尖轨相错量不大于 20 mm。

（5）基本轨相错量检查：将方尺固定于直基本轨，以一个锁闭框固定螺栓中心为基准，测量曲基本轨相对螺栓中心的距离不大于 10 mm。

5. 道岔清扫

（1）清理杆件及外锁闭装置周围的石砟，保证杆件及外锁闭装置、尖轨尖端至尖轨根部、转辙部位等无油垢、无沙粒、无异物。

（2）对滑床板、锁闭框上斜面（解锁状态下）、钩头、销轴等关键部位涂专用油脂。

6. 检查验收

（1）道岔动态验收：

① 扳动检查道岔宏观密贴状态良好，缺口符合标准。

② 来回扳动道岔，作业人员分别从两侧锁闭框检查锁闭杆是否侧面摩擦。

注意：表示缺口一定要在道岔开口、密贴各项指标符合要求以后进行调整；调整缺口时，必须检查表示杆轴套啮合良好。

（2）功率曲线对比：联系室内人员调阅信号集中监测查看道岔功率曲线是否正常。

（3）螺栓紧固复查：检查各部螺栓紧固良好，重点检查尖轨连接铁固定螺栓、锁闭杆连板固定螺栓、尖端铁固定螺栓、表示杆接头固定螺栓、转辙机固定螺栓部位，检查红色油漆防松标识是否清晰、无偏移；其余部位使用扳手检查、紧固。

（4）记录清点：

① 清点工具、仪表。

② 检查表示杆调整轴套及螺帽紧固良好、无脱套。

③ 对锁闭框上斜面（解锁状态下）、钩头、销轴等关键部位涂专用油脂。

④ 作业负责人或带班人员对道岔检修关键环节进行验收并视频录像，执行“一指二呼三确认”制度。

⑤ 作业人员发现设备缺陷应立即修复，若当时不能解决应逐级汇报，纳入待修记录。

三、S700K 外锁闭道岔的集中检修

S700K 外锁闭道岔集中检修的项目如图 3-2-14 所示。

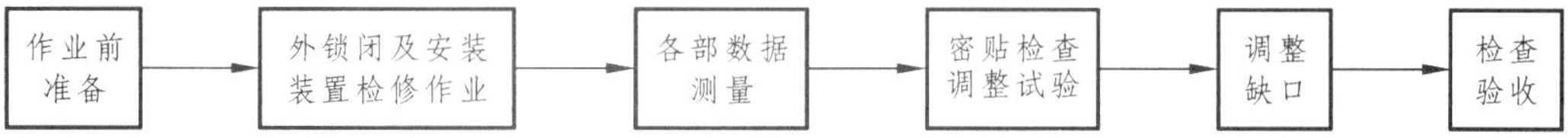

图 3-2-14　S700K 外锁闭道岔的集中检修项目

（一）作业前准备

工作前，调阅集中监测道岔动作电流、功率曲线及缺口视频，分析道岔设备的运用状态。

（二）作业流程

1. 外锁闭及安装装置检修作业

（1）转辙机方正检查：用卷尺测量转辙机两侧距直基本轨的垂直距离，偏差不大于 5 mm。

（2）尖轨相错量检查：将方尺固定于直基本轨，测量两尖轨相错量不大于 20 mm。

（3）基本轨相错量检查：将方尺固定于直基本轨，以一个锁闭框固定螺栓中心为基准，测量曲基本轨相对螺栓中心的距离不大于 10 mm。

（4）岔枕、杆件方正检查：用方尺测量岔枕、杆件两端间与直基本轨垂直线的偏差，应不大于 10 mm。扳动道岔，观察两侧锁闭框与锁闭杆无磨卡，销轴与锁钩间灵活、无卡阻，转换部件与岔枕或滑床台板的间隙>10 mm。

（5）牵引点岔枕间距检查：检查测量岔枕间距（两岔枕中心之间的距离），两牵引点处岔枕间距为（650±10）mm，牵引点前后各一位轨枕间距为（575±20）mm，其他轨枕间距均为（600±20）mm。牵引点处岔枕位置：用卷尺测量锁闭框两固定螺栓中心距前岔枕中心 350 mm，距后岔枕中心 300 mm。

（6）表示杆、检测杆及各部销孔检查：

① 两检测杆上下无间隙，相错量不大于 8 mm，左右无偏移；表示杆与叉形连接头连接处无别卡。

② 检测杆头部的叉形连接头销、孔的磨损旷动量不大于 0.5 mm，表示杆的销孔旷动量不大于 0.5 mm，其余部位的销孔旷动量不大于 1 mm。

（7）螺栓销紧固检查：检查螺栓销紧固是否适当（弹簧垫圈压平即可，保证螺栓销能够自由转动）。

2. 结合部间隙及钢轨肥边检查

（1）“三道缝”及顶铁间隙检查：

① 第一牵引点之前一根到第二牵引点之后一根岔枕钢轨与轨距挡板（块）间隙、承

轨槽间隙≤1 mm。

② 检查顶铁与尖轨间隙，间隙值为 0 ~ 2 mm。

（2）滑床板与尖轨间隙及钢轨肥边检查：

① 检查滑床板与尖轨底部间隙<2 mm，牵引点前后滑床板与尖轨应接触。

② 检查尖轨、基本轨肥边≤1 mm。

3. 密贴检查调整试验

（1）密贴检查试验：

① 检查尖轨与基本轨宏观密贴（使用塞尺检查尖轨尖端至第一牵引点缝隙<0.5 mm；其余部分<1 mm）。

② 在各牵引点中心线处使用密贴试验片进行密贴试验：密贴尖轨与基本轨之间在第一牵引点有 4 mm、其他牵引点有 6 mm 及以上水平间隙时，不应锁闭或接通表示；直向通过速度<160 km/h 的道岔两牵引点间有 10 mm、直向通过速度≥160 km/h 的道岔两牵引点间有 5 mm 及以上水平间隙时，不应接通道岔表示。

（2）密贴调整检查：

① 对道岔密贴进行调整，要通过增减密贴调整片进行，多机牵引道岔密贴调整应遵循从后往前逐点顺序调整的原则。

② 使用手摇把将道岔摇至解锁位置，松开锁闭铁螺栓，在锁闭铁与锁闭框间累加 0.5 mm 密贴调整片，直到道岔不能锁闭为止，第一牵引点取出（1.5±0.5）mm 调整片，其他牵引点取出（2.0±1.0）mm 调整片。

（3）密贴调整完毕后，各牵引点使用 30# 快速扳手拨动锁闭杆应能左右适度摆动；用长度 350 ~ 450 mm 的工具向上撬动锁钩尾部，锁钩与锁闭杆突台锁闭平面间有不小于 0.2 mm 的间隙，松手后自动落下。第一牵引点用长度 350 ~ 450 mm 的工具向外撬动密贴尖轨尖端轨腰内侧，密贴缝隙有 0.5 ~ 1 mm 的位移量，松开后尖轨能自动弹回。

（4）手摇道岔检查解锁时锁钩自然下落，尖轨无反弹，匀速手摇道岔时尖轨运行平稳，锁闭时阻力无明显增加；手摇结束后，检查机内摇把齿轮能自然退出啮合位置。

4. 各部数据测量

（1）开程、锁闭量测量：

① 开程、锁闭量测量调整：尖轨开程第一牵引点（160±3）mm，第二牵引点（75±3）mm。

② 锁闭量第一牵引点≥25 mm，第二牵引点≥20 mm。两侧开程偏差≤3 mm，锁闭量偏差≤2 mm，需保证偏差位于同侧。

（2）绝缘测试：使用轨道绝缘在线测试仪测试安装装置及各类杆件绝缘的电阻值大于 20 Ω。测试位置：① 锁闭杆连板与两轨面之间；② 长、短表示杆分别与两轨面之间；③ 转辙机与近端轨面之间。

5. 调整缺口

调整缺口：指示标对准检测杆缺口中央，距两侧各（2±0.5）mm，且机内外缺口及道岔视频缺口数据三者必须核对一致。

注意：① 表示缺口一定要在道岔开口、密贴各项指标符合要求以后进行调整；② 调整缺口时，必须检查表示杆轴套啮合良好。

6. 检查验收

（1）道岔动态验收：来回扳动道岔，作业人员分别从两侧锁闭框检查锁闭杆是否侧面摩擦。

（2）功率曲线对比：联系室内人员调阅信号集中监测查看道岔功率曲线是否正常。

（3）螺栓紧固复查：检查各部螺栓紧固良好，重点检查尖轨连接铁固定螺栓、锁闭杆连板固定螺栓、尖端铁固定螺栓、表示杆接头固定螺栓、转辙机固定螺栓部位，检查红色油漆防松标识清晰、无偏移；其余部位使用扳手检查、紧固。

（4）关键环节确认：

① 检查表示杆调整轴套及螺帽紧固良好、无脱套。

② 对锁闭框上斜面（解锁状态下）、钩头、销轴等关键部位涂专用油脂。

③ 作业负责人或带班人员对道岔检修关键环节进行验收并视频录像，执行“一指二呼三确认”制度。

（5）记录、清点：

① 填写检修卡。

② 合上机盖及盒（箱）盖，并加锁。

③ 清点工具、仪表。

④ 作业人员发现设备缺陷应立即修复，若当时不能解决应逐级汇报，纳入待修记录。

任务四　认知 ZDJ9 系列电动转辙机及 ZDJ9 道岔控制电路

任务目标

1. 掌握 ZDJ9 系列电动转辙机的组成及工作原理；
2. 能识别 ZDJ9 系列电动转辙机的简单机械故障；
3. 掌握 ZDJ9 道岔控制电路的组成及工作原理；
4. 会查阅图纸，会跑电路图；
5. 熟知道岔、转辙机应急处理的规章制度及应急处理流程，知道设备正常运行的标准。

相关知识

一、ZDJ9 系列电动转辙机概述

（一）ZDJ9 系列电动转辙机的分类及特点

ZDJ9 系列电动转辙机分为 A、B、C、D、E、F 不同的派生型号，其中，A、B 型号用于分动外锁闭道岔，分别用于第一、第二牵引点；C、D 型号用于联动内锁闭道岔，分别用于第一、第二牵引点；E 型号用于非提速区段道岔的第二牵引点；F 型号用于单机牵引的道岔。

ZDJ9 系列电动转辙机采用高强度铝合金材料底壳，重量轻、强度高、结构简单、转换锁闭可靠，满足室内试验寿命 100 万次要求。ZDJ9 系列电动转辙机有多种动程配置，锁闭（表示）杆也有全系列动程配置，满足高速道岔多机牵引的要求，其外观见图 3-4-1。

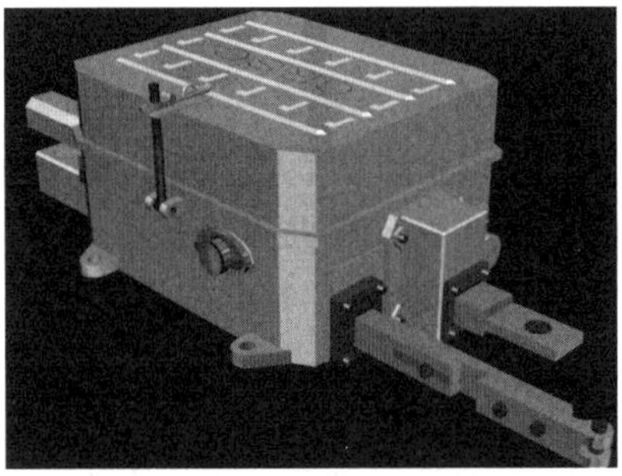

微课视频：认知 ZDJ9 系列电动转辙机

图 3-4-1　ZDJ9 系列电动转辙机

ZDJ9 系列电动转辙机的特点如下：

（1）模块设计、结构简单，既有交流系列，又有直流系列。

（2）既适用于分动外锁闭各种类型的道岔，又适用于联动内锁闭各种类型的道岔。既能左侧安装，又能右侧安装。

（3）该系列转辙机有可挤型和不可挤型，有双杆内锁和单杆内锁，满足不同牵引点的需求。

（4）采用滚珠丝杠传动。

（5）两级减速传动，便于调整速比，满足多点牵引道岔同步转换要求。

（6）采用燕尾式内锁结构，保持转辙机动作杆在终端位置。

（7）有速动机构检测转辙机动作杆的终端位置。

（8）有挤岔表示功能。

（9）销孔和滑动面均采用 SF2 复合材料衬套或衬垫。

（二）ZDJ9 系列电动转辙机的型号含义及主要技术参数

ZDJ9 系列电动转辙机的型号用 ZDJ9-XX/X 来表示，其中：Z 表示转辙机，D 表示电动，J 表示交流（直流不标），9 表示设计序列号，第一个 X 表示派生类型，第二个 X 表示动作杆动程，第三个 X 表示额定转换力。

ZDJ9 系列电动转辙机的型号含义如图 3-4-2 所示。

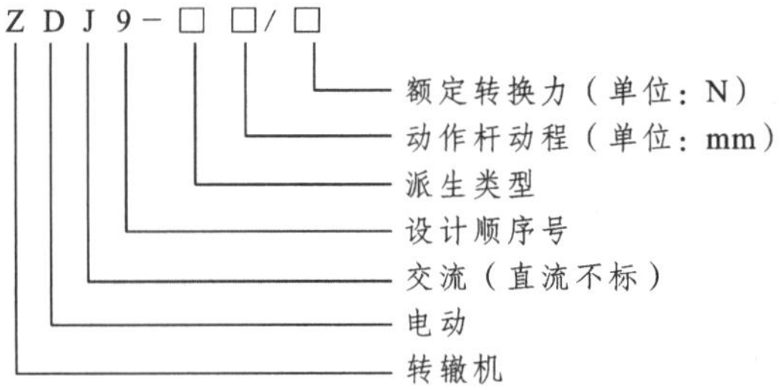

图 3-4-2　ZDJ9 系列电动转辙机的型号含义

ZDJ9 系列电动转辙机的主要技术参数如表 3-4-1 和表 3-4-2 所示。

表 3-4-1　交流 ZDJ9 系列电动转辙机的主要技术参数

产品系列型号	ZDJ9-170/4.0K	ZDJ9-A220/2.5K	ZDJ9-B150/4.5K	ZDJ9-C220/2.5K	ZDJ9-D150/4.5K
电源电压(AC 三相)/V	380	380	380	380	380
额定转换力/kN	4.0	2.5	4.5	2.5	4.5
动作杆动程/mm	170±2	220±2	150±2	220±2	150±2
工作电流/A	≤2.0	≤2.0	≤2.0	≤2.0	≤2.0
动作时间/s	≤5.8	≤5.8	≤5.8	≤5.8	≤5.8
单线电阻/Ω	54	54	54	54	54
挤脱力/kN	28±2	—	28±2	—	28±2
表示杆件类型	分动/联动锁闭杆	分动锁闭杆	分动表示杆	联动锁闭杆	联动表示杆

表 3-4-2　直流 ZD9 型电动转辙机的主要技术参数

产品系列型号	ZD9-170/4.0K	ZD9-A220/2.5K	ZD9-B150/4.5K	ZD9-C220/2.5K	ZD9-D150/4.5K
额定电压(DC)/V	160	160	160	160	160
额定转换力/kN	4.0	2.5	4.5	2.5	4.5
动作杆动程/mm	170±2	220±2	150±2	220±2	150±2
表示（锁闭）杆动程/mm	152±10	160±10	75±10	160±10	75±10
工作电流/A	≤2.0	≤2.0	≤2.0	≤2.0	≤2.0
动作时间/s	≤10	≤10	≤10	≤10	≤10
挤脱力/kN	28±2	—	28±2	—	28±2
表示杆件类型	分动/联动锁闭杆	分动锁闭杆	分动表示杆	联动锁闭杆	联动表示杆

（三）ZDJ9 系列电动转辙机的主要部件及其作用

目前使用的 ZDJ9 系列电动转辙机大都为交流转辙机。下面主要介绍 ZDJ9 系列交流转辙机。ZDJ9 系列交流转辙机的结构如图 3-4-3 所示，它由底壳、盖、电动机、减速器、摩擦连接器、滚珠丝杠、推板套、动作板、锁块、锁闭铁、接点组、动作杆、锁闭（表示）杆、安全开关组、挤脱器（不可挤的不设）、接线端子等组成。结构采用模块化设计，便于维护和检修。

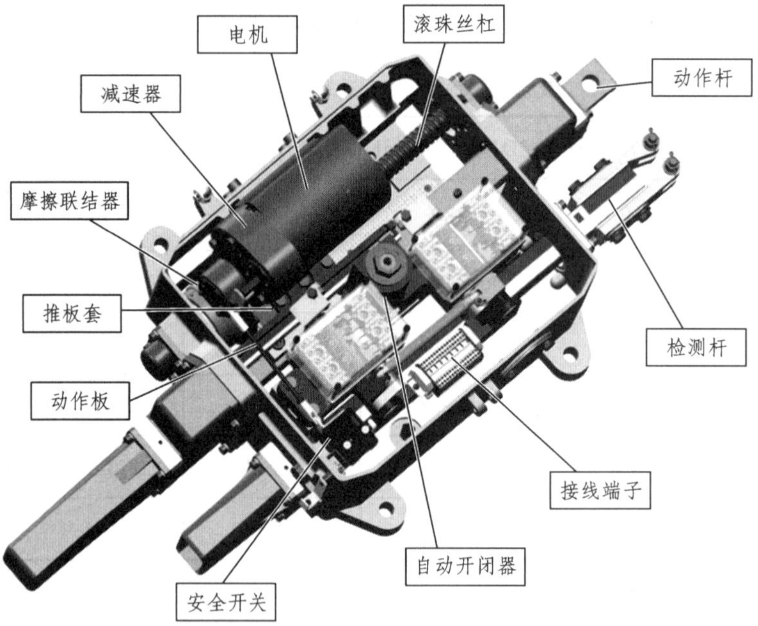

图 3-4-3　ZDJ9 系列交流转辙机的结构

1. 电动机

电动机和减速器组成为一体，与 S700K 型电动转辙机和 ZYJ7 型电液转辙机一样，ZDJ9 系列交流转辙机所使用的电动机也为三相交流电动机，也给转辙机提供动力。当电源电压为三相 380 V、单相电阻为 54 Ω 时，其额定转矩为 2 N·m，转速 $n \geqslant 1330$ r/min。

2. 减速器

减速器（见图 3-4-4）的作用是将电动机的高速转速降下来，以提高转动力矩。减速器分为两级减速：第一级减速为齿轮减速，它以齿轮箱的形式与电动机结合在一起，齿轮箱中有摇把齿轮、电机输出小齿轮、中间齿轮，中间齿轮啮合于摩擦连接器的齿轮上，摇把齿轮用于手摇转辙机；第二级减速由滚珠丝杠、螺母及推板套完成，它除了具有减速作用外，还将旋转运动变为推板套的水平动作，以便间接使动作杆做水平运动，原理同 S700K 型电动转辙机一样。ZDJ9-A 型电动转辙机的第一级速比为 38/26，第二级速比为 46/18，总速比为 3.74。ZDJ9-B 型电动转辙机的第一级速比为 44/20，第二级速比也为 46/18，总速比为 5.63。

图 3-4-4　减速器

ZDJ9 系列交流转辙机的减速装置的结构及动作原理与 S700K 型电动转辙机的相似，转换锁闭机构的结构及动作原理与 ZYJ7 型电液转辙机基本相似。

3. 摩擦连接器

摩擦连接器采用片式粉末冶金摩擦方式，主动片是 4 片外摩擦片，用钢带加工，被动片为 3 片内摩擦片，用 12 个弹簧加压，将摩擦连接器齿轮与滚珠丝杠“固定”在一起（参见图 3-1-5），在正常情况下，摩擦连接器可以保证转换力的稳定，通过摩擦连接器中的内、外摩擦片的摩擦作用，将摩擦连接器齿轮的旋转运动传递到滚珠丝杠上，滚珠丝杠把传动齿轮的旋转运动转换成与丝杠连接的推板套的水平运动。当道岔受阻，滚珠丝杠不能转动时，电动机将带动齿轮箱中的齿轮及摩擦连接器的齿轮空转，起到保护电机的作用。

4. 滚珠丝杠和推板套

ZDJ9 系列电动转辙机的滚珠丝杠与 S700K 型电动转辙机的滚珠丝杠的原理相同，直径为 32 mm，导程为 10 mm。滚珠丝杠的一端与摩擦连接器“固定”在一起（参见图 3-1-6），当摩擦连接器转动时，滚珠丝杠随之转动，使丝杠上的推板套做水平运动。

5. 锁块、锁闭铁和动作杆

如图 3-4-5 所示，锁闭铁固定在机壳底部（如果是可挤转辙机，锁闭铁通过挤脱器固定），两个锁块通过销轴连接在动作杆上，锁块可围绕销轴转动。

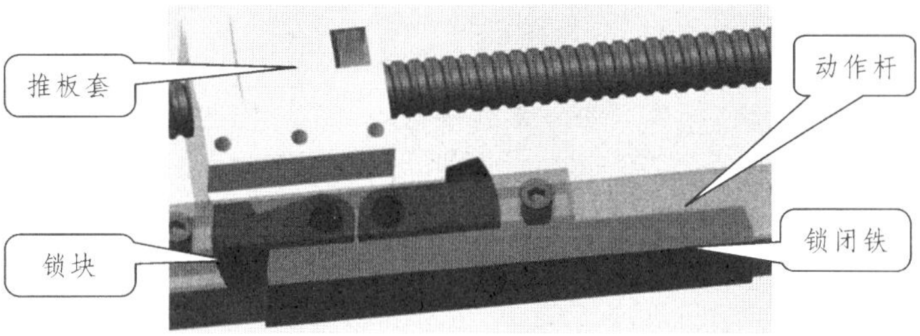

图 3-4-5　锁块、锁闭铁和动作杆

当滚珠丝杠转动时，推板套做水平运动，推动安装在动作杆上的锁块，在锁闭铁的辅助下使动作杆做水平运动，完成解锁、转换、锁闭的功能，其机械动作原理与 ZYJ7 型电液转辙机的机械动作原理相同。

6. 动作板

动作板是固定在推板套面上的钢板，有高低两个层面，高面两端有斜面，低面两端设两个可窜动（弹簧弹力）的速动片。推板套动作时，动作板随之动作，接点座上的滚轮会慢慢抬起，切断表示，同时接通下一转换方向的动作接点；当动作到位时，滚轮从动作板滑动面落下，动作接点断开，同时表示接点接通，给出道岔表示。其动作原理与 ZYJ7 型电液转辙机相同。

7. 表示杆

表示杆（见图 3-4-6）与 ZYJ7 型电液转辙机的基本相同，其表示缺口也同 ZYJ7 型电液转辙机。

图 3-4-6　表示杆

8. 接点组

ZDJ9 系列电动转辙机的接点组与 ZD6 系列电动转辙机的相同，只是将动接点支架改进成有两处压嵌连接的结构，如图 3-4-7 所示，因此，左右调整板设在同侧，缩小了接点组尺寸，减少了零件品种；另外，ZDJ9 系列电动转辙机的静接点片用铍青铜制造，动接点环用铜钨合金制造。

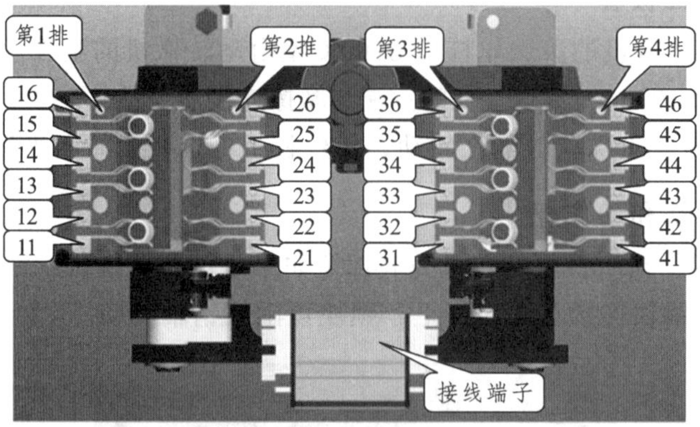

图 3-4-7　ZDJ9 系列电动转辙机的接点组

9. 挤脱器

挤脱器（见图 3-4-8）由调整螺母、调整垫、碟簧、挤脱柱等组成。正常情况下，靠碟簧的弹力，挤脱柱顶住锁闭铁，使锁闭铁“固定”不动。当发生挤岔时，挤脱器中的锁闭铁在动作杆上的锁块的作用下，脱开挤脱柱，此时锁闭铁上的凹槽推动水平顶杆，水平顶杆推动竖顶杆，竖顶杆推动动接点支架，从而切断表示。非经人工恢复锁闭铁，不能再接通表示。

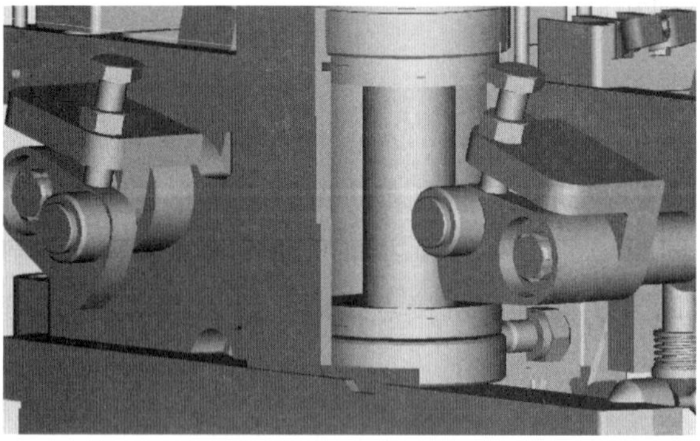

图 3-4-8　挤脱器

10. 安全开关组

安全开关组由安全开关、连接杆和电机轴端连扳组成，安全开关采用沙尔特堡开关。手动时由于安全开关通过连接杆与电机轴端的连板相连，因此必须打开安全开关手摇把才能插入。

11. 接线端子

接线端子采用免维护的万可端子，用于转辙机内外连接。由于该接线端子的零件没有螺纹连接件，所以能抗振动和冲击，同时又不损及导线。

（四）ZDJ9 系列电动转辙机的机械动作原理

ZDJ9 系列电动转辙机的机械动作原理如图 3-4-9 所示。

微课视频：ZDJ9 系列电动转辙机的原理及内部检修

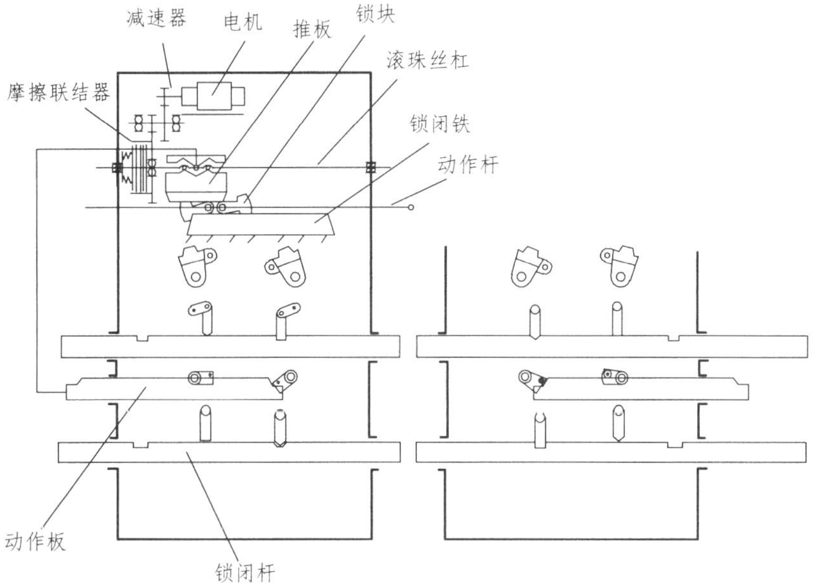

图 3-4-9　ZDJ9 系列电动转辙机的机械动作原理示意图

（1）电动机接通电源后，电机上的小齿轮通过齿轮箱中的传动齿轮进行两级减速，把动力传递到摩擦连接器的齿轮上。

（2）通过摩擦连接器中的内外摩擦片的摩擦作用，把齿轮的旋转运动传递到滚珠丝杠上，滚珠丝杠再把传动齿轮的旋转运动转换成与丝杠连接的推板套的水平运动。

（3）推板套水平运动，推动安装在动作杆上的锁块，在锁闭铁的辅助下使动作杆水平运动，完成道岔的锁闭功能。具体分析如下：

① 来自道岔控制电路的电流，经由接点座的第 1 排接点接至电动机，使电动机按逆时针方向旋转。

② 电动机通过齿轮带动减速器，使摩擦连接器按逆时针方向旋转。

③ 摩擦连接器的内摩擦片通过花键带动滚珠丝杠按逆时针方向旋转，通过滚珠丝杠

上的丝母带动推板套做直线运动。

④ 推板套推动动作杆上的锁块，在锁闭铁的作用下，完成机械的解锁、转换、锁闭等动作；同时通过推板套上装配的动作板，完成电路的转接。

1. 推板套、动作杆、锁块和锁闭铁的动作关系

如图 3-4-10 所示，推板套、动作杆、锁块和锁闭铁的动作关系如下：

（1）动作杆锁闭在拉入位，通电后电机旋转，带动推板套向右运动，动作杆开始解锁。

（2）推板套继续向右运动，推动锁块并带动动作杆一起向右运动。

（3）动作杆行程走完，推板套将锁块压入锁闭铁，将动作杆锁闭在伸出位置。

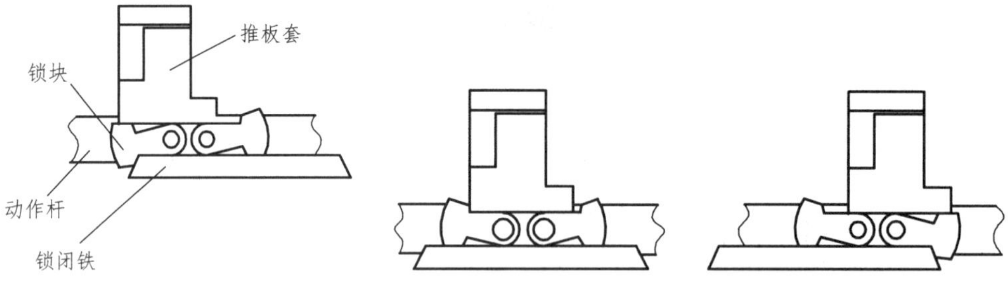

图 3-4-10 锁块转换锁闭原理

为防止惯性反弹，在推板套与动作杆间加有阻尼机构。当推板套推动锁块进入锁闭位，动作杆停止不动，推板套继续前进，到动作板使电动机电源断开时，推板套因惯性继续前进，推板套与动作杆间有相对移动，推板套内的弹簧在动作杆槽的斜面上压缩，弹力使摩擦块在动作杆侧面上摩擦而吸收惯性，即防止了惯性反弹。

2. 动作板、速动片和接点的动作关系

如图 3-4-11 所示，动作板、速动片和接点的动作关系如下：

（1）动作杆处于伸出位，动作板抬起左侧滚轮及启动片，左支架向左倾斜，第一排动作接点接通，第 2 排表示接点断开；同时右侧滚轮及启动片落下，右支架向左倾斜，第 4 排动作接点断开，若锁闭杆同时到位，锁闭柱正常落下，可接通第 3 排表示接点。

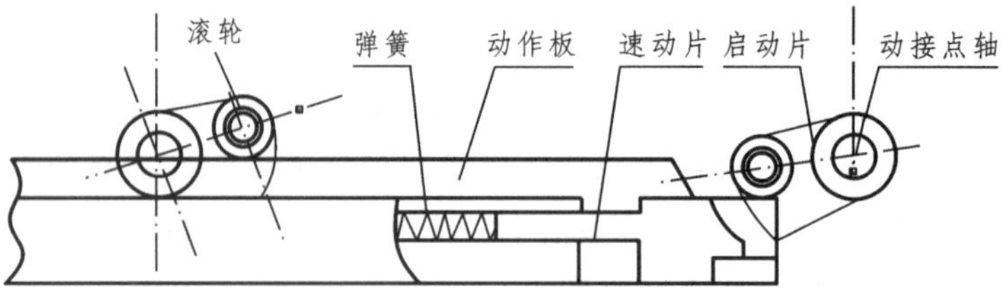

图 3-4-11 动作板、速动片和接点的动作关系

（2）2DJ9-A 型电动转辙机的锁闭铁直接固定在底壳上；ZDJ9-B 型电动转辙机的锁闭铁被挤脱器固定在底壳上，挤脱力为（28±2）kN。

（3）ZDJ9-A 型电动转辙机的左、右锁闭杆分别与第一牵引点两根分动的尖轨相连，在动作杆上的锁块被推板套锁闭在锁闭铁上，与密贴尖轨相连的锁闭杆被锁闭柱锁在密贴位置，这样就形成了双杆锁闭。一根锁闭杆上锁闭用的直缺口和挤岔表示用的斜缺口的距离与尖轨动程有关，只适用于（160±6）mm，超过此动程范围需另配锁闭杆。

（4）ZDJ9-B 型电动转辙机的左、右表示杆与第二牵引点的两根分动的尖轨相连，表示杆内检查块的结构、密贴检查和挤岔断开表示原理均与 ZD6 系列电动转辙机相同。其仅在动作杆上有锁闭，故为单杆锁闭。挤岔时，通过斥离尖轨的动作，使表示杆的斜面推动检查柱断开表示接点，给出挤岔表示。

（五）ZDJ9 系列电动转辙机典型机械故障与处理

ZDJ9 系列电动转辙机典型机械故障与处理如表 3-4-3 所示。

表 3-4-3　ZDJ9 系列电动转辙机典型机械故障与处理

序号	故障现象		可能的原因	现场排查与处理办法	备注
1	供电电源正常时转辙机不动作	电动机输入线三个端子处电压均正常	电动机绕组断线	更换电动机	
			传动环节卡阻，阻力矩大于电动机启动转矩	①检查齿轮传动是否有夹异物、断齿等现象； ②检查滚珠丝杠是否有卡阻现象； ③检查动作杆和检测杆组件运动路径是否有异物卡阻； ④检查外部杆件是否变形或卡阻影响运动。	
		电动机输入线三个端子处电压不正常	安全开关的动、静插头组接触不良	更换接触不良的动、静插头组	
			动、静接点组接触不良	更换接触不良的动、静接点组	对频繁转换的接点组可进行预防性维修
			配线破损或断裂	更换配线	
			电动机绕组短路	更换电动机	
2	电机转动	转辙机不能解锁	摩擦力偏小	将摩擦力调整到合适范围。如果不能调整到合适范围，则更换摩擦连接器	
			锁块、锁闭铁磨损严重，产生自锁	更换锁块、锁闭铁	需要下道维修

<table>
<tr><th>序号</th><th colspan="2">故障现象</th><th colspan="2">可能的原因</th><th>现场排查与处理办法</th><th>备注</th></tr>
<tr><td rowspan="3">2</td><td rowspan="3">电机转动</td><td rowspan="3">转换到中间位或不能在规定时间内完成转换</td><td colspan="2">道岔阻力增大，超出道岔标准规定</td><td>联系工务进行道岔整治</td><td></td></tr>
<tr><td colspan="2">外锁闭不能解锁</td><td>排除卡阻</td><td></td></tr>
<tr><td colspan="2">道岔转换阻力符合规定值，摩擦力偏小</td><td>将摩擦力调整到合适范围。如果不能调整到合适值，则更换摩擦连接器</td><td></td></tr>
<tr><td rowspan="8">3</td><td rowspan="8">转辙机转换到位无表示</td><td rowspan="2">目视动接点环没有接通静接点片</td><td colspan="2">自动开闭器的锁闭柱或主检查柱落下时卡阻</td><td>检查是否润滑充分或使用不耐低温的油脂</td><td></td></tr>
<tr><td colspan="2">自动开闭器拉簧拉力不足，接点不能速动或无法落下</td><td>更换拉簧</td><td></td></tr>
<tr><td rowspan="4">检测杆不能运动到位，锁闭柱(主检查柱)落在检测杆上平面</td><td colspan="2">检测杆卡阻</td><td>排除卡阻</td><td></td></tr>
<tr><td colspan="2">道岔状态变化</td><td>检查道岔状态，调整表示缺口至规定范围</td><td>必要时联系工务进行道岔整治</td></tr>
<tr><td colspan="2">道岔夹异物</td><td>排除异物</td><td></td></tr>
<tr><td colspan="2">动作杆和检测杆连接处磨损产生旷动量</td><td>更换磨损的 SF2 衬套</td><td></td></tr>
<tr><td rowspan="2">目视动接点环已经接通动接点片</td><td colspan="2">目视已经接通的接点片测量时正常接通</td><td>电路中存在故障</td><td></td></tr>
<tr><td colspan="2">目视已经接通的接点片测量时没有正常接通</td><td>动静接点组静接点片和动接点环之间有污物或无接点压力，需进行清洁或更换</td><td></td></tr>
<tr><td rowspan="2">4</td><td colspan="2" rowspan="2">转辙机转换到位后，表示接通后又断开</td><td rowspan="2">转辙机剩余动能过大，导致推板套反弹断开表示接点</td><td>摩擦力过大，摩擦连接器无法消耗转辙机到位后的剩余动能</td><td>将摩擦力调整到合适范围。如果摩擦力不能调整，则需更换摩擦连接器</td><td>① 建议露天的转辙机安装防雨罩；
② 禁止在电动机减速器和摩擦连接器上使用机油。</td></tr>
<tr><td>推板套的摩擦块磨损严重，无法消耗转辙机到位后的剩余动能</td><td>如果摩擦连接器调至正常范围内，推板套仍然反弹断开接点，则需更换推板套的摩擦块</td><td>需要下道维修</td></tr>
</table>

续表

<table>
<tr><th>序号</th><th colspan="2">故障现象</th><th colspan="2">可能的原因</th><th>现场排查与处理办法</th><th>备注</th></tr>
<tr><td rowspan="2">5</td><td colspan="2" rowspan="2">测试道岔 4 mm 时，转辙机的电动机堵转</td><td colspan="2">摩擦力过大，产生的阻力矩大于电动机最大转矩</td><td>将摩擦力调整到合适范围。如果摩擦力过大不能调整，则需更换摩擦连接器</td><td>① 建议露天转辙机安装防雨罩；
② 禁止在电动机减速器和摩擦连接器上使用机油。</td></tr>
<tr><td colspan="2">电动机串接的电缆阻值增大，造成转辙机工作时电动机的端电压下降</td><td>排除电压下降或阻值增大故障。保证电动机端电压正常</td><td>需要下道维修</td></tr>
<tr><td rowspan="7">6</td><td rowspan="7">列车通过时表示接点断开</td><td>列车沿逆向进入开通道岔</td><td colspan="2">发生挤岔事故</td><td>按照挤岔事故进行处理</td><td>挤岔后，建议转辙机下道检查和维修</td></tr>
<tr><td rowspan="6">接点接通不可靠</td><td colspan="2" rowspan="2">动接点打入过浅，外部振动使表示接点断开</td><td>查看动接点组是否卡阻</td><td rowspan="3"></td></tr>
<tr><td>查看拉簧是否拉力不足</td></tr>
<tr><td colspan="2">接点接触不良</td><td>更换接触不良的动静接点组</td></tr>
<tr><td colspan="2" rowspan="2">推板套反弹使动作板接触滚轮，列车通过时外部振动使滚轮爬上动作板，表示接点断开</td><td>将摩擦力调整到合适范围，如果摩擦力不能调整，则需更换摩擦连接器</td><td></td></tr>
<tr><td>如果摩擦连接器正常，推板套仍然反弹断开接点，则需更换推板套的摩擦块</td><td>需下道维修</td></tr>
<tr><td colspan="2">锁闭铁预紧力不足，列车通过时轮对挤压力使其发生位移，导致竖顶杆位移断开表示接点</td><td>更换可挤型自动开闭器</td><td>不可挤型转辙机无此故障</td></tr>
<tr><td rowspan="2">7</td><td colspan="2" rowspan="2">接点片或接点罩有烧蚀迹象</td><td rowspan="2">转辙机转换到位时动接点打入静接点的速度缓慢</td><td>自动开闭器的锁闭柱（主检查柱）或辅助检查柱与配合槽卡阻</td><td>检查是否润滑或使用不耐低温的油脂</td><td></td></tr>
<tr><td>自动开闭器拉簧拉力不足</td><td>更换拉簧</td><td></td></tr>
</table>

续表

序号	故障现象	可能的原因	现场排查与处理办法	备注
7	接点片或接点罩有烧蚀迹象	速动片无法正常弹出	检查是否按时注油。如果注油后反复推动速动片仍无法正常弹出，则需更换动作板	
8	推板套、锁闭铁、锁块相互接触面磨损过快或磨损严重	推板套、锁闭铁、锁块各接触面润滑不良	推板套、锁闭铁、锁块各接触面定期涂 TR-1 润滑脂	更换磨损零件需下道维修
		道岔状态不良，密贴力过大	适当调整道岔密贴力，必要时联系工务进行道岔整治	
9	转辙机进水造成绝缘下降	转辙机安装时杆件伸出端过高	调整转辙机的安装位置。少量进水可松开排水螺栓将水排干并擦拭干净。严重进水应整机更换	
		外部排水不畅造成转辙机泡水	疏通外部排水设施。少量进水可松开排水螺栓将水排干并擦拭干净。严重进水应整机更换	
		维护后机盖未压紧盖严	压紧机盖后再上锁。及时更换老化或破损的橡胶密封条	
		手动盖丢失或维护后手动盖未盖严	摇把拔出后应扣上手动盖，且手动盖应压紧 O 形密封圈。及时更换老化或破损的 O 形密封圈	
		外露杆件未加装防雨罩	建议露天使用的转辙机加装防雨罩	

二、ZDJ9 道岔控制电路

ZDJ9 道岔控制电路为五线制交流道岔控制电路，其原理和 S700K 道岔控制电路基本相同，如图 3-4-12 所示。ZDJ9 道岔控制电路按照动作过程，由启动电路、动作电路和表示电路构成。

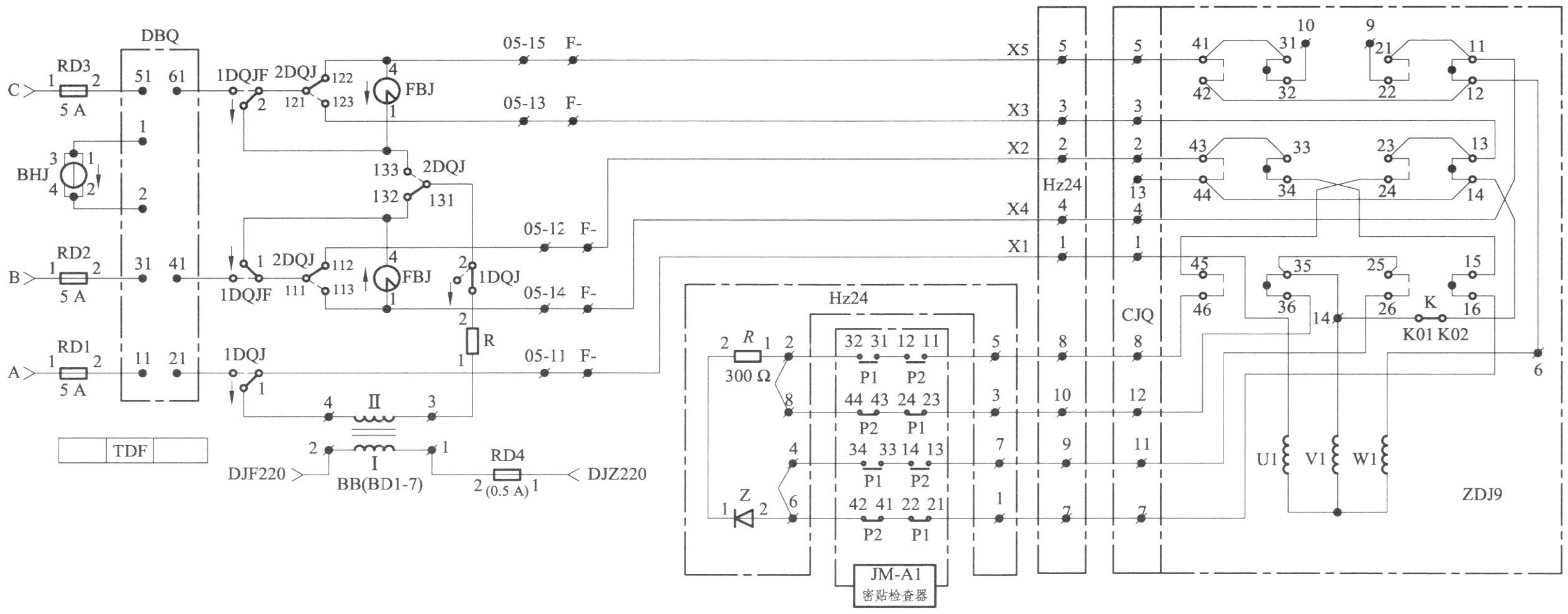

图 3-4-12　ZDJ9 道岔控制电路

（一）切断保护电路

多机牵引的道岔控制电路，其中任何一台转辙机不启动时，都应切断该道岔的控制电路。为此设置了切断保护电路。切断保护电路由 ZBHJ 和 QDJ 组成，如图 3-4-13 所示。

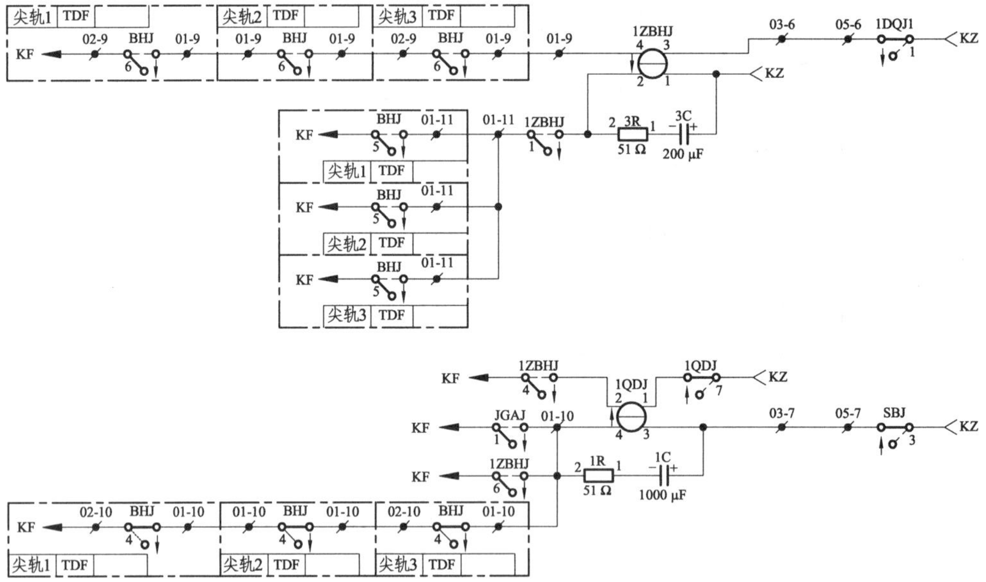

图 3-4-13　切断保护电路

1. 正常工作时序

（1）联锁系统发出道岔动作指令，道岔开始转换时，各个牵引点的 1DQJ 吸起，BHJ 依次吸起，所有牵引点的 BHJ 吸起后，ZBHJ 吸起。

（2）从第一个开始动作的牵引点的 BHJ 吸起到 ZBHJ 吸起的这段时间里，QDJ 通过线圈上跨接的 RC 阻容放电电路保持吸起。

（3）ZBHJ 吸起后，QDJ 通过 ZBHJ 的前接点继续吸起，用其接点构成各牵引点 IDQJ 的 1-2 线圈的自闭电路。

2. 故障工作时序

（1）联锁系统发出道岔动作指令，道岔中任意一个牵引点的转辙机不能启动时，其 BHJ 不能正常吸起，ZBHJ 因励磁电路的 KF 电源无法送出不能吸起。

（2）QDJ 在缓放时间结束后落下，切断了此组道岔尖轨或心轨所有牵引点的 1DQJ 的 1-2 线圈自闭电路，牵引道岔尖轨或心轨的所有转辙机停止转动。

（3）维护人员确定故障后，按下故障按钮（故障按钮采用非自复式按钮，并且加铅封），使 QDJ 重新吸起，由室内外人员共同配合使其他牵引点的转辙机牵引道岔转换到规定位置。

（二）错峰启动电路的动作过程

多机牵引一组道岔时，为使电源屏供电电流错开电机启动峰值，转辙机应按顺序错峰启动。转辙机错峰启动电路如图 3-4-14 所示，利用 1DQJ 的缓吸特性，从第二牵引点开始，将上一个牵引点 1DQJ 的前接点串入本牵引点 1DQJ 的 3-4 线圈启动电路中，以完成多机顺序传递启动。

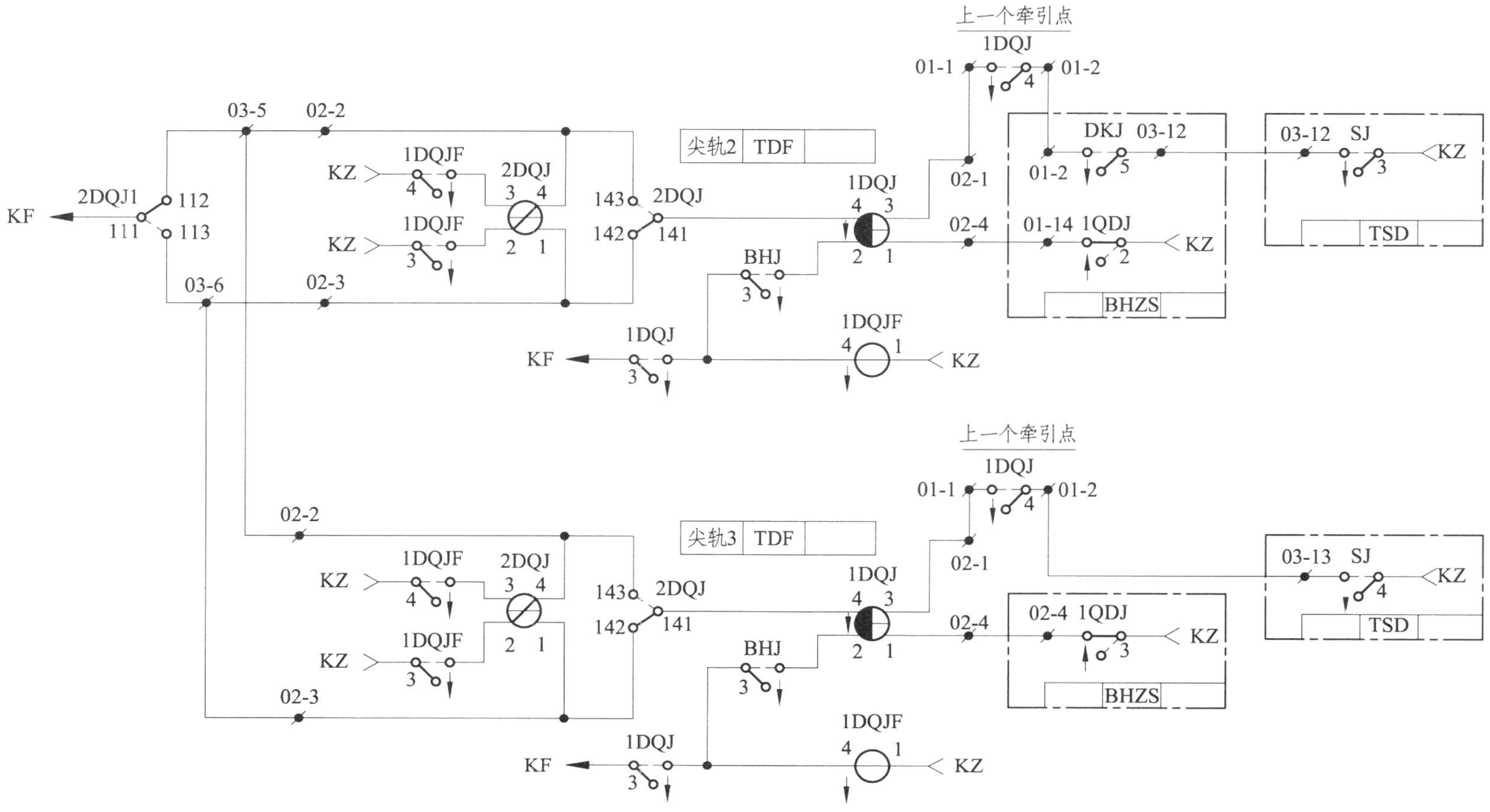

图 3-4-14　转辙机错峰启动电路

（三）道岔开始继电器电路（DKJ）和道岔完成继电器电路（DWJ）

为了降低电源屏的输出功率，多动道岔需要满足第一动道岔动作完成后，第二动道岔再动作的要求。为此在切断及保护组合电路中设置了 DKJ、DWJ 两个继电器电路，如图 3-4-15 所示。

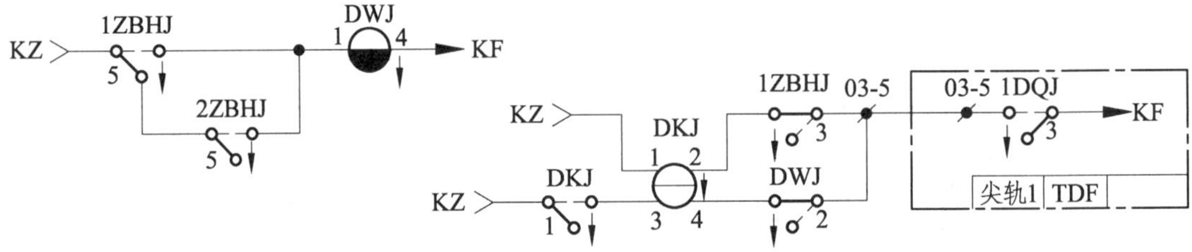

图 3-4-15　DKJ 和 DWJ 继电器电路

为了确保多动道岔启动时第一动先动作，在第二动 1DQJ 的励磁电路中的 DCJ 和 FCJ 的前接点没有直接接入 KF 电源，而是接入第一动的 2DQJ 的接点，这样第一动的 DKJ 吸起前，第一动的 2DQJ 接点切断了第二动的 1DQJ 的励磁电路。

在第一动道岔启动电路中，接入了第二动道岔的 DKJ 和 DWJ 的后接点。同理，在第二动道岔后动电路中，接入了第一动道岔的 DKJ 和 DWJ 的后接点。当第一动道岔开始动作时，尖轨第一动的 1DQJ 吸起，同时相应的 DKJ 吸起，切断第二动道岔的启动电路，使第二动道岔不能转换。

当第一动道岔启动电路的全部电动机都开始转换时，1ZBHJ（尖轨）和 2ZBHJ（心轨）都吸起，DWJ 继电器吸起，切断 DKJ 电路。当第一动道岔启动电路的全部电动机到位后，1ZBHJ（尖轨）和 2ZBHJ（心轨）都落下，则 DWJ 落下，第一动道岔转换完成。当第一动道岔启动电路的 DKJ 和 DWJ 都落下后，第二动道岔启动电路构成，此时，第二动道岔开始转换。

多动道岔交流控制电路中，ZBHJ 自闭电路线圈上跨接电容和电阻组成的 RC 电路（见图 3-4-13）。其作用是：当所有转辙机转换到位后，每一牵引点的 BHJ 依次落下，此时，因 RC 阻容放电，ZBHJ 会缓放落下，避免了在第一牵引点的 1DQJ 缓放期间，DKJ 经由 IDQJ 的前接点和 IZBHJ 的后接点重新吸起。

任务五　认知钩式外锁闭装置

任务目标

1. 掌握钩式外锁闭装置的结构和动作过程；
2. 掌握钩式外锁闭装置的安装与调整方法。

相关知识

道岔转换设备的外锁闭装置是保证轨道交通运营安全的重要技术设备。外锁闭装置是通过电动转辙机的牵引实现道岔的解锁和锁闭的。外锁闭装置将道岔的密贴尖轨和基本轨直接进行锁闭，并将斥离轨保持在标准开口的位置；同时外锁闭装置能隔离列车通过时对转换设备造成的震动和冲击，提高转换设备的使用寿命和可靠性。

一、道岔的锁闭方式

微课视频：钩式外锁闭装置

道岔按其锁闭方式可分为内锁闭和外锁闭两种。

（一）内锁闭

内锁闭是当道岔由转辙机带动转换至某个特定位置后，在转辙机内部进行锁闭，由转辙机动作杆经外部杆件对道岔实现位置固定。例如，ZD6 系列电动转辙机就是由其内部的锁闭齿轮的圆弧面和齿条块的削尖齿实现锁闭的。内锁闭方式锁闭道岔实际上是对道岔可动部分进行间接锁闭。

内锁闭道岔转换设备的特点是：

（1）结构简单，便于日常维护保养，且转换比较平稳，属于定力锁闭。

（2）道岔的两根尖轨由若干根连接杆组成框架结构，使尖轨部分的整体刚性较高，而且框式结构造成的反弹力和抗劲较大。

（3）由于两尖轨由杆件连接，当杆件受到外力冲击时，如发生弯曲变形，会使密贴尖轨与基本轨分离，严重威胁行车安全。

（4）当列车通过道岔产生冲击时，其冲击力经过杆件将直接作用于转辙机内部，使转辙机部件易于受损，挤切销折断，移位接触器跳开等。

（二）外锁闭

当道岔由转辙机带动转换至某个特定位置后，通过本身所依附的锁闭装置，直接把尖轨与基本轨或心轨与翼轨密贴夹紧并固定，称为道岔的外锁闭，即道岔的锁闭主要不是依靠转辙机内部的锁闭装置，而是依靠转辙机外部的锁闭装置实现的。

由于外锁闭道岔的两根尖轨之间没有连接杆，在道岔转换过程中，两根尖轨是分别动作的，所以又称为分动外锁闭道岔。

外锁闭道岔转换设备的特点是：

（1）改变了传统的框架式结构，使尖轨的整体刚性大幅度下降。

（2）尖轨分动后，转换启动力小，而且一根尖轨的变形不影响另一根尖轨，由此造成的反弹、抗劲等转换阻力均减小很多。

（3）两根分动尖轨在外锁闭装置的作用下，无论是在启动解锁还是在密贴锁闭的过程中，所需的转换力均较小，避开了两根尖轨最大反弹力的叠加时刻。

（4）同时承担两根尖轨弹性力的过程是在密贴尖轨解锁以后到斥离尖轨锁闭以前这一较短的时间内，而此时正是电动机功率输出的最佳时刻，使其电气特性和机械特性得到良好的匹配。

（5）外锁闭装置一旦进入锁闭状态，车辆过岔时，轮对对尖轨和心轨产生的侧向冲击力基本上不传到转辙机上，即具有隔力作用，有利于延长转辙机及各类转换部件的使用寿命。

（6）由于两尖轨间无连接杆，所以密贴尖轨很难在外力作用下与基本轨分离，可靠地保证了行车安全。

（7）由于密贴尖轨与基本轨之间由外锁闭装置固定，克服了内锁闭道岔靠杆件推力或拉力使尖轨与基本轨密贴易造成 4 mm 失效的较大缺陷。

（8）外锁闭道岔尖轨的转换采用分动方式，可设多个牵引点，做到了尖轨全程密贴，以防止尖轨反弹，还做到了多点检查尖轨密贴情况。可动心轨也采用多点牵引。

外锁闭道岔转换设备消除了内锁闭方式的缺陷，适应了列车提速的要求。

目前我国城市轨道交通采用钩式外锁闭装置。

二、钩式外锁闭装置

钩式外锁闭装置的锁闭方式为垂直锁闭，锁闭力通过锁闭铁、锁闭框直接传给基本轨，锁闭铁和锁闭框基本不承受弯矩，锁闭更加可靠；同时各配件全部通过锻造调质处理，具有良好的综合机械性能。钩式外锁闭装置受力结构合理，能有效适应道岔尖轨的不良状态，锁闭可靠，安装调整方便。

钩式外锁闭装置分为分动尖轨用和可动心轨用两种。

（一）主要技术要求

（1）尖轨与基本轨应达到静态宏观密贴，尖轨与基本轨间在外锁闭处不应有密贴力，并保证各密贴牵引点处 4 mm 不锁闭。

（2）尖轨第一、第二牵引点外锁闭两侧（定位、反位）锁闭量分别≥35 mm、≥20 mm。

（3）道岔开程测量点在外锁闭杆中心处。

（4）在尖轨两牵引点之间的任意一点，尖轨与基本轨之间插入 5 mm 或 10 mm 厚、20 mm 宽的铁板，不得接通转辙机内的表示接点。

（二）分动尖轨用钩式外锁闭装置

1. 结构

分动尖轨用钩式外锁闭装置由锁闭杆、锁钩、锁闭框、尖轨连接铁、销轴、锁闭铁等组成，如图 3-5-1 所示。

锁闭杆的作用是通过安装装置与转辙机动作杆相连，利用其凸台和锁钩缺口带动尖轨。第一牵引点锁闭杆与第二牵引点锁闭杆凸台尺寸不同，不能通用。锁钩头部与销轴连接，下部缺口与锁闭杆凸台作用，通过连接铁带动尖轨运动，尾部内斜面与锁闭铁作用，锁闭密贴尖轨和基本轨。第一点牵引点锁钩与第二牵引点锁钩也不能通用。其余各牵引点的锁闭杆、锁钩也不能通用。

锁闭框固定锁闭铁，支承锁闭杆。锁闭铁与锁钩作用锁闭尖轨和基本轨，导向槽在锁闭杆两侧槽内起导向作用。

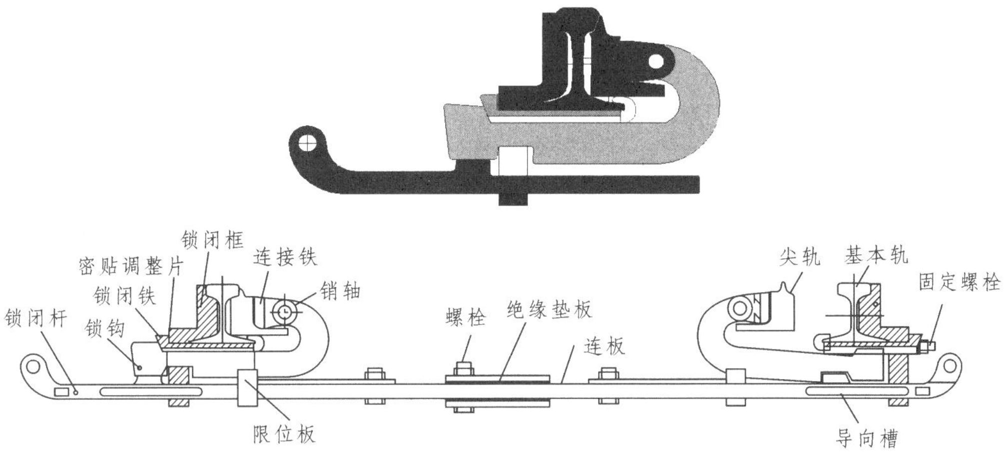

图 3-5-1　分动尖轨用钩式外锁闭装置

锁闭框用螺栓与基本轨连接，锁闭铁插入锁闭框方孔内，并用固定螺栓紧固。连接铁用螺栓与尖轨连接，由销轴将其与锁钩连接。锁钩底部缺口对准锁闭杆的凸块，并与锁闭杆共同穿入锁闭框。

2. 动作原理

当转辙机动作杆带动锁闭杆移动，密贴尖轨处的锁钩缺口随之移动，当动作到另一侧尖轨与基本轨密贴时，锁钩沿锁闭杆斜面向上爬起，锁钩升至锁闭杆凸块顶面时，锁钩同时被锁闭铁和锁闭杆卡住不能落下，实现了锁闭。本侧锁钩的缺口卡在锁闭杆的凸起处不能移动，保持尖轨与基本轨的开口基本不变。

其解锁、转换、锁闭过程如图 3-5-2 所示（设左侧原处于密贴状态）。

1）道岔解锁过程

开始转换前，左侧处于密贴锁闭状态。

转辙机动作杆带动锁闭杆运动，左侧尖轨（原密贴尖轨）的锁钩缺口与锁闭杆凸块接触，锁闭量逐渐减小，但该尖轨不动；而锁闭杆凸块带动右侧尖轨（原斥离尖轨）的锁钩运动，道岔开程逐渐减小，当运动至 60 mm 时，锁闭杆左端凸块移动至锁钩缺口内，两根尖轨处于解锁状态。

2）道岔转换过程

锁闭杆继续运动，带动两侧锁钩运动，从而带动两根尖轨继续活动。当锁闭杆动作 160 mm 时，锁闭杆凸块与右侧锁钩的缺口脱离，并抬起锁钩的燕尾部，使其沿锁闭铁的斜面上升，该锁钩后部锁闭。

3）道岔锁闭过程

虽然右侧尖轨已经密贴，但锁闭杆继续运动，带动左侧锁钩及左侧尖轨继续移动。当锁闭杆动作 220 mm 时，右侧尖轨由于锁钩及锁闭框的作用，使该锁钩固定在不变的位置，有足够的锁闭量，实现了锁闭，这时左侧锁钩的缺口与锁闭杆的凸块相咬合，由于转辙机具有内锁作用，使锁钩处于不动位置，有足够的开程，对斥离尖轨也实现了锁闭。

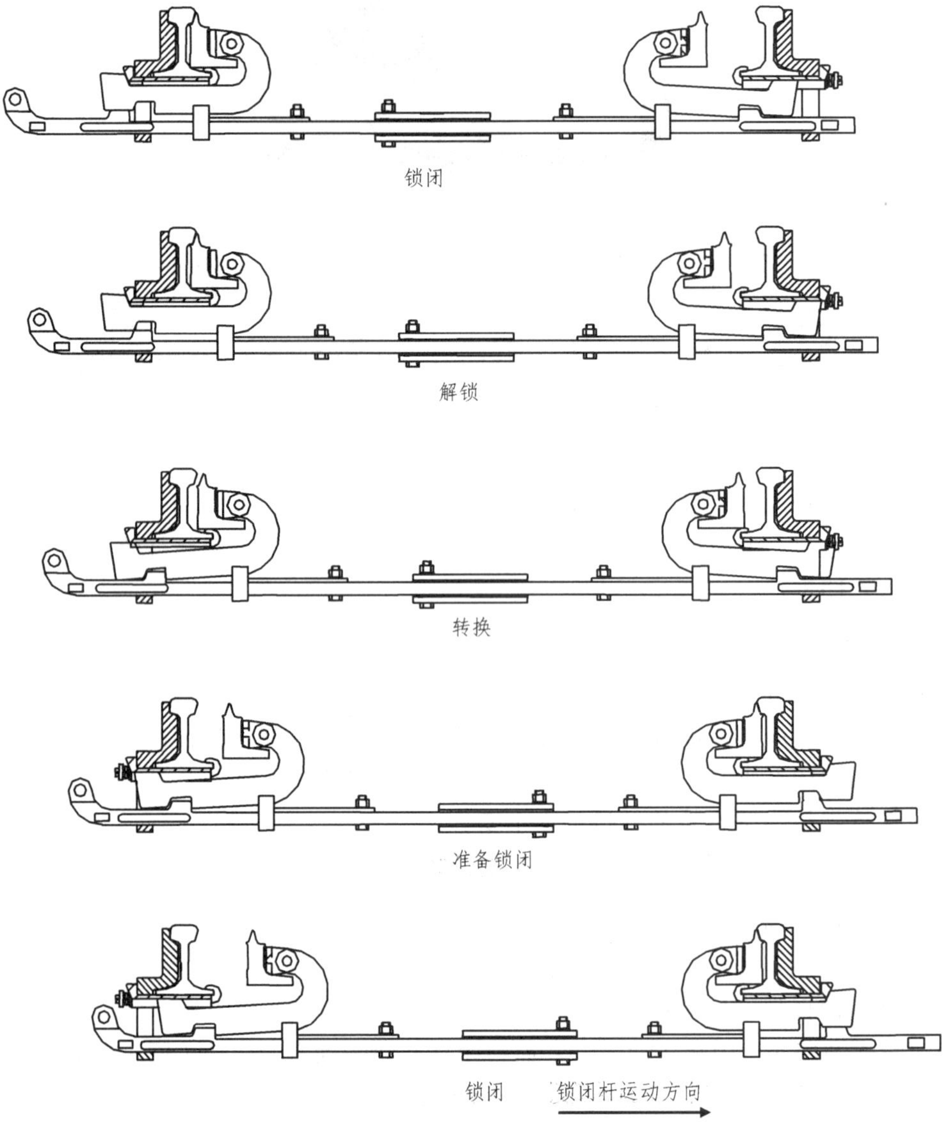

图 3-5-2　分动尖轨用钩式外锁闭装置的动作原理

（三）可动心轨用钩式外锁闭装置

1. 结构

可动心轨用钩式外锁闭装置的结构及动作原理如图 3-5-3 所示。它由锁闭杆、锁钩、锁闭框、锁闭铁组成，但锁闭杆的尺寸、锁钩的外形与分动尖轨用钩式外锁闭装置的完全不同。其锁闭框安装在翼轨补强板上，直接与翼轨相连，心轨的凸缘插在锁钩的楔形槽内，心轨在槽内可前后伸缩，通过锁闭杆的横向运动牵引心轨转换并锁闭。

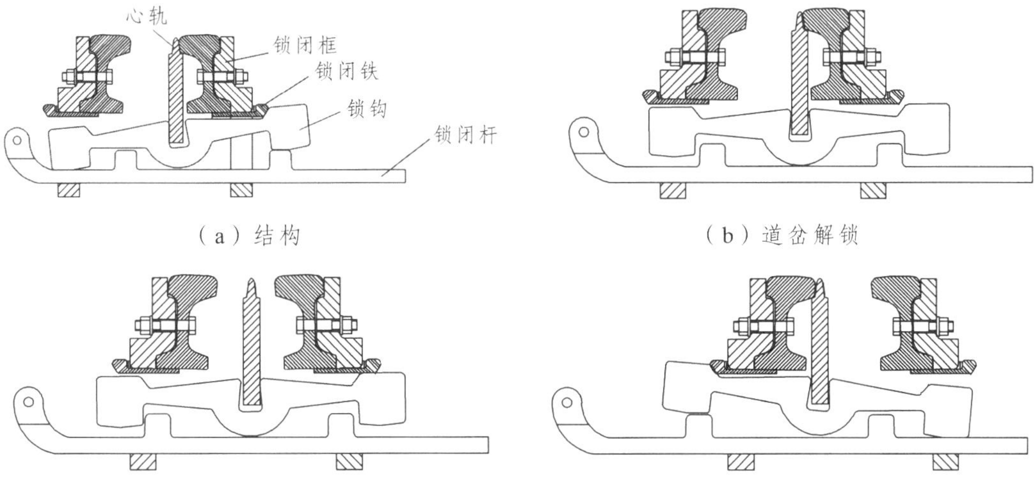

（a）结构　（b）道岔解锁

（c）道岔转换　（d）道岔锁闭

图 3-5-3　可动心轨用钩式外锁闭装置的结构、动作原理示意图

2. 动作原理

可动心轨用钩式外锁闭装置的工作过程也分为解锁、转换、锁闭三个阶段，如图 3-5-3 所示。图中可动心轨原密贴于左侧翼轨。锁闭杆向右运动，锁钩转动解锁[见图 3-5-3（b）]。锁闭杆向右继续运动，锁闭杆带动锁钩，进而带动心轨转换至右侧翼轨[见图 3-5-3（c）]。尖轨与翼轨密贴后，锁闭杆继续运动，直到锁钩转动锁闭［见图 3-5-3（d）］。

可动心轨用钩式外锁闭装置的特点是：结构简单，安装调整方便，动作灵活，4 mm 不锁闭容易实现；取消了道岔 Y 形接头拉板，解决了拉板松动的问题；心轨可以在锁钩楔形槽内自由伸缩，使心轨的爬行不影响外锁闭装置的锁闭；其锁钩较长，对生产工艺要求较高。

（四）钩式外锁闭装置的安装与调整

1. 安装

安装必须在工务道床水平、钢轨位置准确，轨距标准及尖轨、心轨宏观密贴等相关部位达到安装技术标准的条件下实施；要检测并保证基本轨上锁闭框的两个安装孔中心距钢轨或混凝土枕轨的尺寸偏差为±5 mm。

外锁闭装置可根据现场需要安装在道岔直线一侧或侧线一侧。

道岔上道前，外锁闭装置必须进行试装。外锁闭装置必须在解锁状态下上道。

安装顺序如下：

（1）连接两根锁闭杆，要求平直，与绝缘垫板、夹板配合良好。

（2）连接左、右尖轨连接铁，并将螺栓紧固，锁钩应予卸下。

（3）在两个锁钩上连接左、右夹板和毡圈。

（4）先将两锁闭铁与固定螺栓从锁闭框上拆下。将一侧锁闭框上的螺栓卸下，从该侧基本轨内侧对应眼孔向外穿出，连接该侧锁闭框与基本轨，安装一侧锁闭框，导向螺栓不能出头，暂不拧紧。

（5）将锁钩缺口放在锁闭杆同侧的凸台上，然后一起穿入连接在基本轨上的锁闭框中，并使导向销进入锁闭杆两侧的导向槽中，用开口销将导向销固定，然后将该尖轨拨靠到基本轨侧。

（6）将另一锁钩缺口扣在锁闭杆另一侧凸台后抬起，将另一锁闭框从锁闭杆套入，使导向销进入锁闭杆导向槽中，用开口销将导向销固定。

（7）用该锁闭框上的螺栓将锁闭框与该侧基本轨连接，并固定。

（8）穿入销轴，将两锁钩分别与相应的尖轨连接铁连接，销轴应从岔前向岔后方向穿入，以免影响表示杆的尖端铁安装。用开口销将销轴固定。

（9）安装两侧锁闭铁，并用固定螺栓将其与基本轨固定。

（10）上道后将限位铁安装在锁闭杆上。有钢轨的道岔可先将固定限位铁的螺栓装在锁闭杆上（从下往上穿）。

（11）安装尖端铁并紧固。

（12）将动作杆的长度调整到图纸要求的尺寸后与转辙机动作杆连接。

（13）安装基础托板，安装转辙机垫板及转辙机，并将转辙机调整至水平。基础安装完成后将各处螺母拧紧。基础托板的安装应与钢轨垂直、平顺。

2. 调整

（1）调整两锁闭框，使锁闭框中心及锁闭杆、动作杆在同一轴线上，保证外锁闭装置在反位转换过程中动作平稳，无卡阻现象。

（2）调整两尖轨密贴，通过调整锁闭铁和锁闭框之间调整片的数量，使尖轨牵引点外锁闭中心处的尖轨和基本轨间有 4 mm 及以上间隙时不能锁闭或接通表示。

（3）调整道岔开口。通过调整动作杆活接头螺口的旋入量来保证定位、反位两侧的开口量相同（偏差小于 2 mm），并符合技术标准。

（4）连接表示杆，调整无扣轴套使转辙机在定位、反位到位后均能落锁表示。

完成以上步骤后，道岔基本调整完毕。安装调整完毕后，各部螺栓应紧固并达到规定预紧力，但不可超过预紧力（宏观上弹垫压平），以免造成零件损坏。

知识拓展

一、转辙机缺口光电监测报警系统

转辙机缺口光电监测报警系统能够与现有各种类型的转辙机配套使用，并可接入各厂家的信号微机监测系统。该系统的应用能大大减少道岔设备的现场维修次数，减少上道作业时间，实现现场人工检查到室内远程监控的跨越，尤其是能够看到较长一段时间内缺口的变化趋势及各种条件下缺口的变化状态，结合针对缺口的软件智能分析，对预防道岔故障的发生具有显著的作用。

图 3-1 所示是几种转辙机的图像采集处理器。

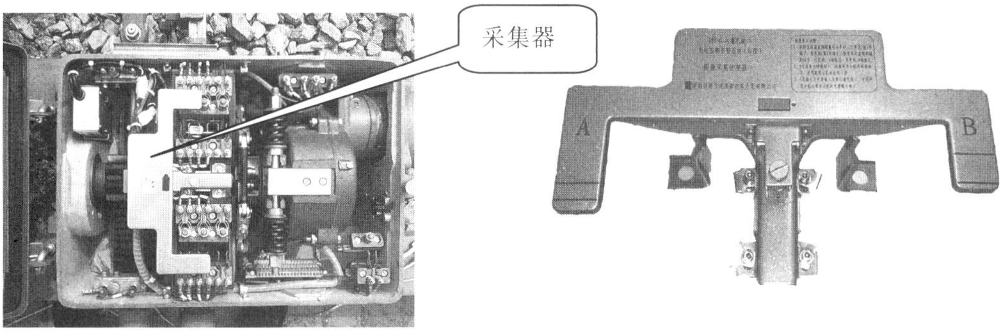

ZD6 系列转辙机的图像采集处理器

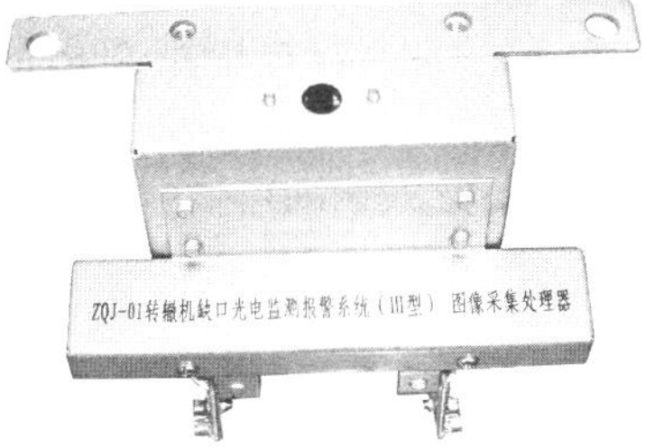

ZYJ7 型转辙机的图像采集处理器

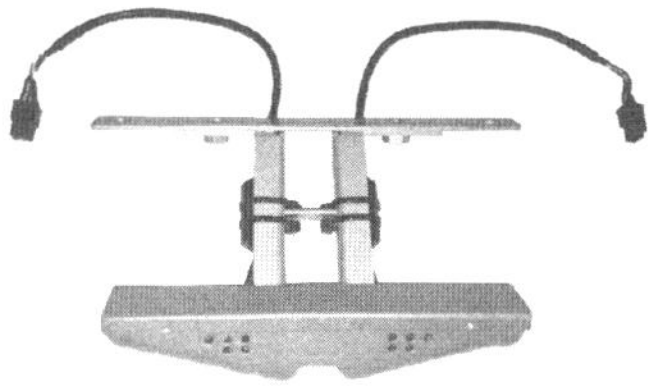

ZYJ7 型转辙机的 USB 摄像头

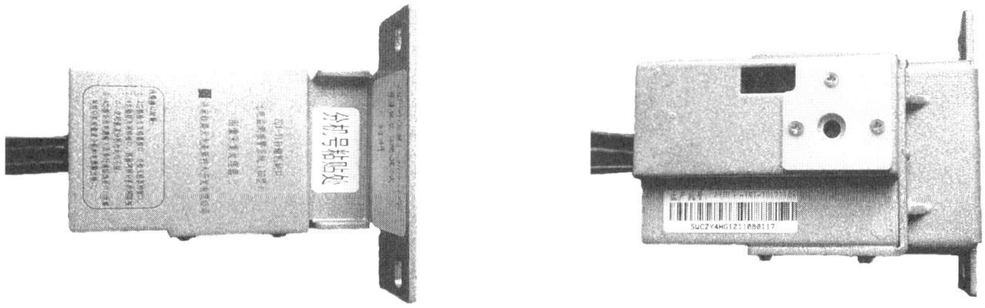

ZY4 型转辙机的图像采集处理器

图 3-1　几种转辙机的图像采集处理器

二、道岔融雪设备

道岔融雪设备是利用安装在道岔基本轨轨腰或轨底上部或安装在滑床板上的加热条（棒）或加热管来加热道岔以化雪，可实现全自动遥控，人员不必到达现场，设备通过感应外界温度、湿度等信息就可以自动控制加热与否。

对于铁路站场道岔，当尖轨尖端与基本轨有 4 mm 以上的间隙时，不能锁闭进路和开放信号。在寒冷地区的冬季降雪天气里，如果铁路道岔除雪不及时，道岔内有积雪或结冰，就会导致道岔尖轨尖端与基本轨无法可靠密贴，会直接影响车站列车接发作业和调车作业的正常进行，严重时可造成铁路运输中断。道岔融雪设备能实现道岔的快速融雪，达到良好的融雪效果。目前，我国北方的高速铁路和客运专线的道岔基本上都安装了道岔融雪设备，以确保客运专线的正常使用，北方干线上也逐步上道安装道岔融雪设备。

项目四　认知 ZYJ7 型电液转辙设备及其检修维护

项目描述

本项目主要介绍铁路常用的 ZYJ7 型电液转辙设备的结构、功能及原理和 ZYJ7 道岔控制电路。重点阐述 ZYJ7 型电液转辙设备的安装使用、维护及常见故障的分析与处理。

任务一　认知 ZYJ7 型电液转辙机

任务目标

1. 掌握 ZYJ7 型电液转辙机及 SH6 型外锁闭器的结构、各部件作用和动作原理；
2. 能利用所学知识测试 ZYJ7 型电液转辙机，并能对其常见机械故障进行处理。

相关知识

一、ZY 系列电动液压转辙机概述

液压传动借助于处于密闭容器内的液体的压力来传递能量和动力。液体虽然没有立体的几何形状，却有几乎不变的容积。当它被容纳于密闭的系统之中时，就可以将压力由一处传递到另一处。当高压液体在管道、油缸中流动时，就能传递机械能。

油压传动是液压传动的一种，是利用油液的压力来传递能量的。

电动液压转辙机（以下简称电液转辙机）是采用电动机驱动、液压传动方式来转换道岔的一种转辙装置。液压式转辙机取消了齿轮传动和减速器，简化了机械结构，将机械磨损减至最低程度，减少了维修工作量，且适用于提速道岔。但液压传动对液压介质要求较高，对元件要求也高，传动效率较低。

ZY 系列电液转辙机使用 380 V 交流电源作为驱动力，驱动三相电动机带动油泵输出高油压并送入油缸，活塞杆固定不动，油缸运动，带动动作装置及表示装置工作，实现道岔的转换和锁闭，并反映道岔的状态。

（一）ZY 系列电液转辙机的组成、型号和技术参数

ZY 系列电液转辙机由主机和副机两部分组成，副机即为 SH6 型转换锁闭器，主、副机分别用于第一、第二牵引点，并共用一套动力系统，两者之间靠油管连接传输动力。

ZY 系列电液转辙机的型号及含义如图 4-1-1 所示，其技术参数见表 4-1-1、表 4-1-2。

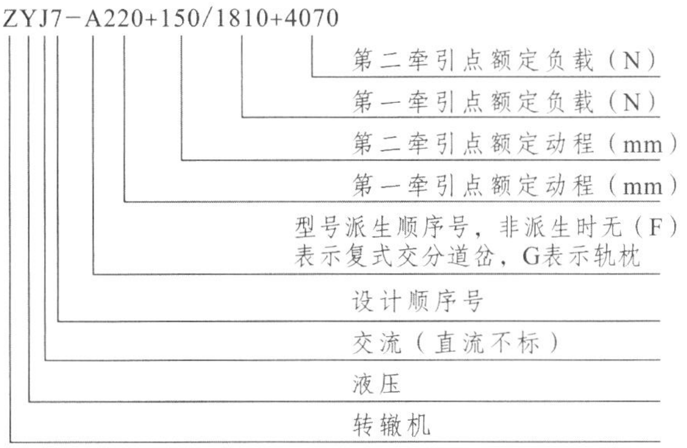

图 4-1-1　ZY 系列电液转辙机的型号与含义

表 4-1-1　交流 ZYJ7 型电液转辙机的技术参数

型号	电源电压 AC/V	额定转换力 /kN	动程 / mm	工作电流/A	动作时间/s	单线电阻/Ω
ZYJ7-220+120/1800+4200	380	1.8/4.2	220/120	1.8	8	54
ZYJ7-A220+150/1800+4200	380	1.8/4.2	220/150	1.8	9	54
ZYJ7-B220+140/1800+4200	380	1.8/4.2	220/140	1.8	8.5	54
ZYJ7-E180+120/1800+4200	380	1.8/4.2	180/120	1.8	7.5	54
ZYJ7-F180/4000	380	4	180	1.8	6	54
ZYJ7-G220+170+100/1800+1800+4200	380	1.8/1.8/4.2	220/170/100	1.8	10.5	54
ZYJ7-J170/4000	380	4	170	1.8	6	54
ZYJ7-K130/4000	380	4	130	1.8	5	54
ZYJ7-L220/3000	380	3	220	1.8	8	54
ZYJ7-M150/5000	380	5	150	1.8	8	54
ZYJ7-N220+170+150/1800+1800+4200	380	1.8/1.8/4.2	220/170/150	1.8	12	54

表 4-1-2　直流 ZY7 型电液转辙机的技术参数

型号	额定电压 DC/V	额定转换力 /kN	动程 / mm	工作电流 /A	动作时间 /s
ZY7-220+120/1800+4200	160	2.5/4.5	220/120	2	12
ZY7-A220+150/1800+4200	160	1.8/4.2	220/150	2	13.5
ZY7-B220+140/1800+4200	160	1.8/4.2	220/140	2	12.5
ZY7-E180+120/1800+4200	160	1.8/4.2	180/120	2	11
ZY7-F180/4000	160	4	170	2	9
ZY7-G220+170+100/1800+1800+4200	160	1.8/1.8/42	220/170/100	2	15.5

续表

型号	额定电压 DC/V	额定转换力 /kN	动程 / mm	工作电流 /A	动作时间 /s
ZY7-J170/4000	160	4	170	2	8.5
ZY7-K130/4000	160	4	130	2	7
ZY7-L220/3000	160	3	220	2	12.5
ZY7-M150/5000	160	5	150	2	12.5
ZY7-N220+170+150/ 1800+1800+4200	160	1.8/1.8/42	220/170/150	2	17.5

（二）ZY 系列电液转辙机的安装

采用单机多点牵引时，ZY 系列电液转辙机安装在尖轨或可动心轨的第一牵引点处，SH6 型转换锁闭器安装在尖轨或可动心轨的第二牵引点处（18 号提速道岔尖轨尚有第三牵引点）。采用单机单点牵引时，每个牵引点设一台 ZYJ7 型电液转辙机。它们固定在托板上，经钢枕与钢轨线路连接。ZY 系列电液转辙机各部件的安装和作用与前述 5700K 型电动转辙机的安装基本相同，其安装装置主要由托板（也是成对使用），弯头动头杆，尖端铁及长、短表示杆等组成。

二、ZYJ7 型电液转辙机的结构

ZYJ7 型电液转辙机由主机和 SH6 型转换锁闭器两部分组成，分别用于第一牵引点和第二牵引点。ZYJ7 型电液转辙机主机主要由动力机构、转换锁闭机构、表示锁闭机构等组成。ZYJ7 型电液转辙机、SH6 型转换锁闭器的结构分别如图 4-1-2、图 4-1-3 所示。

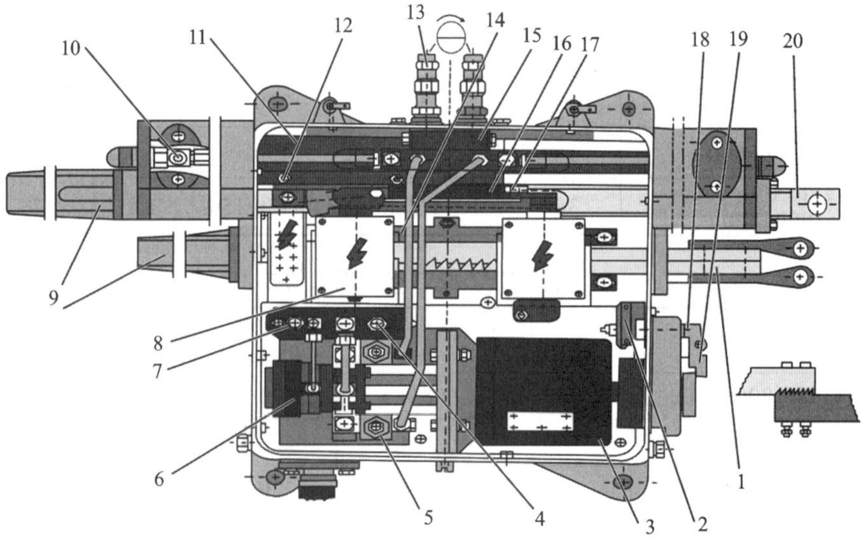

1—表示杆；2—安全接点；3—电机；4—注油孔；5—溢流阀；6—油泵；7—油标；8—接点组；9—保护管；10—一动调节阀；11—油缸；12—油杯；13—二动调节阀；14—锁闭柱；15—空动油缸；16—动作板；17—滚轮；18—开关；19—锁栓；20—动作杆。

图 4-1-2 ZYJ7 型电液转辙机结构图

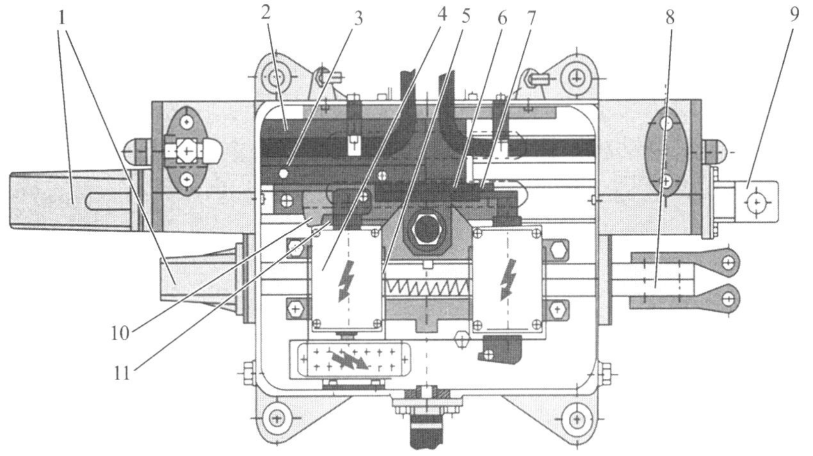

1—保护管；2—油缸；3—油杯；4—挤脱接点组；5—检查柱；6—动作板；7—滚轮；
8—表示杆；9—动作杆；10—锁块；11—锁闭铁。

图 4-1-3　SH6 型转换锁闭器结构图

微课视频：ZYJ7 型电液转辙机的结构

（一）动力机构

动力机构的作用是将电能变为液压能，它由电动机、联轴器、油泵、油管、单向阀、滤芯、溢流阀及油箱等组成。

1. 电动机

采用交流三相异步电动机，其额定电压 380 V、额定电流 2.2 A、转速 960 r/min。电动机将电能转变为机械能，为转辙机提供动力。有的电动机增加了惯性轮，其作用是保证转辙机转换到位后开闭器接点不致颤动。

AC 三相 380 V 电动机通过联轴器带动油泵顺时针或逆时针旋转，分别由上、下两侧高压油口输出油液，油液通过门字形左、右油管分别充入空动缸、主副机油缸。

2. 油泵

油泵（见图 4-1-4）采用双向斜盘轴向柱塞式油泵，其特点是构造简单、寿命长、工作可靠。

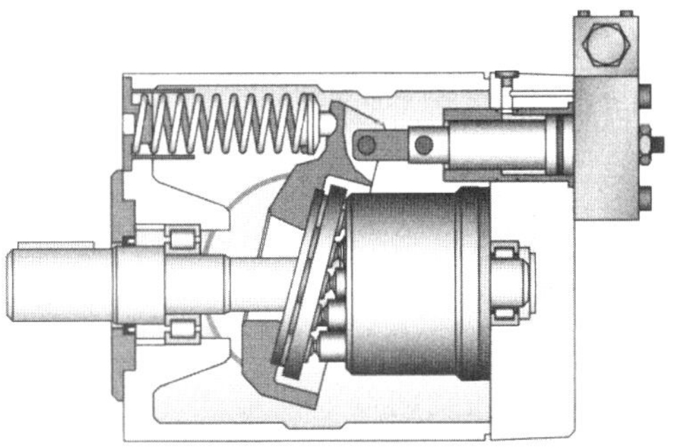

图 4-1-4　油泵

3. 启动油缸

启动油缸的作用是在电动机刚启动时先给一个小的负载，待转速提高、力矩增大时再带动负载来克服交流电动机启动性能的不足。

启动油缸由缸体、缸筒、柱塞、垫块、螺堵及 O 形圈组成。在电动机刚启动时，若油泵右侧为高压油，则启动油缸右孔为高压，高压油先推动启动油缸的柱塞向左移动，由于柱塞力很小，相当于电动机只带一个很小的负载启动。电动机启动后力矩增大，启动油缸也已被充满，液压油再充入油缸，推动油缸动作以带动道岔转换。

4. 单向阀

单向阀就像二极管单向导电那样，正向的液压油流畅通，反向的液压油流则被关闭而不能通过。

5. 溢流阀

溢流阀主要由阀体和阀芯等组成。阀芯装在阀体顶端并用弹簧、弹垫、密封螺母紧固。溢流阀的作用是通过调整弹簧弹力，保证油路中液压油的压力不超过一定的限值，以防止道岔转换受阻时，电动机电源没被断开时油路中油压不断升高而损坏各部液压件；当道岔转换到位而电动机仍没停转时，使高压油释放压力，经油管流回油箱。

溢流阀在正常油压下，其阀座下部的压力油进入阻尼活塞底部，形成的向上液压力小于调压弹簧的压力，此时压力油被堵住，溢流阀不溢流。当道岔受阻或转换到位但电动机还没断开电源时，油压增大，此时的油压大于弹簧压力，阀芯就向上移动，溢流阀的阀口开启，高压油进入阀座上部，经阀体侧孔流入溢流板的回油孔，使液压油流回油箱，构成溢流。当油路中压力降到小于弹簧压力时，弹簧恢复原位，阀芯的锥面又压紧了阀座，将压力油堵住。溢流阀既保证了油路正常工作，又保护了液压件不被损坏，它相当于电动转辙机的摩擦联结器，与摩擦联结器的作用一样。

6. 调节阀

调节阀（调节螺柱）用来改善副机油缸与主机油缸在转换道岔时的同步性。

7. 节流阀

节流阀设在主机油缸活塞杆的两端，用来调节进入主机油缸液压油的流速。

8. 滤清器

滤清器也称滤芯，用合金粉末压铸而成，用来防止杂物进入溢流阀及油缸造成油路卡阻，以保证油路系统的可靠性。

（二）转换锁闭机构

转换锁闭机构的作用是转换锁闭尖轨在密贴位置，该机构锁闭尖轨后能承受 100 kN 的轴向锁闭力，它由油缸、推板、动作杆、锁块、销轴、加强板及锁闭铁等零部件组成。液压油带动油缸向左或向右动作，带动动作杆左右移动。油缸上推板将动作杆锁在定位或反位位置。

1. 油缸

油缸用来将注入缸内的油液压力转换为机械力，以推动尖轨或可动心轨转换。

油缸主要由接头体（盖板、动作板、弹簧、推板、缸套、油杯注油孔、速动片）、活塞杆、螺母接头、密封圈、缸筒、缸座等组成。密封圈、活塞杆对称中心处的孔用组合密封及缸座内的轴用组合密封，将缸筒分成两个密封腔，液压油通过接头体进入活塞杆中，通过活塞杆上的放射孔进入到缸筒的两侧（即油缸的两侧），油缸动作时，一侧进入，另一侧的油排出。油缸动程为转辙机动程加 50 mm。

2. 推板

推板是嵌在油缸套上的矩形钢板，其大部分嵌在缸套内，斜面凸起露在缸套外面，突起的斜面动作时推动锁块，从而使动作杆运动。

3. 动作杆

动作杆是转辙机转换道岔的最后执行部件。动作杆一端与道岔的密贴调整杆相连接，带动尖轨运动。动作杆通过挤切销与齿条块连成一体，正常工作时，它们一起运动完成转辙机的动作。动作杆上装设了两个活动锁块，与油缸侧面的推板配合工作。动作杆外侧有圆孔，用销子和外锁闭杆连接。转换道岔时，油缸带动推板，推板推动锁块，锁块通过销轴与动作杆相连。道岔转换至锁闭位置时，推板将动作杆上的锁块挤于锁闭铁斜面上。

（三）表示锁闭装置

表示锁闭装置的作用是正确反映尖轨状态并锁闭尖轨在终端位置，该机构锁闭尖轨后能承受 30 kN 的轴向锁闭力，同时将斥离轨锁在规定位置[到基本轨（160±5）mm 的位置]。

表示锁闭装置由锁闭杆、接点组等零部件组成。

1. 锁闭杆

主机的伸出与拉入位置各设一根锁闭杆，外端通过长、短外表示杆与尖轨相连。内方开有方槽，与接点组系统的锁闭柱方棒相配合。当尖轨转换到位锁闭后，锁闭柱落入锁闭杆上的方槽内，使接点接通相应的表示电路。由于锁闭杆上方槽为矩形，锁闭柱下端也为矩形，所以具有锁闭作用，故称为锁闭杆。两锁闭杆分别连接在两尖轨上，一根作锁闭杆，另一根作斥离尖轨的表示杆。

副机的伸出与拉入位置各设一根表示杆，外端通过长、短表示杆与尖轨连接。内方开有斜槽，与接点组系统的检查柱下端斜角相配合，检查道岔位置。当尖轨转换到位锁闭时，检查柱下端落入表示杆缺口，使接点接通相应位置的表示电路。副机表示杆不起锁闭作用。挤岔时，检查柱上提断开表示电路。

2. 自动开闭器

电液转辙机可采用普通的自动开闭器，也可采用沙尔特堡 S800aW40 型速动开关。接点编号方法是：站在电动机、油泵一侧，两排接点左边的第一位数为 1，右边的为 2；由近至远是第二位数的 1、2、3、4、5，每组接点的左上为第三位数的 1，右上为 2，左下为 3，右下为 4。

3. 挤脱器

挤脱器安装在 SH6 型转换锁闭器上。挤脱器与锁闭铁经定力机构与机壳连在一起。

当道岔被挤时（挤切力大于该挤脱器预先调整的压力 30.4 kN 时），锁闭铁位移，转换接点组断开表示电路，及时给出挤岔表示。

挤脱器由机壳上立柱形的固定桩与动作杆连接的锁闭铁靠凹凸槽吻合连接。固定桩内装有环形弹簧，经紧固后将锁闭铁与机壳连接起来。如果道岔被挤，动作杆带动锁闭铁挤出凹槽，启动片随之移动，斜面带动拐臂轴上的小滚轮抬起，使动接点退出，断开表示电路。此时动作杆连接的锁闭铁与机壳上的固定桩失去连接，来自动作杆的挤切力再不能传给内方的其他部件，起到了挤岔保护作用。另外，道岔被挤时，表示杆的移动也能及时断开表示，可以说是双重保护。

（四）手动安全机构

手动安全机构的作用是：手摇电动机扳动道岔时，只有可靠切断启动电源后才能够插入手摇把，且非经人工恢复，不能接通。

三、SH6 型转换锁闭器的动作原理

SH6 型转换锁闭器主要由油缸、挤脱接点、表示杆、动作杆组成。

（一）转换锁闭机构的动作原理

道岔尖轨通过安装动作连接杆连接到转辙机动作板，动作板移动将带动道岔尖轨移动。因此，从转辙机内部结构来看，牵引尖轨就是使动作板完成规定距离的移动。ZYJ7 型电液转辙机牵引尖轨时，首先控制电动机使其旋转并通过联轴器带动油泵工作。当电动机逆时针旋转时，油泵从油缸右侧腔内吸油，油泵喷出的高压油向左腔流动。

转辙机内部的锁闭功能是用机械方法使道岔尖轨保持密贴，不因外力改变其位置。在电液转辙机内有两处实现锁闭功能：一处是使动作板保持在定位或反位不能移动实现锁闭功能；另一处由锁闭杆组完成锁闭功能。

定位板上的锁块和反位锁块通过销轴分别固定在动作板上。锁块可以以销轴为轴转动；推板固定在油缸上，推板随着油缸的左右移动而移动；锁闭铁固定在机壳上，机壳与道岔间的距离是固定的，因而它是动作板移动的参照点。

（二）表示锁闭机构的动作原理

当油缸向右移动，动作板的斜面推动接点组转换，断开原表示接点；当尖轨密贴于基本轨后，油缸继续向前移动接近锁闭时，接点组的启动片在接点组拉簧的动作下快速掉入动作板上的速动片圆弧内，快速切断电源，接通反位表示，同时锁闭柱插入锁闭杆缺口内，锁闭尖轨。

（三）挤脱表示机构的动作原理

挤脱表示机构的表示部分的工作原理与表示锁闭机构的表示部分的工作原理相同；当电液转辙机处于锁闭位时，若油缸不动，尖轨带动动作杆和表示杆向左移动时，动作杆通

过锁块推动锁闭铁一起向左移动，锁闭铁顶起挤脱块，同时表示杆斜面推动检查柱向上移动，从而断开表示接点，实现挤脱断表示功能。

四、ZYJ7 型电液转辙机的动作原理

（一）油路系统的动作原理

ZYJ7 型电液转辙机的油路系统为闭式系统，如图 4-1-5 所示。

微课视频：ZYJ7 型电液转辙机的动作原理

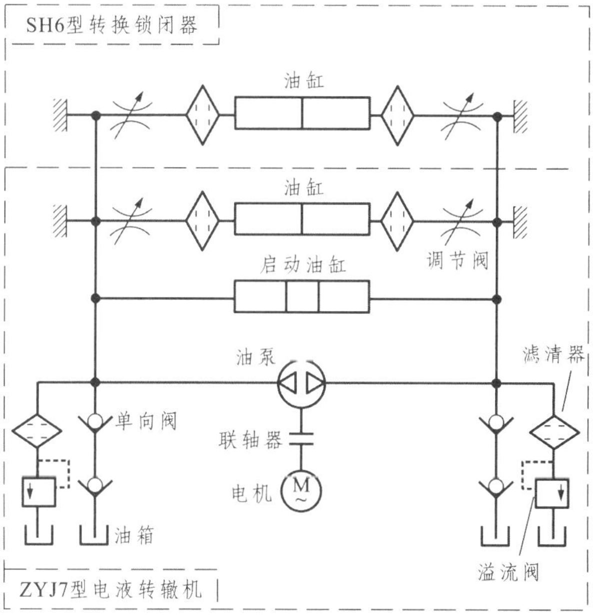

图 4-1-5　ZYJ7 型电液转辙机的油路系统

本系统为封闭式系统，当电动机带着油泵逆时针方向旋转时，油泵从油缸右侧腔内吸入油，油泵喷出的高压油使油缸左腔为高压，此时油缸左腔体积膨胀，油缸向左移动；当油缸动作到终端停止动作时，接点系统断开启动电源，接通新的表示电路；当因故不能到位时，泵从右边的单向阀吸入油，泵出的高压油经左边的滤油器和溢流阀流回油箱。

反之，若电动机带着油泵顺时针方向转动，则油缸动作方向与上述方向相反。为了改善交流电动机的启动特性，与油缸并联了启动油缸。主机上一动调节阀和二动调节阀用于调节主机油缸与副机油缸在转换道岔时实现同步动作。

（二）机械部分的动作原理

1. 转换锁闭机构的动作原理

当道岔转换至定位位置时（例如拉入），推板的拉入锁闭面与拉入锁块的锁闭面相吻合，使锁块不能移动，拉入锁块的斜锁闭面与锁闭铁拉入锁闭面相吻合，使锁块和动作杆不能伸出，此时称为转辙机拉入锁闭状态，如图 4-1-6（a）所示。

当电动机启动，泵出的高压油推动油缸向伸出方向移动时，推板随油缸移动，移动 25 mm 时推板拉入锁闭面全部退出拉入锁块的锁闭面，此时，转辙机为解锁状态。

推板继续移动，即带动伸出锁块、销轴、动作杆移动，动作杆又带动拉入锁块离开锁闭铁拉入锁闭面，迫使拉入锁块移动，拉入锁块动作面跟随推板拉入动作面，这时转辙机进入了转换状态，如图 4-1-6（b）所示。

油缸和推板继续移动，至伸出锁块锁闭面将要与锁闭铁伸出锁闭面接触，则进入增力状态，这时伸出锁块由推板伸出动作面和锁闭铁伸出锁闭面接触，此后推板再向前移动 15.2 mm（动作杆相应动作 7.6 mm），即为增力阶段；推板继续移动 9.8 mm（从两面开始接触，共移动 25 mm），此时伸出锁块斜锁闭面与锁闭铁伸出锁闭面完全密贴吻合，转辙机变为伸出锁闭状态，如图 4-1-6（c）所示。

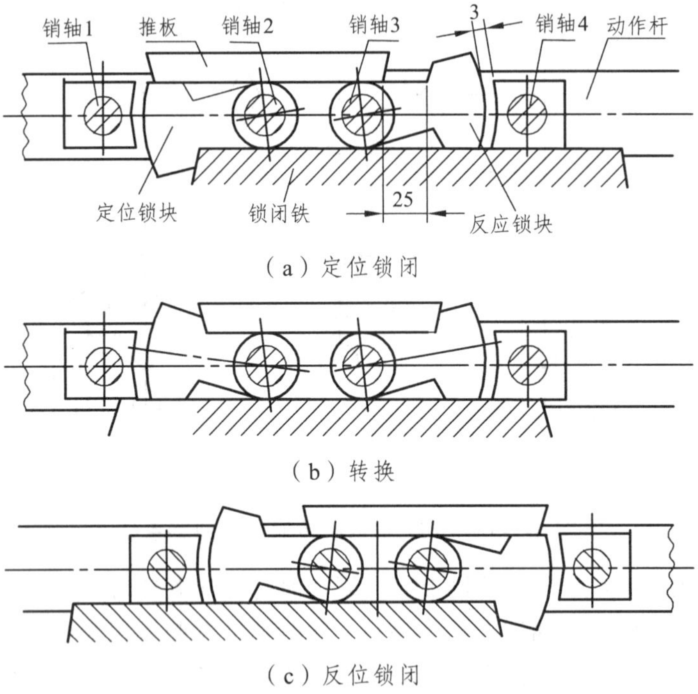

（a）定位锁闭

（b）转换

（c）反位锁闭

图 4-1-6　ZYJ7 型电液转辙机的机械动作原理

2. 表示锁闭机构的动作原理

ZYJ7 型电液转辙机的表示锁闭机构的动作原理如图 4-1-7 所示。

转辙机处于拉入位置时，锁闭检查柱与内表示杆的主锁闭杆缺口对应，只有缺口对准，锁闭检查柱方可落入检查口，用此来检查道岔尖轨密贴，并通过拐臂带动接点组构成表示电路。

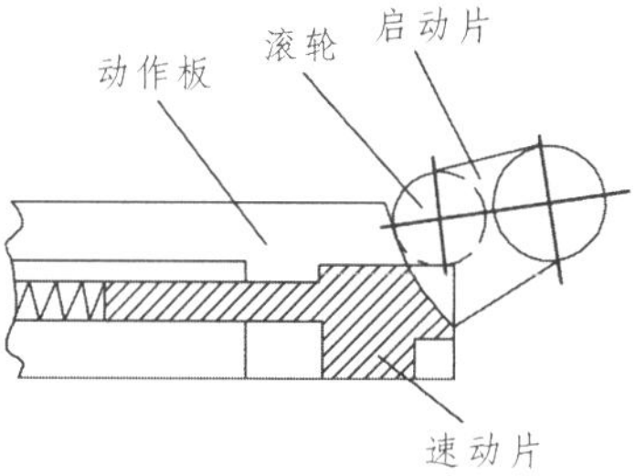

（a）定位表示

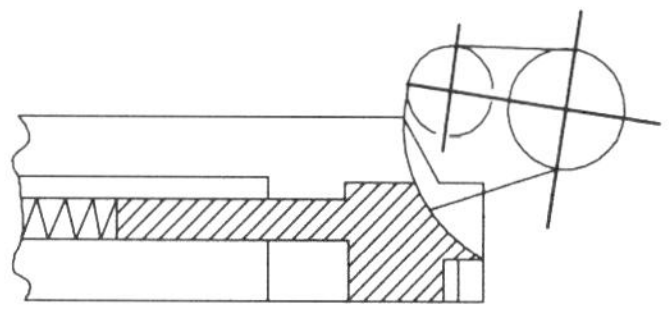

（b）接点转换中

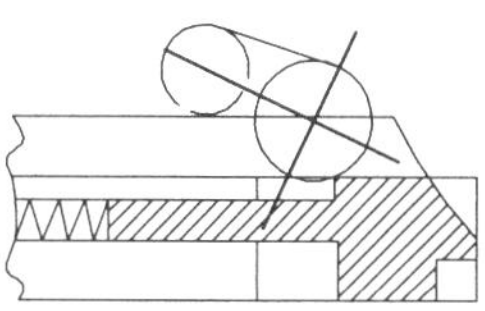

（c）接点在动作位

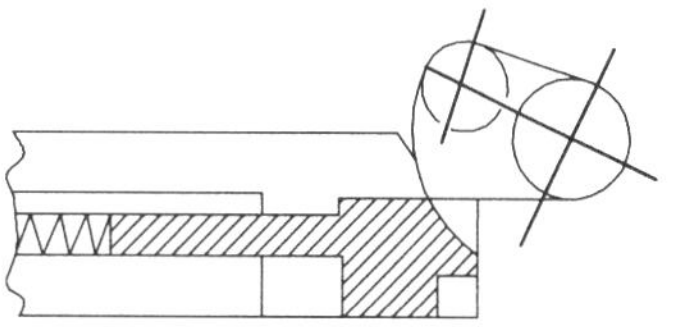

（d）接点即将由动作位快速转换至表示位

图 4-1-7　ZYJ7 型电液转辙机的表示锁闭机构动作原理

转辙机在伸出位置时，锁闭检查柱与副锁闭杆缺口对应，即检查了此时尖轨的密贴。

当油缸侧面上的动作板向左移动 3.4 mm 时，动作板的斜面开始推动接点组的滚轮，油缸移动 17.4 mm，动接点组转换，断开原表示接点；油缸移动 25 mm，油缸侧面的推板刚接触反位锁块的锁闭面时，推板将定位锁块解锁，油缸解锁动程结束，道岔尖轨转换，当尖轨与基本轨密贴时，油缸走完了转换动程，油缸侧面的推扳动作面进入反位锁块的锁闭面，动作杆不再动作，油缸继续移动的锁闭动程为 17.4 mm。当锁闭动程为 23.6 mm 时，接点组的启动片在弹簧的作用下，快速落入动作板上的速动片圆弧内，即快速地断开电动机电源，接通表示接点。

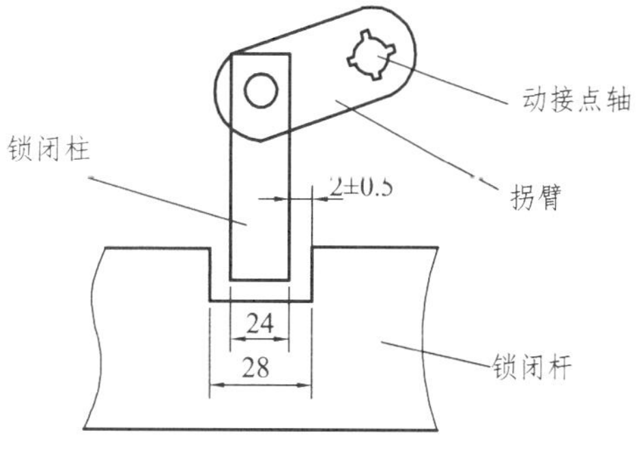

图 4-1-8　锁闭杆缺口位置示意图

图 4-1-8 为锁闭杆缺口位置示意图

当自动开闭器使用沙尔特堡型速动开关时，其接点由拐臂轴上的凸轮带动。

由此可见，表示锁闭机构实现了两处锁闭：一是将动作杆通过锁块锁在锁闭铁上（锁闭铁连接底壳）；二是将锁闭杆通过锁闭柱、接点座锁在底壳上。

3. 挤脱表示机构的动作原理

挤脱表示机构的表示部分的工作原理与表示锁闭机构的表示部分的工作原理相同。挤脱原理为：当电液转辙机处于锁闭位，尖轨被挤并超过规定挤脱力时，通过动作拉杆（或密贴调整杆）带动动作杆向右移动，动作杆通过锁块推动锁闭铁一起向右移动，锁闭铁顶起挤脱块；由于尖轨移动，通过表示杆带动转辙机的表示杆向右移动使检查柱抬起切断表示；SH6 型转换锁闭器的锁闭铁移动其背后斜面顶起顶杆，也可断开表示接点，实现挤脱双断表示。

（三）整体转换过程

（1）室内操纵道岔电动机开始转动，经联轴器传递使油泵开始转动。

（2）电动机带着油泵逆时针方向旋转。

（3）油泵从油箱右侧吸出液压油，泵出的高压油推入到动作油缸右腔，油缸右腔为高压，油缸就会向右移动。

（4）动作杆动作到额定限度后停止动作。

（5）道岔转换到位后速动滚轮落下，动接点转换切断启动电路并接通表示电路。

（6）转辙机内锁闭装置防止油缸后退锁闭道岔密贴轨。

如操纵电动机顺时针转动，则液压油的流动方向与上述方向相反，油缸会向左移动，推动道岔反方向转换。

（四）手动转换

为满足电源中断或发生其他故障时转换道岔及检修作业的需要，ZYJ7 型电液转辙机设置了手动装置，分为手摇装置和扳动装置两种。

手摇装置是用摇把直接摇动电动机机轴，因电动机与油泵相连，可使油泵泵出液压油。顺时针摇动时，右侧泵出液压油，反之左侧泵出液压油，油缸则沿着液压油方向移动。插入摇把前应先断开安全接点。手摇电液转辙机时只要在主机处摇动，副机即被带动。

扳动装置由扳手、方轴齿轮、齿条、拉板、钩块组成。扳手转动方轴齿轮，齿轮带动齿条连同钩块（钩块直接钩在油缸的缺口上）直接动作于油缸。道岔自定位扳至反位，扳手需转动 1.6 圈。在扳手插入方轴前应确认短路阀被打开。

五、ZYJ7 型电液转辙机典型故障分析及处理方法

（一）油路系统常见问题及处理

（1）漏油、渗油。常见的漏油、渗油部位有：油箱油泵组、一动及二动调节阀、油缸及各部高压接头。处理时可先擦干净可疑渗漏油之处，再来回操动道岔，用手擦拭其周围，看是否有油溢出。各部接头漏油，一般只要拧紧螺帽或更换坏了的密封圈即可。事后要检查油量，少则补。

（2）油箱内油量不足，可能会造成道岔动作缓慢或动作不到位，若不是漏油所致，加入适量航空油即可。

（3）主、副机油量调节阀调节不当，会导致主、副机动作不同步，严重时会使接点反弹，断开表示。主、副机动作不同步时，应先与工务部门配合解决所存在的问题，在问题解决前，可暂时适当调小先到位者的调节阀的流量，油缸往哪侧走不同步，就调哪一侧的调节阀。

（4）油路中渗入空气，在操动的过程中会出现颤抖、振动、噪声、油缸反弹，操作不到位等现象，处理方法是松开溢流阀，操动道岔夹 4 mm 片，排出空气。

（5）如遇到油管被砸破或液压系统处于瘫痪状态，无压力，道岔又处于四开位，或必须用另一个位置时，可做以下处理：① 首先松开溢流阀，然后用撬杠或其他工具分别撬

动一、二动转辙机和转换锁闭器的油缸，使动作杆解锁；② 用撬杠撬动斥离轨，使一、二动外锁闭解锁并至另一个位置，再撬动另一斥离轨；③ 再用小撬杠撬动一、二动油缸，使转辙机和转换锁闭器锁闭，接点落下，给出另一表示即可。

（6）油量控制、油料加注：用专用注油器，将 YH-10#航空液压油由注油孔注入油箱至油标上限，打开遮断器用手摇把手摇道岔，检查油箱内油量，补至油标上限。

（7）ZYJ7 型、ZY4 型电液转辙机的检修和养护要注意：液压油一定要符合标准，特别是在检修中要保证加入油路系统中的油不被污染；转辙机内外的机械动作部分一定要保证不缺润滑油。

（二）机械部分常见问题及处理

（1）安装不方正，造成别卡、不解锁或不锁闭。

（2）要求润滑的各部不油润，造成解锁、转换、锁闭出现问题。

（3）尖轨抬头、吊板增加了道岔启动和转换中的阻力。

（4）尖轨、基本轨爬行，造成别卡及道岔不方正。

（5）限位块的安装位置与锁闭框的间隙一定要保证 1 ~ 3 mm，尤其是对于副机，否则，当列车通过使道岔受到震动时，可能会使斥离轨侧的尖轨向开口变大的方向移动，造成表示接点断开。

任务二　认知 ZYJ7 道岔控制电路

任务目标

1. 掌握 ZYJ7 道岔控制电路的组成及工作原理；
2. 会查阅图纸，会跑电路图；
3. 能分析 ZYJ7 微机监测数据。

微课视频：ZYJ7 道岔控制电路（五线制）原理

相关知识

一、ZYJ7 道岔控制电路概述

ZYJ7 道岔控制电路主要分为三个部分，即道岔室内控制电路、道岔动作电路、道岔表示电路。

ZYJ7 道岔控制电路和 S700K 道岔控制电路均为交流五线制道岔控制电路，其基本原理类似，ZYJ7 道岔控制电路与 S700K 道岔控制电路相比有以下不同点：由于每个尖轨只有一个电动机动作，因此减少了室内外电缆的芯数，同时减少了室内继电器组合的数量，减少了 ZBHJ、QDJ 等继电器；启动电路要考虑 SH6 转换锁闭器未到位的情况（即续动电路）；表示电路要检查第二、第三牵引点 SH6 表示接点位置。ZYJ7 两点牵引电路具有以下电路特征。

（一）续动电路

ZJY7 型电液转辙机用于双机或是多机牵引道岔时，只有第一牵引点设置液压站，其余牵引点的 SH6 转换锁闭器是利用续动电路完成道岔转换的。所谓续动电路，是指当第一牵引点完成转换并锁闭后，电动机并不是立即停转，而是用第二牵引点，或是多机牵引点形成续动电路，直至第二牵引点或是多机牵引点动作到位完成锁闭后电动机才停转。

在双机牵引的道岔转换过程中，主机和副机必然存在自动开闭器换位时间不完全一致的问题，如果副机先于主机转换、锁闭，尖轨的两个牵引点可以可靠锁闭尖轨；如果副机后于主机转换、锁闭，主机锁闭后就会切断电动机转动电路，使电动机停转，副机立刻失去动力，尖轨就不能可靠锁闭。为了解决这个问题，在 ZYJ7 道岔控制电路中设计了续动电路，即在主机转换、锁闭完毕，动接点换位落入静接点后，利用主机换位后的动、静接点以及副机换位前的动、静接点继续为电动机接通转动电路，使电动机在主机转换完毕、副机还在转换中继续转动，保证在此时段内转辙机不失去动力，使尖轨的两个牵引点完全锁闭，当副机转换完毕后，由其动接点换位切断电动机转动电路。

（二）并联式表示电路

ZYJ7 道岔控制电路的道岔表示继电器和整流二极管设计成并联。将电动机的三个定子线圈分别接入继电器支路、二极管支路，构成并联电路，用表示继电器的状态反映道岔在静态时的位置状况和电动机转子线圈的完整状况。

交流电加载到继电器线圈两端，由于二极管的单向导电性，交流电的半周被二极管支路旁路，继电器上的电压和 R 上的电压一样，幅值较小，并且电压的方向和继电器线圈的励磁方向相反，对继电器的吸起起阻碍作用；对于交流电的另一半周，二极管处于截止状态，交流电的该半周电压加载到继电器线圈上，并且电压的方向和继电器的励磁方向相同，经过交流电 3～5 个周期的作用，继电器线圈充磁完成，继电器吸起。

（三）电路保护

针对交流电动机断相后会烧毁电动机的弱点，设置了断相保护。另外，针对交流电动机受阻不能长时间转动的问题，设计了两种解决方式：一是在断相保护器（DBQ-S）内设置延时电路，增加延时保护功能，从三相电源接入到 DBQ-S 开始计时，延时电路工作 30 s 后，停止输出直流电源，BHJ 断电落下，切断 1DQJ 自闭电路，1DQJ 落下，终止向道岔控制电路接入三相电源，电动机停转；二是对于没有设置延时电路的断相保护器，设置停止继电器（TJ）。TJ 继电器为时间继电器，从 1DQJ 励磁，TJ 开始计时，30 s 后 TJ 励磁，切断 1DQJ 自闭电路，1DQJ 落下，终止向道岔控制电路接入三相电源，不管道岔尖轨是否转换到位，强制电动机停转。

二、ZYJ7 道岔控制电路的工作原理

下面以两点牵引尖轨的 ZYJ7 道岔控制电路（见 4-2-1）为例，介绍其工作原理。

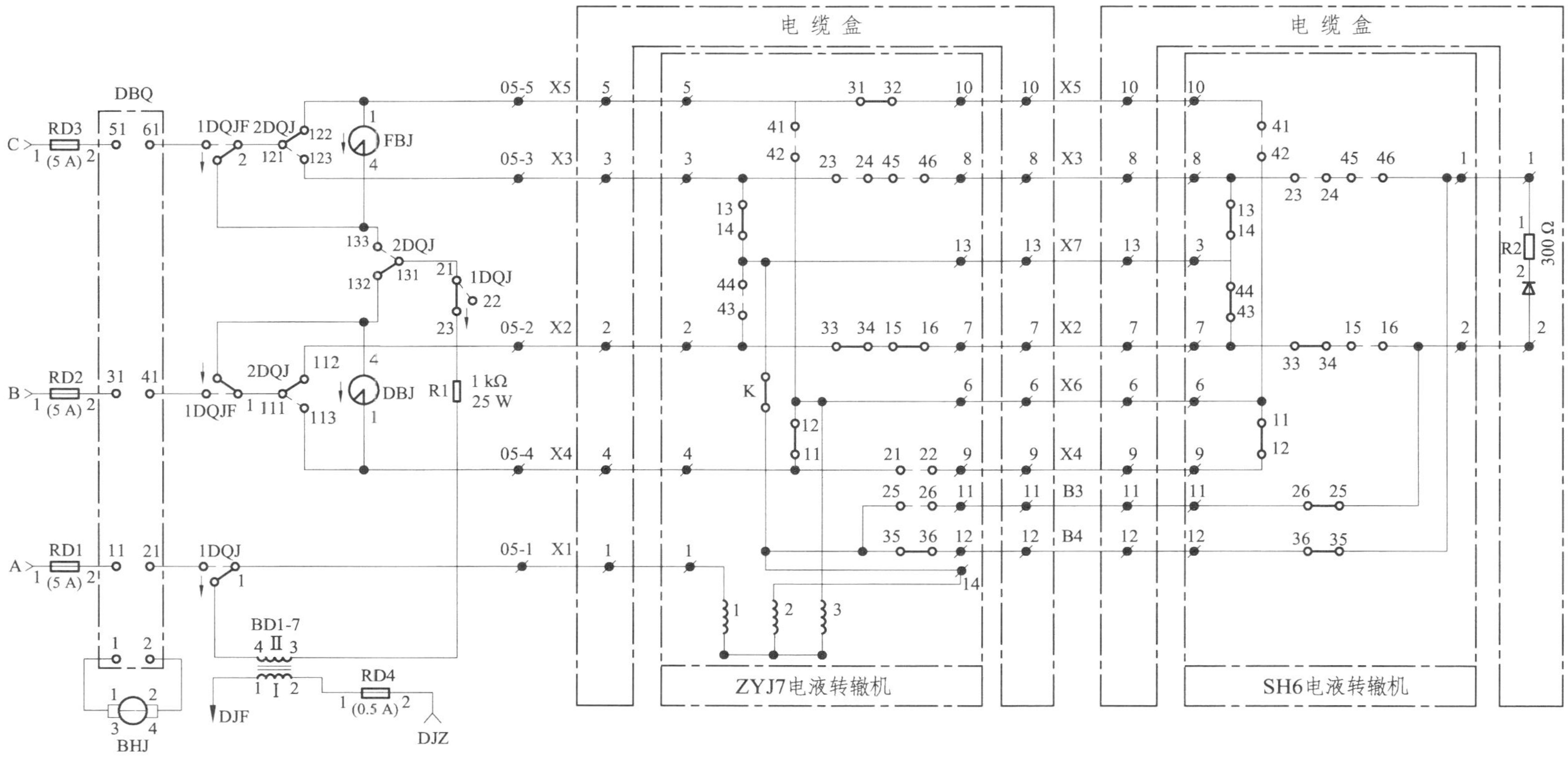

图 4-2-1　两点牵引尖轨的 ZYJ7 道岔控制电路

（一）道岔动作电路

如图 4-2-1 所示，转换道岔时，1DQJ、1DQJF 励磁吸起，2DQJ 转极，构成电动机动作电路。三相电动机任意交换两相电源的顺序就可以使电动机逆转，据此做成了五线制电机动作电路。当道岔扳动时，YCJ 吸起，相应的 DCJ 或 FCJ 吸起，1DQJ 励磁吸起，2DQJ 转极，1DQJF 吸起，道岔启动电路接通，当 DBQ 的三个变压器中有均衡电流通过时，BHJ 吸起，接通 1DQJ 的自闭电路。当道岔动作到位或故障等其他原因使 BHJ 落下，切断 1DQJ 的自闭电路，1DQJ 和 1DQF 落下，停止向室外送动作电源。

X1 为启动电路共用线，X2、X5 为定位启动线，X3、X4 为反位启动线。

X1 的作用是转换道岔时经 1DQJ11-12 把电源的 A 相接在电动机的 W 线圈上，构成电动机动作电路的一条回线。

X2 的作用是在道岔向定位转换时经 1DQJF11-12、2DQJ111-112 把电源的 B 相接在电动机的 U 线圈上，构成电动机向定位转的一条回线。

X4 的作用是在道岔向反位转换时经 1DQJF11-12、2DQJ 111-113 把电源的 B 相接在电动机的 V 线圈上，构成电动机向反位转的一条回线。

X5 的作用是在道岔向定位转换时经 1DQJF21-22、2DQJ121-122 把电源的 C 相接在电动机的 V 线圈上，构成电动机向定位转的一条回线。

X3 的作用是在道岔向反位转换时经 1DQJF21-22、2DQJ121-123 把电源的 B 相接在电动机的 U 线圈上。

如果电液转辙机为 2、4 闭合，则将 X2 与 X3 交叉，X4 与 X5 交叉，整流匣颠倒极性。

下面以第一牵引点为 ZYJ7，第二牵引点为 SH6 的双机牵引电路为例进行说明。

1. 室内部分动作电路（反位动作）

如图 4-2-2 所示，下面以单独操纵道岔反位为例说明。当单独操纵道岔反位时，微机驱动 YCJ 和 FCJ 励磁吸起（当单独操纵道岔定位时，YCJ 和 DCJ 励磁吸起）。

（1）1DQJ 励磁电路（见图 4-2-3）：KZ→YCJ53-51→04-17→DGJ11-12→DGJ11-12→01-2→1DQJ3-4→2DQJ141-142→03-2→01-11→FCJ71-72→KF。

（2）1DQJF 励磁电路：KZ→1DQJF1-4→1DQJ32-31→KF。

（3）2DQJ 转极电路：KZ→1DQJF41-42→2DQJ2-1→03-2→01-11→FCJ71-72→KF。

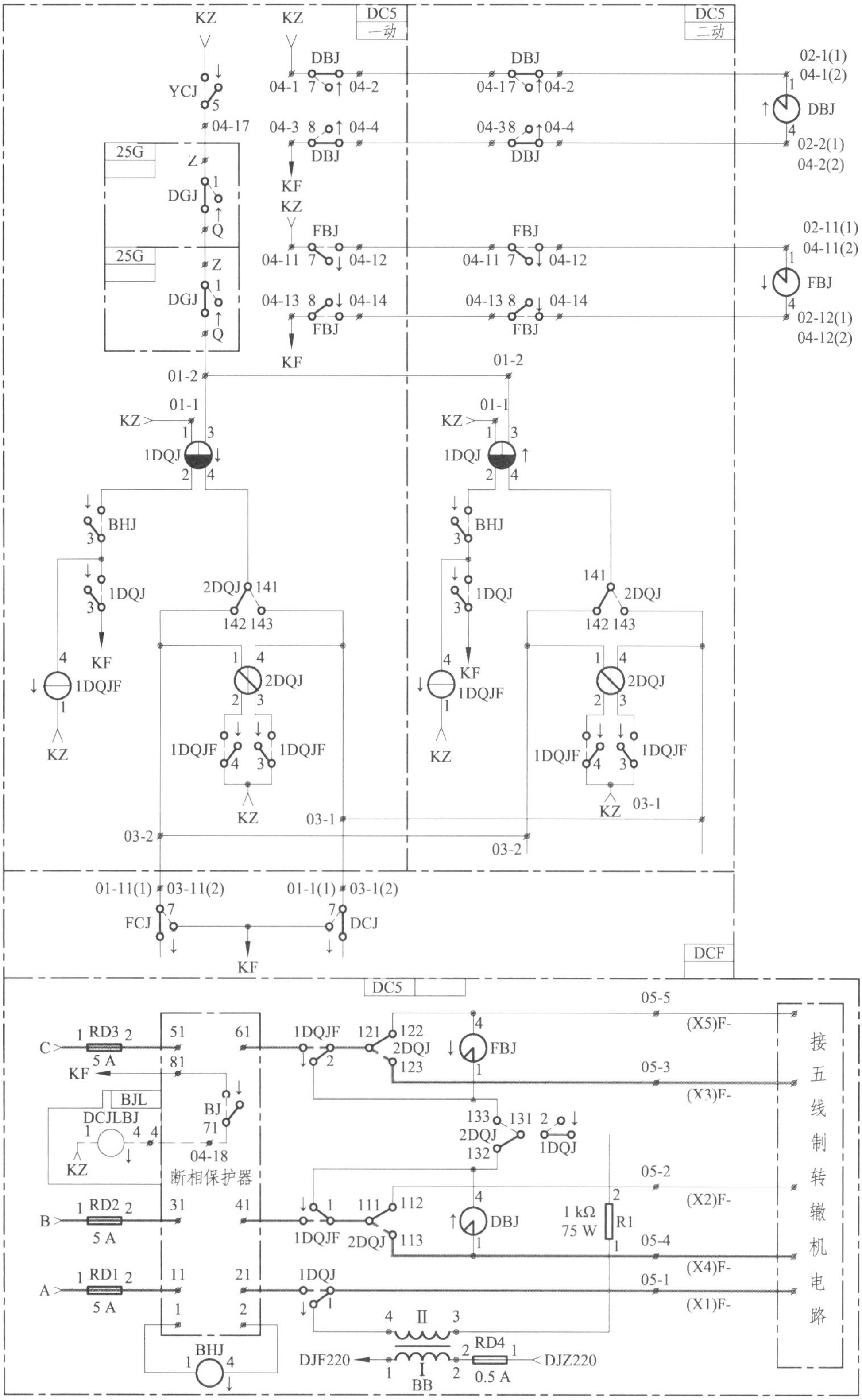

图 4-2-2　室内部分动作电路（反位动作）

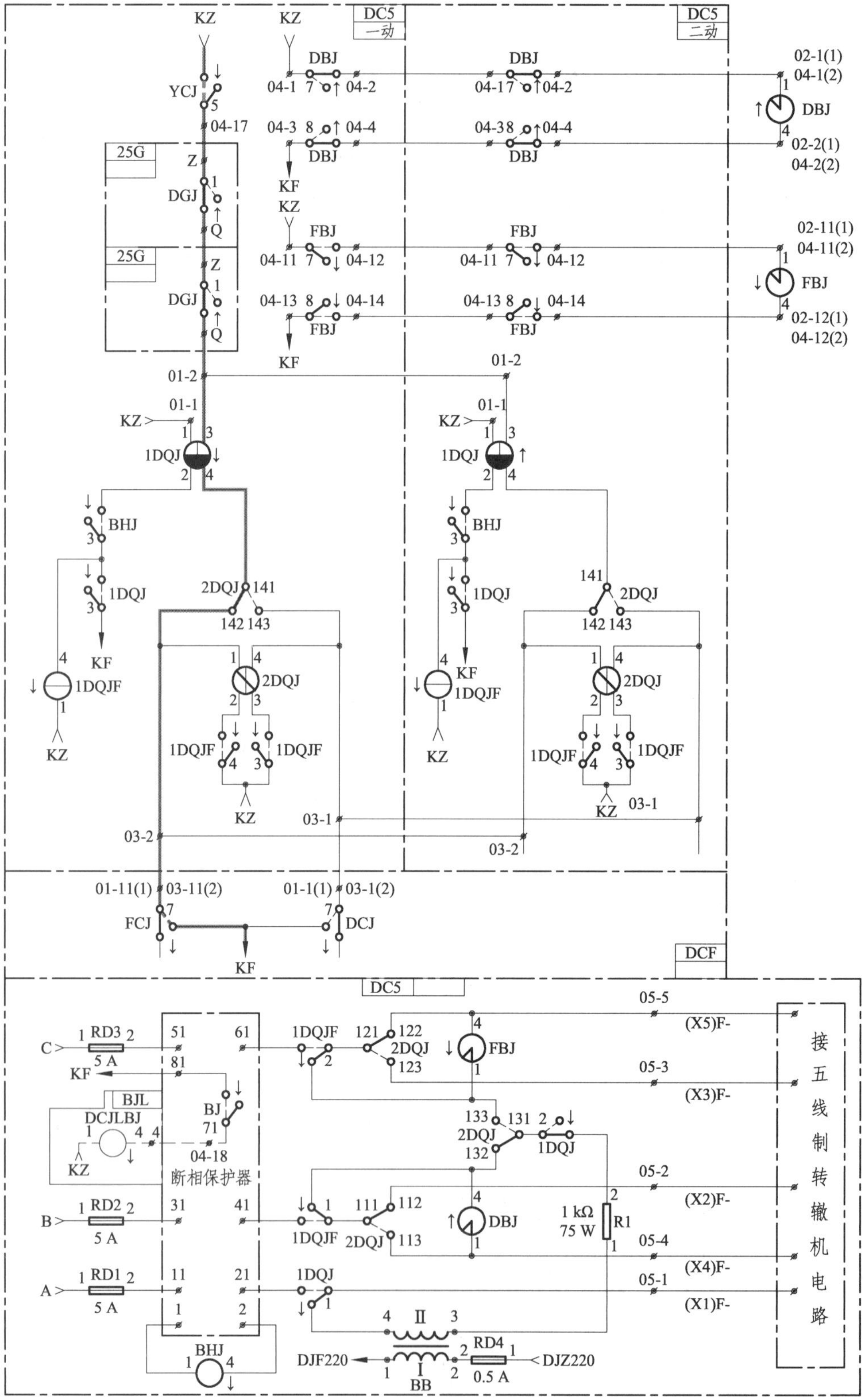

图 4-2-3　1DQJ 励磁电路

2. 室外部分动作电路（反位动作）

（1）反位动作（见图 4-2-4）：

X1：ZJY7-001→电动机线圈 1。

X3：ZYJ7-003→自动开闭器 23-13→13-14→安全接点 K1-K2→自动开闭器 25-35→电动机线圈 2。

X4：ZYJ7-004→自动开闭器 21→11-12→42→电动机线圈 3。

当第一牵引点 ZJY7 动作完成后，自动开闭器 11-12、13-14、15-16、31-32、35-36 断开，21-22、23-24、41-42、45-56 接通至第二牵引点 SH6 的续动电路，使 ZJY7 的电动机继续转动。

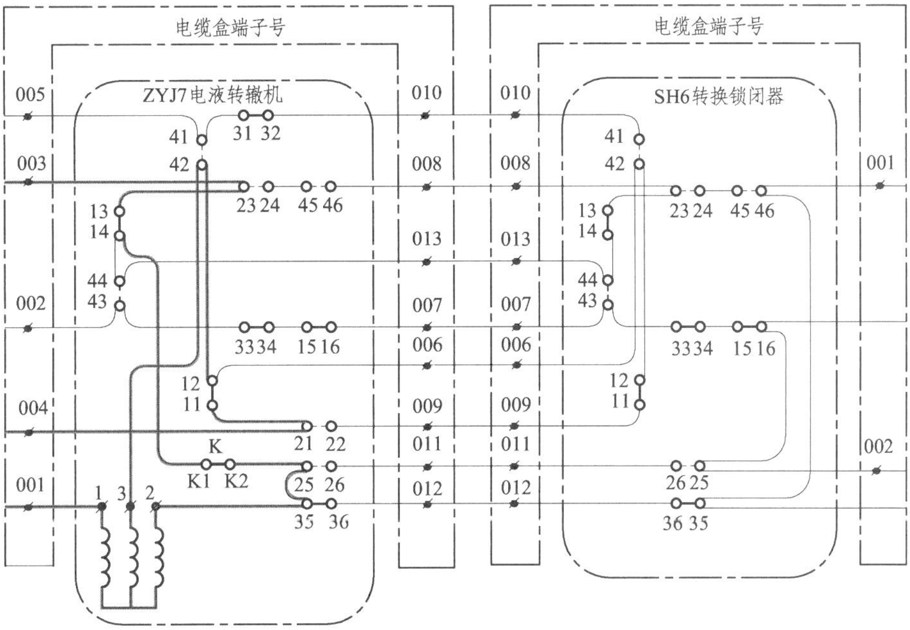

说明：1. 配线采用NWV-B22/0.3 mm阻燃耐温电线，绕制ϕ5线坏，线束用鱼线绑扎。
2. 引出线引出转辙机出线管外的长度根据需要而定，并用ϕ10缠绕管缠绕。
3. 电机配线001、002、003分别与机内端子（5柱）的1、2、3相接。
4. 当此电路串密贴检查器时，去掉SH6机内配线的46-35、16-25两根线，将接点46、16、25、35分别引出机外电缆盒，引出机外线号对应为46-001、16-002、25-004、35-005。
5. 本图按照转辙机在定位时1-3排接点闭合设计。

图 4-2-4 室外部分动作电路（反位动作）

（2）续动电路（见图 4-2-5）：

X1：ZYJ7-001→电动机线圈 1。

X3：ZYJ7-003→自动开闭器 23-24→45-46→ZYJ7-008→SH6-008→自动开闭器 23→13-14→44→SH6-013→ZYJ 7-013→自动开闭器 44→14→安全接点 K1-K2→自动开闭器 23→35→电动机线圈 2。

X4：ZJY7-004→自动开闭器 21-22→ZJY7-009→SH6-009→自动开闭器 11-12→42→SH6-006→ZJY7-006→自动开闭器 12→42→电动机线圈 3。

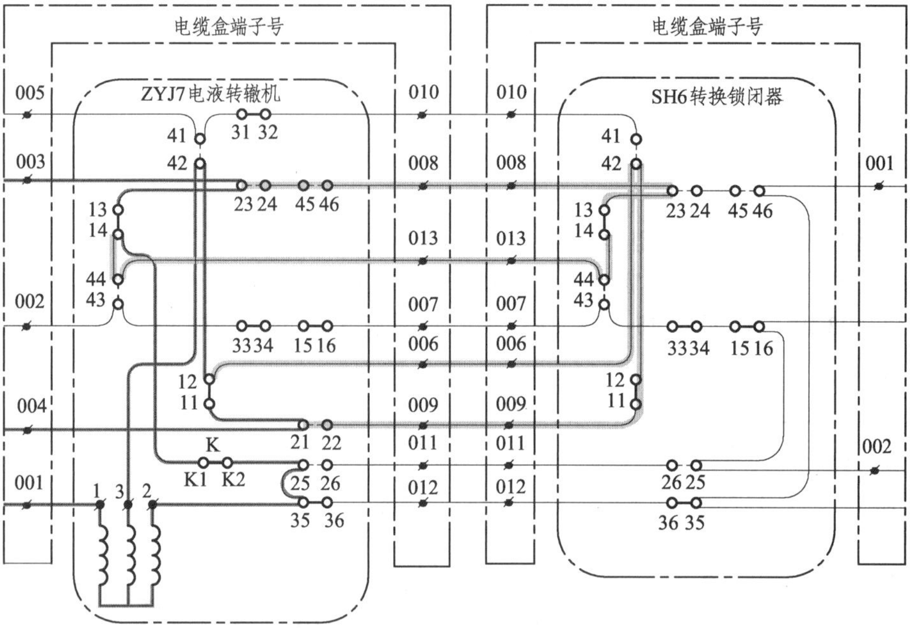

说明：1. 配线采用NWV-B22/0.3 mm阻燃耐温电线，绕制ϕ5线环，线束用鱼线绑扎。
2. 引出线引出转辙机出线管外的长度根据需要而定，并用ϕ10缠绕管缠绕。
3. 电机配线001、002、003分别与机内端子（5柱）的1、2、3相接。
4. 当此电路串密贴检查器时，去掉SH6机内配线的46-35、16-25两根线，将接点46、16、25、35分别引出机外电缆盒，引出机外线号对应为46-001、16-002、25-004、35-005。
5. 本图按照转辙机在定位时1-3排接点闭合设计。

图 4-2-5　室外续动部分电路（反位动作）（灰色粗线段）

3. 室内部分动作电路（定位动作）

当单独操纵道岔定位时，微机驱动 YCJ 和 DCJ 励磁吸起。

（1）1DQJ 励磁电路：KZ→YCJ53-51→04-17→DGJ11-12→DGJ11-12→01-2→1DQJ3-4→2DQJ141-143→03-1→01-1→DCJ71-72→KF。

（2）1DQJF 励磁电路：KZ→1DQJF1-4→1DQJ32-31→KF。

（3）2DQJ 转极电路：KZ→1DQJF31-32→2DQJ3-4→03-2→01-1→DCJ71-72→ KF。

4. 室外部分动作电路（定位动作）

（1）定位动作：

X1：ZYJ7-001→电动机线圈 1。

X2：ZYJ7-002→自动开闭器 43-44→14→K1-K2→25-35→电动机线圈 2。

X5：ZYJ7-005→自动开闭器 41-42 电动机线圈 3。

（2）续动电路：

X1：ZYJ7-001→电动机线圈 1。

X2：ZYJ7-002→自动开闭器 43→33-34→15-16→007→SH6-007→自动开闭器 43-44→013→ZYJ7-013→自动开闭器 44→14→K1-K2→25→35→电动机线圈 2。

X5：ZYJ7-005→自动开闭器 41→32-31→010→SH6-010→自动开闭器 41-42→006→ZYJ7-006→12→42→电动机线圈 3。

（二）道岔表示电路

道岔表示电路同样也是五线制电路，它由 BD1-7 变压器、DBJ、FBJ 及室外 ZJY7 转辙机相关接点、整流匣组成，如图 4-2-1 所示，其中 X1 为共用线，X2、X4 为定位表示线，X3、X5 为反位表示线。

道岔表示电路中检查了三相电动机的绕组线圈，取消了 ZD6 电路中的电容，室外的整流元件与表示继电器线圈并联。

1. 定位表示电路

定位表示电路室内部分如图 4-2-1 所示。

X1：BBⅡ-4→1DQJ13-11→05-1→室外 ZJY7-001→线圈 1。

X2：BBⅡ-3→R1-1→R1-2→1DQJ23-21→2DQJ131-132→1DQJF13-11→2DQJ111-112→05-2→室外 ZYJ7-002 自动开闭器 43→33-34→15-16→007→SH6-007→自动开闭器 43→33-34→15-16→25→002-001（此处有整流栅）→自动开闭器 46→35-36→012→ZYJ7-012→36-35→线圈 2。

X4：BBⅡ-3→R1-1→R1-2→1DQJ23-21→2DQJ131-132→DBJ4-1→05-4→室外 ZYJ7-004→自动开闭器 21→11-12→42→线圈 3。

2. 反位表示电路

反位表示电路室内部分如图 4-2-1 所示。

X1：BBⅡ-4→1DQJ13-11→05-1→室外 ZJY7-001→线圈 1。

X3：BBⅡ-3→R1-1→R1-2→1DQJ23-21→2DQJ131-133→1DQJF23-21→2DQJ121-123→05-3→室外 ZYJ7-003→自动开闭器 23-24→45-46→008→SH6-008→自动开闭器 23-24→45-46→001→002（此处有整流栅）→自动开闭器 25-26→011→ZYJ7-011→自动开闭器 26-25→35→线圈 2。

X5：BBⅡ-3→R1-1→R1-2→1DQJ23-21→2DQJ131-133→FBJ1-4→05-5→室外 ZYJ7-005→自动开闭器 41-42→线圈 3。

三、利用动作曲线分析故障

微机监测电流装置如图 4-2-6 所示，采集位置在 DBQ 的 21、41、61 接点上并联，电压采集进入电压采集模块，电流采集进入电流互感器，通过 1DQJ 开关量判断道岔是否搬动，通过 DBJ 或 FBJ 接点判断道岔往哪个位置扳动。

图 4-2-6　微机监测电流监测装置

（一）正常曲线分析

1. 功率采集

电流传感器采集断相保护器（DBQ）的三条输出线上的电流，功率采集单元同时采集断相保护器上的三相电压，开关量采集器记录动作时间。功率采集单元的计算电路随时将采集到的电压、电流换算成即时功率，编码后通过 485 总线上传给通信接口分机，汇总后由监测终端机变换为图形输出，如图 4-2-7 所示。该图形描绘的是电液转辙道岔尖轨正常解锁、转换、锁闭过程中，电动机功率随时间变化的情况，此动作曲线是三条相对平滑、基本重合的曲线，由三段组成，0.5 s 内的曲线段是“启动段”；0.5 ~ 8 s 之间的曲线是“转换、锁闭段”；8 s 至结束之间的曲线是“延续段”。

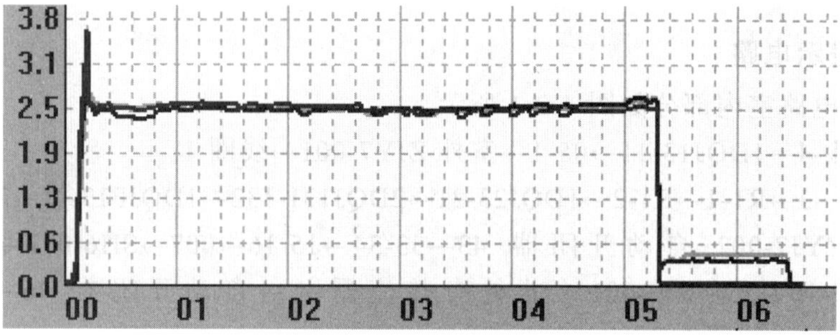

图 4-2-7　ZYJ7 电液转辙道岔尖轨正常转换动作曲线

2.“启动段”启动峰值

电动机定子线圈在通电瞬间表现出较小的静态电阻，电动机启动电路在接通的瞬间，电路里的电流迅速增大，随着电流迅速增大，电动机的电功率也迅速增大，出现一段启动波峰。之后在较短时间内电动机的定子线圈表现出较大的交流电阻，电路中的电流迅速下降。

3.“转换、锁闭段”波浪形曲线

电液转辙道岔尖轨和电动机之间以液压的形式连接，是一种相对连接，液压增大，尖轨向前移动一段，尖轨移动中液压变小，在电动机继续转动中液压再累积增大，尖轨再向前移动一段，如同一个人推另一个人，推一下，前面的人向前移动一段，后边的人再推一下，前面的人再向前移动一段一样，电动机的输出功率不断释放又不断累积，呈现出波浪样的变化图形。波浪中心线幅值为转换中电动机的输出功率幅值，一般不超过 200 W，大于 200 W 时，要对道岔尖轨及其附件、锁闭装置进行整治，以保证道岔尖轨转换顺畅。

4.“延续段”不重合曲线

在曲线的末尾段出现两相电流下降延续归零曲线，造成曲线下降延续归零是由于在主机、副机转换到位进入锁闭后，主机、副机动接点换位与原静接点断开到 1DQJ 缓放（大约 0.5 ~ 0.6 s）落下这段时间里，三相电源中的两相被二极管旁路形成电流，1DQJ 落下切断该电路，相电流才终止。“下降台阶”是由于二极管支路中串接电阻，使电路中的电流变小的缘故。

（二）异常曲线分析

1.“道岔解锁困难”电流曲线分析

如图 4-2-8 所示，该道岔在解锁时有一个向上的很大的毛刺，并且整个动作过程中电流曲线不平滑。经检查发现在尖轨处有一枕木歪斜，导致枕木上的滑床板与尖轨底部形成点接触，造成道岔解锁困难。

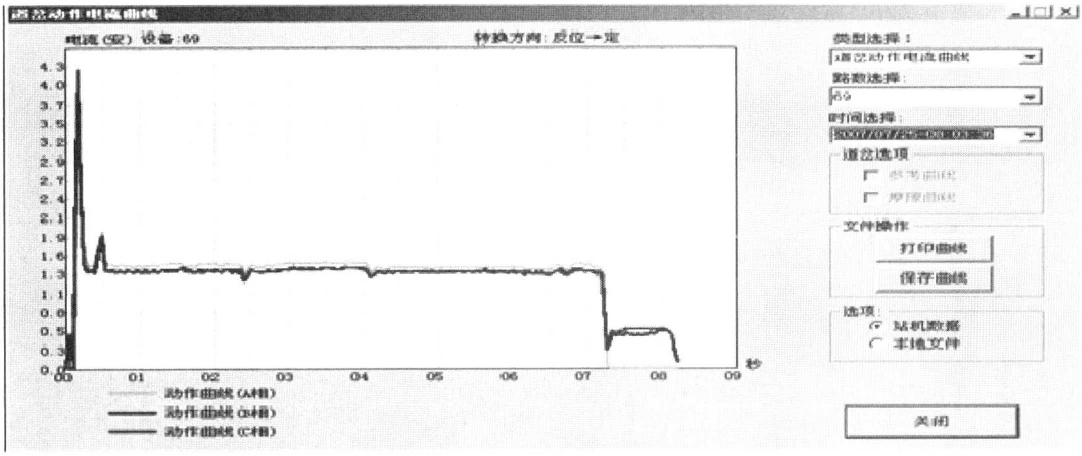

图 4-2-8　道岔解锁困难故障曲线

由于分动外锁闭道岔尖轨的解锁、转换、锁闭具有阶段性特点，即斥离轨解锁、密贴轨解锁、斥离轨/密贴轨转换、新密贴轨锁闭、新斥离轨锁闭，它们分别是道岔转换中五个相对独立的阶段。锁闭杆受阻的对象有所不同，造成尖轨受阻的时间、原因也各不相同。所以判定、区分、确定属于这五种情况的哪一种，对于查找锁闭杆受阻的原因来说，显得尤为重要。溢流形态呈现的起始时间可以准确反映锁闭杆受到阻力是由哪种情况造成的，通过溢流形态的呈现时间来判断受阻情况。

2.“滑床板断裂故障”电流曲线分析

如图 4-2-9 所示，该道岔启动后经过 5.5 s 锁闭，但该电流曲线很不规范，动作电流在 4 s 时发生了较大变化，电流急剧上升。经查发现是道岔尖轨左侧第三块滑床板断裂。更换滑床板后，扳动道岔时动作电流曲线良好。

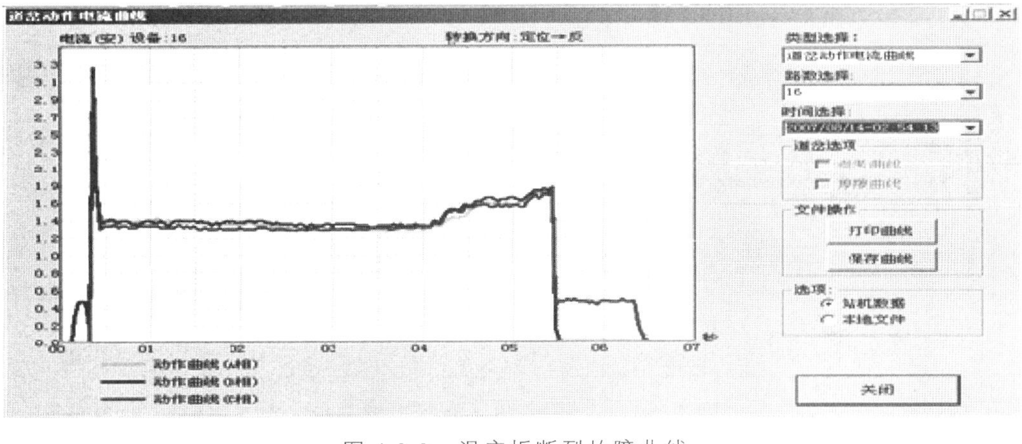

图 4-2-9　滑床板断裂故障曲线

3.“启动电路接点接触不良故障”电流曲线分析

图 4-2-10 所示是道岔启动电路接点接触不良的动作电流曲线，其特点是三相电流的其中一相电流为 0，另外两相也因 BHJ 的作用电流很快归零，图中可以看到它的启动电流时间很短，只有不到 0.5 s 时间。该曲线与断相时的动作电流曲线一样。

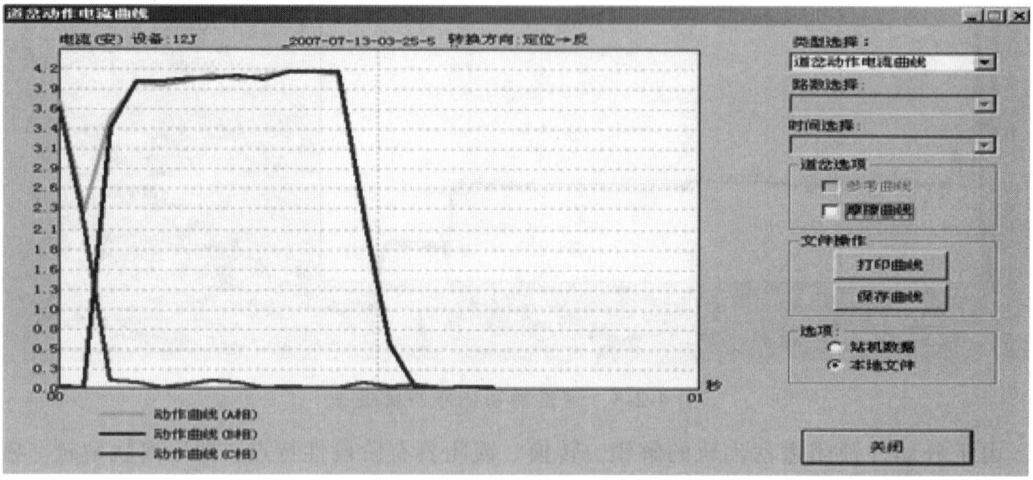

图 4-2-10　启动电路接点接触不良故障曲线

4.“检查柱没有落入表示杆缺口故障”电流曲线分析

道岔从反位向定位扳动时，道岔定位无表示，出现如图 4-2-11 所示的动作电流曲线。从图中可以看出，当道岔从反位向定位扳动时，道岔动作电路正常，动作电流曲线平滑，但道岔在锁闭时，没有正常曲线应该有的由两项电源曲线组成的小台阶。出现这种曲线基本上是由于道岔自动开闭器动接点没有完全打过去，检查柱没有落到表示杆缺口内造成的。道岔无表示后，道岔经过多次反复扳动后恢复良好。

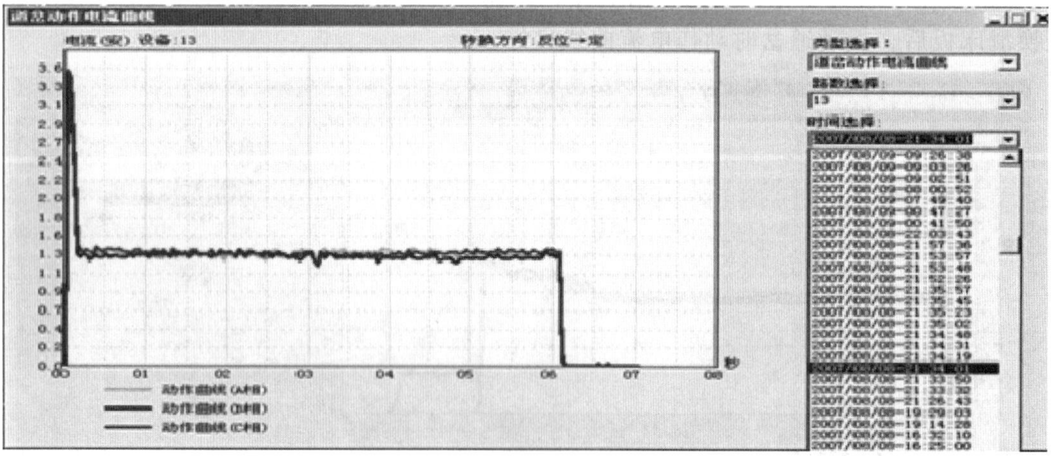

图 4-2-11　道岔定位无表示故障曲线

5.“道岔转动出现卡阻”电流曲线分析

道岔在转动 2 s 以后，动作电流开始发生变化，出现卡阻曲线，如图 4-2-12 所示。从时间上大致可以推断，此时道岔外锁闭铁还未完全解锁，即锁钩还没有落下去。发生这种故障的原因很多，有可能是道岔尖轨处轨距发生改变使锁钩与基本轨密贴过紧；或是道岔锁钩处生锈造成锁钩落不下去不解锁；或是锁钩底部与动作杆之间夹石头造成锁钩落不下去不解锁，等等。

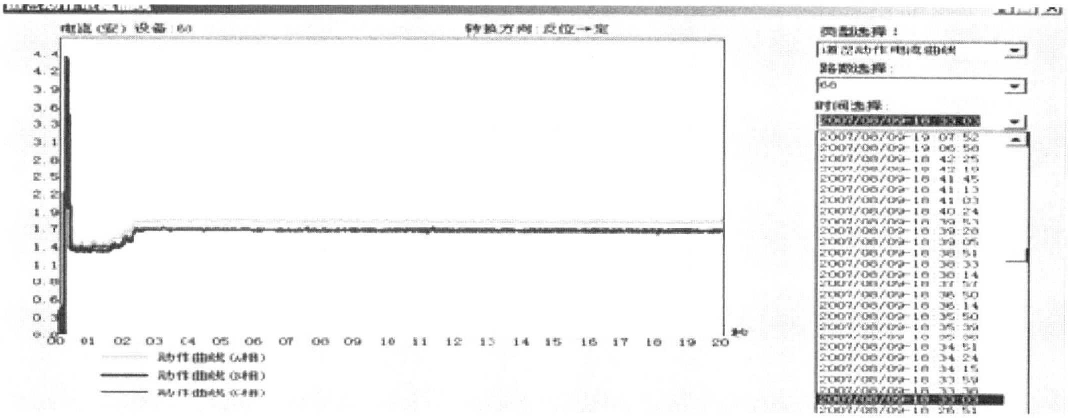

图 4-2-12　道岔扳动卡阻故障曲线 1

任务三　ZYJ7 型电液转辙机的检修维护

任务目标

1. 能根据电务系统作业指导书，完成转辙机的内外部检修；

2. 能根据电务系统作业指导书，调整道岔，并对锁闭装置各项指标进行检查；

3. 能根据《铁路交通事故调查处理规则》的规定及电务作业指导书的相关参数标准，更换道岔转辙设备的配件，并进行道岔绝缘检查、测试，开程调整，锁闭量调整，缺口、密贴调整；

4. 熟知道岔、转辙机应急处理的规章制度及应急处理流程，知道设备正常运行的标准。

相关知识

一、ZYJ7 型转辙机的内部检修

ZYJ7 型转辙机内部检修作业内容及流程如图 4-3-1 所示。

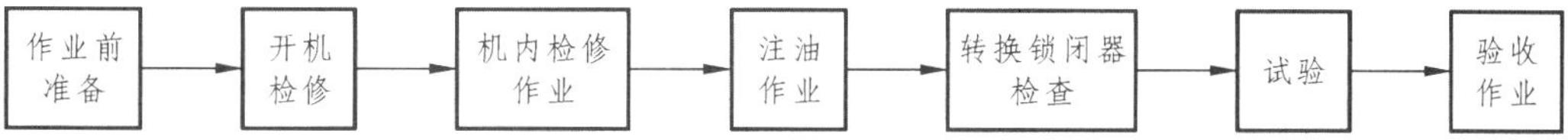

图 4-3-1　ZYJ7 型转辙机内部检修作业内容及流程

（一）作业前准备

（1）工作前，调阅集中监测、缺口视频，分析道岔设备的运用状态，认真查看各牵引点道岔监测曲线、缺口监测报警信息记录，防止漏看。

（2）仪表准备：液压表、万用表。

（3）工具准备：活动扳手（250 mm、300 mm）、梅花扳手（27/30 mm）、平口螺丝刀（150 mm）、十字螺丝刀（150 mm）、万可端子插针、尖嘴钳、斜口钳、克丝钳、长嘴钳、卷尺、塞尺，钢丝刷、毛刷（20 mm）、安全木楔，道岔专用钥匙、开箱钥匙，夜间作业需携带的照明灯、头灯，机油喷壶、扁油刷（40 mm）、对讲机。

（4）材料准备：机油 0.5 kg，破布 0.1 kg，白布 0.2 m，开口销（4 mm）5 个，锂基脂（0.1 kg），YH-10 号航空液压油。

（二）作业流程

1. 开机检修

开机检修，内部机盖、盘根防尘良好；拉下遮断器，检查通断情况良好。

2. 机内检修作业

（1）各部螺丝检查：如图 4-3-2 所示，检查各部紧固螺丝，防松措施齐全良好；各部件安装牢固、完整，无异状、无裂纹、无锈蚀；开口销齐全，作用良好；机内防水、防尘良好，无锈蚀；铭牌齐全、正确，字迹清楚。

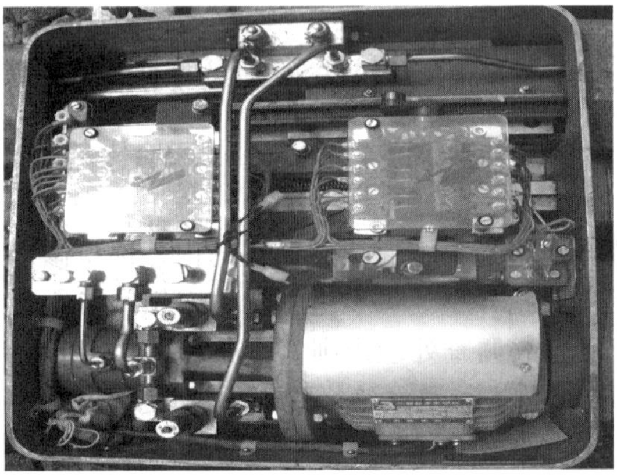

图 4-3-2　机内检修作业

（2）接触深度检查：自动开闭器动接点在静接点片内的接触深度不少于 4 mm，用手扳动动接点，其摆动量不大于 2 mm；动接点与静接点座的间隙不小于 3 mm；将直板尺垂直放在静接点片边缘，直板尺不接触动接点则接点打入深度大于 4 mm（平齐为 4 mm）。

（3）接点清理：用专用的接点擦拭工具或用竹片缠绕白绸布擦拭遮断器和自动开闭器动、静接点；检查动接点在静接点片内的接触深度及其摆动量符合标准；接点片和接点环无严重磨损、无裂纹。

（4）电机检查：检查惯性轮动作灵活，检查方法：用手拨动惯性轮，惯性轮应有 3 圈以上的空转，若惯性轮跟随电机转子转动有卡阻现象，应通过注油孔进行注油。

（5）端子检查，测试：在每年度设备质量鉴定时，用测力计测试各部静接点片与动接点之间的压力大于 4 N。

（6）清理及缺口调整：检查转辙机视频缺口装置的分机、采集器、缺口部位，应保持清洁。

（7）油量检查、添加，油路检查：检查油箱密封良好，溢流阀调整螺丝、油管连接螺丝不漏油，油管密封垫完整良好不漏油；抽出油尺检查油量，油箱油位应保持在油标尺 1/2～2/3 标记之间，油量符合标准，不足时应及时加 YH-10 号航空液压油；扳动试验时检查转辙机联轴器转动时无卡阻、别劲，无过大噪声。

（8）滚轮检查：检查滚轮与动作板斜面、落下后不得与动作板相碰，与动作板斜面应有 0.5 mm 以上的间隙。

（9）油压检查测试：测试溢油压力时，打开油压测试点帽，接入油压表，注意拧紧；溢流压力调整时，首先松开防松螺母，使转辙机处于溢流状态（在道岔密贴轨与基本轨间夹 4 mm 检查块），通过在转辙机测压接头处连接压力表来调整，转辙机的电动机顺时针方向（面向手摇把插口）旋转时，可观察压力表，并通过松紧溢流阀的盖螺母（顺时针旋转压力值增大，逆时针减小）来调整溢流压力值，调整好后旋紧溢流阀防松螺母。

3. 注油作业

在转辙机各需要注油部位注油，机外动作杆及锁闭（表示）杆毡垫注机油 3～5 滴。

4. 转换锁闭器检查

如图 4-3-3 所示，转换锁闭器除按主机方法检修外，还要检查转换锁闭器挤脱装置开口销，应防松标记无变化、铅封良好。

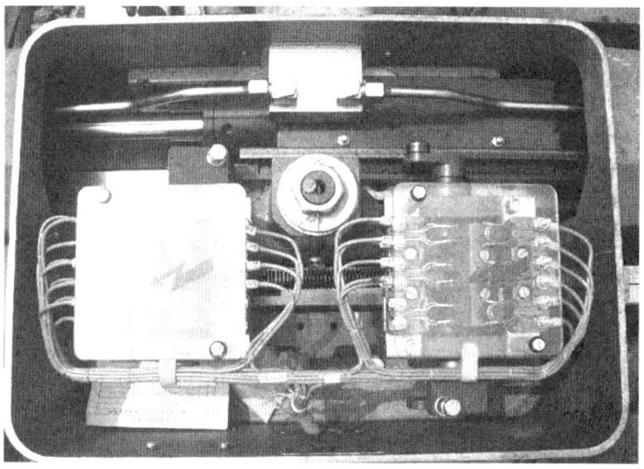

图 4-3-3　转换锁闭器检查

5. 试验

检查调整缺口、机内外缺口及道岔视频缺口数据，三者必须核对一致。

6. 验收作业

（1）扳动道岔转换试验，道岔转换过程中，动作平稳、灵活，无反弹、无异响，密贴、缺口良好。

（2）检查转辙机联轴器转动时无卡阻、别劲，无过大噪声。

（3）检查转辙机油缸动作时平稳，无抖动、无漏油。

（4）填写检修卡。

（5）合上机盖及盒（箱）盖，并加锁。

（6）盖好防护罩，加好防撬装置并扳动试验，确认表示良好。

（7）作业人员发现设备缺陷应立即修复，若当时不能解决应逐级汇报，纳入待修记录。

（8）清点材料、工具、仪表。

（9）关键作业项目（点）应复查录像。

项目五　认知驼峰转辙机及其检修维护

项目描述

本项目主要介绍铁路驼峰常用的 ZK4 型电空转辙机和 ZD7 型电动转辙机的结构、功能、动作原理及其安装使用、维护及常见故障的分析与处理，还介绍了 ZK4 道岔控制电路和 ZD7 道岔控制电路的工作原理。

任务一　认知 ZK4 型电空转辙机

任务目标

1. 了解驼峰转辙机的作用和设置要求；
2. 掌握 ZK4 型电空转辙机的结构及其组成部件的动作原理；
3. 掌握 ZK4 型电空转辙机牵引道岔的常见故障及处理方法。

相关知识

一、驼峰道岔及其转辙机

驼峰的峰上、峰尾、迂回、禁溜线等线路设置的道岔，一般采用 12 号及以下的普通单开道岔，可以是单动，也可以组成双动或交叉渡线，很少使用交分道岔。驼峰的峰下分路道岔一般采用 9 号及以下的对称单开道岔。

为了提高驼峰场的作业效率，应尽量减少准备溜放进路的时间，所以溜放作业进路上的道岔配置快动转辙机，调车作业进路上的道岔配置其他类型的转辙机。目前使用较多的有 ZK4 型电空转辙机、ZD7 系列电动转辙机和 ZDJK 型电动转辙机。ZD7 系列电动转辙机是直流电动转辙机，转换时间不大于 0.8 s，ZK 系列电空转辙机是以压缩空气为动力的转辙机，转换时间不大于 0.6 s。其他道岔可以选用 ZD6 系列电动转辙机，也可以选择 ZY4 型、ZY6 型电液转辙机。配置空气压缩站时，选用 ZK 系列电空转辙机。

二、ZK4 型电空转辙机概述

ZK4 型电空转辙机具有快速转换道岔、表示道岔位置及锁闭道岔的功能。它可分为

ZK4-170 型电空转辙机和 ZK4-200 型电空转辙机，适用于有压缩空气源的自动化、半自动化铁路驼峰编组场，是借助于压缩空气完成转换道岔、锁闭道岔和表示尖轨位置的快速道岔转换设备，在满足道岔转换时间要求时，适用于 50 kg/m 和 43 kg/m 钢轨的 9 号及 9 号以下单开道岔及单开对称道岔和三开道岔，可视站场需要安装在道岔左侧或右侧。

（一）ZK4 型电空转辙机的特点和型号含义

ZK4 型电空转辙机采用国内外先进的气动元件及相关技术，其主要特点包括：

（1）用差压自保式换向阀结构作整机控制机构，消除了换向阀因漏风而误动作的隐患，提高了整机安全可靠性，简化了整机结构。

（2）用长期受电的电磁锁闭阀代替气动锁闭阀，克服了解锁时与动作杆卡阻的缺陷。

（3）利用低压开关控制电磁锁闭阀的伸出及工作风压，提高了运用的可靠性。

（4）采用双锁闭结构，即气缸的气锁闭和电磁锁闭，以防止因偶然的泄漏或低风压造成设备失控引发的故障。

（5）动作速度快，转换时间短。

（6）采用集成式气压处理元件，克服了现场所指定压力因振动而变化等问题。

ZK4 型电空转辙机的型号及其含义如图 5-1-1 所示。

图 5-1-1　ZK4 型电空转辙机的型号及其含义

（二）ZK4 型电空转辙机的主要部件及其功能

ZK4 型电空转辙机主要由换向阀、气缸、表示装置、电磁锁闭阀、附件（气源处理元件、压力开关、管路）等组成，如图 5-1-2 所示。

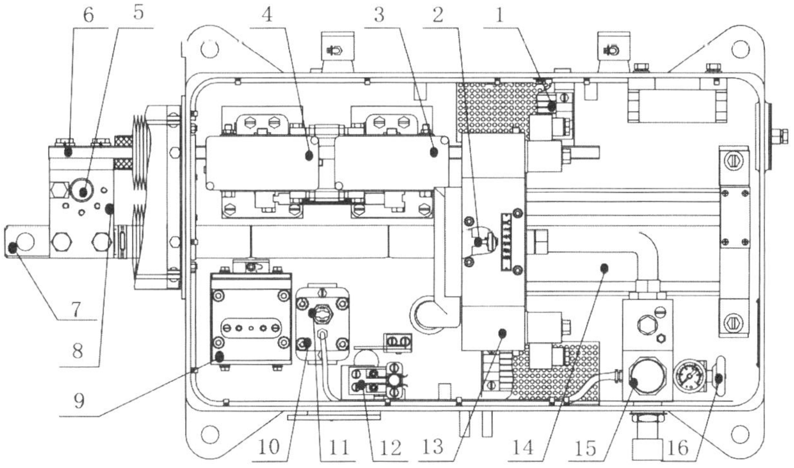

1—电热器；2—单向阀；3—右接点；4—左接点；5—偏心销；6—表示杆；7—活塞杆；8—连接铁；9—电磁锁闭阀；10—气室；11—压力开关；12—安全开关；13—换向阀；14—气缸；15—气源处理元件；16—压力表开关组。

图 5-1-2　ZK4 型电空转辙机的结构

1. 换向阀

换向阀（见图 5-1-3）是电空转辙机的主要控制部件，采用新型的差压式自保换向阀代替 ZK3-A 的梭阀、小锁闭阀，通过定/反位电磁阀的动作，使换向阀换向；动作完成后，利用换向阀阀芯变径结构产生的压力差，保持换向阀阀芯的位置，确保设备不会因振动造成误换向，提高了整机的安全性。

电磁阀通电后，滑阀阀芯到达极限位置，气路导通，即使断电，滑阀阀芯仍停留在动作以后的位置，因此，外部压缩空气始终以 550 kPa 的额定气压作用在活塞上，抵挡了活塞的反向运动，实现了道岔的气锁闭。

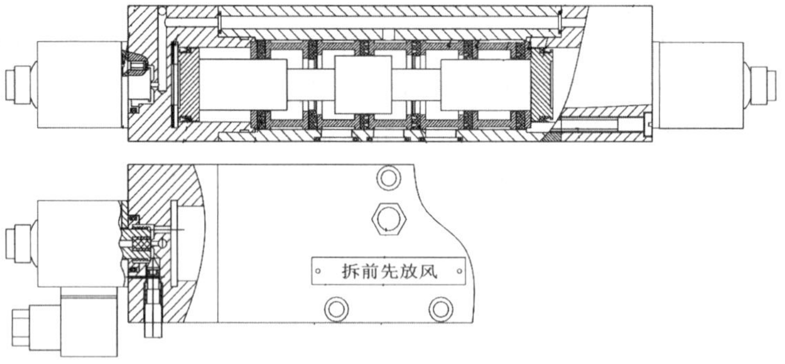

图 5-1-3　换向阀

2. 气缸

气缸（见图 5-1-4）是双向直推式气缸，是电空转辙机的主要执行部件；其气缸动作杆通过密贴调整杆与道岔尖轨相连，压缩空气推动动作杆伸出、拉入，从而完成道岔转换。

气缸的工作由换向阀控制。换向阀换向后，打开气缸原工作气路，使气缸中的压缩空气排入大气，同时接通气缸另一侧气路，使管路中的压缩空气进入气缸的另一端，推动活塞、活塞杆快速移动（因气缸原储气侧压缩空气已排空，无阻力），带动道岔快速转换变位。

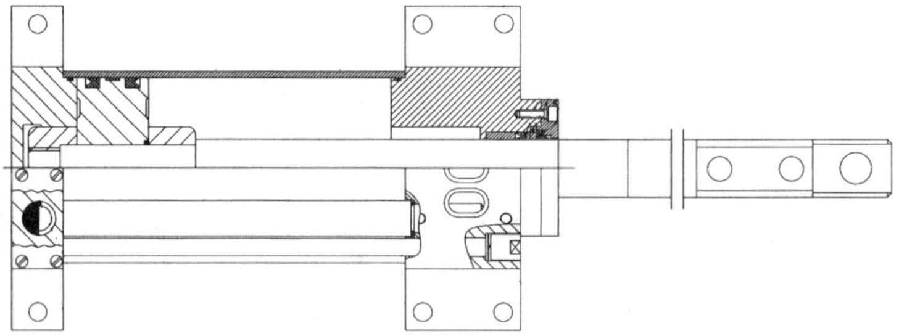

图 5-1-4　气缸

3. 表示装置

表示装置（见图 5-1-5）是反映电空转辙机的定位或反位状态的装置。表示装置中的表示杆通过连接铁与动作杆相连，并与动作杆同步动作，接通或切断表示电路，从而表示尖轨位置。

4. 电磁锁闭阀

电磁锁闭阀（见图 5-1-6）是电空转辙机的锁闭装置，通过电磁力使锁闭阀头缩回，完成解锁；断电后，通过弹簧力使锁闭阀头伸出，锁定动作杆，继而锁闭道岔。

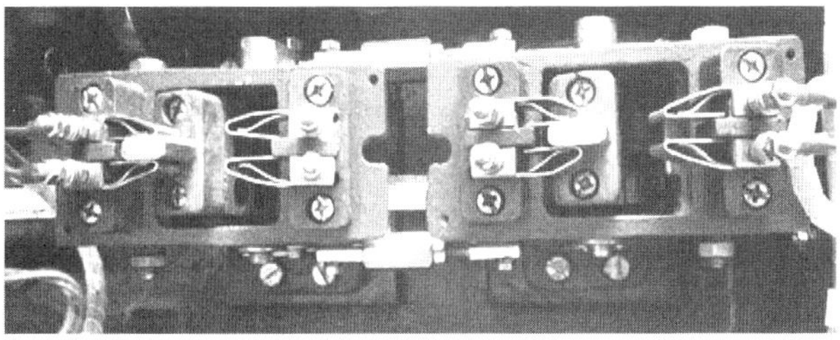

图 5-1-5　表示装置

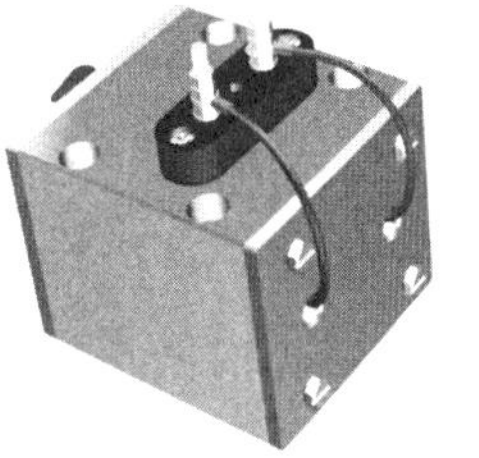

图 5-1-6　电磁锁闭阀

滑阀开始工作时，通向滑阀风管中的气压开始下降，即锁闭阀活塞上部的气压开始下降，当活塞上部气压力与弹簧作用力之和小于活塞下部气压力时，锁闭阀活塞连同锁闭阀头向上移（缩进），锁头离开活塞杆上的定位或反位长圆孔，使其解锁，活塞杆即可伸出或缩进，带动道岔转换。在解锁过程中，压缩空气不停地经打开的锁闭阀门（锁闭阀活塞）进入滑阀。道岔转换完毕，滑阀的换向工作也告结束，这时锁闭阀活塞上部的气压开始增大，当作用在活塞上部的气压力与弹簧作用力之和大于活塞下部气压力时，活塞连同锁闭阀的锁头下移，锁头进入活塞杆的反位或定位长圆孔内，实现了机械锁闭。

5. 气源处理元件

气源处理元件（见图 5-1-7）对压缩空气在进入换向阀前进行净化处理，并使油雾器滴出的油形成雾状随压缩空气进入换向阀、气缸，从而起到润滑作用；同时调压阀具有调整气源压力的作用。

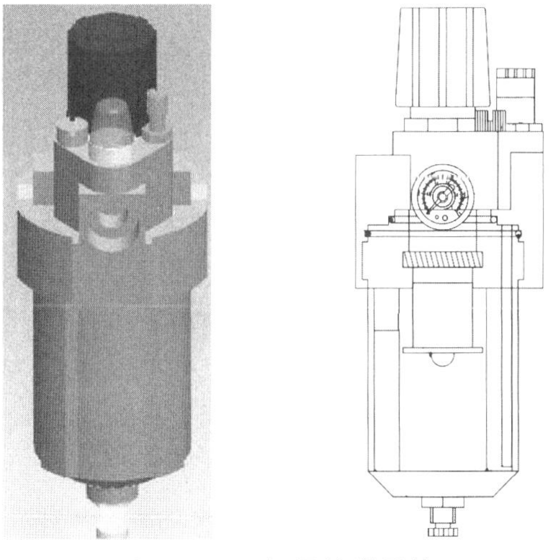

图 5-1-7　气源处理元件

6. 低压开关

当机外风压低于压力开关，断开风压设定值时，断开电磁锁闭阀电路，使电磁锁闭阀处于伸出状态，辅助锁闭活塞杆，进而保持尖轨位置。注意：压力开关接点不允许自行焊接，如发现虚接时应进行更换。

7. 气室

气室的作用是：在整机风压正常的情况下，减小整机动作中的瞬间风压波动，保证低压开关正常动作，从而保证电磁锁闭阀正常工作。

三、ZK4 型电空转辙机的工作原理

ZK4 型电动转辙机的整体动作过程及原理如下：

（1）道岔从反位转向定位时，当定位电磁阀励磁，与其并联的电磁锁闭阀也励磁，锁闭阀头在电磁力的作用下缩回阀体内，使动作杆解锁；此后，换向阀换向，气缸前腔进气，动作杆缩回，待尖轨与基本轨重新密贴后，接通定位表示电路，此时电磁阀与电磁锁闭阀同时失磁，锁闭阀头在弹簧作用下伸出，锁闭动作杆，进而锁闭道岔。

（2）道岔从定位转向反位时，反位电磁阀励磁，与其并联的电磁锁闭阀也励磁，锁闭阀头在电磁力的作用下缩回阀体内，使动作杆解锁；此后换向阀换向，气缸后腔进气，动作杆伸出，待尖轨与基本轨密贴后，接通反位表示电路，此时电磁阀与电磁锁闭阀同时失磁，锁闭阀头在弹簧作用下伸出，锁闭动作杆，进而锁闭道岔。

电磁锁闭阀在压力开关控制下处于长期通电状态，当风压处在额定风压时，压力开关接通电磁锁闭阀电路，锁闭杆处于缩回状态；当风压低于断开风压设定值时，压力开关切断电磁锁闭阀电路，锁闭杆伸出，锁闭活塞杆，从而锁闭道岔，保持尖轨位置。

（一）转辙机的气路

外部压缩空气通过管道进入组合式气源处理元件进行滤水和滤尘净化、风压调整及油雾处理后，进入单向阀，由于单向阀两端达不到一定的压差而截止。单向阀输出端连接差压式换向阀阀体两侧气路，该气路为左、右电磁阀输送压缩气体，如图 5-1-8 所示。

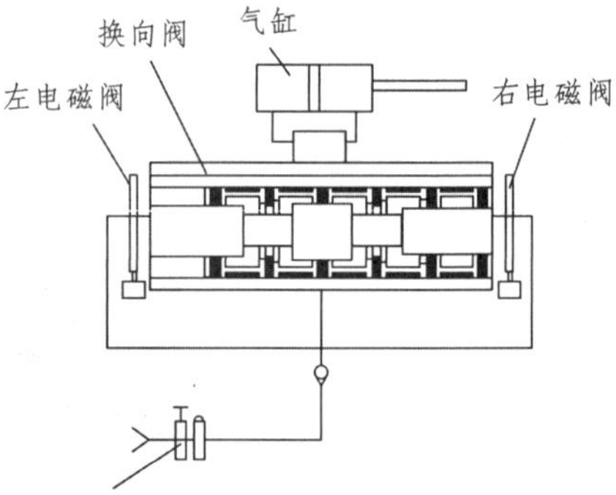

图 5-1-8　ZK4 型电空转辙机气路原理图

在左（右）电磁阀的控制下，换向阀左（右）腔气路可打开，实现换向阀换向。换向过程中由于气体的流动，单向阀两端形成压差而打开，换向阀换向后，打开气缸原工作气路，使气缸中的压缩空气排入大气，此时换向阀也接通气缸另一侧气路，使管路中的压缩空气通过单向阀进入气缸的另一端，推动活塞、活塞杆快速移动转换。

（二）转辙机的解锁过程

反位电磁阀接通控制电源励磁，其动铁芯将电磁阀后端排气口封堵住，同时打开前端和换向阀相连的进气通路，换向阀左腔气路打开，压缩空气经通道进入换向阀左腔，推动阀套及换向阀芯向另一端快速移动而转换，其进气口接通工作气缸的后腔，排气口接通气缸的前腔，原前腔压缩气体经换向阀排气口排向大气，气缸风压软锁闭解除，此时转辙机双层气锁闭全部解锁。

反位电磁阀励磁的同时，与其并联的电磁锁闭阀反位线圈也得电励磁，通过电磁力的作用使锁闭杆吸起，锁闭阀头由工作风缸活塞杆（动作杆）的圆孔中退出，缩回到阀体内，使动作杆处于解锁状态返回，实现动作杆解锁，至此转辙机解锁过程全部完成。

（三）道岔动力转换及表示转换过程

由于换向过程中压缩空气的流动，形成单向阀两侧气压差，使单向阀入端气压高于出端气压而打开；换向阀换向到位后，打开气缸前腔工作气路，使气缸前端中充入的压缩空气排入大气，同时接通气缸另一侧气路，使管路中通过单向阀的压缩空气进入气缸的后腔，从而推动活塞杆向外快速伸出，实现道岔快速向反位转换。

待道岔尖轨转换到位与基本轨重新密贴后，由于表示杆与活塞杆通过在活塞杆端部的连接铁连接在一起，与活塞杆进行同步动作，在活塞杆动作的同时首先完成切断原定位表示，在道岔转换到底尖轨密贴后，接通反位表示，从而完成表示的转换过程。

（四）转辙机的锁闭过程

道岔转换到位后，表示电路切断反位电磁阀和电磁锁闭阀反位线圈的供电，由于电磁锁闭阀失电，电磁锁闭阀电磁力消失，其锁闭阀杆在弹簧作用下前移，使锁闭阀阀头伸出进入工作风缸活塞杆（动作杆）的圆孔中，卡锁住动作杆，完成了对道岔的电磁机械锁闭。

同时气缸活塞杆到位后，压缩气体的压力逐步趋于平衡，不再流动，变为静止；单向阀在弹簧弹力作用下关闭，并开始保压。由于单向阀的截止，气路关闭，使工作气缸内保持一定的压力，实现了对道岔的软锁闭；同时换向阀到位后，由于其压差自保原理而实现自保气锁闭（完成双层气锁闭），至此完成了对道岔的气锁闭和电磁机械的锁闭过程。

以上各个动作过程完成了道岔转辙机由拉入（定位）位置到伸出（反位）位置的转换，若向定位转换，上述各个动作过程则反之。

四、ZK4 型电空转辙机常见故障及处理办法

ZK4 型电动转辙机的常见故障及其处理办法如表 5-1-1 所示。

表 5-1-1　ZK4 型电动转辙机常见故障及其处理方法

序号	故障	原因		措施
1	通电整机无动作	机械故障	1. 电磁锁闭阀卡阻	更换锁闭杆
			2. 换向阀 E 型圈装配顺序错误	按要求解体后，再按顺序和要求重新装配
			3. 先导阀动铁芯密封垫突出堵塞动程或密封不严漏风	更换动铁芯
			4. 活塞杆或表示杆装配中与底壳卡阻	更换圆孔套或方孔套
		电气故障	1. 电磁先导阀接线虚接或断开	将电磁先导阀接线紧固、可靠
			2. 安全开关虚接或断开	调整安全接点中静接点片，使之与小动接点可靠接触
			3. 表示接点接触不良	调整静接点中接点片，使之与动接点可靠接触

续表

序号	故障	原因	措施
2	电磁锁闭阀锁闭杆偶尔伸出	1. PS31 压力开关设定值超出要求	更换 PS31 压力开关
		2. 气源处理元件过滤网堵塞	清理、清洗过滤网
		3. 使用风压值过低	按照整机要求将风压调整到 0.55 ~ 0.6 MPa
		4. 接线虚接	接线紧固
3	整机排气孔漏风	1. 换向阀中的两个大 E 形圈损坏	更换大 E 形圈
		2. 换向阀端盖上的 QY 型密封圈损坏	更换换向阀端盖上的 QY 型密封圈
		3. 气缸中的 QY 型密封圈损坏	更换气缸中的 QY 型密封圈
4	无表示	1. 接点接线虚接或断开	将接点接线紧固
		2. 动静接点处有杂质	清除接点杂质
		3. 活塞杆孔磨耗过大	更换活塞组成
5	气源处理元件漏风	排污阀漏风	清除针阀锥面的杂质或更换针阀
		过滤杯、储油杯漏风	更换损坏的密封圈或更换过滤杯、储油杯
6	气源处理元件不滴油	1. 润滑油黏度过高	按要求更换润滑油
		2. 吸油管或油管连接体堵塞	清理吸油管或油管连接体
		3. 过滤杯、储油杯漏风	更换过滤杯、储油杯的 O 形圈
7	整机动作超时	1. 气源处理元件过滤网杂质较多	现场更换气源处理元件，并对管路进行排气处理，清除管路中的杂质
		2. 整机长时间缺少润滑油	加大供油量，一次滴油一滴，直至动作恢复正常
		3. 道岔吊板、滑床板锈蚀等造成外力增大	配合工务调整、清理道岔，并在滑床板上涂油

任务二　认知 ZK4 电空道岔控制电路

任务目标

1. 掌握 ZK4 电空道岔控制电路的组成及工作原理；
2. 会查阅图纸，会跑电路图；
3. 能查找并处理 ZK4 电空道岔控制电路室内外故障。

微课视频：ZK4 电空道岔控制电路

相关知识

一、ZK4 电空道岔控制电路概述

（一）电路结构

ZK4 电空道岔控制电路如图 5-2-1 所示。它由三部分组成：一是轨道区段电路，由 DGJ、DGJ1、FDGJ1 电路组成；二是转换控制电路，由道岔手柄、手柄自动位继电器（SZJ）、道岔操作继电器（DCJ）电路组成；三是道岔表示电路，由 DBJ、FBJ 电路组成。道岔操纵继电器 DCJ 采用极性保持继电器（JYXC-660 型），改变其电流极性，即可改变道岔转换方向。

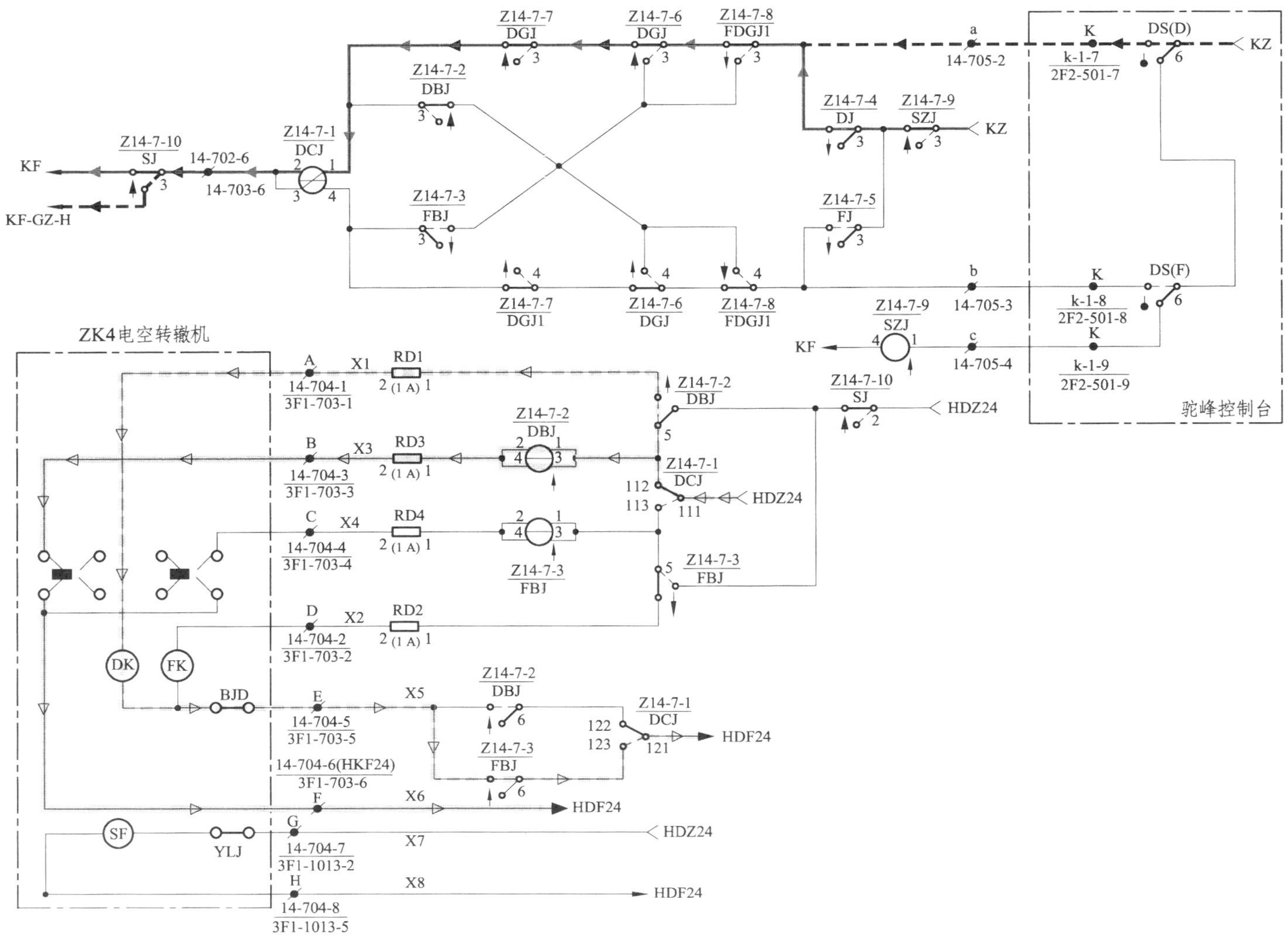

图 5-2-1　ZK4 电空道岔控制电路（道岔反位到定位）

图 5-2-1 中，DCJ 继电器线路（图中黑色粗线部分）为计算机发令线路，图中黑色粗虚线所示为手动操作线路；控制电路（图中灰色粗虚线部分）为动作线路，图中灰色粗线所示线路为表示线路；A（3F1-703-1）、E（3F1-703-5）两端正常电压为 0 V、开路电压为 24 V，B、F 两端正常电压为 0 V、开路电压为 24 V，G、H 两端电压为 23 V。

（二）电路分析

驼峰分路电空道岔控制电路和电动道岔控制电路的结构基本相同，不同的是，电空道岔控制电路的道岔操纵部分只设计了一级控制，即只设置了 DCJ 继电器，既记录操作手续，又决定转辙机是否动作，电路比较简单。

道岔转换完毕，要求快速接通道岔表示，道岔表示继电器线圈并联使用，减少了继电器的吸起时间，使道岔转换完毕、自动开闭器接点接通后，能立即接通道岔表示，满足分路道岔快动的要求。

（三）动作顺序

ZK4 型转辙机内的电磁锁闭阀检测压缩空气的压力，当压缩空气的压力符合要求，压力开关（YLK）接通电磁锁闭阀线圈（SF）电路，电磁锁闭阀励磁，将锁闭阀的锁闭杆置于“拉入”位置，锁闭杆从转辙机动作杆的锁闭孔退出，转辙机动作杆处于电磁解锁状态，转辙机可以转换操作；当压缩空气的压力低于要求值，YLK 断开 SF 励磁电路，电磁锁闭阀失磁，锁闭阀的锁闭杆弹出，伸入到动作杆锁闭孔内，将转辙机动作杆限制在固定位，不允许动作杆动作，则转辙机不能转换操作。

操作道岔（控制计算机命令或者 DS 操作），无车占用轨道电路或占用轨道电路道岔未失去原表示时，DCJ 转极，接通换向阀转换目标位控制线圈（DK 或 FK）励磁电路，目标位控制线圈励磁，控制堵芯退出，压缩空气压入风缸转换位，推动动作活塞运动，带动动作杆移动。

实施操作命令后 1.2 s，控制计算机未采集到操作和表示位置一致的结果时，控制计算机发出回转命令，要求 DCJ 返极。当发出回转命令 DCJ 无法返极时，要利用道岔手柄操作使 DCJ 返极。

电空道岔控制电路的具体动作情况和电动道岔控制电路的一致，在此不再赘述。

（四）接通公式

1. 定位向反位转换

（1）DCJ 励磁。KZ→DS（F）（手动扳动）、KZ→SZJ31-32→FJ31-32（自动扳动）→FDGJ141-43→DGJ41-42→DGJ141-42→2DQJ142-141→1DQJ42-41→SJ41-42→KF。

（2）换向阀 FK 励磁。HDZ24→DCJ111-113→FBJ51-53→RD2→FK 线圈→BJD→FBJ31-33→DCJ123-121→HDF24。

2. 反位向定位转换

（1）DCJ 励磁。KZ→DS（D）（手动扳动）、KZ→SZJ31-32→DJ31-32（自动扳动）→FDGJ131-33→DGJ31-32→DGJ131-32→DCJ3-4→1DQJ32-31→SJ42-41→KF。

（2）换向阀 DK 励磁。HDZ24→DCJ111-112→DBJ51-53→RD1→DK 线圈→BJD→DBJ31-33→DCJ122-121→HDF24。

3. 定位表示

HDZ24→DCJ111-112→DBJ1、3-2、4→RD3→自动开闭器 11-12→HDF24。

4. 反位表示

HDZ24→DCJ111-113→FBJ1、3-2、4→RD3→自动开闭器 41-42-12→HDF24。

（五）驼峰联锁道岔控制电路

ZK4 电空道岔控制电路的动作电路分二级控制：第一级是道岔操纵继电器 DCJ 电路；第二级是启动电路，即定位和反位电磁阀电路。

道岔操纵继电器 DCJ 采用直流有极继电器，用道岔手柄 DS 的定位、反位接点或道岔自动集中有关继电器（JDJ、JFJ、SZJ）接点分别控制 DCJ 的 1-2、3-4 线圈的转极电源。电路中还要检查轨道电路空闲状态及其他联锁条件（SJ、DBJ、FBJ）。当上述条件满足，DCJ 励磁转极，于是 DCJ 转极接点接通了第二级启动电路，使道岔转换。背向道岔的单操按钮 DA 和 ZDA（ZFA）只有在控制机柜故障后才能起作用。

1. 表示继电器电路

（1）DBJ 或 FBJ 是由 DCJ 接点和转辙机自动开闭器的定位或反位接点分别接通电路的。DBJ 或 FBJ 吸起的同时切断道岔启动电路。

（2）表示继电器的自闭电路，在操纵道岔 DCJ 转极、切断由 DCJ 接点构成的表示电路而室外道岔因故未转换的情况下，能确保道岔室内外表示一致。

2. 故障反极电路

图 5-2-1 所示电路中，要特别说明的是 DGJ 落下接点分别与道岔表示继电器接点（DBJ、FBJ）交叉连接的两组电路，这是一条故障返极电路。当 DCJ 的联锁条件满足并励磁转极，但因故道岔不能解锁，此时车组进入道岔区段，这时控制电路可能会有两种情况发生：一是 DCJ 的极性位置与道岔实际位置不一致（因道岔没有转换）；二是若转辙机因振动又解锁了，可能发生道岔中途转换，危及车组安全。为此增加故障反极电路。当出现上述 DCJ 的极性与实际道岔位置不一致时，车组压入轨道区段，DGJ 接点与表示继电器接点又将 DCJ 接通原来的极性电路，使之与实际道岔位置又保持一致，这样，即使道岔解锁，道岔也不能中途向另一方向转换，而只能接通原来位置的电磁阀电路进行补风。

二、ZK4 道岔控制电路故障分析

ZK4 道岔控制电路故障主要是表示电路故障和启动电路故障。

1. 表示电路故障

（1）室内故障：熔丝断丝；表示继电器故障；配线断线、混线或绝缘不良；联锁设备采集故障。

（2）室外故障：表示接点转换不到位或接触不良；接插件接触不良；配线端子接触不良；电缆故障（混线、断线）。

2. 启动电路故障

（1）道岔启动异常室外故障：安全接点接触不良；接插件接触不良；配线端子接触不良；电缆故障（混线、断线、短路）；电磁换向阀或电磁锁闭阀线圈故障。

（2）道岔启动异常室内故障：熔丝断丝；JDJ（JFJ）或 DCJ 故障；联锁设备驱动或采集故障；配线断线、混线或绝缘不良。

任务三　认知 ZD7 系列电动转辙机

任务目标

1. 掌握 ZD7 系列电动转辙机的结构、各部件作用和动作原理；
2. 掌握 ZD7 系列电动转辙机所牵引道岔的常见机械故障及处理方法；
3. 掌握驼峰电动道岔控制电路的原理及故障分析方法。

相关知识

微课视频：认知 ZD7 系列电动转辙机

一、ZD7 系列电动转辙机概述

ZD7 系列电动转辙机是驼峰编组场用以快速转换道岔、锁闭道岔尖轨、反映尖轨位置状态的基础设备。ZD7 系列电动转辙机主要由电动机、减速器、自动开闭器、主轴、动作杆、表示杆、底壳及机盖等组成，其结构与 ZD6 系列电动转辙机大致相同，主要区别是 ZD7 系列电动转辙机的电动机加大了功率，取消了第一级定轴传动的外齿合齿轮，缩小传动化比，因而达到快速动作，提高了机械传动效率。ZD7 系列电动转辙机在传动过程中，主轴及各传动的动作情况与 ZD6 系列电动转辙机完全相同。

（一）ZD7 系列电动转辙机的型号含义及技术参数

ZD7 系列电动转辙机的型号含义如图 5-3-1 所示。

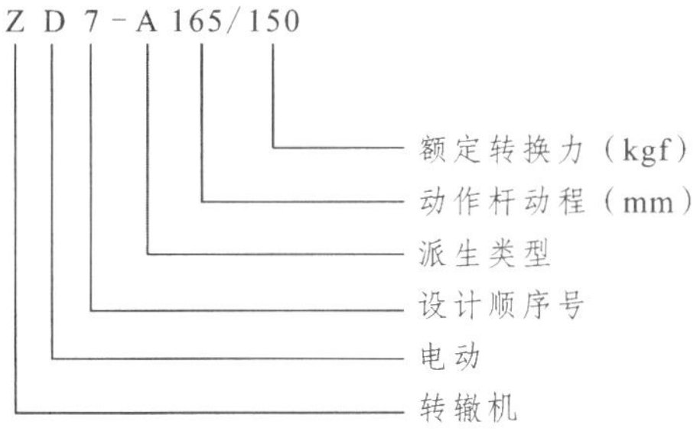

图 5-3-1　ZD7 系列转辙机的型号含义

ZD7 系列转辙机的基本技术参数如表 5-3-1 所示。

表 5-3-1　ZD7 系列转辙机的基本技术参数

型号	额定转换力 /N(kg)	额定电压/V	动作电流/A	转换时间/s	动作杆动程/mm	表示杆动程/mm	摩擦电流/A
ZD7-A165/150	1470(150)	DC180	6	0.8	165+2	86～167	7.8～8.8
ZD7-C165/250	2450(250)	DC180	11	0.8	165+2	86～167	13.5～16

（二）ZD7 系列电动转辙机的结构组成

ZD7 系列电动转辙机主要由电动机、减速器、摩擦联结器、自动开闭器、主轴、动作杆、表示杆、底座及机盖等部分组成，其结构如图 5-3-2 所示。

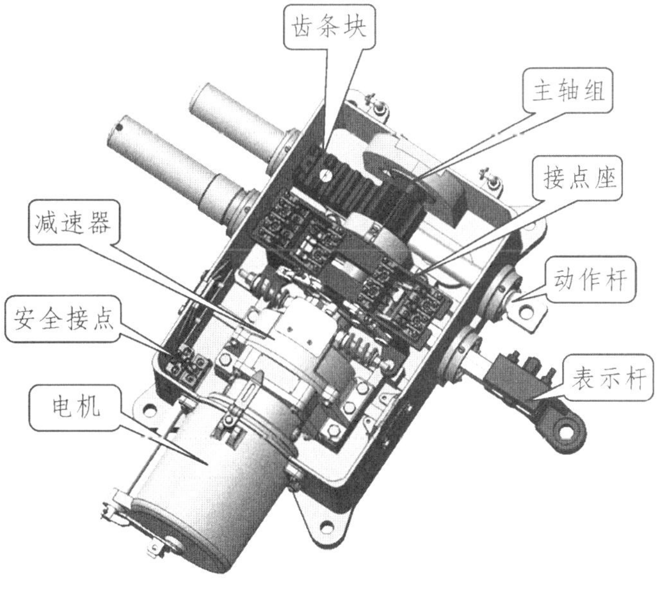

图 5-3-2　ZD7 系列电动转辙机的结构

1. 电动机

ZD7 系列电动转辙机的电动机为串激专用直流电动机，它是两个激磁线圈串联使用的串激可逆转的直流电动机，其工作方式为断续短时工作制，冷却方式为自然冷却，较普通转辙机电动机的额定电流高、转速高、转矩大，能满足驼峰道岔快速变位的要求。

2. 减速器

ZD7 系列电动转辙机的减速器为一齿差行星减速器，传动比为 41，该行星减速器机构的工作原理与 ZD6 系列电动转辙机的减速器的工作原理相同。ZD7 系列电动转辙机的电动机输出轴直接插入减速器的输入轴中，两者由 5X 5X16 平键相连接，较 ZD6 系列电动转辙机减少了一级齿轮减速，故 ZD7 系列电动转辙机的转动速度快。

3. 转换锁闭装置与自动开闭器

ZD7 系列电动转辙机的转换锁闭装置和自动开闭器的结构与 ZD6 系列的相同，只是在主、副挤切销孔内均使用了连接销，主销孔内使用 50 kN 连接销，副销孔内使用 90 kN 连接销，使此类转辙机变成不可挤型，进而取消了移位接触器。

4. 其他部件

ZD7 系列电动转辙机的其他部件有机壳、机盖、摩擦联结器等，其结构和原理都与普通 ZD6 系列的电动转辙机相同。

二、ZD7 系列电动转辙机的传动原理

ZD7 系列电动转辙机的传动原理如图 5-3-3 所示。电动机通电后开始转动，经一齿差一级行星减速器减速后，由输出轴和摩擦联结器通过主轴带动锁闭齿轮传动，进而拨动齿条块带动动作杆平移，使道岔变位；同时又通过道岔尖端杆的移动带动表示杆移动，检查柱进入锁闭块缺口后实现机械锁闭道岔；通过自动开闭器的位置反映尖轨位置状态，从而实现了道岔变位、锁闭尖轨、反映尖轨位置三大功能。

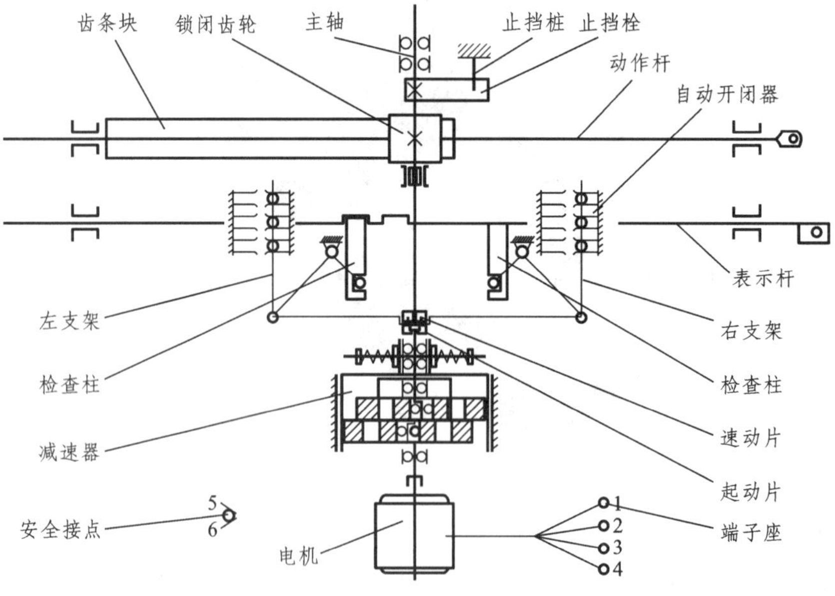

图 5-3-3 ZD7 系列电动转辙机的传动原理

三、ZD7 系列转辙机常见故障原因分析与排除方法

ZD7 系列电动转辙机常见故障原因分析与排除方法如表 5-3-2 所示。

表 5-3-2　ZD7 系列电动转辙机常见故障原因分析与排除方法

序号	故障现象	原因分析	排除方法	应急措施	故障风险及后果
1	转辙机不动作	配线脱落	松脱处紧固		影响行车效率
		插头座松脱			
		线束有破损	更换破损线束或更换配线或更换备机	临时连接并做绝缘处理	
		电动机故障	更换故障电动机		
		安全接点未闭合	闭合安全接点		
2	转换过程中动作杆运动停止，电机旋转，内齿轮与摩擦带有相对旋转运动	转换阻力过大（道岔夹杂异物、转辙机外部杆件卡阻）	清除道岔夹杂异物，对转辙机外部杆件进行调整		影响行车效率
		摩擦电流过低，摩擦带与内齿轮之间打滑	检查、清理摩擦带与内齿轮接触面油污，将摩擦电流调整至标准值或更换减速器		
3	转换到位后无表示	表示杆缺口位置不正确	调整表示缺口		影响行车效率
		接点座卡阻	更换接点座		
		动、静接点接触出现虚接	调整接点		
		配线有破损处	更换配线	临时连接并做绝缘处理	
4	接点座动接点到位后反弹	道岔负载轻而摩擦电流调整过高	调整摩擦电流至标准值		影响行车效率
		道岔密贴力调整过大	调整道岔密贴力		
		摩擦电流突然增大	检查摩擦带与内齿轮的摩擦面，清除异物并将摩擦电流调整至标准值或更换减速器		

四、ZD7 电动道岔控制电路

（一）电路结构

ZD7 电动道岔控制电路如图 5-3-4 所示，它由三部分组成：一是轨道区段电路，由 DGJ、DGJ1、FDGJ1 电路组成；二是转换控制电路，由道岔手柄、手柄自动位继电器（SZJ）、1DQJ、2DQJ 电路组成；三是道岔表示电路，由 DBJ、FBJ 电路组成。

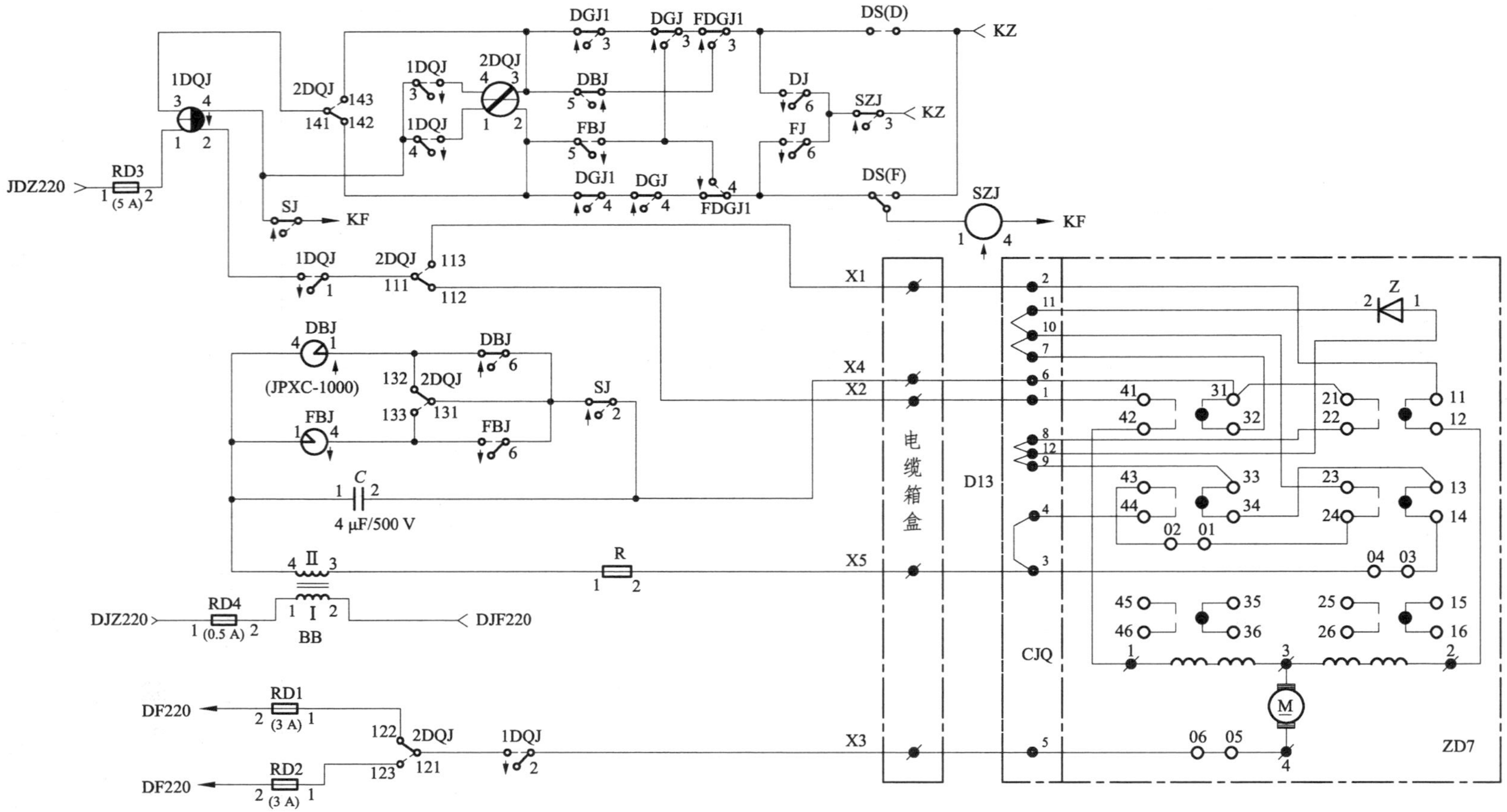

图 5-3-4　ZD7 电动道岔控制电路

1. DGJ、DGJ1、FDGJ1 继电器电路

对应每一组分路道岔设置岔前区段，称为保护区段，保护区段轨道电路为 DGJ1 轨道电路。对应每一组分路道岔设置道岔区段，道岔区段轨道电路为 DGJ 轨道电路，反映溜放车组位置。相对于 DGJ1 电路设置反复示继电器 FDGJ1 电路。

2. 定位操纵继电器（DJ）、反位操纵继电器（FJ）电路

DJ、FJ 由控制计算机驱动，车站值班员编制解体计划后，输入控制计算机，控制计算机采集溜放车组占用轨道电路位置、道岔位置，发出操作命令，驱动 DJ 或 FJ 吸起或不吸起，进而转换道岔，建立溜放进路，使车组按计划溜放至相应股道。

3. SZJ、1DQJ、2DQJ 继电器电路

道岔操作手柄为三位置非自复式手柄，手动操作道岔优先，扳动手柄接通 1DQJ 电路，对道岔进行操作，手柄置于自动位（中间位），接通 SZJ 电路，SZJ 吸起。

4. 1DQJ、2DQJ 的励磁情况

1）正常励磁

未占用本道岔区域，用 DGJ 吸起、DGJ1 吸起、FDGJ 落下串联证明。一级分路道岔 1DQJ 励磁是在开放推峰信号，解体车列占用峰上轨道区段，控制计算机驱动 DJ 或 FJ，DJ 或 FJ 吸起接入控制正电源。二级及其以后分路道岔是在溜放车组占用上级分路道岔区段，控制计算机驱动 DJ 或 FJ，DJ 或 FJ 吸起接入控制正电源。如果道岔不在要求位置，则 1DQJ 励磁，2DQJ 转极，1DQJ 自闭电路（电动机转动电路）接通，转辙机启动，带动尖轨转换；如果道岔就处在要求位置，则 1DQJ 不励磁，2DQJ 不转极，1DQJ 自闭电路（电动机转动电路）不接通，转辙机不启动，防止了道岔在本位继续向本位转换的无谓启动。

2）返极励磁

返极励磁的原因有两个：一是由于道岔表示继电器设置了自闭电路（电路后叙），道岔位置表示不再和 2DQJ 位置成唯一对应关系，操作道岔后，在 2DQJ 换位而转辙机因故不能动作、自动开闭器接点不断开的情况下，道岔表示继电器仍然保持吸起，此时如果利用该道岔办理峰下调车进路，当 SJ 落下时，道岔将失去表示，使调车进路无法办理；二是如果不进行返极励磁，则继续实施换位操作，由于 2DQJ 已经换位，1DQJ 励磁电路无法接通，电路将处于“死路”状态而无法动作。

操作道岔 1.4 s 后，控制计算机采集不到操作、表示一致的结果，计算机发布回转命令，1DQJ 励磁、2DQJ 转极，称为返极励磁。

计算机发布回转命令后，1DQJ 是否励磁、2DQJ 是否转极，取决于此时 2DQJ 的位置。如果 2DQJ 在之前操作中没有换位，则计算机发布回转命令后 1DQJ 励磁电路不通，1DQJ 不励磁，2DQJ 不动作；如果 2DQJ 在之前操作中已经换位，则计算机发布回转命令后，1DQJ 被接通，1DQJ 励磁，2DQJ 转极而返回到原位。

返极励磁的时机有三种：一是车组没有占用本区段，DGJ 吸起、DGJ1 吸起、FDGJ 落下，串联支路接通向本位转换的 1DQJ 电路，1DQJ 吸起、2DQJ 转极；二是车组占用保护区段，DGJ1 落下，FDGJ1 吸起，检查道岔原位表示继电器吸起条件，接通 1DQJ 励磁电路；三是车组占用本道岔区段，DGJ 落下，检查道岔原位表示继电器条件，接通 1DQJ 励磁电路。

3）强制励磁

由于道岔位置表示继电器设置了自闭电路，表示继电器状态不能反映返极励磁结果，此时，可以转换道岔手柄 DS，强制 2DQJ 位置与道岔原位置对应。利用道岔手柄强迫 1DQJ 励磁、2DQJ 转极的励磁方式称为强制励磁。强制励磁是返极励磁的延续。

强制励磁电路能否接通，同样取决于之前操作道岔后 2DQJ 的位置：一是 2DQJ 未换位，则实施道岔手柄回转操作，电路不动作；二是 2DQJ 已换位，无车占用道岔区段，将道岔手柄置于返回位置，利用 DGJ 吸起、DGJ1 吸起、FDGJ 落下，串联支路接通 1DQJ 励磁电路，1DQJ 励磁，2DQJ 转极返回原位；三是在占用保护区段或本道岔区段，无论道岔手柄置于哪一个位置，检查道岔原位置表示继电器条件，接通 1DQJ 励磁电路，1DQJ 励磁，2DQJ 转极返回原位。

5. DBJ 继电器电路、FBJ 继电器电路

为了实现“驼峰分路道岔始终检查转辙机自动开闭器接点位置”技术要求，即转辙机自动开闭器接点在位（接点排闭合方向一致），相应表示继电器应该励磁，所以为道岔表示继电器设置了自闭电路。表示继电器自闭，不再检查 2DQJ 位置，即使在操作道岔 2DQJ 换位，转辙机因故不启动，转辙机自动开闭器接点仍在原位，道岔表示继电器仍保持在自闭状态，给出原位置表示。利用分路道岔建立峰下调车进路，道岔被实施进路锁闭，SJ 落下，切断表示继电器自闭电路，此时，如果 2DQJ 位置与转辙机自动开闭器接点位置对应，则给出道岔表示，调车进路可以建立；如果 2DQJ 位置与转辙机自动开闭器接点位置不对应，则不给出道岔表示，调车进路不能建立。在道岔表示继电器自闭电路中接入 SJ 吸起接点，就是满足建立调车进路时，道岔位置（2DQJ 位置）继电器与道岔位置相一致技术条件。

（二）接通顺序

1. 定位向反位转换

（1）DQJ 励磁（见图 5-3-5）：KZ→DS（D）定位接通→DS（F）（手动扳动）、KZ→SZJ31-32→FJ61-62（自动扳动）→FDGJ141-43→DGJ41-42→DGJ141-42→2DQJ142-141→1DQJ3-4→SJ42-41→KF。

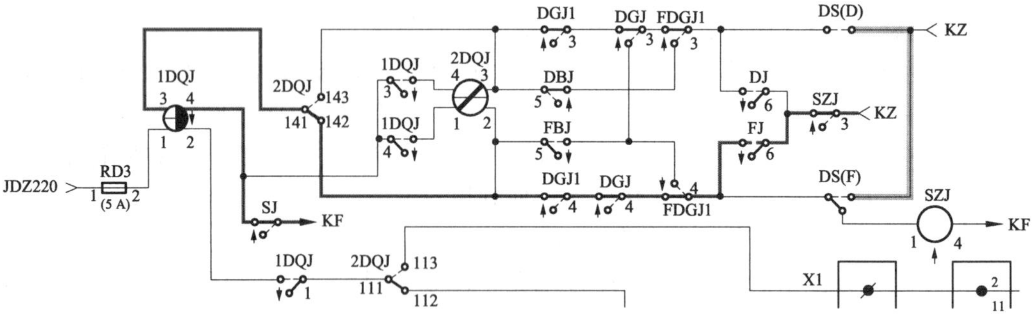

图 5-3-5 IDQJ 励磁电路

（2）2DQJ 转极（见图 5-3-6）：KZ→DS（D）定位接通→DS（F）（手动扳动）、KZ→SZJ31-32→FJ61-62（自动扳动）→FDGJ141-43-DGJ41-42→DGJ141-42→2DQJ2-1→1DQJ42-41→SJ42-41→KF。

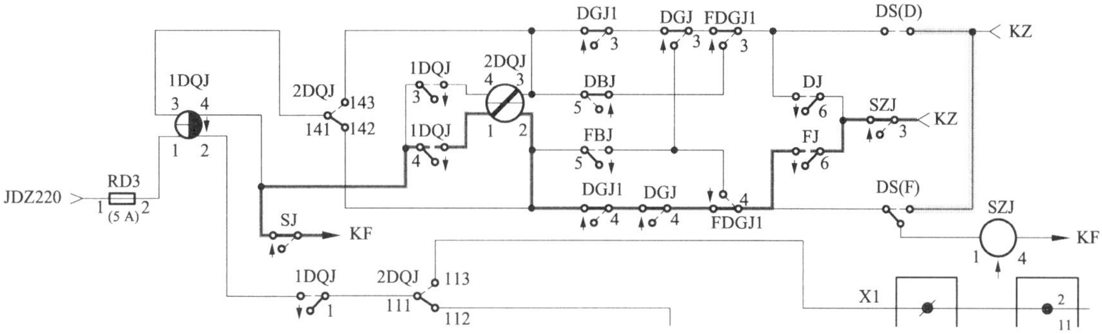

图 5-3-6　2DQJ 转极电路

（3）1DQJ 自闭（电动机转动电路，见图 5-3-7）。JDZ20→RD3→1DQJ1-2→1DQJ12-11→2DQJ111-113→自动开闭器 11-12→定子线圈 2→3→转子线圈 3-4→遮断器 05-06→1DQJ21-22→2DQJ121-123→RD2→DF220。

2. 反位向定位转换

（1）1DQJ 励磁：KZ→DS（D）（手动扳动）、KZ→SZJ31-32→DJ61-62（自动扳动）→FDGJ131-33→DGJ31-32→DGJ131-32→2DQJ143-141→1DQJ3-4→SJ42-41→KF。

（2）2DQJ 转极：KZ→DS（D）（手动扳动）、KZ→SZJ31-32→DJ61-62（自动扳动）→FDGJ131-33→DGJ31-32→DGJ131-32-2DQJ3-4→1DQJ32-31-SJ42-41→KF。

（3）1DQJ 自闭（电动机转动电路）：HDZ220→RD3→1DQJ1-2→1DQJ12-11→2DQJ111-112→自动开闭器 41-42→定子线圈 1-3→转子线圈 3-4→遮断器 05-06→1DQJ21-22→2DQJ121-122→RD1→DF220。

3. 返极励磁

（1）无车占用本区段置于定位：

① 1DQJ 励磁：KZ→SZJ31-32→DJ61-62→FDGJ131-33→DGJ31-32→DGJ131-32→2DQJ143-141 1DQJ3-4→SJ42-41→KF。

② 2DQJ 转极：KZ→SZJ31-32→DJ61-62→FDJ131-33→DGJ31-32→DGJ131-32→2DQJ3-4→1DQJ32-31→SJ42-41→KF。

（2）无车占用本区段置于反位：

① 1DQJ 励磁：KZ→SZJ31-32→FJ61-62→FDGJ141-43→DGJ41-42→DGJ141-42→2DQJ142-141→1DQJ3-4→SJ42 -41→KF。

② 2DQJ 转极：KZ→SZJ31-32→DJ61-62→FDJ141-43→DGJ41-42→DGJ141-42→2DQJ2-1→1DQJ42-41→SJ42-41→KF。

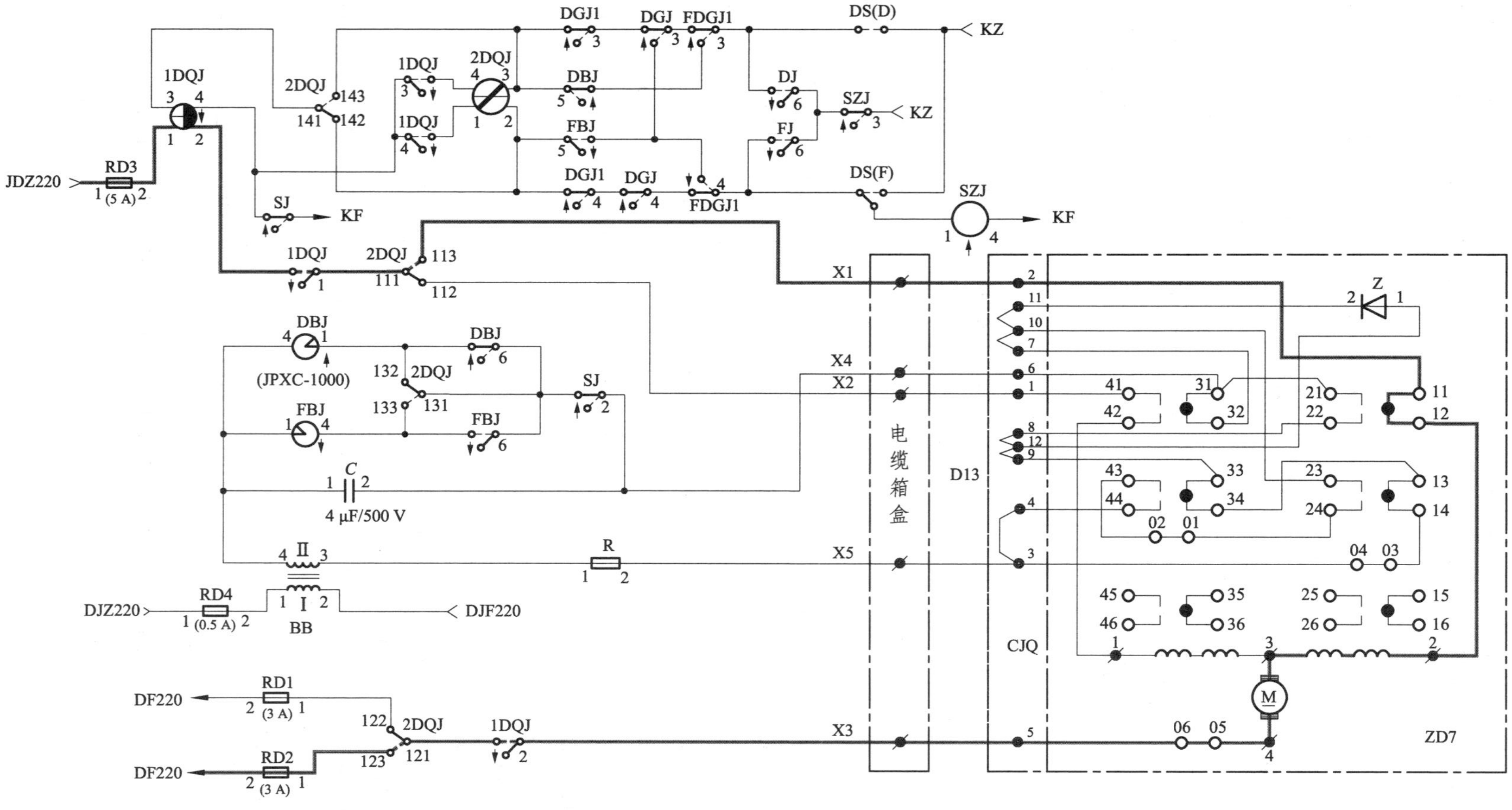

图 5-3-7　1DQJ 自闭电路（电机转动电路）

（3）车组占用保护区段置于定位：

① 1DQJ 励磁：KZ→SZJ31-32→DJ61-62→FDGJ131-32→DBJ51-52→2DQJ143-141→1DQJ3-4→SJ42-41→KF。

② 2DQJ 转极：KZ→SZJ31-32→DJ31-32→FDJ131-32→DBJ51-52→2DQJ3-4→1DQJ32-31→SJ42-41→KF。

（4）车组占用保护区段置于反位：

① 1DQJ 励磁：KZ→SZJ31-32→FJ61-62→FDGJ141-43→FBJ51-52→2DQJ142-141→1DQJ3-4→SJ42-41→KF。

② 2DQJ 转极：KZ→SZJ31-32→FJ61-62→FDGJ141-42→FBJ51-52→2DQJ2-1→1DQJ42-41→SJ42-41→KF。

（5）车组占用本道岔区段置于定位：

① 1DQJ 励磁：KZ→SZJ31-32→DJ31-32→FDGJ131-33→DGJ31-33→DRJ51-52→2DQJ143-141→1DQJ3-4→SJ42-41→KF。

② 2DQJ 转极：KZ→SZJ31-32→DJ31-32→FDGJ131-33→DGJ31-32→DBJ51-52→2DQJ3-4→1DQJ32-31→SJ42-41→KF。

（6）车组占用本道岔区段置于反位：

① 1DQJ 励磁：KZ→SZJ31-32→FJ31-32→FDGJ141-43→DGJ41-43→FBJ51-52→2DQJ142-141→1DQJ3-4→SJ42-41→KF。

② 2DQJ 转极：KZ→SZJ31-32→FJ31-32→FDGJ141-43→DGJ41-43→FBJ51-52→2DQJ2-1→1DQJ42-41→SJ42-41→KF。

4. 强制励磁

（1）无车占用本区段置于定位：

① 1DQJ 励磁：KZ→DS（D）→FDGJ131-33→DGJ31-32→DGJ131-32→2DQJ143-141→1DQJ3-4→SJ42 -41→KF。

② 2DQJ 转极：KZ→DS（D）→FDJ131-33→DGJ31-32→DGJ131-32→2DQJ3-4→1DQJ32-31→SJ42-41→KF。

（2）无车占用本区段置于反位：

① 1DQJ 励磁：KZ→DS（F）→FDGJ141-43→DGJ41-42→DGJ141-42 →2DQJ143-141→1DQJ3-4→SJ42-41→KF。

② 2DQJ 转极：KZ→DS（F）→FDJ141-43→DGJ41-42→DGJ141-42→2DQJ2-1→1DQJ42-41→SJ42-41→KF。

（3）车组占用保护区段置于定位：

① 1DQJ 励磁：KZ→DS（D）→FDGJ131-32→DBJ51-52→2DQJ143-141→1DQJ3-4→SJ42-41→KF。

② 2DQJ 转极：KZ→DS（D）→FDJ131-32→DBJ51-52→2DQJ3-4→1DQJ32-31→SJ42-41→KF。

（4）车组占用保护区段置于反位：

① 1DQJ 励磁：KZ→DS（F）→FDGJ141-43→FBJ51-52→2DQJ142-141→1DQJ3-4→

SJ42-41→KF。

② 2DQJ 转极：KZ→DS（F）→FDJ141-42→FBJ51-52→2DQJ2-1→1DQJ42-41→SJ42-41→KF。

（5）车组占用本道岔区段置于定位：

① 1DQJ 励磁：KZ→DS（D）→FDGJ131-33→DGJ31-33→DBJ51-52→2DQJ143-141→1DQJ3-4→SJ42-41→KF。

② 2DQJ 转极：KZ→DS（D）→FDGJ131-33→DGJ31-32→DBJ51-52→2DQJ3-4→1DQJ32-31→SJ42-41→KF。

（6）车组占用本道岔区段置于反位：

① 1DQJ 励磁：KZ→DS（F）→FDGJ141-43→DGJ41-43→FBJ51-52→2DQJ142-141→1DQJ3-4→SJ42-41→KF。

② 2DQJ 转极：KZ→DS（F）→FDGJ141-43→DGJ41-43→FBJ51-52→2DQJ2-1→1DQJ42-41→SJ42-41→KF。

（7）用反位手柄置于定位：

① 1DQJ 励磁：KZ→DS（F）→FDGJ141-42（或 FDQJ141-43→DGJ41-43）→DBJ51-52→2DQJ143-141→1DQJ3-4→SJ42-41→KF。

② 2DQJ 转极：KZ→DS（F）→FDGJ141-42（或 FDQJ141-43→DGJ41-43）→DBJ51-52→2DQJ2-1→1DQJ42-41→SJ42-41→KF。

（8）用定位手柄置于反位：

① 1DQJ 励磁：KZ→DS（D）→FDGJ131-32（或 FDQJ131-33→DGJ31-33）→FBJ51-52→2DQJ142-141→1DQJ3-4→SJ42-41→KF。

② 2DQJ 转极：KZ→DS（D）→FDGJ131-32（或 FDQJ131-33→DGJ31-33）→FBJ51-52→2DQJ2-1→1DQJ42-41→SJ42-41→KF。

5. 定位表示

BB3→R→移位接触器 04-03→自动开闭器 14-13-34-33→Z1-2→自动开闭器 32-31→SJ21-22→2DQJ131-132（自闭时 DBJ61-62）→DBJ1-4→BB4。

6. 反位表示

BB3→R→自动开闭器 44-43→移位接触器 02-01→自动开闭器 24-23→Z2-1→自动开闭器 22-21-31→SJ21-22→2DQJ131-132（自闭时 FBJ61-62）→FBJ4-1→BB4。

项目六　工电结合整治道岔

项目描述

本项目主要介绍道岔结合部病害的表现形式及危害、工电联合整治道岔的步骤和方法，重点阐述结合部的整治。

任务一　认知道岔结合部病害的表现形式及危害

任务目标

1. 掌握道岔结合部病害的表现形式；
2. 了解结合部病害的危害。

相关知识

微课视频：道岔结合部病害表现形式及危害

道岔病害是道岔发生卡阻故障的根本原因，大力整治道岔病害对于减少道岔故障具有重要的意义，所以要高度重视道岔病害整治工作，采取强有力措施，保证道岔运用质量常态化优良。

道岔病害按照分管部门不同，归纳起来分为两大类：第一类为道岔结合部病害，主要表现为道岔几何尺寸不达标，道岔方向、框架不良等，这些问题主要是由于工务部门维护不到位造成的；第二类为转辙设备病害，主要表现为转辙设备调整不当、维修手段落后、维修观念陈旧、维修水平不高等，这些问题既是水平问题，也是管理问题。

一、道岔爬行

基本轨、尖轨、牵引点岔枕相对位置发生偏离称为道岔爬行。爬行引起的位移量超过允许数值，会导致转辙设备在转换尖轨时受阻，或道岔在静态时失去位置表示。在维修中，要随时关注道岔的爬行，发现爬行量超标，要及时整治，以保持基本轨、尖轨、轨枕相对位置的稳定。

（一）基本轨爬行

基本轨爬行有三种表现形式：一是一侧基本轨爬行；二是两侧基本轨向同方向爬行；三是两侧基本轨向相反方向爬行。基本轨爬行对于角钢安装道岔和托板安装道岔来说，造成的危害各有不同。

1. 基本轨爬行对角钢安装道岔造成的危害

上述三种基本轨爬行形式对框架结构内锁闭角钢安装方式的道岔转换的影响也不同：第一种、第三种情形，一侧基本轨爬行或两侧基本轨向相反方向爬行，会破坏转辙设备安装框架，使矩形框架变形为菱形结构，会带动转辙机位移，使转辙机动作杆与动作连接杆、表示杆与表示连接杆不在一条直线上，严重时会形成较大角度，使转辙机的牵引力分散，动作连接杆与立式杆架别劲、表示连接杆与表示杆别劲，使尖轨转换受阻或失去表示；第二种情形，两侧基本轨向同方向爬行，使转辙机的位置偏离，表示杆、动作杆随转辙机位移，与表示连接杆、动作连接杆不在一条直线上，同样会使转辙机的牵引力分散，严重时会造成别卡使尖轨转换受阻或失去表示。

2. 基本轨爬行对托板安装道岔造成的危害

三种基本轨爬行形式对分动结构外锁闭托盘安装方式的道岔转换的影响与角钢安装方式相比更严重。由于锁闭框固定在基本轨上，所以基本轨爬行会带动锁闭框位移，造成锁闭框与锁闭杆别卡、锁闭框与表示杆别卡。第一种基本轨爬行情形是一侧基本轨爬行，如果是远离转辙机侧的基本轨爬行，固定在该侧基本轨上的锁闭框带动锁闭杆位移，造成该侧锁闭杆与锁闭框磨卡，但由于是锁闭杆末端磨卡，所以对道岔转换的影响相对较小；如果是靠近转辙机侧的基本轨爬行，固定在该侧基本轨上的锁闭框可能与锁闭杆发生严重别卡，或者向表示杆方向爬行导致锁闭框和表示连接杆触碰别卡，使尖轨转动受阻、道岔无法转换；第二种基本轨爬行情形是两侧基本轨向同方向爬行，向表示杆方向位移会使锁闭框与表示连接杆触碰、与锁闭杆别卡，向表示杆背向位移，会使锁闭框和锁闭杆别卡、与表示杆连接角度加大，严重时会导致道岔尖轨无法转换；第三种基本轨爬行情形是两侧基本轨向相反方向爬行，带来的后果比一侧基本轨爬行更严重，同样会造成锁闭框与锁闭杆别卡或者触碰表示连接杆造成别卡，从而导致道岔尖轨无法转换。

（二）尖轨爬行

尖轨爬行也有三种表现形式：一是一侧尖轨爬行；二是两侧尖轨向同方向爬行；三是两侧尖轨向相反方向爬行。尖轨爬行造成的危害同样对于角钢安装道岔和托板安装道岔有所不同。

1. 尖轨爬行对角钢安装道岔造成的危害

对于角钢安装方式的道岔，无论是一侧尖轨爬行还是两侧尖轨爬行，由于表示连接杆经尖端杆与尖轨连接，尖轨的位移会造成转辙机内外表示杆不在一条直线上，连接成角度，严重时均可造成道岔无表示。一般的尖轨爬行对于角钢安装方式的道岔来说影响不明显。

2. 尖轨爬行对托板安装道岔造成的危害

对于托板安装方式的道岔,尖轨爬行对其转辙机缺口的影响和角钢安装方式一样不明显，但对于外锁闭道岔来说，靠近转辙机侧尖轨向锁闭框方向位移会使表示连接杆与锁闭框触碰磨卡、别劲从而导致道岔尖轨无法转换。特别严重时，锁钩顺销轴会位移到极限与尖轨连接铁触碰。

（三）轨枕爬行

轨枕爬行有两种表现形式：一是向岔前方向爬行，二是向岔后方向爬行。

1. 轨枕爬行对角钢安装道岔造成的危害

对于角钢安装方式的道岔，动作连接杆、表示连接杆两侧轨枕爬行，可能会导致轨枕与杆件距离过近甚至磨卡，影响道岔尖轨转换。

2. 轨枕爬行对托板安装方式造成的危害

对于托板安装方式的道岔，由于转辙机安装在托板上，牵引点岔枕爬行，会带动转辙机位移，同时带动动作杆、表示杆位移；轨枕向岔前方向爬行，会导致动作杆歪斜或锁闭框与锁闭杆磨卡；轨枕向岔后方向爬行，会导致锁闭框与锁闭杆磨卡、表示连接杆与锁闭框相碰，严重时会导致尖轨转换不能完成、道岔失表示。

二、道岔不密贴

（一）尖轨尖端与基本轨不密贴

如果尖轨尖端与基本轨不密贴会导致列车轮对冲击尖轨尖端,也会导致轮毂过早地由基本轨转移至尖轨，增大了脱轨系数。当尖轨与基本轨不密贴时，尖轨上的轮轨横向力有明显增加，其反力有可能增大不密贴的程度，而列车侧向过岔会导致这种现象加剧，进而影响尖轨使用寿命。

（二）尖轨后部牵引点与基本轨不密贴

尖轨后部牵引点与基本轨不密贴比较常见（见图 6-1-1），也较难解决，会造成两方面危害：一是使尖轨尖端的密贴力增加，导致尖轨尖端锁闭、解锁困难，类似于“跷跷板”原理；二是车轮撞击尖轨向外方位移，带动表示杆向转辙机方向移动，造成后部牵引点转辙机或转换锁闭器缺口变化；三是车轮经过后尖轨反弹，对 ZD6 系列转辙机的挤切销冲击力很大，多数挤切销折断都是这个原因；四是对外锁闭道岔来说，每经过一对轮对，锁钩与锁闭铁的锁闭斜面角度就变化一次，不利于外锁闭运用的稳定性。

图 6-1-1　尖轨后部牵引点与基本轨不密贴

（三）心轨与翼轨不密贴

心轨与翼轨不密贴的危害与尖轨后部牵引点不密贴的危害基本相同，同样会造成道岔转换困难或失去表示。

三、调整不当

（一）内锁闭道岔空动距离不足

内锁闭道岔空动距离是指密贴调整螺母边缘与立式杆架外边缘之间的距离，也称游间。空动距离要求大于 5 mm。空动距离是转辙机启动后动作杆一段时间内无载位移的距离，保证了转辙机达到最大动能时再带载，提高了功率输出效率。

（二）外锁闭道岔锁闭量不当

外锁闭道岔锁闭量是指锁闭装置从锁闭开始到锁闭结束的行程。第一牵引点锁闭量不应小于 25 mm，其他牵引点锁闭量不应小于 20 mm，定、反位锁闭量应均衡，偏差不大于 2 mm。外锁闭道岔锁闭量的部分作用与内锁闭道岔空动距离相似，也是保证转辙机功率输出达到最大。

（三）自动开闭器接点接触深度调整不当、压力不足

电动转辙机动接点在静接点片内的接触深度不小于 4 mm，接点接触压力不小于 4.0 N。摇动手摇把使动接点与两静接点片刚好处于接触状态，直至转辙机锁闭完成，动接点的行程即为接触深度。自动开闭器动接点打入静接点的深度不足，会导致接点压力不足，列车过岔时接点受到震动会断开表示；打入深度过大，会导致接点接触压力过大，静接点变形、不易解锁，或动接点磕碰静接点座，损坏接点组。

（四）防水、防尘不良

防水、防尘不良，会导致转辙机内积水、积尘，寒冷季节随昼夜温差使自动开闭器接点挂霜，导致接点接触不良，其他金属件也会生锈，机内的积尘会影响部件动作的灵活性。

任务二　工电联合整治道岔

任务目标

1. 掌握道岔病害整治方法、各部门道岔管理范围、联合整治道岔方法；
2. 掌握道岔结合部设备电路问题的检查与分析方法；
3. 会制定道岔结合部测试检修整治方案；
4. 掌握道岔结合部的复查方法。

相关知识

轨道交通线路的关键是道岔，而现场道岔运用质量问题较多的是工电结合部，因此提高工电结合部联合检查整治质量十分重要。对道岔设备要按计划进行联合检查，根据设备实际运用情况，按照联整作业的要求，工、电双方一起按照道岔检查表逐项对设备进行测量检查以及扳动试验，观察道岔转换状态，并将发现的病害详细记录备案，制定有效的整治方案，并根据发现的病害制定联合作业计划，同时协调好进行联合作业，作业完毕进行联合验收以保证质量达标。工电联合检查如图 6-2-1 所示。

微课视频：工电联合整治道岔

图 6-2-1　工电联合检查

一、整治方案确立

（一）病害调查

电务维修人员要准确掌握道岔的框架结构、几何尺寸、应用变化，对道岔状况进行诊断，发现不良会同工务部门确定原因。在病害的调查方面，工务部门重点关注道岔结构是否稳定，而电务部门重点关注道岔的变化，所以在道岔病害的调查方面，电务部门更要积极主动，积极协调工务部门，取得工务部门的支持和帮助，这是整治道岔病害成败的关键。

（二）确立方案

确立方案要遵循节约简约原则。节约简约就是在道岔病害整治时，尽量选取简单方法，以最少的人力、物力获得最大成效。例如，整治外锁闭道岔爬行，目的是使动作杆与锁闭杆、表示杆和表示连接杆平顺，锁闭杆与锁闭框不磨卡，可通过移动轨枕，即移动转辙机位置，使转辙机顺应道岔爬行，这样做最简单、便捷，同时也会获得工务部门的支持。能用调整的方法解决问题，就不要选择拉轨、换件的方案，这样加大了整治成本。

确立方案要周到细致，应把整治方法、手段、安全措施、应急预案考虑全面，不要盲目确定，要会同工务部门进行讨论，并向上级管理部门汇报，以确保整治成功。

二、病害整治

（一）基本轨爬行整治

“爬”，主要是指转辙部分道岔爬行或尖轨前后窜动。如果尖轨串动量和道岔爬行量大于 20 mm 时，就很容易造成转辙机表示杆位置改变。测量转辙机方正如图 6-2-2 所示。

图 6-2-2　测量转辙机方正

1. 形成原因

（1）安装及更换道岔基本轨、引轨、导轨时，引起两条基本轨位置发生改变。

（2）胶接绝缘速冻钢轨接头时，由于轨缝不符合胶接要求，拉轨造成基本轨爬行。

（3）一个方向长期运行长大重载列车，造成一侧基本轨、一侧尖轨向运行方向爬行。

（4）钢轨锁定不良，气温变化引起胀缩轨，也会造成爬行。

2. 标准要求

基本轨与转辙机动作杆相对位移量小于 20 mm。

3. 测量方法

（1）对于角钢安装方式的道岔，由于转辙机安装在基本轨上，基本轨爬行带动转辙机一起位移，所以用方尺在直基本轨一侧寻求基本参照点，测量两侧基本轨头到方尺的距离，求差，再和道岔初始数值比较，就可以得出基本轨爬行量。

（2）对于托板安装方式的道岔，由于转辙机安装在轨枕上，所以要用方尺寻求以转辙机动作杆位置为参照的测量点。例如以转辙机动作杆位置为基准点，用方尺在基本轨上寻求与转辙机横向边缘垂直的参照点，测量锁闭框安装孔中心到参照点的距离，就是基本轨的爬行量。

4. 整治方法

基本轨爬行量超出标准时，应根据铺设图中两条尖轨与两基本轨的位置，确定哪条基本轨需要拉方正，并根据这条基本轨前后引轨的状况确定整治方案。

（1）有轨缝利用：需要调整的基本轨前、后引轨有轨缝时，可以用调整轨缝的方法将基本轨的爬行量调整到 20 mm 以内。可以调整一条基本轨，也可以两条基本轨配合调整。

（2）无轨缝利用：基本轨前后接头没有可以调整的轨缝，则需要换轨解决。

（二）尖轨爬行整治

1. 形成原因

由于尖轨前端无扣件，在气温变化时，热胀冷缩会引起尖轨爬行，尤其是大号码道岔爬行明显。长期一侧走行长大重载列车，也会造成一侧尖轨爬行。

2. 标准要求

两尖轨相错量小于±20 mm。

3. 测量方法

如图 6-2-3 所示，尖轨相错量测量，方尺尺头放在岔前直基本轨上，用直尺分别测量出直、曲尖轨头部与方尺的距离，其距离差即为两尖轨相错量。

图 6-2-3　尖轨相错量测量

4. 整治方法

当两尖轨相错量超出标准时，应根据铺设图的理论尺寸确定移动尖轨的位置。

（1）有轨缝利用：当需要拉动的尖轨有轨缝时，可以考虑用调整轨缝的方法将尖轨爬行量调整到 20 mm 以内。

（2）无轨缝利用：当尖轨没有可以调整的轨缝时，则换轨解决。

（三）轨枕爬行整治

1. 形成原因

（1）施工人员未按设计图铺设岔枕。

（2）机械化综合维修作业造成岔枕移位。

（3）岔枕缺少石砟、稳定性差，长期走行列车就会造成岔枕位移。

2. 标准要求

各图号道岔不同牵引点的枕距标准各不相同，一般单开道岔转辙部位的岔枕均需垂直于直股基本轨，内锁闭道岔岔枕方正与位置对转换设备影响相对较小，外锁闭则需要很高的精确度。需要特别强调的是，外锁闭道岔牵引点岔枕与牵引点中心线的相对位置至关重要，这个参数直接影响转换设备的方正与否。一般重载线路道岔和客专线道岔的尖轨牵引点中心距牵引点前岔枕中心 360 mm，距后岔枕中心 290 mm；其他提速道岔距前岔枕 350 mm，距后岔枕 300 mm。可动心轨牵引点种类较多，可查询对应图号的铺设图数据。

3. 测量方法

以锁闭框两固定螺栓中心点作为基本轨位置的参照点，测量距前、后岔枕滑床板固定螺栓中心线的距离。

4. 整治方法

为适应基本轨相错及岔枕位置偏差，锁闭框固定孔设计有±20 mm 的调整量，公差较小时可调整两侧锁闭框解决，调整量不能满足纠正时，则调整轨枕位置。

（四）尖轨基本轨不密贴整治

1. 形成原因

（1）在调整方面，维修人员维修标准不明确，错误地认为尖轨密贴力越小，对于转辙机工作越有利，导致尖轨尖端不密贴。

（2）在病害方面，尖轨与基本轨整体顺切不良，腰部抗劲、道岔轨距跳跃、基本轨方向不良、尖轨变形、基本轨产生肥边、支距过大等。

2. 标准要求

尖轨第一牵引点前和基本轨、心轨第一牵引点前与翼轨的间隙小于 0.5 mm，其余刨切段间隙小于 1 mm。

3. 测量方法

用塞尺进行各部位缝隙的测量。

4. 整治方法

道岔不密贴的整治首先须判断、查明原因，再具体实施。原因不明确时，可甩开转辙机，用撬棍将尖轨拨密，观察自然密合情况，判断反弹力大小，判明是道岔框架问题还是道岔方向问题，是基本轨问题还是尖轨问题，找准卡阻、抗劲原因，再采取相应办法整治。

（1）调整密贴力：对于内锁闭道岔，旋转密贴调整螺母，增加密贴力，用夹板试验密贴，4 mm 不锁闭且 2 mm 锁闭；对于外锁闭道岔，用长度 350 ~ 450 mm 的工具向外撬动密贴尖轨（心轨）尖端的轨腰内侧，密贴缝隙有 0.5 ~ 1.0 mm 的位移量，松开后尖轨（心轨）能自动弹回，然后做 4 mm 不锁闭试验，增加密贴调整片可增大密贴力。

（2）拨正道岔方向：用拨轨器将道岔方向不良的地段拨直，曲基本轨按框架尺寸校准位置，用轨距杆固定轨距，尖轨尖端轨距杆的内、外侧螺母均要紧固，其他位置轨距杆则紧固外侧螺母，滑床板与基本轨间的间隙用衬铁垫实，防止基本轨在列车过岔时里外摆动引起缺口变化。

（3）纠正尖轨变形：甩开道岔连接杆件，用弯轨器整治变形尖轨，必要时更换尖轨，以消除反弹、弓腰、上翘等问题，切忌用增加密贴力的方法纠正尖轨不密贴病害。

（4）减小尖轨根端支距：测量顶铁与尖轨间隙的大小，如顶铁与尖轨抗劲，则要撤除顶铁垫片；无法解决问题时，更换顶铁或切除顶铁、缩短顶铁长度来解决。

（五）心轨与翼轨不密贴整治

1. 形成原因

长心轨固定端方向不良，心轨第二牵引点动程不足，翼轨框架尺寸偏差或框架偏斜，均可造成心轨与翼轨不密贴。

2. 标准要求

心轨第一牵引点前与翼轨的间隙小于 0.5 mm，其余密贴段间隙小于 1 mm。

3. 测量方法

（1）用塞尺进行各部位缝隙的测量。

（2）在心轨第一牵引点锁闭杆上方，心轨与翼轨间夹入宽 20 mm、厚 4 mm 的铁板进行试验，不应锁闭。

4. 整治方法

翼轨框架顶铁多，整治难度大，如果能用调整方法解决心轨不密贴，则一般不宜调整翼轨框架。

（1）调整长心轨固定端轨向。

（2）矫正翼轨框架尺寸及方向，对个别抗点调整处理。

（3）增加密贴力。增加心轨第二牵引点的密贴调整片，会增大可动心轨动程，心轨密贴调整要遵循先第二牵引点、后第一牵引点、两点均衡的原则，调整后必须检查所有顶铁，不能产生反弹力。

（六）尖轨上翘整治

1. 形成原因

（1）尖轨根部低造成尖轨翘头.

（2）尖轨头部道床不实造成基本轨下沉，尖轨相对基本轨翘头.

（3）尖轨垂直变形使尖轨翘头.

（4）滑床板不在同一水平面上，造成尖轨翘头。

2. 标准要求

（1）内锁闭道岔，尖轨轨底与滑床台密靠，不得有连续空吊。

（2）外锁闭道岔，尖（心）轨轨底与滑床台间隙小于 1 mm。

3. 测量方法

（1）用适宜厚度的塞尺插入滑床板与尖轨之间，测量上翘距离。

（2）用吊线绳的方法测量基本轨的高低状况。

4. 整治方法

尖轨垂直变形整治难度大，必要时须更换尖轨。更换尖轨后，还要检查造成尖轨垂直变形的原因，查看尖轨中部滑床板是否有空吊、尖轨根端是否有抬高等问题。

（1）抬高尖轨：要求工务部门用捣固的方法将尖轨超高部位的轨枕抬高，捣固时分步进行，防止抬高过度造成尖轨升高过度而造成滑床板空吊，也可以用加装垫板的方法垫高降低的部位。

（2）降低尖轨：一般选用撤除垫板或更换厚度较小的垫板降低超过部位解决；仍不能解决时，抬高、降低的方法同时使用，以使滑床板在同一水平面上；如仍不能解决，建议机械化综合维修。

（七）内锁道岔空动距离不足的整治

1. 形成原因

开程过大、框架尺寸过大。

2. 标准要求

（1）密贴调整杆动作时，其空动距离应在 5 mm 以上。

（2）第一牵引点框架尺寸不超过±1 mm，其他牵引点及密检器不超过±2 mm。

3. 测量方法

（1）用塞尺测量立式杆架与非密贴侧调整螺母间的距离，如图 6-2-4 所示。

（2）用钢卷尺或框架尺测量两基本轨工作边之间的框架尺寸。

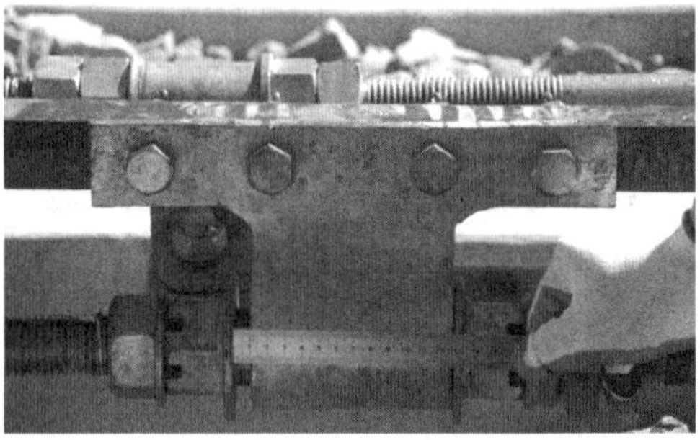

图 6-2-4　空动距离测量

4. 整治方法

（1）将道岔摇到四开位置，取下尖端杆，松开丁字铁螺母，在第一连接杆丁字铁与基本轨之间增加绝缘垫片或铁垫片，调整尖端杆长度并固定尖端杆。

（2）改道调整框架尺寸。

（八）外锁闭道岔尖轨与基本轨开程及锁闭量的整治

1. 形成原因

调整不当，道岔框架尺寸不合标。

2. 标准要求

（1）外锁闭道岔尖轨开口（动程）极限偏差为-3 ~ +5 mm，定、反位相差小于 3 mm。

（2）可动心第一牵引点动程误差为±1 mm。

（3）第一牵引点锁闭量大于 25 mm，其他牵引点锁闭量大于 20 mm，定、反位锁闭量应均衡，偏差不大于 2 mm。

3. 测量方法

（1）尖轨第一牵引点开程测量如图 6-2-5 所示，因为此处的尖轨顶面较低，测量时人应站在道心内。

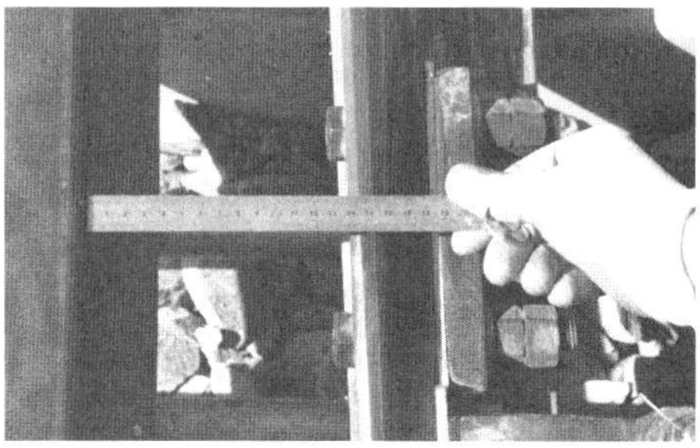

图 6-2-5 尖轨第一牵引点开程测量

（2）尖轨第二牵引点开程测量如图 6-2-6 所示。测量时站的位置应视尖轨的高低而定。

（3）尖轨第三牵引点开程测量如图 6-2-7 所示。

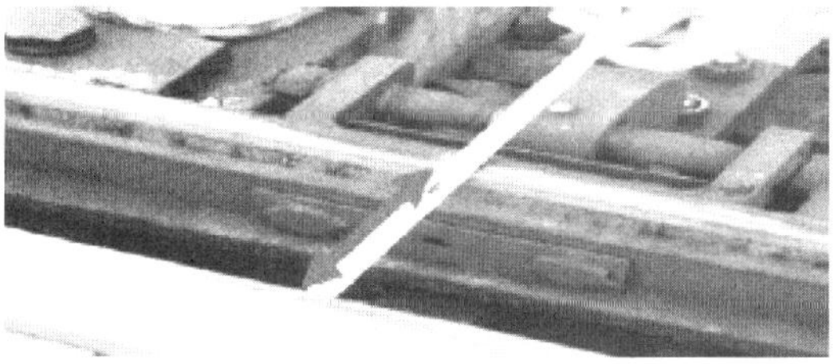

图 6-2-6 尖轨第二牵引点开程测量

图 6-2-7 尖轨第三牵引点开程测量

（4）锁闭量测量如图 6-2-8 所示。

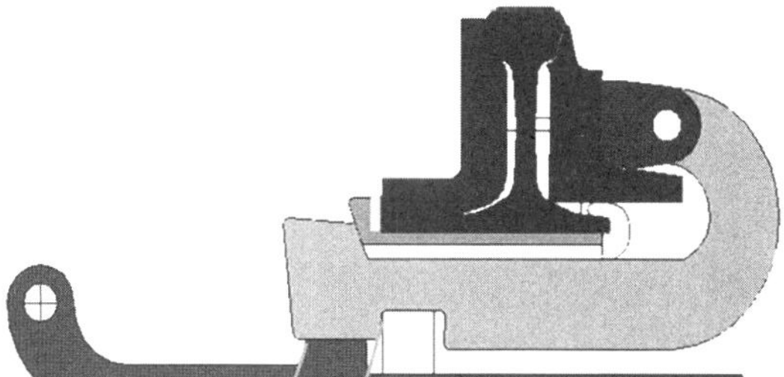

图 6-2-8 锁闭量测量

4. 整治方法

开程不均衡，调整动作连接杆长度，然后在尖轨连接铁与尖轨间加减调整片微调。

三、方正整治

方正主要是指工、电双方的道岔结构安装方正，包括直/曲基本轨框架、心轨/翼轨方向前后错位窜移，尖轨、可动心轨方向，电务转辙机安装处轨枕方正，电务杆件方正，转辙机安装方正等。因为提速道岔的特点是重轨多点牵引、内外锁闭、可动心轨，因此对于方正的要求远高于普通道岔，提速道岔故障中机械原因的占比很大，而各类方正是造成机械磨卡别劲、加大转换阻力的重要因素。造成机械别卡，主要是工电结合部关键部位的技术标准数据不达标、设备状态变化造成的，需要平时检修和整治时及时发现修复。

四、配合工务更换道岔作业指导书

普速铁路电务配合工务大修更换道岔作业程序包括作业前准备、道岔预铺、电务设备安装及调试等内容，下面介绍具体作业内容及相关标准。

（一）作业前准备

1. 电务段主管工程师

（1）调查既有道岔的安装（左装、右装）方式、道岔开向、接点闭合方式，交分道岔应调查好定、反位和拉入、伸出的位置关系；核查所更换道岔与进路、信号及其他道岔的特殊联锁关系。

（2）调查极性绝缘、交分道岔岔前绝缘、菱形交叉渡线绝缘、堵流绝缘位置，侵限绝缘做好重点标注，核查更换道岔引起的绝缘位置以及相应等阻线、箱盒、信号机、电缆等信号设备的变化，核查电源屏、断路器容量、组合位置是否满足施工需要。

（3）核查拟更换道岔原有及新上工务图号、电务图号、相应转辙机类型，电务设备安装限界及邻线空间是否满足，是否便于现场维修，新上道岔设备是否满足当前安全生产需求，与主管领导、工务部门、设计及时沟通做好更改后的施工调查及器材准备。

（4）及时了解工务更换道岔的施工时间、顺序及步骤，审核更换道岔施工的电务影响范围（比如超限绝缘考虑不到位影响行车），组织好配合施工队伍，按规定程序组织招标，组织好劳务工队伍的培训。

（5）及时定购更换道岔施工所需器材，包括转辙机、安装装置、缺口视频、信号集中监测（根据修改需要）及各种接续线、引接线、绝缘、固定卡、电缆、箱盒、断路器、继电器、道岔组合、电缆等。施工开通前备品应配备到位，及时做好台账修订。

（6）若开通时需要过渡，应制定过渡配线表，要求做到清晰无误，施工结束前临时过渡配线须拆除彻底，需保留的过渡箱盒做好图纸修改及明示。

2. 信号车间负责内容

（1）和工务共同对道岔拉入走行路线进行前期调查，确认需下落的设备，制定下落方案并做好限界的测量。

（2）确认新旧道岔位置变化情况、道岔电缆盒是否需要移动、原有蛇管（线把）长度是否合适，确定新敷设电缆径路。

（3）核对施工的具体封锁地点，配合工务确认“两横一纵”临时回流线加装位置。

（4）核对更换道岔需用挖掘机的地点，确认电缆路径，应提前挖探沟，防止电缆损伤。

（5）核查既有电缆使用情况、电缆盒端子使用情况，根据调查情况提前制作箱盒配线表、转辙机电路图并打印。

（6）对于需要改动组合配线的，应提前准备，施工前对新拉入转辙机、新增电缆进行试验。

（7）对于转辙机型号改变引起转辙机手摇把发生变化的，现场车间要在正式施工开始前与车站做好手摇把编号、登记、装箱手续。

（8）施工过程中加强劳务工的管理，核查劳务工信息及上岗证在施工方案中都要有体现，明确现场防护监控人员。

3. 检修车间负责内容

（1）道岔大修的新转辙机必须先入所检测，测试良好后，转辙机内配线、外配线，液压转辙机油压、油位监测和道岔缺口视频监测设备安装齐全方准出所，出所设备检修车间与现场车间对数量、型号、配线、视频缺口进行检查核对。

（2）对随机配备的手摇把及液压转辙机应急手扳装置，由检修车间入库编号保管，并检查核对入库数量和随机配件数量相符，不得遗漏；各车间根据需要申请、使用手摇把及液压转辙机应急手扳装置时，按公司相关规定执行。

（二）道岔预铺

（1）车间会同工务确定道岔预铺地点，确保道岔预铺后方便安装电务设备且安装后不侵限；同时注意对既有信号设备的防护，避免砸坏、碰伤信号设备。

（2）工务在道岔预铺时，电务做好配合，预铺完毕后，现场车间及时联系工务车间进行工电联合验收，验收完毕由工电双方共同签字后，该道岔方准安装电务设备。

（3）道岔预铺验收标准：

① 道岔各部框架、轨距、转辙部位的岔枕位置及间距符合标准。

② 尖轨、心轨、基本轨的爬行、窜动量、限位铁间隙符合标准。

③ 人工拨动尖轨、心轨，刨切部分与基本轨、翼轨密贴应符合要求。

④ 尖轨防跳限位装置、各部轨距调整块齐全且作用良好，尖轨、心轨底部与滑床台、辊轮间隙符合要求。

⑤ 顶铁齐全且作用良好，顶铁间隙不大于 2 mm。

⑥ 间隔铁安装正确，牵引点处通长滑床板和两侧基本轨滑床板之间必须采取绝缘隔离连接。

⑦ 组装式绝缘必须使用两段式高强度绝缘，绝缘值测试达标，轨缝标准；绝缘安装位置正确，应设在同一坐标处，当不能设在同一坐标处时，其错开距离不应大于 2.5 m。

⑧ 对道岔中所有的绝缘均应使用兆欧表进行线下检查测试并记录，测试良好后方准上道使用。

（三）电务设备安装及调试

1. 转辙设备安装

（1）工电联合验收完毕后方准进行电务设备安装，安装前必须先核对安装后是否侵限，对于电务安装位置侵限的道岔，必须在天窗修时间内进行安装、调试，完毕后及时拆除侵限设备，确保符合限界标准。

（2）道岔转换设备安装应方正，电动转辙机机壳纵侧面的两端与直股基本轨垂直距离的偏差：内锁闭道岔不大于 10 mm，外锁闭道岔不大于 5 mm。

（3）各类型的道岔杆件均应与单开道岔直股基本轨或直股延长线、双开对称道岔股道中心线相垂直。各杆件的两端与基本轨或中心线的垂直偏差：内锁闭道岔的密贴调整杆、表示杆、尖端杆不应大于 20 mm（象鼻铁固定螺栓应由岔后方向向岔前方向的方式连接，方便分解检查），外锁闭道岔锁闭杆、表示杆不应大于 10 mm。

（4）外锁闭道岔：外锁闭及安装装置应安装方正、平顺；各牵引点尖轨动程和锁闭量定、反位两侧应均等，偏差不大于 2 mm；两侧基本轨上锁闭框的安装孔前后偏差不大于 10 mm；锁闭框中心及转辙机的动作杆应与锁闭杆成一直线，并与岔枕保持平行。

（5）穿越轨底的各种杆件，距轨底的净距离应大于 10 mm，距离石砟不小于 20 mm；检查各部开口销加装齐全，开口标准，开口 60° ~ 90°，大小规格、长短合适且不存在封连轨道的隐患。

（6）各种调整螺扣内外调整余量不得小于 10 mm。

（7）采用角钢安装的道岔，安装前应对长角钢 L 形铁上的螺栓的眼孔进行肥边清理，避免铁屑损坏绝缘管。角钢 L 形铁与钢轨轨腰密靠无缝隙；使用托盘安装转辙机的道岔，安装托盘前，将水泥枕托盘安装孔注入适量黄油，对不安装托盘的水泥枕另一端安装孔也要注入适量黄油，并使用备帽堵好。

（8）液压转辙机在安装调试时应对液压系统（油路）的空气排除干净：第一步，双点牵引时先连接一根油管，并将连接副机的一端松开，手摇电动机旋转方向应与此油管的连接方向一致，直至有液压油溢出，然后将接头紧固，同理将另一根油管接上即可，多点牵引时方法相同；第二步，松开油标螺栓，在手摇电动机时松紧溢流阀，使空气从油箱中排出；单点牵引时执行第二步。

（9）对安装装置及各类杆件进行绝缘检查测试。

（10）双杆转辙机道岔杆件预装：从岔尖方向面向尖轨转辙机侧的方钢应为后方钢，非转辙机侧的方钢应为前方钢；长密贴动作调整杆象鼻铁面向岔前（即安装在非转辙机侧的前方钢上）、短密贴动作调整杆象鼻铁面向岔后（即安装在转辙机侧的后方钢上）；尖端杆长 L 形铁应连接短表示连接杆（即安装在转辙机侧的后方钢尖轨上）、短 L 形铁应连接长表示连接杆（即安装在非转辙机侧的前方钢尖轨上）；尖端杆调整活接头应分别安装在第一、四撇尖轨方向，尖端杆调整死接头应分别安装在第二、三撇尖轨方向。

（11）转辙机及杆件安装完毕后，现场车间、施工单位按验收评价标准共同进行联合验收，达到优质后双方共同签字，车间留存验收资料。

2. 各种接续线安装

（1）对需安装的各种转极线、道岔跳线等按照标准打孔安装：1200 mm 的钢轨接续线（电化区段使用 50 mm^2 多股镀锌钢绞线）塞钉孔距鱼尾板的距离为 130 mm；钢轨上引线孔距鱼尾板距离及两等阻线距离均为 100 mm；对于道岔直股切割的岔后转极线必须使用两根 800 A 三防跳线以满足回流要求，辙岔处的轨道接续线采用长度合适的跳线并固定良好，可动心轨、交分道岔个别特殊位置的跳线需在铺设钢轨时同步安装。

（2）塞钉孔要由钢轨外侧向内侧钻孔，道岔各部跳线使用 ϕ9.8 mm 钻头在轨腰的中间钻孔，工务钻孔后必须按照标准及时安装各种跳线；塞钉打入深度最少与轨腰齐平，露出不得超过 4 mm，塞钉头处用 ϕ30 mm 圆孔的模板涂白漆进行防水封闭；道岔转极线及轨道等阻线使用 ϕ13 mm 钻头在轨腰中间钻孔；对于使用胀钉安装的转极线、轨道引接线等，打入胀钉前，胀钉孔要提前涂抹黄油；对于不能及时安装跳线或胀钉的钢轨孔，安装前应对钢轨孔进行除锈处理。

3. 导通试验

（1）电缆盒放置配线表、转辙机电路图，再次确认电缆配线图实相符，新更换电缆、贯通电缆必须导通、测试。

（2）对转辙机进行转换试验，试验前对出所后的转辙机各部配线进行检查，提前做好转辙机空动及表示的检查试验。

（3）凡是新铺设电缆、新增组合电缆，必须在电缆盒处用正式线把与新转辙机连接进行扳动试验。

（4）应加强转辙机内、外缺口的检查校核，必须调整一致。

（5）道岔调试完毕后，必须拆除转辙机的动作杆、表示杆和外杆件的连接，以免新道岔纵移时损伤电动机和杆件，把转辙机摇到拉入位置并锁闭，对外动作杆、表示杆等用 4.0 mm 铁丝固定。

（四）关键环节的把控

1. 施工前现场调查

（1）施工前现场调查电务设备安装限界及邻线空间是否满足要求，是否便于现场维修。

（2）对更换道岔需用挖掘机的地点确认电缆径路，应提前挖探沟，防止电缆损伤。

2. 施工过程

（1）在施工过程中，室内驻站人员要时刻监控显示器（控制台）的显示，若出现施工封锁以外的异常显示，要及时通知施工负责人进行检查处理。

（2）给点后，电务检查确认工务“两横一纵”临时回流线加装位置正确、加装封连良好，方准通知工务施工负责人可以锯轨，电务人员方准拆除等阻线（拆除等阻线时要记好长、短等阻线在扼流变压器端子上的安装位置，防止恢复时相位错误）。

（3）室外应记好道岔断电前的位置后再拆除既有设备，防护好电动机接插件的插头；对于更换新配线的，拆旧时必须注意电缆盒内的电缆配线，防止电缆头跳起。

（4）工务挖掘机作业时，应有专人负责监控，做好电缆防护（应提前调查好电缆尤其是过道电缆的位置）。

（5）工务横移新道岔时，应看管好道岔蛇管、油管、电缆盒及弯头，做好电务设备防护，防止轨排塌架时损伤；应提前调查测量好转辙机（下落）位置，注意清理电动机安装装置及托盘下的石砟，保证道岔下落时电务设备的安全。

（6）工务拉入道岔后，应先临时连接道岔配线，在不连杆件的情况下手摇转辙机与断电前的位置一致，室内送表示电源，检查表示是否良好；若是单动道岔，室内转换 2DQJ 位置，同时手摇转辙机到另一个位置，检查表示是否良好，此时可以进行断开表示的核对试验。试验良好后，连接杆件。

（7）督促工务对牵引点处填实干净石砟，在道床捣固稳定后，对道岔进行细调整。有条件时让工务对道岔牵引点处用强捣器对道床进行加固。

（8）与工务部门确认警冲标的安装位置，并据此确认各钢轨绝缘安装位置正确。安装绝缘时，必须全程盯控，检查工务钢轨接头横截面应平齐光洁、轨顶进行倒角，清除干净钻孔时的铁屑，鱼尾板无锐利毛刺，扣件弹条不碰鱼尾板等，并对绝缘及安装装置绝缘进行带电测试（在线绝缘电阻测试大于 20 Ω）。

（9）确认各部引入线、接续线安装完毕后，方准通知工务拆除“两横一纵”临时回流线，通知室内人员对轨道电压测试及对微机监测数据进行更换前后对比分析。对轨道残压（流）进行测试，对于超标的按规定进行登记。

（10）进行道岔缺口视频监测设备的调试，确保实际缺口和报警装置一致，要求道岔缺口视频同步开通。

（11）施工后信号机显示方向须核对无误，箱盒恢复后检查箱内配线是否有电缆下垂；检查测试建筑限界确保符合标准，若信号设备限界发生变化，应及时对相关资料进行签认并上报。

（12）具备联锁试验条件时，对道岔进行定、反位扳动试验；对每组道岔进行核对位置（双动道岔不在施工范围内的另外一动也需要进行对位试验）、断表示接点、断遮断器、扳动试验、断移位接触器、道岔密贴检查等试验、测试项目。

（13）室内人员应通过信号集中监测，确认下落或放倒的信号设备前后相关电气特性符合标准；信号机须进行开放信号试验。

（14）施工结束前扳动道岔，确认各种设备无异常，检查转辙机、轨道箱盒加锁良好，现场工具、材料清理完毕，所有作业人员撤离至安全地点后，方准销记开通。

（15）劳务工撤旧运送过程中，要有流动防护员全程跟随防护，下落设备应由专人负责监控。

3. 施工后的复查

（1）道岔轨道后需及时进行复查（新铺设道岔的点外复查要在施工方案中明确），重点是对道岔外缺口的检查以及对各部螺丝是否紧固，开口销是否齐全、标准、无封连，尖轨是否翘头等作业项目的检查；对直流转辙机，可利用天窗时间对摩擦电流进行测试，防止电流变化导致转辙机动作不良。

（2）对道岔结合部进行全面检查，对存在的问题及时下发配合通知单进行整治。

（3）各级部门应在道岔更换后一周内加强信号集中监测、道岔缺口视频的浏览分析：

工区每天不少于四次、检修整治工区每天不少于两次、电务段试验室分析员每天不少于一次，发现隐患及时上报并按规定处理。

（4）施工结束后，要及时对新增设备的备品、备件按照型号、数量配备齐全，图纸准确无误，及时更新台账。

（五）风险提示

（1）更换前必须进行空动试验，确认定/反位动作、表示正常。

（2）在道岔预铺及施工过程中，防止搬抬重物跌倒、碰伤，扳动道岔应防止挤伤手脚，防止作业人员、工具材料及预铺设备侵入邻线。

（3）对电缆径路提前探测，防止电缆损伤。

（4）防止联锁试验不彻底造成联锁失效。

（5）道岔开通轧道后须及时进行复查，加强监测设备盯控分析，预防故障发生。

知识拓展

一、道岔工电结合部设备管理分工

（1）道岔钢轨、辙叉、轨枕、滑床板、垫板、连接杆、拉杆、间隔铁、限位器、防跳限位装置、轨撑、顶铁、挡砟板、连接零配件、连接销、螺栓，岔枕上用于安装道岔安装装置的螺栓孔，提速道岔钢岔枕与钢轨连接螺栓的绝缘垫板及绝缘套管，心轨牵引点处连接铁（拉板）及其连接螺栓等由工务人员负责维修管理，

（2）道岔转辙机、密贴检查器、锁闭装置、导管装置、动作杆、表示杆、防踩板、安装装置（含绝缘），可动心轨道岔的锁闭板、锁闭板绝缘垫片及锁闭板与钢枕的连接螺栓，心轨牵引点拉板安装外锁闭的方孔及安装转辙机托板的螺栓，道岔下拉装置、辙叉夹紧杆、辙叉连接柄及其紧固件由电务人员负责维修管理。

（3）岔枕等工务设备上用于安装电务设备的螺栓孔由电务人员负责检查，道岔钢岔枕与钢轨连接螺栓的绝缘垫板及绝缘套管由电务人员负责测试，发现失效时应及时通知工务人员并配合工务人员修复。

（4）锰钢辙叉上的导电销由电务人员负责日常检查、由工务人员负责维护，电务人员发现导电销脱落或无法安装跳线时，应通知工务人员并配合工务人员焊修。

（5）道岔辊轮安装、固定、维护由工务人员负责，辊轮调整由电务人员负责，辊轮及其部件缺失、脱落或破损时，由工务人员准备材料并安装恢复，电务人员负责调整。

二、钢轨绝缘等工电结合部设备管理分工

（1）分体式绝缘接头鱼尾板及其螺栓等有关线路强度的金属部分由工务人员维护，其保证电气特性的绝缘部分由电务人员负责维护，工务、电务人员发现绝缘接头不良需分解检查或更换时，应通知对方联合整治。

（2）胶接绝缘接头和本克拉绝缘接头、轨距杆、地锚拉杆由工务人员负责维护，其保

证电气特性的绝缘部分由电务人员负责测试,测试发现绝缘部分存在问题时由工务人员负责维修，工务、电务人员发现绝缘接头不良时，应通知对方配合作业。

三、钢轨绝缘整治标准及测试方法

（一）工务标准

（1）绝缘接头处应使用厂制标准长度钢轨，使用非标准长度钢轨时，应将厂制端放在绝缘接头一侧。

（2）接头处轨枕无失效，扣件应保持齐全，作用良好。

（3）装有钢轨绝缘处的轨缝宽度：胶接绝缘应保持 6 mm、分体绝缘应保持 6 ~ 15 mm。轨缝两端钢轨轨头部位应保持平顺，高低相差不大于 2 mm，无低塌接头和轨面错牙、接头肥边。

（4）接头处道床应经常保持饱满、均匀、排水良好，无翻浆冒泥。

（5）正线上的绝缘接头必须采用高强螺栓及高强度钢平垫紧固件。

（6）高强绝缘接头应采用符合标准的绝缘鱼尾板和紧固件，无毛刺及凹凸不平缺陷。

（7）高强绝缘接头螺栓应从钢轨两侧交叉配置，不得从一侧安装，安装后应确保扭矩不小于 700 N · m。

（8）绝缘拉杆、尖轨连接杆的绝缘性能良好，安装状况良好，绝缘拉杆无接触轨底导致导电的现象。

（二）电务标准

（1）高强度绝缘接头的绝缘件应采用高强度绝缘。严禁有裂纹、变形缺陷绝缘件上道使用。

（2）安装钢轨绝缘接头时要做到钢轨、槽型绝缘、鱼尾板吻合良好，轨端绝缘安装应与钢轨接头保持平直，工字绝缘头部不得高于轨面，两者相差不大于 2 mm，高强绝缘垫有凹槽的一面，应贴靠在高强度绝缘钢平垫的一侧，钢平垫的外侧不得增设弹簧垫圈。

（三）测试标准及方法

1. 上道前胶接绝缘测试

1）测试标准

（1）胶接绝缘接头：上道铺设前，应将厂制胶接绝缘接头搁置在干燥的绝缘体上测量绝缘电阻，两钢轨间以及钢轨与夹板间的绝缘电阻应大于 1000 Ω。

（2）胶接绝缘夹板：上道铺设前，在干燥状态下电阻值大于 20 MΩ 为合格。在潮湿状态下电阻值大于 1000 Ω 为合格。

2）测试方法

（1）干燥状态绝缘电阻测试：

① 胶接绝缘接头：用 500 V 兆欧表测量两钢轨间以及钢轨与夹板间的电阻值。

② 胶接绝缘夹板（带槽型钢板）：用 500 V 兆欧表测量两块槽型钢板以及槽型钢板与

夹板间的电阻值。

③ 胶接绝缘夹板（或无槽型钢板）：将胶接绝缘夹板组装在专用绝缘测量台上，测量夹板与测量台钢轨间的电阻值。

（2）潮湿状态绝缘电阻测试：

① 胶接绝缘接头：在端板处浇水 2 L，1 ~ 2 min 间用不低于 10 V 的万用表测量两钢轨间以及钢轨与夹板间的电阻值。

② 胶接绝缘夹板（带槽型钢板）：经浸水 30 s，取出后在自然平放状态下，60 s 内用不低于 10 V 的万用表测量两块槽型钢板以及槽型钢板与夹板间的电阻值。

③ 胶接绝缘夹板（或无槽型钢板）：经浸水 30 s 后，将胶接绝缘夹板组装在专用绝缘测量台上，60 s 内用不低于 10 V 的万用表测量夹板与测量台钢轨间的电阻值。

（3）上道后绝缘在线测试：使用轨道绝缘在线测试工具测试绝缘参考电阻值，轨端绝缘预警值不小于 20 Ω、钢轨与夹板间电阻预警值不小于 100 Ω。

2. 日常检查测试

（1）胶接绝缘：轨端绝缘下降且小于 20 Ω 或钢轨与夹板间电阻小于 100 Ω，应实行预警管理。

（2）分体绝缘：轨端绝缘小于 20 Ω 或钢轨与夹板间电阻小于 100 Ω，应立即分解检查处理。

（3）轨距杆绝缘：两端绝缘小于 20 Ω、中间金属部分与两端小于 100 Ω，应立即更换。

（4）地锚拉（撑）杆：两端绝缘小于 20 Ω，应立即更换。

四、工电联合整治道岔项目及标准

（一）内锁闭道岔工电联合整治项目及标准

内锁闭道岔工电联合整治项目及标准如表 6-1 所示。

表 6-1　内锁闭道岔工电联合整治项目及标准

类别	项目	整治标准
几何尺寸	轨道几何尺寸	符合作业验收标准
	尖轨动程	符合《铁路线路修理规则》标准
	斥离尖轨非工作边与基本轨工作边的最小距离	不小于 63 mm
钢轨	基本轨上角钢安装孔位	两基本轨角钢安装孔相错量不影响角钢安装状态
	尖轨、基本轨肥边	肥边≤1 mm
	尖轨与基本轨密贴	尖轨尖端至第一牵引点处离缝≤0.5 mm，其他离缝≤1 mm
	尖轨与滑床台密贴	牵引点前后滑床台应与尖轨接触，其他滑床台与尖轨轨底缝隙＜2 mm，不得有连续空吊
	尖轨反弹力	活接头尖轨根部固定装置作用良好，不得使尖轨产生弹性
		手摇无过大反弹力，转辙机解锁时尖轨无明显反弹

续表

类别	项目	整治标准
配件	轨撑	轨撑齐全，作用良好，与钢轨离缝≤2 mm
	顶铁	顶铁齐全，作用良好，与尖轨间隙为 0～2 mm，且间隙均匀
	各类螺栓	螺栓齐全，作用良好，扭矩符合标准
	限位器	限位器齐全、作用良好
	扣件	扣件齐全、扭矩达标、作用良好；轨距块作用良好，离缝≤1 mm
	调整片	调整片作用良好，防脱落措施良好
	滑床台板	滑床台板作用良好、平直、油润适量，无断裂、脱落，磨耗不大于 3 mm
	铁垫板、胶垫	铁垫板、胶垫齐全，作用良好
	连接销	道岔连接杆销子与孔旷动，合计磨耗≤1 mm
岔枕	岔枕	岔枕应方正，防爬设备齐全，作用良好；
		牵引点处岔枕间距偏差≤10 mm，其他岔枕间距偏差≤20 mm，且宜采取加固措施
		无失效，无空吊（≤2 mm）
绝缘接头	绝缘接头轨缝	6 mm<绝缘接头轨缝≤15 mm，减少轨缝变化量
		绝缘接头采用高强度绝缘件和紧固件，螺栓紧固良好
		绝缘接头轨端肥边≤2 mm
	绝缘	绝缘无破损，在线测试绝缘电阻值≥20 Ω
转换装置	密贴调整	尖轨第一牵引点处 2 mm 锁闭、4 mm 不锁闭，其他牵引点密贴符合标准
	开口销、销子	轨撑横穿螺栓、开口销齐全
		销子与孔径合计磨耗不大于 1 mm，表示拉杆销孔间隙不大于 0.5 mm
	各种连接杆	工务各连接杆安装应平直、撑紧
		电务各杆件安装应平直、无碰卡，活动部位无别劲，密贴调整杆空动距离>5 mm，动作杆、密贴调整杆应成一条直线，偏差<5 mm
		接头铁螺栓不缺少、不松动
		杆件调整丝扣余量不小于 10 mm，调整活动部位油润
	安装装置	安装应方正，偏差<10 mm
		角钢与轨底间隙>5 mm，角钢长边距枕木不小于 10 mm
		消除角形铁上端与基本轨轨头下颚、角形铁下端与基本轨轨底上面、小垫板与基本轨下端的缝隙
		安装装置绝缘良好、无破损
		安装弯板变形<10 mm，无锈蚀
其他	转辙机	动作电流、故障电流、拉力、溢流压力符合标准
	作业平台	硬面化不影响线路排水

（二）GW 型外锁闭道岔工电联合整治项目及标准

GW 型外锁闭道岔工电联合整治项目及标准如表 6-2 所示。

表 6-2 GW 型外锁闭道岔工电联合整治项目及标准

类别	项目	整治标准
几何尺寸	轨道几何尺寸	符合作业验收标准
	斥离尖轨非工作边与基本轨工作边的最小距离	不小于 63 mm
钢轨	基本轨上锁闭框安装孔位	两基本轨锁闭框安装孔相错量不大于 10 mm
	两尖轨相对位置	道岔两尖轨尖端相错量≤20 mm
	查照间隔	符合标准
	尖轨与基本轨、可动心轨与翼轨肥边	肥边≤1 mm
钢轨	尖轨（可动心轨）与基本轨（翼轨）密贴	尖轨第一牵引点前与基本轨、心轨第一牵引点前与翼轨的间隙＜0.5 mm，其余部位间隙＜1 mm
	尖（心）轨与滑床台	尖（心）轨轨底与滑床台间隙：160 km/h 以上区段＜1 mm，160 km/h 及以下区段＜2 mm，不得有连续空吊，牵引点前后滑床台应与尖（心）轨接触
	绝缘接头	120 km/h 以上区段应采用胶接绝缘接头
		绝缘接头轨端肥边≤2 mm
		绝缘无破损，在线测试绝缘电阻值≥20 Ω
配件	轨撑	轨撑齐全，作用良好，与钢轨离缝≤2 mm
	顶铁	顶铁齐全，作用良好；与尖轨或心轨轨腰间隙：160 km/h 以上区段＜1 mm，160 km/h 及以下区段＜2 mm，且间隙均匀
	防跳限位装置	防跳限位装置作用良好，存在虚开时防跳限位装置铁卡可与斥离尖轨轨底侧面接触
	限位器	限位器齐全、作用良好
	各类螺栓	螺栓齐全、作用良好，扭矩符合标准
	辊轮	密贴状态下，尖轨轨底与辊轮间隙为 1～2 mm；斥离状态下，尖轨轨底与滑床板间隙为 1～3 mm，转换过程中辊轮与尖轨轨底接触
	扣件	扣件齐全、扭矩达标、作用良好，无触碰绝缘夹板等造成短路现象，轨距块离缝≤1 mm
	调整片	调整片作用良好，防脱落措施良好
	滑床台板	滑床台板作用良好、平直，无断裂、脱落或磨耗超过 3 mm 现象
	铁垫板、胶垫	铁垫板、胶垫齐全，作用良好

续表

类别	项目	整治标准
岔枕	有砟道岔岔枕	岔枕应方正，防爬设备齐全，作用良好
		牵引点处岔枕间距偏差≤10 mm，其他岔枕间距偏差≤20 mm，且宜采取加固措施
		无失效，空吊≤2 mm
外锁闭和安装装置	安装装置	基础托板与岔枕垂直、平顺，道岔各部杆件安装偏移量≤10 mm
		转辙机外壳边缘与基本轨直线距离偏差<5 mm
	外锁闭装置	尖轨、心轨各牵引点动程和锁闭量不超标，尖轨各牵引点处开口值符合标准，两侧偏差不大于 3 mm；心轨第一牵引点处开口值符合标准，偏差不大于 2 mm
		尖轨、心轨各牵引点定、反位锁闭量偏差不超标，且偏差位于同侧
外锁闭和安装装置	外锁闭装置	尖轨牵引点间有 10 mm 及以上间隙时（直向通过速度大于 160 km/h 道岔，密贴检查器处有 5 mm 间隙时）不应接通表示
		设表示杆的牵引点处密贴尖轨与基本轨、心轨与翼轨间有 4 mm 及以上水平间隙时，不应锁闭或接通道岔表示
		转换过程中，锁闭框与锁闭杆无卡阻；尖轨连接销轴与锁钩间灵活、无卡阻
		转换部件与钢岔枕或滑床台板的间隙>10 mm
杆件	杆件	各表示杆与岔枕平行偏差≤10 mm，长表示杆托架作用良好
		锁闭、连接、表示杆，其水平方向两端高低偏差<5 mm（以基本轨工作面为基准），各连接杆连接平顺，无别卡现象
		各部绝缘良好、无单边短路
		各连接杆的连接销与销孔磨耗间隙<1 mm，表示杆销孔间隙<0.5 mm
其他设备	转辙机	各部转辙机表示缺口符合标准
		液压转辙机主、副机宏观同步
		转辙机摩擦力（溢流压力）符合标准
		转辙机动作杆、连接杆、锁闭杆成一直线，偏差≤5 mm
	作业平台	硬面化不影响线路排水

（三）CN 系列高速道岔工电联合整治项目及标准

CN 系列高速道岔工电联合整治项目及标准如表 6-3 所示。

表 6-3　CN 系列高速道岔工电联合整治项目及标准

类别	项目	整治标准
几何尺寸	轨道几何尺寸	符合作业验收标准
	斥离尖轨非工作边与基本轨工作边的最小距离	不小于 63 mm
钢轨	基本轨上锁闭框安装孔位	两基本轨锁闭框安装孔相错量不大于 10 mm
	两尖轨相对位置	道岔两尖轨尖端相错量≤20 mm
	尖轨与基本轨、可动心轨与翼轨肥边	肥边≤1 mm
	尖轨（可动心轨）与基本轨（翼轨）密贴	尖轨第一牵引点前与基本轨、心轨第一牵引点前与翼轨的间隙< 0.5 mm，其余部位间隙< 1 mm
钢轨	尖（心）轨与滑床板（台）	尖（心）轨轨底与滑床板（台）间隙<1 mm
	绝缘接头	采用胶接绝缘接头
		绝缘接头轨端肥边≤2 mm
		绝缘无破损，在线测试绝缘电阻值≥20 Ω
配件	轨撑	轨撑齐全，作用良好，与钢轨离缝<1 mm
	顶铁	顶铁齐全，作用良好；0 mm<与尖轨或心轨轨腰间隙≤1 mm，且间隙均匀
	防跳限位装置	防跳限位装置作用良好
	限位器	限位器齐全、作用良好
	各类螺栓	螺栓齐全、作用良好，扭矩符合标准
	辊轮	斥离状态下，0.7 mm≤尖轨轨底与滑床板间隙< 2 mm
	扣件	扣件齐全、扭矩达标、作用良好，无触碰绝缘夹板等造成短路现象
	调整片	调整片作用良好，防脱落措施良好
	铁垫板	钢轨轨底与铁垫板挡肩的间隙不大于 1 mm
	滑床台板	滑床台板作用良好、平直，无断裂、脱落或磨耗超过 3 mm 现象
	胶垫	胶垫齐全，作用良好
岔枕	有砟道岔岔枕	尖轨牵引点岔枕间距为 620 ~ 640 mm；心轨牵引点岔枕间距为 670 ~ 690 mm
		宜采取加固措施，无失效，空吊≤2 mm

续表

类别	项目	整治标准
外锁闭和安装装置	安装装置	拉杆、连接杆成一条直线并垂直于直基本轨，各部件安装偏移量≤10 mm；辙叉区域拉杆、连接杆成一直线并垂直于辙叉角分线
		转辙机外壳边缘与基本轨直线距离偏差< 5 mm
	外锁闭装置	尖轨、心轨各牵引点定、反位锁闭量偏差不大于 2 mm
		尖轨、心轨的密贴段范围内，各牵引点中心线处尖轨与基本轨、心轨与翼轨间有 4 mm 及以上间隙时，锁闭机构不得锁闭及接通道岔表示
		密贴检查器拉杆处尖轨与基本轨间有 5 mm 及以上间隙时，不能接通表示
		转换过程中，辊轮与锁闭杆、锁闭杆与锁闭框无卡阻；尖轨销接支架灵活，无卡阻
		锁闭辊轮弹性良好，锁闭机构磨耗不超限
		转换部件与轨枕或滑床板间隙>10 mm
杆件	杆件	各表示杆垂直于基本轨，偏差≤10 mm
		各部绝缘良好、无单边短路
		各连接杆的连接销与销孔磨耗间隙<1 mm，表示杆销孔间隙<0.5 mm
其他设备	转辙机	转辙机摩擦力（溢流压力）符合标准
		转辙机动作杆、连接杆、锁闭杆成一直线，偏差≤5 mm
	作业平台	硬面化不影响线路排水

项目七　道岔转辙设备施工安装

项目描述

道岔转辙设备施工安装技能是信号工必须掌握的基本技能，转辙机的安装质量直接影响着列车运行是否安全、平稳和快速。通过本项目的学习和训练，应熟练掌握常见道岔转辙设备的安装。

任务一　ZD6 系列转辙机及内锁闭道岔的安装

任务目标

1. 掌握常见 ZD6 系列转辙机的安装流程；
2. 利用所学知识能安装常见的 ZD6 内锁闭道岔及转辙机；
3. 熟悉常用道岔转辙机的安装标准；
4. 掌握 ZD6 系列道岔转辙设备导通试验方法。

相关知识

电动转辙机是车站室外的重要设备，转辙机的安装质量直接影响着列车运行是否安全、平稳和快速。目前车站正线多采用提速道岔，站线采用普通道岔。本任务以内锁闭道岔配置 ZD6 系列电动转辙机为例。

一、内锁闭道岔转换设备安装工艺流程

（一）内锁闭道岔转换设备安装的一般规定

（1）基础角钢应垂直于直股基本轨，角形铁应紧贴轨底上坡面并安装牢固。

（2）密贴调整杆、连接杆、尖端杆应垂直于直股基本轨。

（3）转辙机动作杆与密贴调整杆连接要平顺，无别卡现象。

（4）各部绝缘安装正确，不遗漏不破损，各部螺栓应紧固并达到规定扭力，丝扣露出螺帽外的余量应在 5～10 mm，开口销齐全，并按标准角度劈开，各可动部分动作灵活，

不卡、不别劲，旷动量不超过规定的标准。

（5）单点牵引道岔的牵引点及多点牵引道岔的第一牵引点中心线处密贴尖轨与基本轨间有 4 mm 及以上水平间隙时，其余密贴段牵引点中心线处有 6 mm 及以上水平间隙时，不应锁闭或接通表示。

（6）安装好的道岔安装装置应确保道岔能正常转换，尖轨应与基本轨密贴，开程符合要求。

（7）转辙机内部配线宜采用 $7 \times 0.52\ mm^2$ 多股铜芯绝缘软线。

（二）转辙机安装的一般工艺流程

转辙机安装的一般工艺流程如下：

施工准备→现场调查→配合道岔整治→角形铁安装→基础角钢安装→转辙机安装→安装尖端杆、密贴调整杆、表示连接杆→密贴及表示调整→电气试验→工程结束。

（三）施工准备

（1）尖轨动程、岔枕间距、基坑尺寸、轨距应符合道岔工务专业要求。

（2）尖轨与基本轨密贴段应达到静态密贴，密贴尖轨与基本轨在牵引点中心线处不应有大于 0.5 mm 的间隙。

（3）尖轨爬行量、道岔转换阻力等应不超过规定标准。

（四）现场调查

（1）安装时请线路施工部门配合，将拉杆、轨距、岔枕间距、尖轨动程等调整到规定标准，尖轨爬行量、道岔转换阻力等应不超过规定标准。

（2）安装时要先检查固定基础角钢角形铁的螺栓头部是否影响尖轨密贴，如果该螺栓影响尖轨密贴时，应将螺栓头部厚度削薄加工至 10 mm。

（3）对不符合技术标准要求的部位做好记录，作为道岔整治的基础资料和依据。

（五）配合道岔整治

（1）通过调查记录的不符合要求的部位，请线路施工部门调整至符合技术要求标准。

（2）道岔开程调整：通过调整框架尺寸或在拉杆耳铁与尖轨间增减调整片处理，对拉杆型号使用错误的应通知施工部门更换，道岔开程、转辙机动程应按照设计院图纸标准调整。

二、ZD6 系列转辙机的安装

（一）安装方式确定

（1）安装 ZD6 系列电动转辙机时，将转辙机的电动机朝向岔前方向。电动转辙机的安装位置分为正装和反装，区别在于动作杆相对于转辙机的伸出位置。站在电动机侧看，动作杆从右侧伸出，视为正装；动作杆从左侧伸出，视为反装。

（2）无论正装还是反装，在道岔定位时，动作杆都有伸出和拉入两种情况，如图 7-1-1 所示，有正装拉入为定位、正装伸出为定位、反装伸出为定位、反装拉入为定位四种情况。其中正装拉入和反装伸出为定位时，自动开闭器第 1、3 排接点接通；正装伸出和反装拉入为定位时，自动开闭器第 2、4 排接点接通。据此来决定道岔电路采用何种类型。

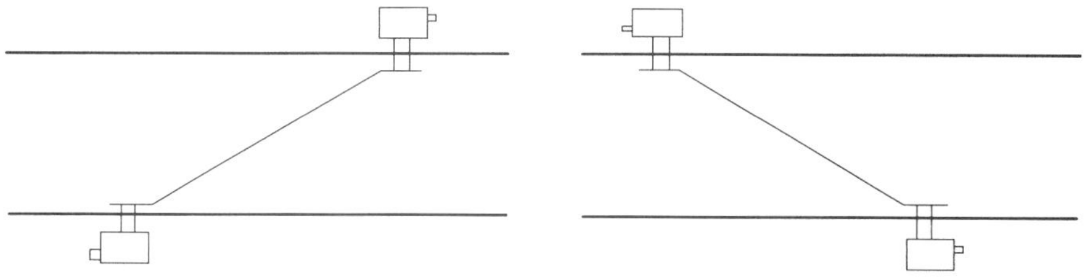

图 7-1-1　ZD6 系列电动转辙机的安装方式

（3）在判定电动转辙机定位接通的时候，要掌握电动转辙机内部器件的动作规律，动作杆、表示杆的运动方向与自动开闭器的动接点的运动方向相反。如以正装拉入为定位，从反位向定位转换时，表示杆向左运动，动接点向右运动，故定位是第 1、3 排接点闭合；反装伸出也是如此。而以正装伸出为定位，从反位向定位转换时，表示杆向右运动，动接点向左运动，故定位是第 2、4 排接点闭合；反装拉入与此相同。

（二）安装角形铁

角形铁（见图 7-1-2）有 43 kg、50 kg、60 kg 三种型号，安装时要注意使用规格。

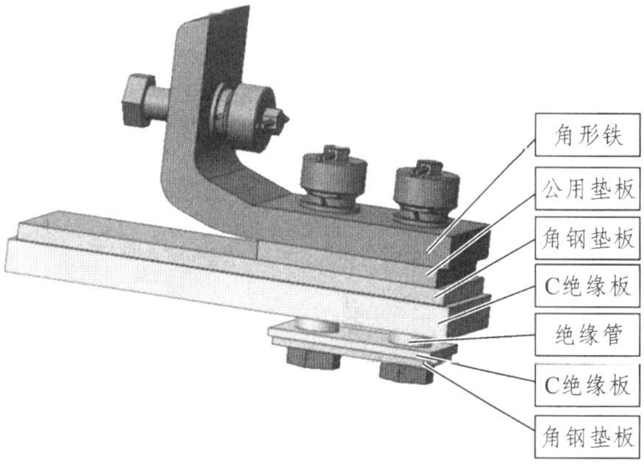

图 7-1-2　角形铁组件

（1）将方尺卡在道岔直股基本轨上，使横臂贴紧直股基本轨，直臂边线与第一拉杆中心线对齐，用记号笔在两基本轨道面上做出标记，如图 7-1-3 所示。

（2）从上述标记向岔前方向量 1035（1030）mm，做出标记，标出岔前两角形铁即岔前基础角钢的中心位置；向辙叉方向量 460（435）mm，在两基本轨上做出标记，标出岔后两角形铁即岔后长基础角钢的中心位置。

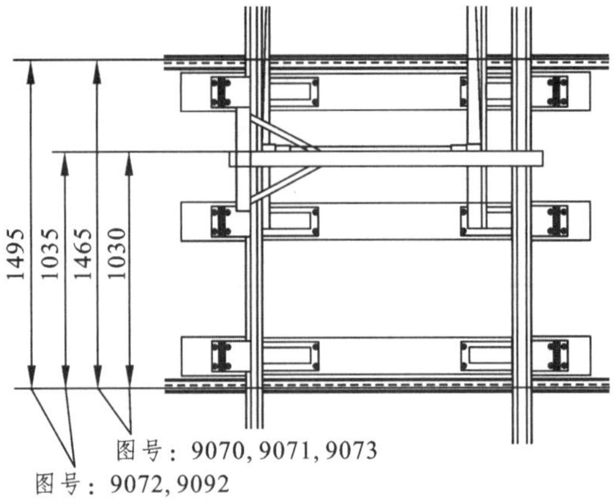

图 7-1-3　角形铁安装图

（3）事先在 4 只角形铁顶面上画出中线。将角形铁竖面紧贴钢轨外侧腰部，使角形铁中心线对准轨面标记，用记号笔沿竖面的孔在轨腰画出圆孔轮廓。取下角形铁，用冲子冲出圆孔中心。

（4）架好电钻，用 ϕ21 mm 钻头钻孔。钻好孔后，用圆锉除去毛刺。

（5）用 M20×70 螺栓从钢轨内侧由孔穿出，将钢轨与角形铁连接，套以弹簧垫圈，拧紧螺帽。岔后角形铁宜采用头部厚 10 mm 的螺栓，以免影响尖轨密贴。

（6）用卷尺复核钢轨同侧两角形铁中心线间距 1495（1465）mm，若有出入，可松开螺母，予以调整。

（7）用卷尺分别测量岔前和岔后两角形铁水平面靠近钢轨的两孔中心间距离，做好记录，同时记录下道岔安装类型（左装或右装及直曲股），以备长基础角钢画线使用。

（三）长基础角钢加工安装

长基础角钢的加工安装如图 7-1-4 所示。

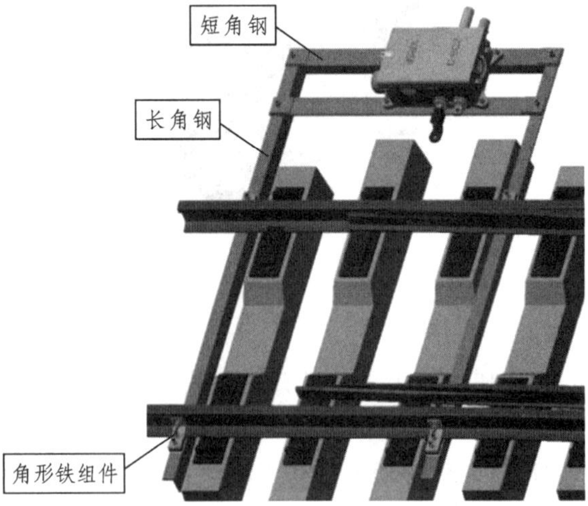

图 7-1-4　基础角钢安装图

1. 转辙机装在直股侧的长角钢画线

（1）将岔前和岔后两长角钢的 125 mm 边相靠，两头插入带槽木垫，使角钢呈“┐┌”形平置于地面上。

（2）以靠近钢轨侧的孔为准，向外量 820 mm 为角形铁的第一个孔，再向外量 60 mm 是角形铁的第二个孔。

（3）向外量出测量钢轨两侧角形铁的内孔中心距离 *L*，作为两角钢另一块角形铁的内孔，再向外量 60 mm 作为角形铁的第二个孔。

2. 转辙机装在弯股侧的长角钢画线

（1）将岔前和岔后两长角钢的 125 mm 边相靠，两头插入带槽木垫，使角钢呈“┐┌”形平置于地面上。

（2）先对前角钢进行号眼，方法与安装在直股侧号眼方法相同。

（3）以前角钢的远端角形铁的孔中心向后角钢画线，为后角钢远端角形铁的孔中心。

（4）向外量出测量钢轨两侧角形铁的内孔中心距离 *L*，作为两角钢另一块角形铁的内孔，再向外量 60 mm 作为角形铁的第二个孔。

3. 钻孔、安装

（1）基础角钢的孔中心位置确定后，用冲子冲出记号，然后统一用钻床钻孔。长角钢上连接角形铁的 8 个孔用 ϕ28 mm 钻头钻孔，最后用圆锉除去毛刺。

（2）长基础角钢按照道岔号、岔前岔后，对号从轨底穿过，与角形铁连接，任何附件不得漏装（如绝缘垫和角形铁绝缘管）。

（3）用方尺察看长基础角钢与直股基本轨是否垂直。若有出入，可松开螺母，利用螺孔余量予以调整，最后用扳手拧紧螺母。

（4）将短基础角钢架在长基础角钢上（须注意岔前、岔后方向），并使 80 mm 竖边放于内侧；从长角钢下方由下向上将 M20×60 螺栓穿出，加弹簧垫圈，拧紧螺母。

4. 托板安装

转辙机托板安装于道岔枕木上，作用是承托、固定转辙机。如图 7-1-5 所示，转辙机托板主要由弯板组件、转辙机垫板组成。

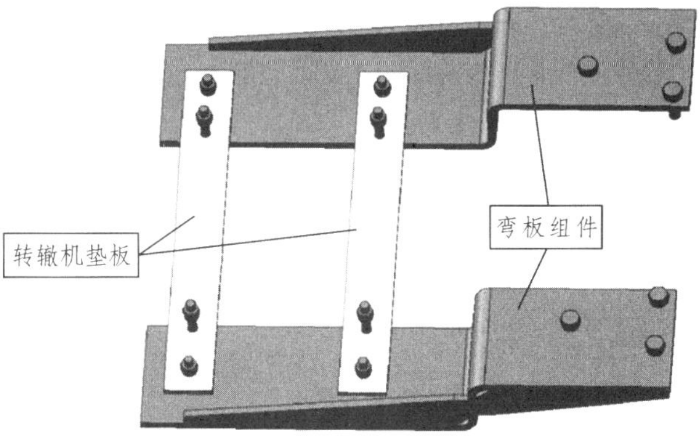

图 7-1-5　转辙机托板

（四）安装各类杆件

1. ZD6 系列转辙机的安装装置

1）单机牵引 ZD6 系列转辙机的安装装置

单机牵引 ZD6 系列转辙机的安装装置由基础角钢、GTM 型密贴调整杆、GA 型尖端杆、GL 型连接杆等组件组成，如图 7-1-6 所示。

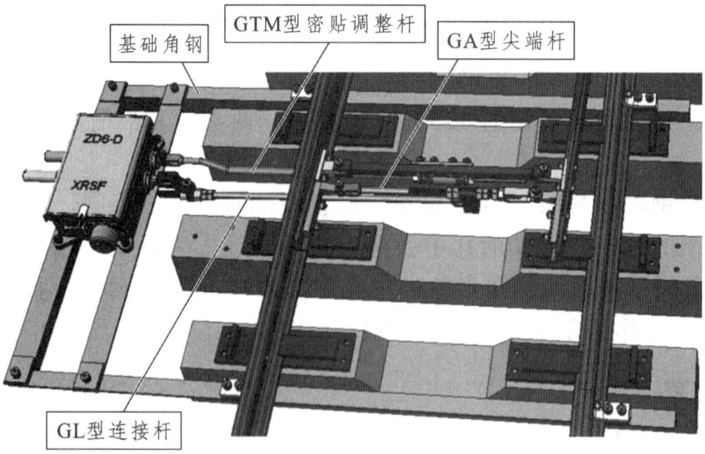

图 7-1-6　单机牵引 ZD6 系列转辙机的安装装置

2）双机牵引 ZD6 系列转辙机的安装装置

第 1 牵引点安装装置与单机牵引 ZD6 系列转辙机的安装装置的结构相同。

第 2 牵引点安装装置由基础角钢、GTM 型密贴调整杆、GL 型连接杆等组件组成，如图 7-1-7 所示。

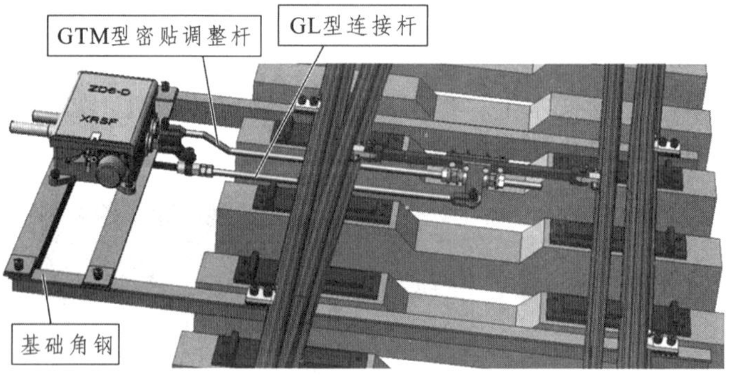

图 7-1-7　双机牵引 ZD6 系列转辙机的第 2 牵引点安装装置

2. GA 型尖端杆的安装

如图 7-1-8 所示，GA 型尖端杆用于连接道岔的两根尖轨，并提供与 GL 型连接杆连接的接口。M36 螺母和 C 舌铁为调整机构。

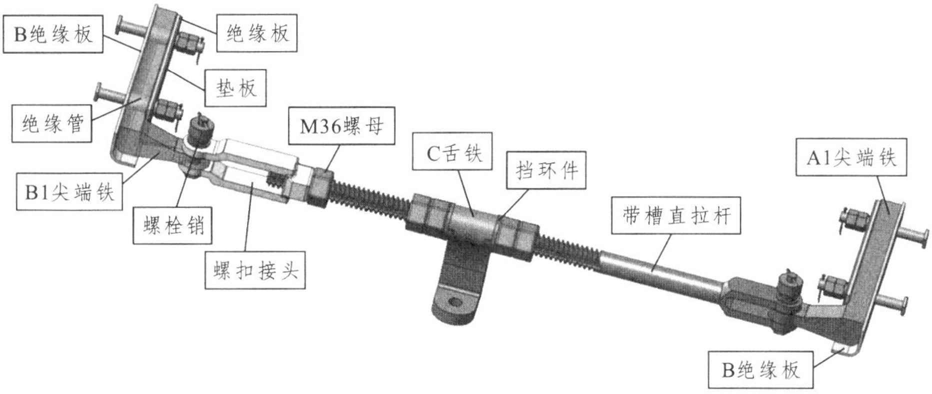

图 7-1-8　GA 型尖端杆

（1）将尖端杆两侧的尖端铁分别朝向岔前与两侧尖轨连接。

（2）将 C 舌铁调至杆长的中间位置，其左右两侧用螺母拧紧。

3. 表示连接杆的安装

GL 型连接杆的结构如图 7-1-9 所示，用于连接转辙机的表示杆和 GA 型尖端杆。活节螺栓与 ZD6 系列转辙机的接头铁连接，螺栓销与 GA 型尖端杆的 C 舌铁连接，无扣轴套、有扣轴套为调整机构。

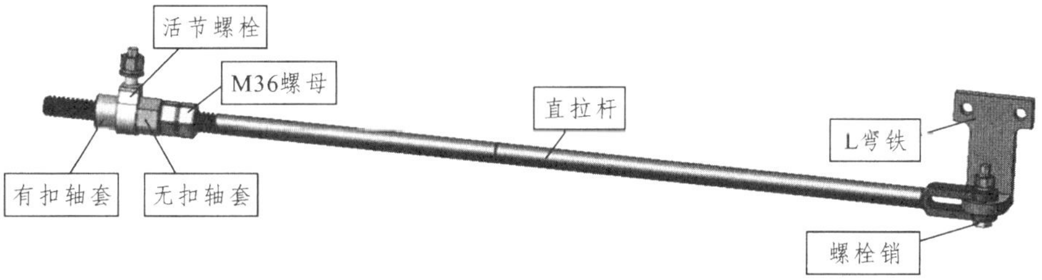

图 7-1-9　GL 型连接杆组件

（1）将连接杆 H 接头铁与转辙机表示杆连接。

（2）将第一牵引点表示连接杆的另一端与尖端杆 C 舌铁连接；第二牵引点表示连接杆的 L 弯铁与第二牵引点密贴调整杆的 C 舌铁杆架连接。连接螺栓应由下向上插入螺栓销，套上垫圈拧紧螺母，穿入开口销并劈开。

（3）双机牵引 ZD6 系列转辙机的安装装置表示杆：第 1 牵引点表示杆组件包括 GA 型尖端杆、GL 型连接杆；第 2 牵引点表示杆为 GL 型连接杆，如图 7-1-9 所示。

4. 密贴调整杆的安装

GTM 型密贴调整杆如图 7-1-10 所示，它将转辙机动作杆与道岔工务拉杆连接，将转辙机的动力传递给道岔，以实现道岔的转换。

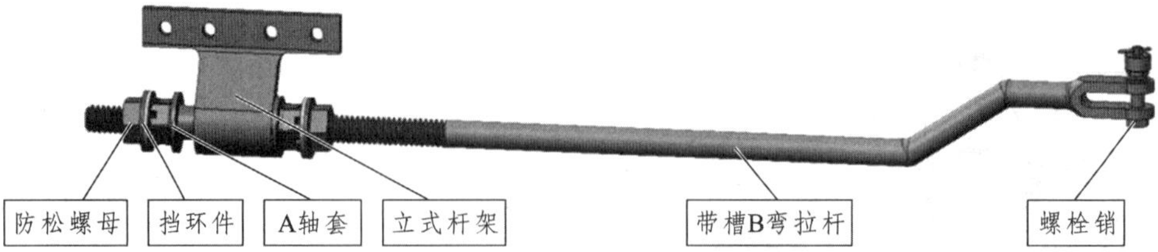

图 7-1-10　GTM 型密贴调整杆

（1）将杆架两侧轴套螺母拧松，使杆架有较大的调整量。

（2）将密贴调整杆的杆架侧从转辙机一侧穿过轨底。

（3）将第一牵引点和第二牵引点的密贴调整杆杆架分别安装在第一、第二拉杆上（第二牵引点的杆架固定螺栓暂不紧固）。

（4）将密贴调整杆另一侧与转辙机动作杆连接，连接螺栓应由下向上插入螺栓销，套上垫圈拧紧螺母，穿入开口销并劈开。

（五）安装电动转辙机

1. 必要时转辙机倒边

（1）打开转辙机机盖，用手摇把摇动转辙机至四开位置。

（2）拔出齿条块上的两只挤切销，圆形动作杆便可从机壳右侧抽出，同时抽出表示杆。

（3）将右侧方孔套、圆孔套与左侧罩筒、调整筒互相换位。

（4）从左侧将表示杆插入，重新安装两只挤切销（主、副挤切销调换位置）。

（5）调整表示杆连接头位置，以维持表示连接杆中心线与动作杆中心线距离不变。

2. 转辙机安装

（1）用螺栓将电动转辙机固定在基础角钢上，螺母暂不紧固。

（2）将电动机外把通过蛇管接头和蛇管穿入转辙机内，用螺栓连接固定。

（3）将电动机外把与电动机内把相连。

（4）将电动机外把的另一端通过蛇管接头穿入分线盒，用螺栓连接固定。

（5）将穿入分线盒的电动机外把芯线与对应的分线盒接线端子相连。

（六）道岔的机械调整

每组道岔的电动转辙机、密贴调整杆、尖端杆、表示杆等安装完毕后，进行严格调整，以确保开通使用。

1. 密贴调整

先将密贴调整杆与转辙机连接，将道岔摇至伸出位置，第一拉杆与密贴调整杆应平行，并检查转辙机有无倾斜，然后紧固转辙机。

道岔无论是在定位还是反位，其尖轨必须密贴于基本轨。若尖轨不密贴于基本轨，应适当调整密贴调整杆在立式杆架右边的轴套螺母，使之密贴，然后用摇把将电动转辙机摇至反位，再进行调整。若道岔已密贴而电动转辙机仍不能摇到反位时，应逐步旋松立式杆架左侧的轴套螺母，调整适当后，密贴调整杆轴套应有 5 mm 以上的游间，螺杆两边的丝扣应基本对称，大螺母外侧用 ϕ1.6 mm 的铁线绑扎两道以防松动。

2. 表示杆及其缺口的调整

（1）摇动手摇把使表示杆伸出，在调整好尖轨与基本轨密贴后，调节尖端杆上的丝扣，使左侧检查柱落入前表示杆的检查块缺口中，并且检查柱两边各有（1.5±0.5）mm 的间隙，然后将尖端杆两端的大螺母拧紧，进行复查，于尖轨第一连接杆中心位置处，在尖轨与基本轨间插入 4 mm 的厚铁板，摇至密贴位置时，主轴不应转至锁闭状态，检查柱不应落下；取出 4 mm 的厚铁板，再摇至密贴位置时，检查柱落入检查块缺口后的间隙不应变化。

（2）摇动手摇把使道岔变位，先调整密贴调整杆，使尖轨与基本轨密贴后，检查右侧检查柱落入后表示杆的检查块缺口状态，要求检查柱两侧各有（1.5±0.5）mm 的间隙，在满足不了要求时，可松开前、后表示杆之间的横穿螺栓，再调整表示杆尾端的螺杆直至达到标准后，再拧紧横穿螺栓，最后进行复查（同前述）。

（七）转辙机的电气调整

1. 摩擦电流的调整

断开安全接点，将万用表串接在电动转辙机 05-06 安全接点上进行电流测量，道岔在正常启动时，测得的电流为工作电流；道岔在摩擦状态时，测得的电流为摩擦电流。摩擦电流应符合下列要求：

（1）正、反向摩擦电流相差不应大于 0.3 A。

（2）ZD6-A、D、F、G、H、K 型转辙机单机使用时，摩擦电流为 2.3 ~ 2.9 A。

（3）ZD6-E 型和 ZD6-J 型转辙机双机配套使用时，单机摩擦电流为 2.0 ~ 2.5 A。

2. 表示接点的调整

拧动速动爪背部上的螺钉，即可调整动接点的插接深度；拆下两个插销，即可更换速动爪拉簧。

3. 移位接触器的调整

移位接触器的常闭接点一旦断开，便处于非自复的断开状态，这时必须在确认挤切销完好达到设备正常状态后，从接触器上方的窗孔压下接点簧片使接点接通，恢复表示电路。

任务二　S700K 型转辙机及外锁闭道岔的安装

任务目标

1. 掌握 S700K 型电动转辙机及外锁闭道岔的安装流程；
2. 利用所学知识能安装常见外锁闭道岔；
3. 熟悉常用安装标准，掌握 S700K 型电动转辙机导通试验方法。

相关知识

S700K 型电动转辙机及 S700K 外锁闭道岔安装流程如图 7-2-1 所示。

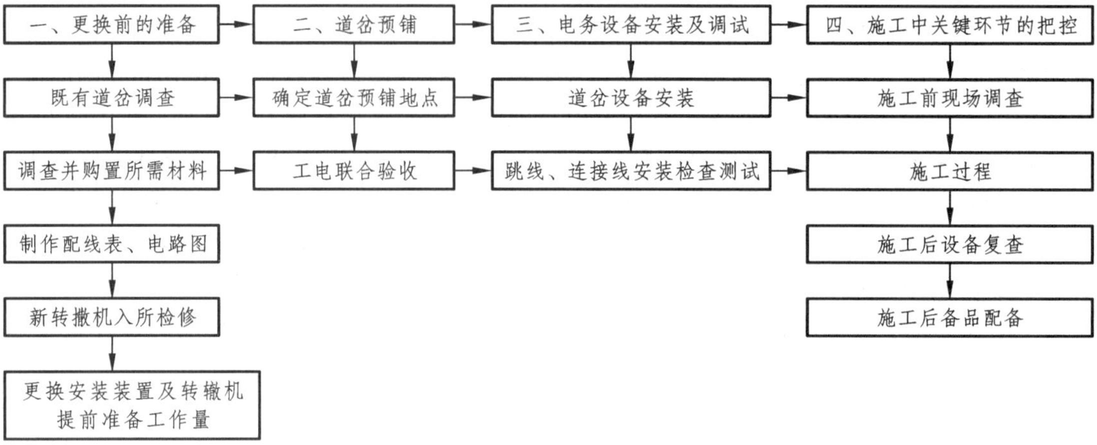

图 7-2-1　S700K 型电动转辙机及 S700K 外锁闭道岔安装流程

一、道岔转换设备的安装技术条件

（1）道岔尖轨、心轨、基本轨的爬行、窜动量不得超过 20 mm，尖轨、心轨、基本轨爬行、窜动不得影响道岔方正，造成杆件别劲、磨卡及外锁闭锁闭框调整孔无调整间隙。

（2）道岔尖轨、心轨不影响道岔转换、密贴的翘头、拱曲、侧弯、肥边和反弹。

（3）钢轨配件，如轨撑、顶铁、辊轮、限位器、扣件、挡砟板、防跳限位装置、铁垫板、各类螺栓、胶垫齐全，作用良好。

（4）混凝土构件中的钢筋应与安装件绝缘。

（5）防跳顶铁与尖轨轨肢上表面、心轨轨肢上表面的间隙为 3 ~ 5 mm。

（6）尖轨或心轨与滑床台不得有连续空吊，牵引点前后滑床台应与尖轨或心轨轨底接触。尖轨或心轨与滑床台间隙应符合以下要求：

① 设计直向允许通过速度大于 160 km/h 时应小于 1 mm。

② 设计直向允许通过速度小于 160 km/h 时应小于 2 mm。

（7）顶铁与尖轨或心轨轨腰间隙均匀，应符合以下要求：

① 设计直向允许通过速度大于 160 km/h 时应小于 1 mm。

② 设计直向允许通过速度小于 160 km/h 时应小于 2 mm。

（7）轨撑作用面与钢轨离缝不应大于 2 mm。

（8）活接头尖轨根部固定装置作用良好，不得使尖轨产生弹性。

（9）弹性可弯尖轨分动道岔，在道岔转换设备安装前，尖轨与基本轨、心轨与翼轨密贴段应达到静态密贴，尖轨与基本轨、心轨与翼轨在尖轨或心轨尖端至第一牵引点中心线处不应有大于 0.5 mm 的间隙，其余密贴位置不应有大于 1.0 mm 的间隙。

（10）安装转辙机和密贴检查器的岔枕及无砟道岔板应预留安装托板连接孔，无砟道床应预留杆件安装空间。

（11）手摇无过大反弹力，转辙机解锁时尖轨、心轨无明显反弹。

（12）各牵引点转换阻力应小于转辙机额定转换力。

（13）转辙设备工、电结合部要求：

① 尖轨在密贴状态下，各牵引点安装外锁闭位置，尖轨内侧轨腰与基本轨非工作边的尺寸（图 7-2-2 中的 *C*）的极限偏差为±2.5 mm。

② 转换设备在锁闭状态下，尖轨第一牵引点的密贴间隙应小于 0.5 mm，其余牵引点处的密贴间隙应小于 1.0 mm，密贴间隙如图 7-2-3 中的 *S* 所示。

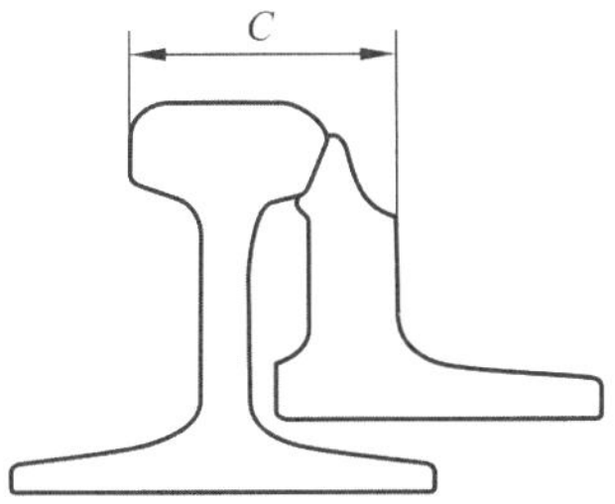

图 7-2-2　尖轨内侧轨腰与基本轨非工作边的尺寸示意图

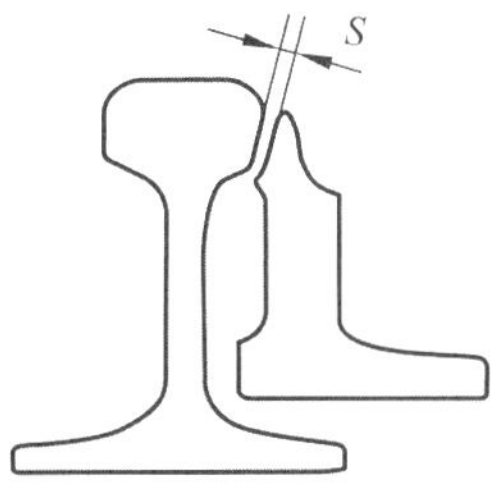

图 7-2-3　尖轨与基本轨密贴间隙示意图

③ 直、曲基本轨前端相对位置的极限偏差为±2 mm，尖轨尖端至基本轨前端距离的极限偏差为+40 mm。

④ 牵引点处尖轨开口的极限偏差为+5 ~ −3 mm，存在虚开口时，防跳限位装置铁卡可与斥离尖轨轨肢侧面接触。

（14）可动心轨辙叉工、电结合部要求：

① 心轨在密贴状态下，牵引点安装外锁闭位置，心轨内侧轨腰与翼轨非工作边的尺寸（图 7-2-4 中的 *C*）的极限偏差为±2.5 mm。

② 牵引点处翼轨轨头外侧面与轨底外侧面的相对距离（图 7-2-5 中的 *B*）的极限偏差为±1.5 mm，牵引点处两翼轨轨头外侧面的距离（图 7-2-5 中的 *C*）的极限偏差为±3 mm。

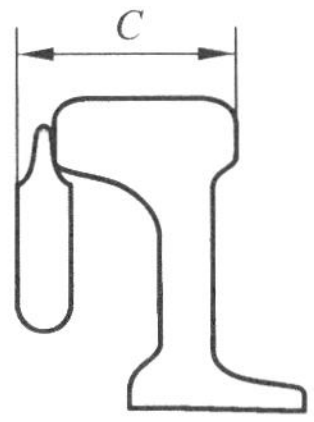

图 7-2-4　心轨内侧轨腰与基本轨非工作边的尺寸示意图

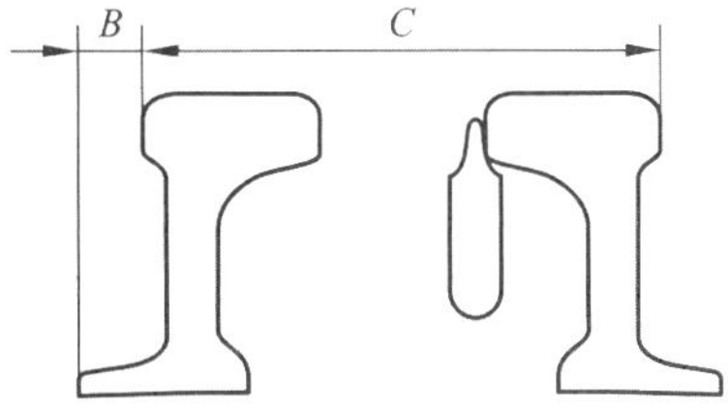

图 7-2-5　翼轨轨头外侧面与轨底外侧面的距离及两翼轨轨头外侧面的距离示意图

③ 心轨二动处于定、反位时，牵引点处长、短心轨间接头铁与两侧翼轨轨底外侧面的距离（图 7-2-6 中的 *a* 和图 7-2-7 中的 *b*）的极限偏差为±3 mm。

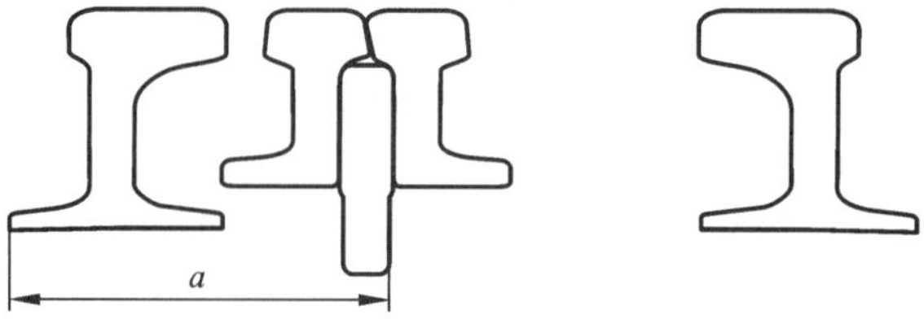

图 7-2-6　定位接头铁与翼轨轨底外侧面的距离示意图

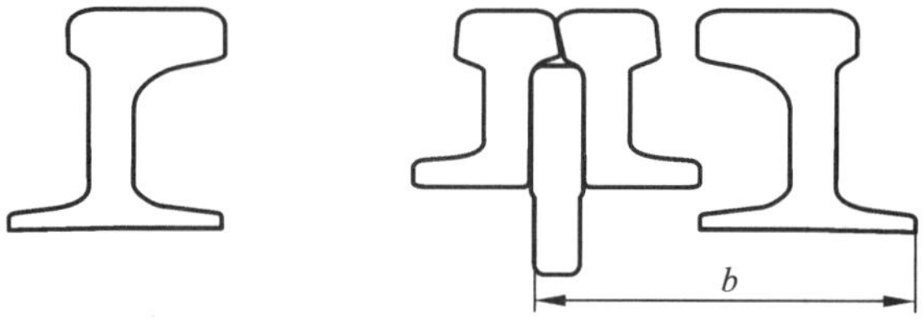

图 7-2-7　反位接头铁与翼轨轨底外侧面的距离示意图

④ 转换设备在锁闭状态下，可动心轨在轨头切削范围内应分别与两翼轨密贴，心轨第一牵引点与翼轨的密贴间隙应小于 0.5 mm，其余部位的密贴间隙应小于 1.0 mm。

⑤ 可动心轨辙叉第一牵引点处心轨开口的极限偏差为+2 ~ −1 mm。

（15）辊轮调整要求：

① 在密贴状态下，双辊轮中的内侧辊轮及单辊轮与尖轨轨底的间隙应为 1 ~ 2 mm。

② 在斥离状态下，滑床台上表面与尖轨轨底间的间隙应为 1 ~ 3 mm。

③ 在转换过程中，辊轮应与尖轨轨底接触。

（16）转辙机和辙叉牵引点前后岔枕应组装方正，与牵引点中心线位置的极限偏差为±3 mm。牵引点处岔枕间距的极限偏差应符合以下要求：

① 设计直向允许通过速度大于 200 km/h 时为±3 mm。

② 设计直向允许通过速度小于 200 km/h 时为±5 mm。

二、外锁闭装置的安装及调整

（一）尖轨部分外锁闭装置的安装

1. 组装锁闭杆

如图 7-2-8 所示，分别连接各牵引点的两个锁闭杆、绝缘垫板、连板、螺栓、螺母、垫圈，安装防松盖和开口销，开口销按规定劈开，张角应大于 60°，两锁闭杆连接要平直。

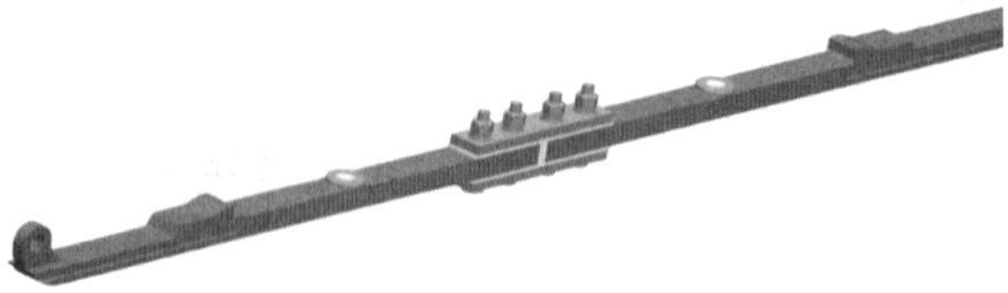

图 7-2-8　锁闭杆组成

2. 预装螺栓

如图 7-2-9 所示，用撬棍将两侧尖轨撬开，在尖轨上预安装尖轨连接铁和尖端铁固定螺栓，在基本轨上安装锁闭框的螺栓。

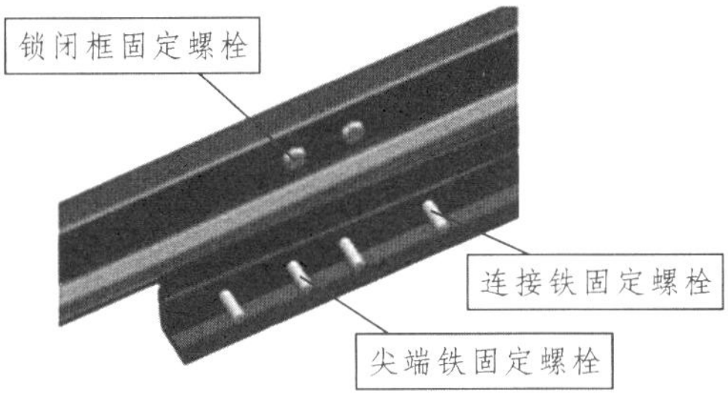

图 7-2-9　预装螺栓

3. 安装各牵引点处的尖轨连接铁

如图 7-2-10 所示，尖轨连接铁的圆弧朝向尖轨底面安装，并拧紧螺栓。

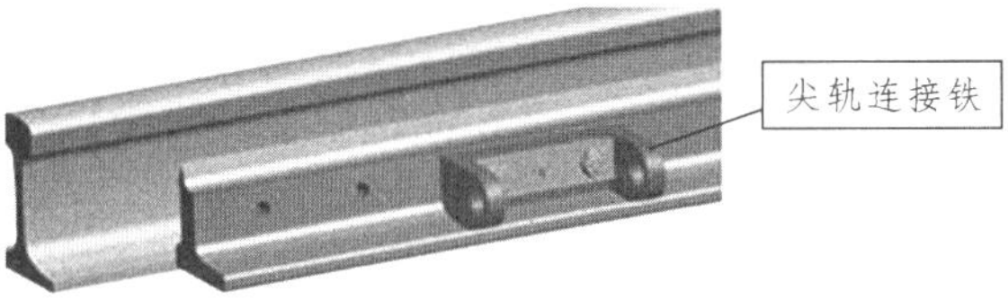

图 7-2-10　尖轨连接铁安装

4. 安装锁闭框和锁闭杆

如图 7-2-11、图 7-1-12 所示，将一锁闭框安装在一侧基本轨上，安装螺栓应在锁闭框安装长孔的中心位置，并暂不拧紧；将锁闭杆从另一侧基本轨轨底套入锁闭框，并使锁闭框组件挡板的凸台进入锁闭杆的两侧凹槽，将锁闭杆抬起，穿入另一个锁闭框，并使该锁闭框组件挡板的凸台进入锁闭杆的两侧凹槽，将锁闭框安装在另一侧基本轨上；调整两侧锁闭框使锁闭杆摆放平顺。

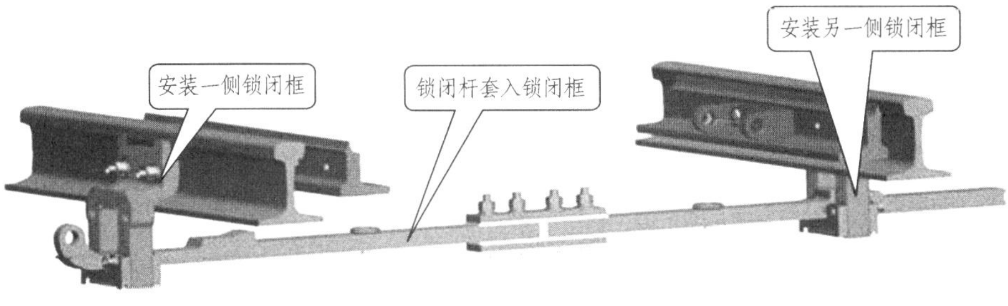

图 7-2-11　锁闭框、锁闭杆安装与道岔安装

5. 安装锁钩

如图 7-2-13 所示，先将一侧锁钩放置在锁闭杆上，使锁闭杆凸台嵌入锁钩凹槽中，推动锁闭杆，使锁钩孔对齐尖轨连接铁的销轴孔（如锁钩带有关节轴承，则需将两挡板孔一并对齐）由前向后穿入销轴（销轴螺纹端远离尖端铁），紧固销轴后，用撬棍将尖轨与基本轨密贴。用同样方法安装另一侧锁钩。

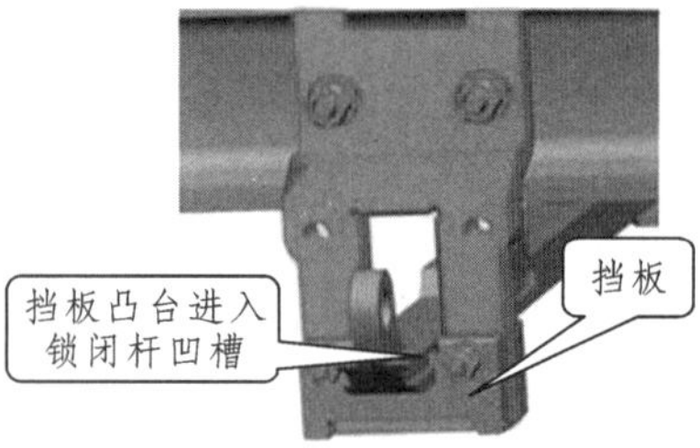

图 7-2-12　锁闭框、锁闭杆安装

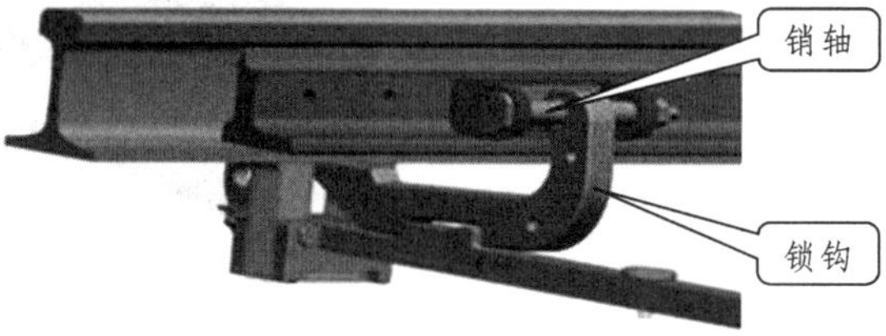

图 7-2-13　锁钩安装

（1）带关节轴承的外锁闭装置，在紧固销轴时只需将弹垫拧平即可，最大紧固扭矩保证在弹垫拧平的基础上再多拧半扣至一扣。带轴套锁钩在安装销轴前，应先检查支撑圈在锁钩沟槽中的位置，如果发生偏移，可用手动方式将支撑圈恢复到正确位置，之后再安装销轴。切忌强行敲击销轴进行安装，以防止支撑圈脱离锁钩沟槽而脱出。

（2）对于不带关节轴承的锁钩，锁钩挡板的安装如图 7-2-14 所示。

6. 安装锁闭铁

如图 7-2-15 所示，穿入固定螺栓安装两侧锁闭铁，暂不紧固。

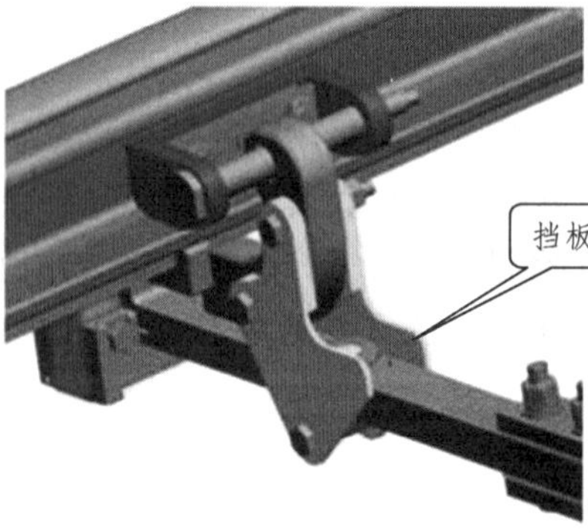

图 7-2-14　挡板安装

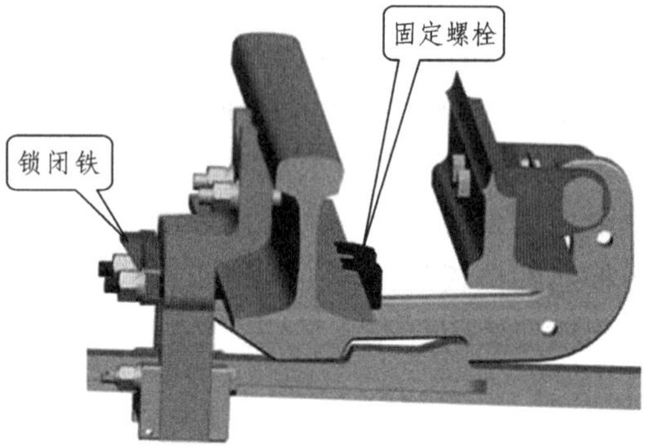

图 7-2-15　锁闭铁安装

（二）心轨部分外锁闭装置的安装

1. 心轨部分的锁钩、锁闭杆安装

将心轨锁钩放置在锁闭杆上，使锁钩的尾部分别在锁闭杆两凸台外侧，如图 7-2-16 所示。将锁闭杆和锁钩组件置于心轨下，使锁钩缺口对准心轨凸台。

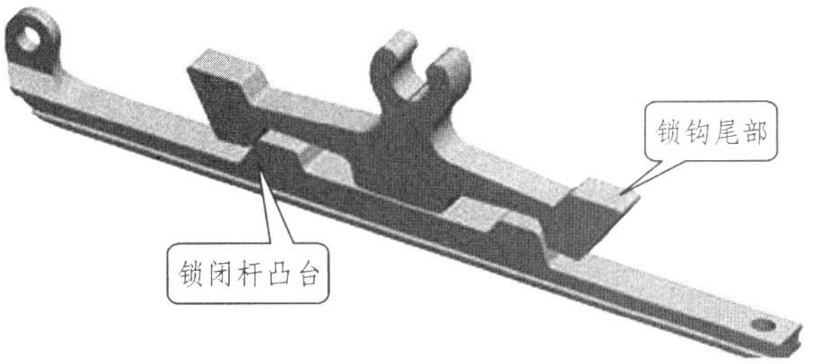

图 7-2-16　心轨部分的锁钩、锁闭杆安装

2. 锁闭框安装

如图 7-2-17 所示，先将锁闭框的固定螺栓穿入两侧翼轨，抬起锁闭杆和锁钩组件，从两侧安装锁闭框，将锁闭框用螺栓固定在翼轨上，暂不拧紧，锁闭框应与翼轨的轨头和轨底的侧面贴靠，同时保证锁闭框与锁闭杆的接触面水平，注意锁闭框、挡板上均有标记，应按标记安装在不同牵引点的直股侧或曲股侧。

3. 安装两侧锁闭铁

注意，锁闭铁有标记（见图 7-2-18）。对于可动心轨部分，因外锁闭心轨部分对于道岔左开或右开所用的锁闭框不同，所以订货时必须注明道岔左开或右开以及转辙机的安装位（左、右侧）。以 S0321 型号为例，道岔右开时，使用“右开”心轨锁闭框，图号尾部为“A”，如 S0321-4-2-1A；道岔左开时，使用“左开”心轨锁闭框，图号尾部为“B”，如 S0321-4-2-1B。为了安装方便，产品制造时已根据道岔“左”“右”开和不同的安装位置做好了标记，需要按安装图和有关标记进行安装。绝大多数心轨一动锁钩也分为道岔左开、右开，产品制造出来时已进行区分；安装时注意锁钩尾部的喷字，分清“直股”侧、“曲股”侧。转辙机装在道岔左侧或右侧时，安装装置部分的零部件可能不同，在订货时应注明转辙机左装或右装。

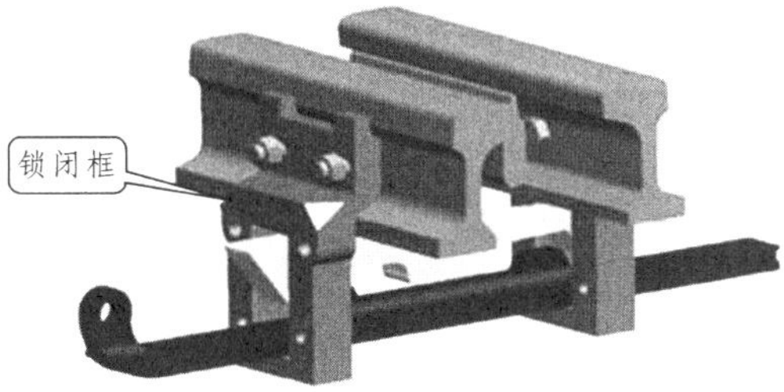

图 7-2-17　锁闭框安装

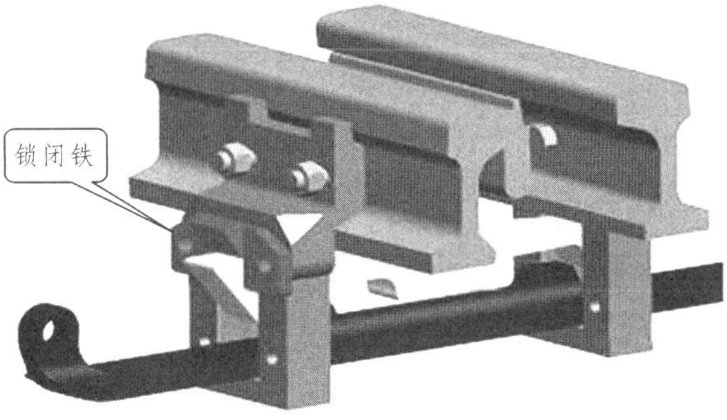

图 7-2-18　锁闭铁安装

（三）外锁闭装置的调试

（1）方正调整：调整两锁闭框，使两侧锁闭框对正，使转辙机动作杆、连接杆、锁闭杆在同一直线上，保证外锁闭装置在定、反位转换过程中动作平稳，无别卡现象。调整方正后紧固锁闭框、托板/基础角钢各部螺栓及转辙机地脚螺栓。

（2）开口调整：通过调整动作连接杆接头螺口的旋入量，使两侧开口量、两侧锁闭量偏差小于 2 mm（见图 7-2-19）；通过增减尖轨连接铁（连接铁）与尖轨（心轨）之间的调整片，使尖轨开口满足要求（见图 7-2-20）。

图 7-2-19　动作连接杆调整

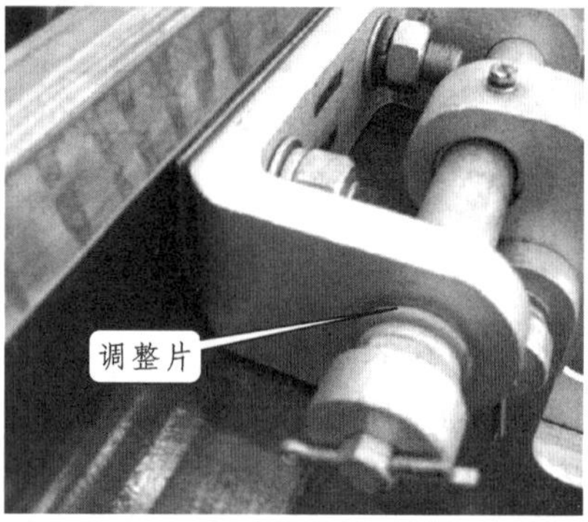

图 7-2-20 增加调整片

（3）密贴调整：通过增减锁闭铁和锁闭框之间的调整片，使两尖轨与基本轨密贴满足要求（见图 7-2-21）。

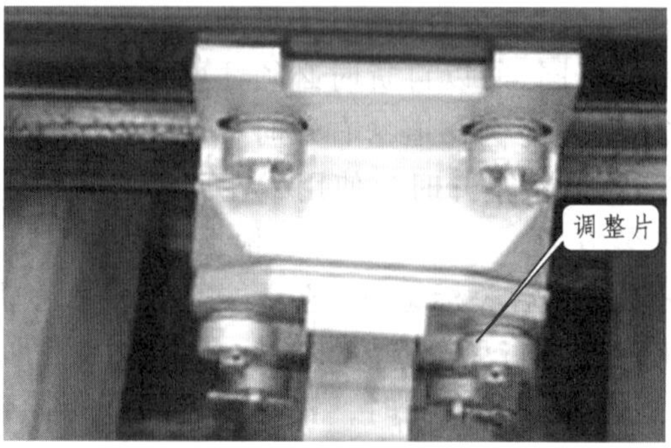

图 7-2-21　密贴调整片示意图

（4）牵引点中心线处，尖轨与基本轨、心轨与翼轨的水平间隙应满足《铁路道岔转换设备安装技术条件》（TB/T 3508-2018）中的要求。

三、安装装置的安装

安装装置在出厂时，除部件托板、尖端铁未组装外，其他零件已经组装成部件。

（一）安装顺序

（1）安装托板、转辙机。

（2）安装动作连接杆。

（3）安装表示杆。

（二）托板安装步骤

（1）安装各牵引点的转辙机托板组，在岔枕上垫上橡胶垫后安装托板，然后安装转辙机垫板，放置橡胶垫、调整片，安装各部螺栓暂不紧固到位。

（2）安装转辙机，转辙机外壳边缘与道岔直股基本轨平行，其偏移量不大于 5 mm。紧固托板、转辙机垫板各部位螺栓（见图 7-2-22）。

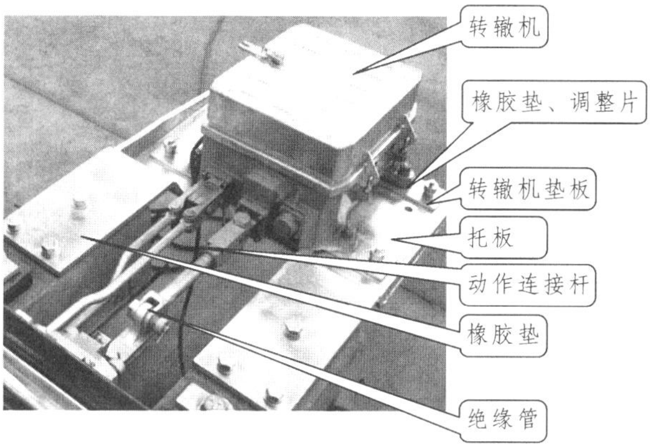

图 7-2-22　托板示意图

（3）托板与岔枕固定后，托板安装应方正，与道岔直基本轨垂直；转辙机垫板与托板安装应牢固并保持垂直。当基本轨与岔枕进行高低调整时，托板也应做相应调整，以保持转辙机、外锁闭装置与基本轨相对位置不变。

（4）紧固各处螺纹连接件时，弹垫压平后再拧 90° ~ 360°，不可使螺栓的预紧力过大，以免造成零件损坏。

（三）杆件的安装及调整

1. 动作连接杆安装

连接各牵引点动作连接杆组，将动作连接杆组调整到图纸规定尺寸后，连接转辙机动作杆和外锁闭锁闭杆，并正确安装绝缘管；动作杆调整和外锁闭调整应同步。

2. 尖轨表示杆组安装及调整

如图 7-2-23 所示，安装尖端铁及接头，连接长、短表示杆及转辙机表示杆，调整无扣轴套和有扣轴套，使转辙机在定位、反位到位后均能正常接通表示接点且表示缺口间隙符合标准，调整完成后用螺母将无扣轴套紧固。

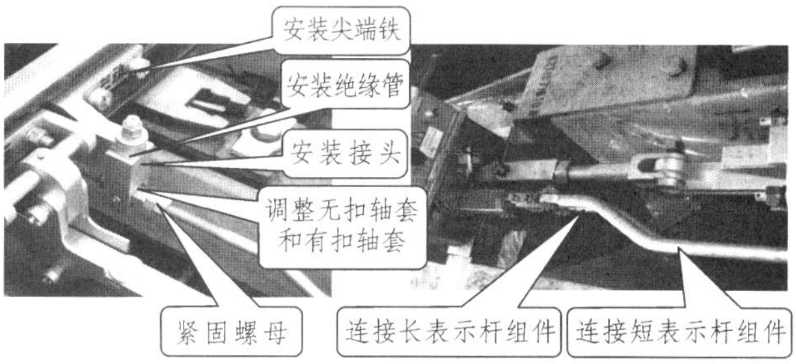

图 7-2-23　表示杆安装及调整示意图

3. 心轨表示杆组安装及调整

如图 7-2-24 所示，在辙叉部位安装接头弯板，将心轨表示杆与接头弯板相连。接头弯板有转辙机左、右装之分，应注意按照图纸正确安装绝缘件。调整无扣轴套和有扣轴套，使转辙机在定位、反位到位后均能正常接通表示接点且表示缺口间隙符合标准，调整完成后用螺母将无扣轴套紧固。

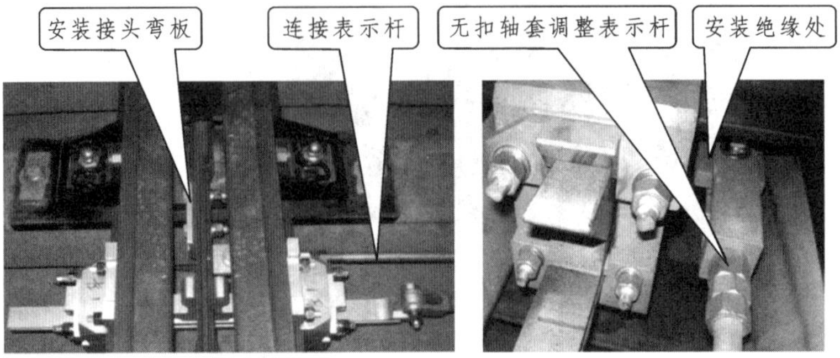

图 7-2-24　心轨表示杆组安装及调整示意图

4. 安装要求

（1）安装后各杆连接要平顺，无别卡现象.

（2）连接销置入或退出容易，不得用手锤强行敲击.

（3）各部绝缘件安装正确，不得有遗漏、破损等现象.

（4）安装完毕必须保证在定位或反位时尖轨与基本轨密贴、心轨和翼轨密贴。

（5）接头体与尖端铁连接时螺母应拧紧，否则容易造成接头体断裂。

四、S700K 型电动转辙机的安装

（一）安装转辙机

（1）打开开关锁。

（2）打开机盖，取出 4 个堵孔塞。

（3）将转辙机安装于基础上。

（4）用四个六角螺栓（M20）可靠地将转辙机固定在安装位置上（见图 7-2-25）。

图 7-2-25　转辙机与托板的连接

（二）转辙机倒向步骤

正常情况下，不需要进行现场调整。当需要对左装或右装转辙机进行倒向时，可按以下步骤进行调整。以左装机倒成右装机为例，动作杆伸出面为正面，操作步骤如下。

1. 动作杆、罩筒倒向

（1）先将开盖的转辙机用手摇把摇到中间部位，从里面将检测杆上 M8X12 的内六角止挡螺钉取出。

（2）端面法兰螺栓如图 7-2-26 所示，从正面将导向套筒上的两个 M10X65 螺栓拆下，检测杆组连同导向套筒一起取出，再将动作杆密封法兰上的两个 M10X30 螺栓拆下，依次取出密封法兰等零件。

（3）罩筒侧法兰螺栓如图 7-2-27 所示，从罩筒侧先将机内 M10 螺母拆下，取出弹簧垫、电缆支架，将动作杆罩筒右上的 M10X90 长螺栓拆下，两个 M10X30、一个 M10X65 螺栓拆下后，取出罩筒，拆下动作杆上止挡片和 M6X12 螺钉。右装机先卸 M8X12 止挡螺钉、M10 螺母、弹簧垫、电缆支架、检测杆导向套筒及螺钉，取出检测杆组。

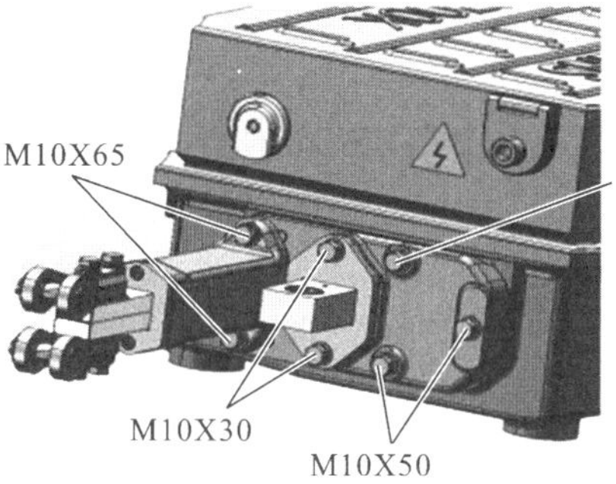

图 7-2-26　端面法兰螺栓

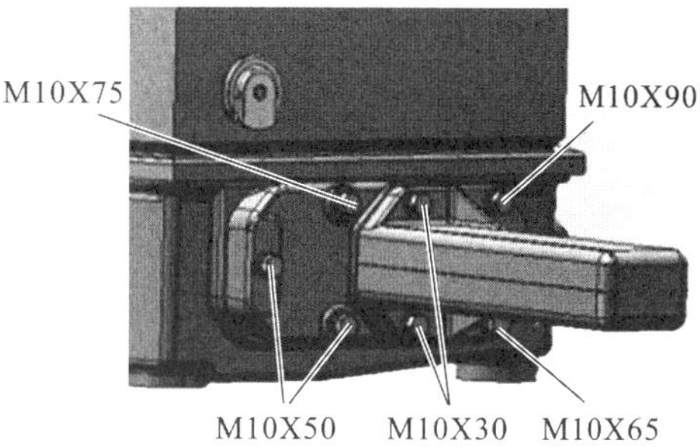

图 7-2-27　罩筒侧法兰螺栓

（4）将止挡片和 M6X12 螺钉同动作杆罩筒一起换到前面，先装止挡片和 M6X12 螺钉，罩筒涂密封胶后组装好，左侧为两个 M10X65 螺栓、右侧为两个 M10X30 螺栓，罩筒面组装完成。

（5）将密封法兰等零件依次套在动作杆的另一端上，紧固两个 M10X30 螺栓即可。

2. 检测杆倒向

检测杆组在拆下后，调向安装前，需要对上、下检测杆进行如下调整：

（1）将检测杆上的导向套筒取下，导向套筒不再分解。

（2）检测杆放在平面上，拆卸两个叉形接头上的 4 个 M10X40 螺栓，取出垫板、绝缘板，分开检测杆，拆下叉形接头和绝缘件。

（3）将拆下的叉形接头组安装在检测杆另一面（依次装上绝缘件、叉形接头、绝缘板、垫板、M10X40 螺栓并紧固好）。将上检测杆内侧的内六角短头螺钉 M8X12 取出，装在另外一侧并紧固好。

（4）涂润滑脂后合并检测杆，装上导向套筒，这时检测杆的检测缺口、导向套筒的外指示标在右侧。（右装机为右侧、左装为左侧）

（5）将装好导向套筒的检测杆组涂好密封胶后装入转辙机内，套筒上面装 M10X90 螺栓，下面装 M10X65 螺栓，并紧固好。在机内 M10X90 螺栓上依次安装电缆支架、弹簧垫、M10 螺母并紧固好。

注意：检测杆上、下不能互换，上杆倒向后还在上面；倒向后检测杆推拉动作一定要灵活。

五、安装、调试后的验收要求

（一）方正验收要求

（1）转辙机应与直股基本轨平行，转辙机外壳边缘所属线路侧面的两端与直股基本轨垂直距离的偏差不大于 5 mm。

（2）杆件应与道岔直股基本轨相垂直，各杆件两端偏差距离不应大于 10 mm。

（3）杆件水平方向的两端高低偏差不应大于 5 mm（以基本轨工作面为基准）。

（4）托板两端及两托板的高度偏差不应大于 5 mm。

（5）尖轨与基本轨（心轨与翼轨）之间的密贴间隙应满足密贴要求。

（6）调试完成后，再次检查各部连接螺栓的紧固情况。

（二）开口验收要求

外锁闭道岔尖轨开口（动程）误差为-3 ~ +5 mm。

（三）密贴验收要求

尖轨与基本轨、心轨与翼轨间在牵引点中心线处不应有大于 0.5 mm 的间隙。

（四）转换力要求

（1）尖轨第一牵引点采用 220 mm 动程的转辙机，牵引力为 1500 ~ 3500 N；其余牵引点转辙机动程应根据尖轨动程合理配置，牵引力应为 2500 ~ 4500 N；具体数值参照所使用的转辙机。

（2）可动心轨第一牵引点采用 220 ~ 240 mm 动程的转辙机，牵引力应为 1800 ~ 3500 N；其余牵引点转辙机动程应根据心轨动程合理配置，牵引力应为 2500 ~ 4500 N。具体数值参照所使用的转辙机。

（五）检测牵引点不锁闭要求

（1）直向通过速度 120 km/h 及以下的道岔转换设备安装应满足下列技术要求：

① 单点牵引道岔牵引点中心线处，密贴尖轨与基本轨间有 4 mm 及以上水平间隙时，不应锁闭或接通道岔表示。

② 多点牵引道岔第一牵引点中心线处，密贴尖轨与基本轨间有 4 mm 及以上水平间隙时，不应锁闭或接通道岔表示；其余密贴段牵引点中心线处，密贴尖轨与基本轨间有 6 mm 及以上水平间隙时，不应锁闭或接通道岔表示。

（2）直向通过速度大于 120 km/h、小于等于 160 km/h 的道岔转换设备安装应满足下列技术要求：

① 单点牵引道岔牵引点中心线处，密贴尖轨与基本轨间有 4 mm 及以上水平间隙时，不应锁闭或接通道岔表示。

② 多点牵引道岔，尖轨及心轨第一牵引点中心线处，密贴尖轨与基本轨、心轨与翼轨间有 4 mm 及以上水平间隙时，不应锁闭或接通道岔表示；其余密贴牵引点处，密贴尖轨与基本轨间有 6 mm 及以上水平间隙时，不应锁闭或接通道岔表示。尖轨牵引点间有 10 mm 及以上水平间隙时，不应接通道岔表示。

（3）直向通过速度大于 160 km/h 的道岔转换设备安装应满足下列技术要求：

① 牵引点外锁闭中心线处，密贴尖轨与基本轨、心轨与翼轨间有 4 mm 及以上水平间隙时，不应锁闭或接通道岔表示。

② 尖轨的密贴段，在牵引点间设置密贴检查器，有 5 mm 及以上水平间隙时，不应接通道岔表示。

六、转辙机调试

（1）电动机通电后，转动自如，齿轮啮合正常，无明显过大噪声，电动机用螺栓可靠固定在底壳上，无松动。

（2）检查滚珠丝杠，完好无损伤，调整沿轴向串动量，控制在 1 mm 之内。

（3）转辙机对道岔尖轨的检测，如图 7-2-28 所示。

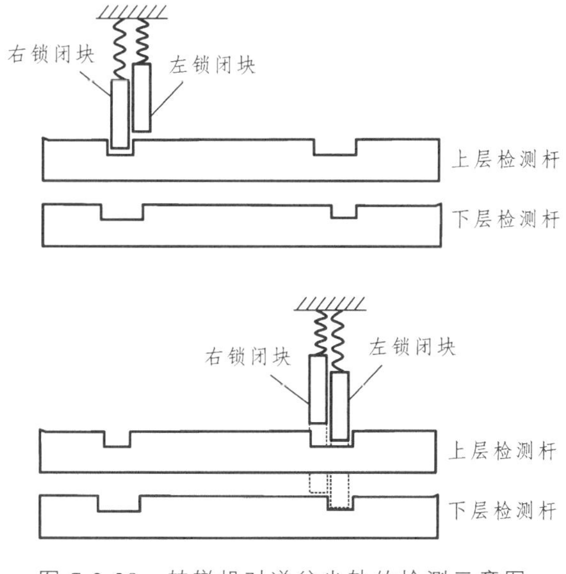

图 7-2-28　转辙机对道岔尖轨的检测示意图

（4）调整两锁闭框，使两侧锁闭框对正，保证外锁闭装置转换动作平稳，无卡阻现象。

（5）调整锁闭铁和锁闭框之间调整片的数量，使尖轨满足 4 mm 不锁闭。

（6）调整安装装置使两侧开口相等（偏差小于 3 mm）。

（7）在两个终端位置，通过调整机外的长短表示杆上的螺母，调整检测杆上的指示缺口与机内指示标对中，允许偏差 0.5 mm，如图 7-2-29 所示；在终端位置时，锁闭块及锁舌能正常弹出。转辙机开始动作后，原伸出的锁闭块及锁舌能正常缩入。

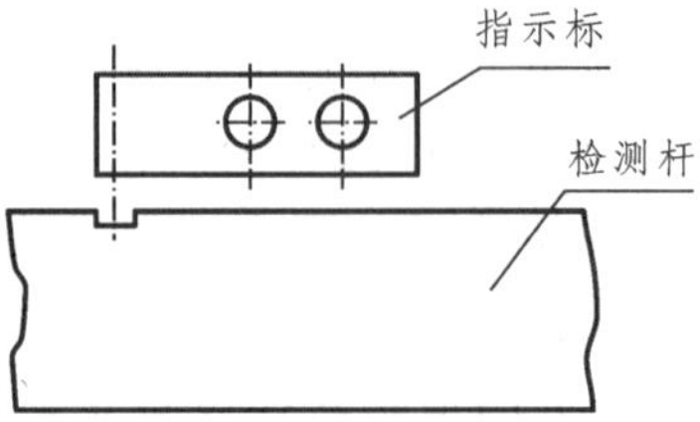

图 7-2-29 检测杆与指示标

（8）调节外锁闭装置及安装装置相应的螺母，尽可能降低道岔第一牵引点和第二牵引点通过动作杆对转辙机的反力。

（9）在转辙机工作时，不得随意将伸出的锁舌或锁闭块推入，否则会切断原表示电路。

（10）转辙机摩擦转换力参考标准：不小于额定转换力的 1.2 倍。

（11）在摩擦转换力不达标的情况下，摩擦联结器可调端盖和支承座之间的间隙应 ≥2 mm；若间隙<2 mm，建议对该摩擦联结器进行维修或更换。

（12）调紧摩擦联结器时，应顺时针方向调整摩擦联结器可调端盖，采用旋紧 2～3 格再回退 1 格的方式，避免同方向一次调整格数过多。

（13）避免打磨时间过长（如接近 30 s）和多次连续打摩擦，打摩擦的时间建议控制在 10 s 内，如果没有明显温升，可进行第二轮测试，否则只能待冷机后复测。

（14）可夹硬橡胶板进行摩擦转换力测试，但不能太厚，以免引起相邻牵引点的空转，影响数据准确性；读取摩擦转换力测试值，应滤掉测试开始前 1～2 s 的数据（存在惯性冲击），读取稳态值。

任务三　道岔转辙设备导通试验

任务目标

1. 掌握道岔转辙设备室内导通试验方法；
2. 掌握道岔转辙设备室内外连通试验方法。

相关知识

一、ZD6 系列电动转辙机导通试验

（一）室内模拟试验

1. 室内配线导通

室内配线结束后，在插继电器之前，要对室内所有配线进行认真的导通。导通前，在分线盘处，将室外电缆芯线从端子上全部拆下；在电源屏端，将接向组合架、分线盘的电

源线全部拆下；将组合架、组合侧面所有断路器搬到断开位置，将熔断器管取下，这样可避免因设备内部接线影响导通的真实性。导通用电铃比较方便，导通测试主要包括以下内容：

（1）以组合侧面端子为主，导通组合侧面端子至其他组合侧面端子、组合架零层端子之间的配线。

（2）以分线盘为主，导通分线盘端子至组合侧面端子之间的配线。

（3）以接口柜为主，导通接口柜端子至组合侧面端子之间的配线。

（4）以电源屏为主，导通电源屏至组合架、分线盘之间的电源线及其环线。

2. 室内模拟电路

对道岔控制盒表示电路的室内部分做一些变动，使 DBJ 和 FBJ 随 2DQJ 的变化而动作。在分线盘处，在道岔的 X1 与 X3 以及 X2 与 X3 之间分别连接一个二极管，如图 7-3-1 所示。

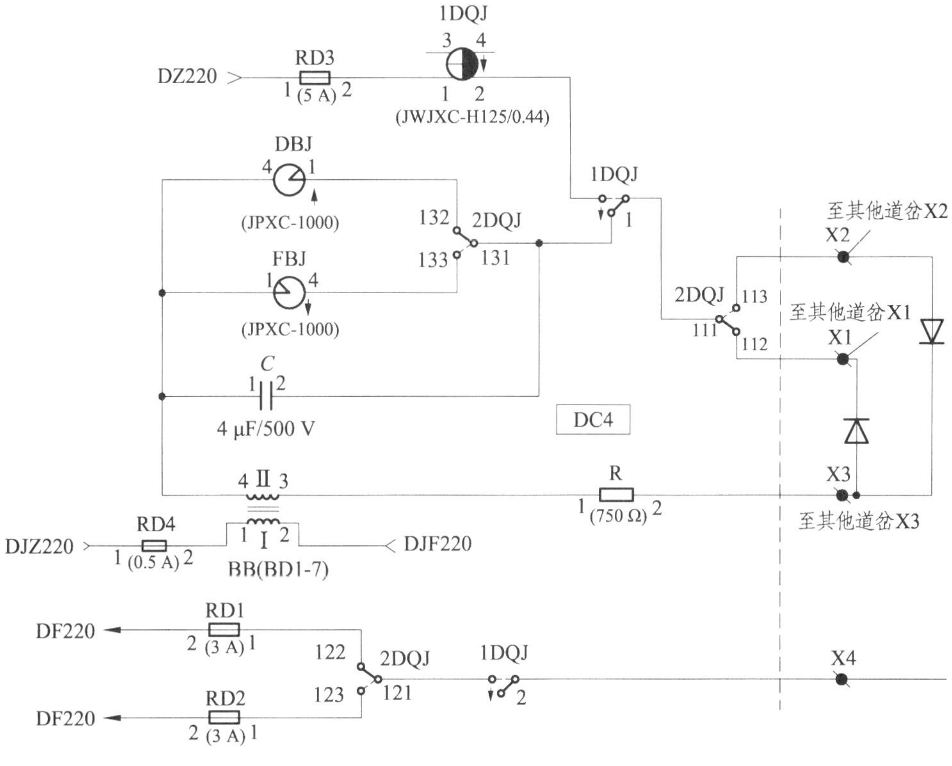

图 7-3-1　ZD6 系列电动转辙机导通试验模拟电路

3. 插继电器

将继电器插入组合中，安装继电器之前要确定继电器型号，并确保继电器良好。安装时，要认真核对继电器鉴别孔与插座鉴别销的位置。

4. 送电试验

将电源接入组合中进行试验，1QDJ 励磁之后，2QDJ 应能够转极，同时相对应的表示继电器应能够吸起。

（二）室外送电试验

1. ZD6 转辙机试验器的制作

在分线盘（柜）处，用“转辙机试验装置”（分为直流四线制和交流三相五线制两种）经电缆通道与室外道岔转辙机连接，进行单独送电试验，试验电路如图 7-3-2 所示。定、反位操纵转辙机，检查转辙机动作和表示是否正确。

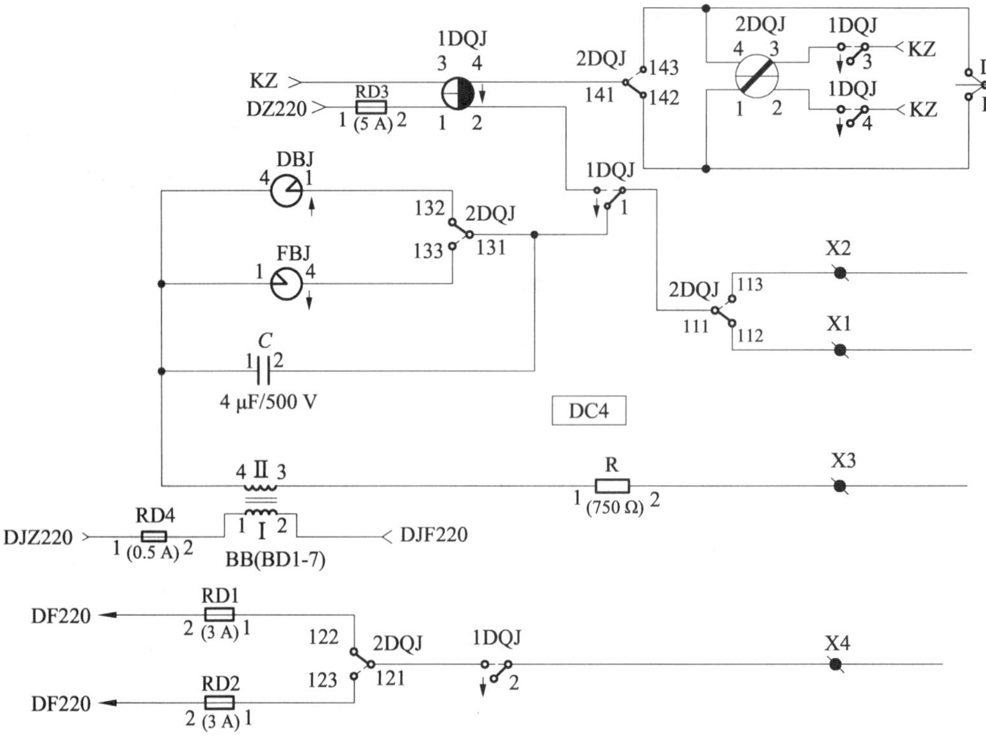

图 7-3-2　ZD6 转辙机试验器电路

（1）在一个 DD 道岔组合的第 10 个继电器位置上安装一个单刀双掷或双刀双掷开关。开关置于中间位置表示不操纵道岔，置于上方表示操纵道岔到定位，置于下方表示操纵道岔到反位。用开关的上、下两个位置代替单动道岔控制电路中的 CAJ12-22 和 CAJ11-12 两组接点，向 1DQJ 线圈 4 送 KF 电源。

（2）1DQJ 线圈 3 接 KZ 电源。

（3）组合中接入 DJZ220、DJF220、DZ220 和 DF220 电源。

（4）组合中只需插入 1DQJ、2DQJ、DBJ 和 FBJ 四个继电器。

（5）在 05-15 ~ 05-18 这四个端子上分别引出长 3 m 左右、端部带有鳄鱼夹的连接线。

2. 室外单独试验注意事项

（1）现场将电动转辙机表示杆抽出，做好标记，储存起来。

（2）室外试验人员电话通知室内试验人员，依据电缆配线图，认真核对道岔号码、分线盘的端子号，将试验器的 05-15 ~ 05-18 的 4 根连接线或 05-1 ~ 05-5 的 5 根连接线，分别与从分线端子上拆下的 X1 ~ X4 或 X1 ~ X5 电缆芯线连接，注意顺序不可接错。

（3）室内试验人员按照室外试验人员的电话通知，扳动开关，操纵道岔向定位或反位转动。室内人员不可擅自扳动开关，以免误伤室外试验人员。

（4）室内外试验人员应按照设计规定，认真复核电动转辙机动作杆伸出、拉入位置与道岔定、反位位置的对应关系。

（5）认真核对开关位置、2DQJ 状态、DBJ 和 FBJ 状态与转辙机动作杆位置四者之间的一致性。

（6）对于提速或非提速道岔，任何一台转辙机位置不符合设计要求，室内均不应有正确表示。

（三）室内外连通试验

（1）核对位置：核对室外道岔实际开通位置与室内定、反位表示继电器及显示器上光带开通位置、道岔表示灯显示位置是否一致。对于可动心轨道岔应核对尖轨与心轨开通位置是否一致，多动道岔要确认各点位置是否一致。

（2）断开表示接点：依次断开室外转辙机自动开闭器的定、反位表示接点时，相应的定、反位表示继电器应可靠落下，显示器道岔定、反位表示灯应灭灯，同时检查挤岔声光报警应符合要求。

（3）断开移位接触器：道岔分别在定位或反位位置时，断开表示电路所检查的对应移位接触器接点，道岔的定或反位表示继电器应可靠落下，显示器道岔表示灯应灭灯。

（4）道岔被阻后的转换试验：在道岔转换过程中，由于各种原因造成受阻不能转换到需要位置时，为防止电动机长时间工作而烧坏，必须能将道岔操纵转换到原来位置。试验时人为在尖轨（或心轨）与基本轨（或翼轨）之间夹入试验铁，使道岔不能转换到位，再往回操纵，道岔应能回转。

（5）断开遮断器：遮断器即为安全接点，断开遮断器后操纵道岔，转辙机应不能动作。

（6）断开启动熔丝（或断路器），道岔不能转换：试验时，先拔掉启动熔丝（或拉断熔断器），再操纵道岔应不能转换。

（7）2DQJ、D（F）BJ 及道岔表示一致：试验每组道岔，检查道岔置于定位时，2DQJ 定位接点应闭合（相当于吸起），DBJ 应吸起，FBJ 应落下，显示器道岔表示灯应显示绿灯，光带开通应为道岔定位方向；检查道岔置于反位时，2DQJ 反位接点应闭合（相当于落下），FBI 应吸起，DBJ 应落下，显示器道岔表示灯应显示黄灯，光带开通应为道岔反位方向。

（8）断开道岔表示器、密贴检查器的表示接点：电动道岔设有表示器或密贴检查器时，分别在定、反位位置断开有关表示接点，检查道岔对应的表示继电器应落下。

（9）道岔密贴检查试验：在规定位置用 4 mm、6 mm 和 10 mm 标准检查铁片进行密贴检查试验，应符合规定要求。

（10）道岔锁闭：道岔有单独锁闭、区段锁闭、进路锁闭及引导总锁闭四种方式。

① 试验单独锁闭：道岔在某一位置时，按单锁方式锁闭道岔后，办理经该道岔另一位置的进路，道岔应不能转换。

② 试验区段锁闭：将某道岔区段人工分路，单独操纵该区段内所有道岔均应不能转换。

③ 试验进路锁闭：办理一条进路并锁闭后，单独操纵该进路上所有道岔均应不能转换。

④ 试验引导总锁闭：按下某一咽喉的引导总锁闭按钮，单独操纵该咽喉的道岔（包括中岔）应不能转换。

二、S700K 型电动转辙机导通试验

（一）室内模拟试验

S700K 型转辙机导通试验模拟电路制作与 ZD6 系列转辙机导通试验模拟电路相似。如图 7-3-3 所示，在分线盘处，将 X1 与 X5 用短接线封连，在 X2 与 X4 之间连接二极管，X2 接二极管阳极，X4 接二极管阴极；在 X3 与 X5 之间连接二极管，X5 接二极管阳极，X3 接二极管阴极。

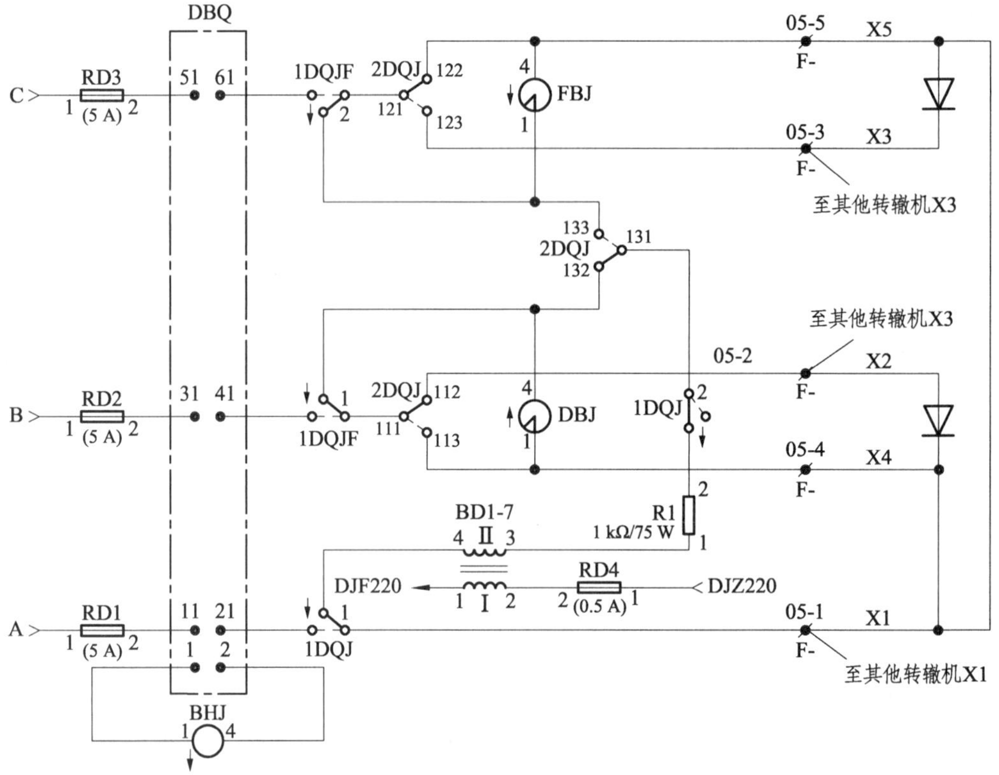

图 7-3-3　S700K 型转辙机导通试验模拟电路

（二）S700K 转辙机室外单独试验器的制作

S700K 转辙机室外单独试验器电路如图 7-3-4 所示。

（1）在一个 TDF 组合的第 10 个继电器位置上安装一个单刀双掷开关。开关置于中间位置表示不操纵道岔，置于上方 DK 位置表示操纵道岔到定位，置于下方 FK 位置表示操纵道岔到反位。

（2）TDF 组合 01-3 接点接 KZ，01-1 接点接开关 DK 侧，01-2 接点接开关 FK 侧，开关中性接点接 F。

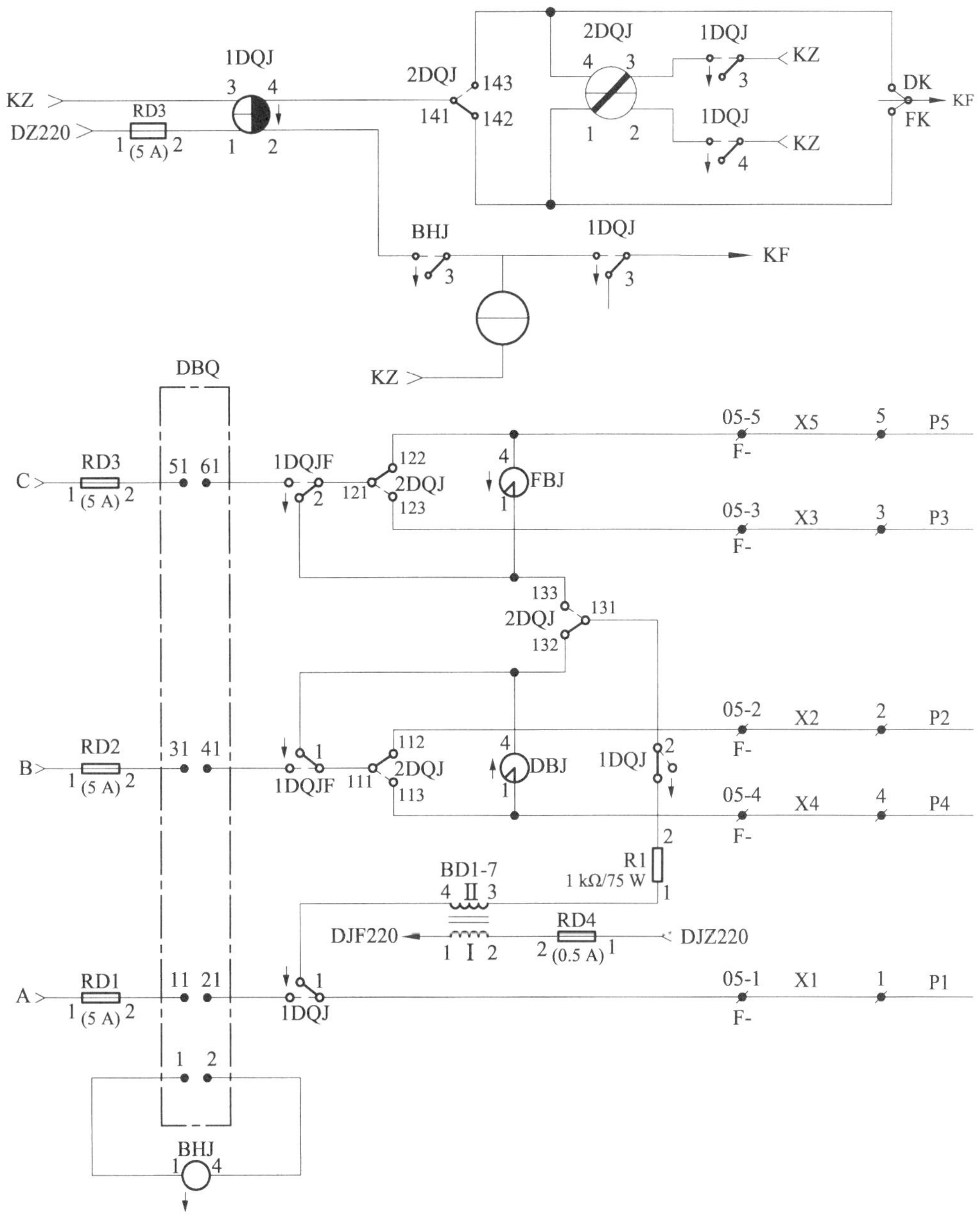

图 7-3-4　S700k 转辙机室外单独试验器电路

（3）组合中接入 380-A、380-B、380-C、DJZ220 和 DJF220 电源。

（4）组合中除第 10 个继电器位置的 BB2 不接外，其他九个位置的继电器、变压器断相保护器均需插上。

（5）在 05-1 ~ 05-5 这 5 个端子上分别引出 3 m 左右长的带鳄鱼夹的连接线。

（三）室内外联通试验

（1）分动外锁闭道岔的核对位置、断表示试验、2DQJ 与 D（F）BJ 及显示器道岔表示一致、断遮断器、道岔锁闭、道岔被阻后转换试验等，与内锁闭道岔试验方法相同。多机牵引分动外锁闭道岔，应核对室外各牵引点位置与室内对应各分组合、分组合与总组合表示继电器位置，以及对应的 2DQJ 与 2DQJF 位置是否一致。

（2）断相保护：当三相电源缺一相时，为保护三相电动机应自动切断动作电路，应对每个牵引点的每一相电源分别进行断相保护试验。试验时，逐个断开各牵引点的每一相电源（可拔掉该相的动作熔丝或拉断断路器），操纵道岔时转辙机应不能动作。

（3）道岔密贴检查试验：在规定位置用 4 mm、5 mm、6 mm 和 10 mm 标准检查铁片进行密贴检查试验，应符合规定要求。

（4）多机牵引总保护：对于多机牵引的道岔，某个牵引点的转辙机因故不能正常转换时，应切断其他牵引点的转辙机动作电路。在正常转换过程中，某牵引点因故停止工作时，应保证其他牵引点转辙机继续工作。试验时，对应每个牵引点，将道岔动作电路断开，操纵该组道岔，所有牵引点的转辙机均不能转换；在道岔正常转换过程中，断开某个牵引点的动作电路，其他牵引点的转辙机在规定时间内应正常动作。

（5）多机牵引总表示：多机牵引的道岔应确保每个牵引点的表示与道岔总表示一致。试验时，依次断开每个牵引点的表示（可拔掉表示熔断丝或拉断断路器），总表示继电器均应可靠落下，显示器道岔表示灯均应熄灭。

知识拓展

一、电缆型号

城轨交通信号系统采用的电缆通常有两类，普通信号电缆和数字信号电缆。

（一）普通信号电缆

信号电缆根据其芯线扭绞方式分为普通型和综合扭绞型两种；根据其护套类型分为塑料护套、综合护套和铝护套三种，其中又分为带铠装和不带铠装两类；根据其绝缘材料类型分为聚氯乙烯绝缘和聚乙烯绝缘两种。

普通型电缆芯线分层顺着一个方向扭绞。综合扭绞型电缆的芯线分成若干四芯星绞组、二芯对绞组，再分层按一定要求扭绞。综合扭绞减少了芯线间电磁场的干扰，优化了电气参数。塑料护套电缆用于楼内。综合护套由聚乙烯薄膜和铝箔粘接制成，为半密闭型护套，带铠装的用于室外可直埋，不带铠装的用于室外需要有电缆槽、管的有效防护。铝护套为密闭型护套，无论是否带有铠装，均可用于室外直埋。

信号电缆型号由汉语拼音字母和阿拉伯数字组成，其含义如表 7-1 所示。普通信号电缆的类型如表 7-2 所示。

表 7-1　信号电缆的型号含义

序号	代号	含义	序号	代号	含义
1	P	信号电缆	5	A	综合护套
2	T	铁路	6	L	铝护套
3	Y	聚乙烯绝缘（护套）	7	22	钢带铠装聚氯乙烯外护套
4	V	聚氯乙烯护套	8	23	钢带铠装聚乙烯外护套

表 7-2 普通信号电缆的类型

护套类型	电缆型号	含义
塑料护套	PTYV	聚乙烯绝缘聚氯乙烯护套
	PTYY	聚乙烯绝缘聚乙烯护套
	PTY22	聚乙烯绝缘钢带铠装聚氯乙烯外护套
	PTY23	聚乙烯绝缘钢带铠装聚乙烯外护套
综合护套	PTYA22	聚乙烯绝缘综合护套钢带铠装聚氯乙烯外护套
	PTYA23	聚乙烯绝缘综合护套钢带铠装聚乙烯外护套
铝护套	PTYL22	聚乙烯绝缘铝护套钢带铠装聚氯乙烯外护套
	PTYL23	聚乙烯绝缘铝护套钢带铠装聚乙烯外护套

（二）数字信号电缆

普通信号电缆虽能基本满足信号系统的要求，但其传输性能和可靠性不如数字信号电缆，数字信号电缆能实现电磁兼容，强电、弱电共揽传输。

内屏蔽数字信号电缆内有绝缘单线、四线组绞合、内屏蔽通信四线组单元组合。绝缘单线采用内皮层、中间发泡层、外皮层三层依次共挤包在铜导体上。四线组采用高速精密星绞综合工艺。通信四线组单元用复合铜带纵包实现电磁屏蔽。

内屏蔽数字信号电缆的型号含义见表 7-3，内屏蔽数字信号电缆的类型见表 7-4。

表 7-3 数字信号电缆的型号含义

序号	代号	含义	序号	代号	含义
1	SP	数字信号电缆	5	A	综合护套
2	T	铁路		L	铝护套
3	YW	物理发泡聚乙烯绝缘（皮-泡-皮绝缘结构）	6	23	双钢带铠装聚乙烯外护套
4	P	内屏蔽		03	聚乙烯外护套

表 7-4 内屏蔽数字信号电缆的类型

型号	名称
SPTYWP03	皮-泡-皮物理发泡聚乙烯绝缘聚乙烯外护套铁路内屏蔽数字信号电缆
SPTYWP23	皮-泡-皮物理发泡聚乙烯绝缘钢带铠装聚乙烯外护套铁路内屏蔽数字信号电缆
SPTYWPA03	皮-泡-皮物理发泡聚乙烯绝缘综合护层聚乙烯外护套铁路内屏蔽数字信号电缆
SPTWPA23	皮-泡-皮物理发泡聚乙烯绝缘综合护层钢带铠装聚乙烯外护套铁路内屏蔽数字信号电缆
SPTYWPL03	皮-泡-皮物理发泡聚乙烯绝缘铝护层聚乙烯外护套铁路内屏蔽数字信号电缆
SPTYWPL23	皮-泡-皮物理发泡聚乙烯绝缘铝护层钢带铠装聚乙烯外护套铁路内屏蔽数字信号电缆

二、电缆端别判断

用手锯、电工刀等工具将每盘电缆外圈端头剥开，长度约为 150 mm，面对电缆端头，若绿色四线组在红色四线组的顺时针方向侧或者每个四线组内，绿色芯线在红色芯线的顺时针方向侧，则本端为电缆 A 端，反之为 B 端，如图 7-1 所示。

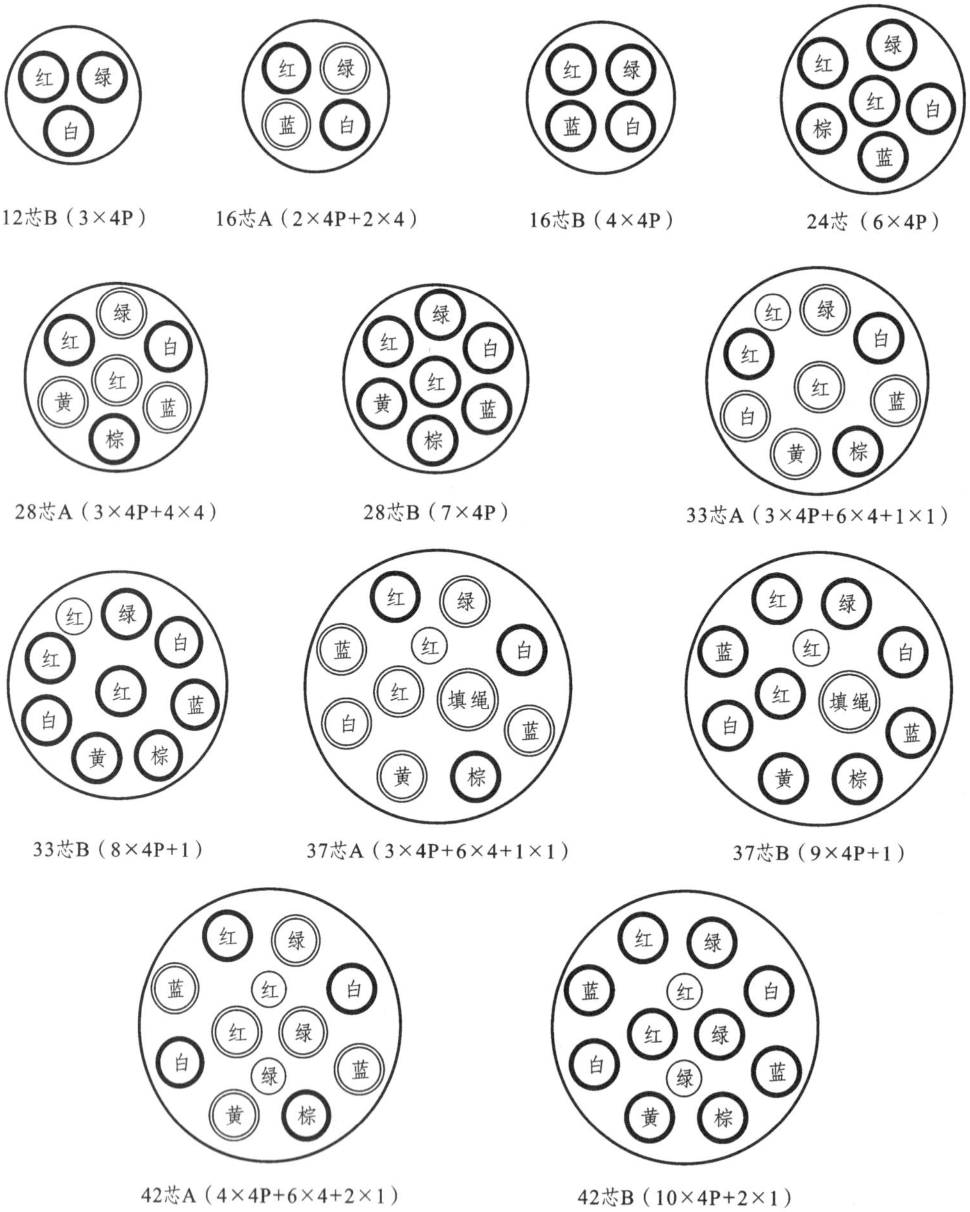

注：(红)(绿)(白)(蓝) 表示红、绿、白、蓝皮—泡—皮绝缘芯线色标；

(红)(绿)(白)(蓝)(棕)(黄) 表示红、绿、白、蓝、棕、黄四线组扎纱色标；

(红)(绿)(白)(蓝)(棕)(黄) 表示红、绿、白、蓝、棕、黄屏蔽四线组扎纱色标。

图 7-1　铁路内屏蔽信号电缆 A 端截面

三、电缆编号

综合扭绞信号电缆的芯线编号，先外层后内层，每层按红、绿、白、蓝、白、蓝……的玻璃丝颜色顺序绕行编星绞组序，用罗马数字“Ⅰ、Ⅱ、Ⅲ、…”表示，每一星绞组内则按红、白、蓝、绿的绝缘颜色顺序编芯线号，用阿拉伯数字“1、2、3、4、…”表示，例如红色星绞组里的红色绝缘芯线编号为“Ⅰ-1”，绿色星绞组内的白色绝缘芯线编号为“Ⅱ-2”；对绞组序从星绞红组旁的对绞组开始，按顺时针方向编，用“D”表示，每一对绞组内先编红色绝缘芯线，后编白色绝缘芯线，依次编号，其表示方法为“D-1、D-2、D-3、…”；层绞单芯电缆从星绞红组旁红色绝缘芯线开始编，顺时针顺序编绿、白、蓝、白……绝缘芯线，先编外层后编内层，依次用阿拉伯数字表示，其表示方法为“1、2、3、…”。

数字信号电缆芯线的编号方法与综合扭绞信号电缆相同。

以上均以 A 端为例，B 端芯线编号以 A 端编号为准。B 端绕行方向为逆时针方向。

参考文献

[1] 李文海. 道岔转辙设备原理、维护和故障处理[M]. 北京：中国铁道出版社，2019.
[2] 吴广荣，张胜平. 铁路信号基础设备维护[M]. 成都：西南交通大学出版社，2021.
[3] 杜元筹. 铁路道岔转辙机[M]. 北京：中国铁道出版社，2017.
[4] 穆中华. 信号工程施工[M]. 成都：西南交通大学出版社，2020.
[5] 黄世泽. 道岔故障智能诊断[M]. 北京：科学出版社，2022.
[6] 中国铁路总公司. 高速铁路道岔转换系统[M]. 北京：中国铁道出版社，2017.
[7] 杨艳，张玉霞，彭元龙. 城市轨道交通联锁系统维护[M]. 成都：西南交通大学出版社，2022.
[8] 王德铭. 轨道交通道岔控制电路及其故障处理[M]. 西安：西安电子科技大学出版社，2022.